찰스 디킨즈 소설강의

찰스 디킨즈 소설강의

이인규 지음

국민대학교출판부

책머리에

그동안 쓴 디킨즈 작품론들을 한데 모아서 정리해보았다. 오랜 기간에 걸쳐 쓴 것들이라 글의 수준이 들쭉날쭉하고 전체적인 맥락도 없다. 게다가 이론적 분석이 거의 없이 작품 중심으로 내용을 요약하거나 나열하는 진부한 글들이 대부분이다. 『바너비 럿쥐』와 『위대한 유산』에 대한 것들이 그나마 그런 모양새를 좀 벗어난 경우일까. 『데이빗 코퍼필드』나 『블리크 하우스』 같은 주요 작품에 대한 글이 빠진 것도 큰 흠결이다. 책의 부족함이 눈에 밟혀 망설임이 적지 않았지만, 뜻밖에 얻은 출판 기회를 물리고 싶지 않다는 탐심과 구차한 개인적 사정을 구실로 그냥 눈 딱 감아버렸다. 과연 그 민망함을 어떻게 감당할 수 있을지 걱정뿐이다.

돌이켜보니 디킨즈와의 인연이 40년 가까이 된다. 1981년 학부 3년생 시절 여름방학 때였던가, 학과 전공 동아리에서 맨 처음 읽은 영국소설이 디킨즈의 『어려운 시절』이었다. 동아리 주장 격인 친구가 정한 작품이었는데, 시대가 시대였던 만큼 문학의 사회참여에 대한 의식이 강했던 당시 분위기의 반영이었을 것이다. 아무튼 모자란 영어실력으로 제대로 해석도 못하면서 의무감으로 끝까지 겨우 읽었던 기억만 흐릿하게 남아 있다. 그리고 이어서 집어든 작품이 『블리크 하우스』와 『리틀 도릿』이었다. 역시 함께 토론하기로 한 작품들이라 어쩔 수 없이 읽게 된 것이었는데, 학부생 수준으로는 상당히 어렵고 긴 원서를 고향 2층 골방에서 여름 내내 선풍기도 없이 순전히 오기로 포기하지 않고 읽어낸 경험은 아직도 생생하다. 그 결과 이듬해 봄 학과 학회지에 『블리크 하우스』에 대한 서투른 글을 한 편 게재할 수 있었고, 그것은 얼마 후 학부 졸업논문으로도 제출되었다.

이렇게 시작된 디킨즈와의 인연은 내가 영문학 공부를 계속하게 된 결정적 계기가 되었는바, 석사 학위 논문과 박사 학위 논문까지 모두 디킨즈 소설에 대해 쓴 것은 어쩌면 당연한 결과였는지도 모른다. 아니 내 미욱함을 생각하건대 무의미한 우연이 어쩌다가 어줍잖은 필연의 탈을 뒤집어쓴 격이라고 해야 옳을 것이다. 고향 선배에게서 '영문'도 모르고 영문과에 진학한 것 아니냐는 가슴 뜨끔한 질문을 들은 지 40년이 넘은 지금도, 불쑥 떠오르는 그 질문에 얼굴이 벌겋게 달아오르곤 하니 말이다.

길다면 긴 디킨즈와의 이 '우연찮은' 인연은 결국 디킨즈에 대해 일종의 큰 빚을 지고 있음을 뜻한다. 과연 강단에 선 지 30년 가까이 되는 동안 디킨즈 작품으로 수업을 하고 논문도 쓰고 번역도 하면서 그리 옹색하지 않은 생업과 명색을 유지해 왔으니 뭐라 더 말할 수 있을까 싶다. 디킨즈 소설 14편 전체를 망라한 실팍한 저서를 내보겠다든가, 『피퀵 보고서』나 『골동품 가게』 같은 작품을 번역해보겠다든가 하는 의욕도 없지는 않았지만 그야말로 젊은 날의 꿈으로 남고 말았다. 앞으로의 내 형편을 살펴보아도 디킨즈에게 진 빚을 다만 얼마라도 갚을 가능성은 여전히 희박하다. 『위대한 유산』에 대한 책이나마 한 권

따로 엮고 싶은 마음이 있지만 기약할 수 없다. 부끄러움을 무릅쓰고 책을 펴내는 이런 억지를 부리는 것은 바로 그런 부채 의식과 초조감 때문이거니와, 일단 이렇게라도 마음의 부담을 조금 덜어볼까 하는 소소한 바람인 것이다. 감사함을 비롯한 그밖의 각별한 마음에 대해서는 아무리 해도 표현부득이다.

2021년 2월

이인규

차 례 contents

차 례 contents

Ⅰ.『피컥 보고서』 디킨즈의 '네버랜드(Neverland)'

The Pickwick Papers

1

디킨즈(Charles Dickens)의 소설 세계에서 초기 작품들이 갖는 한 특징은 그의 희극적 상상력이 나중의 작품들에 비해 한층 순수하고 발랄하게 발휘되고 있다는 점이다. 후기로 갈수록 디킨즈는 빅토리아조 사회 현실에 대해 깊은 비판의식을 갖게 되면서 작품 속에 희극적 상상력의 밝고 활기찬 움직임보다는 리얼리스트적인 상상력의 풍자적 날카로움과 비판적 통찰을 강하게 펼쳐 보인다. 이런 변화의 모습은 『돔비 부자』(*Dombey and Son*)를 기점으로 해서 분명하게 감지되는데, 그 이전의 작품들에서는 대체로 희극적 상상력이 작품 전체의 분위기를 장악하거나 주도하면서 여러 가지 흥미로운 인물과 사건의 전개를 통해 독자의 상상력과 관심을 계속해서 자극하고 사로잡아 나간다. 따라서 우리가 디킨즈의 초기소설을 읽을 때 경험하는 독서의 느낌과 부담은 후기소설에 비해 훨씬 가볍고 수월하다.

이는 곧 디킨즈의 초기 소설이 문학적 깊이나 감동을 주지 못한다는 것을 뜻할 수 있겠지만, 그것은 동시에 디킨즈의 초기 소설들이 그만큼 읽기가 편하다는 사실을 뜻하는 것이며 나아가 그만큼 독서의 즐거움과 재미를 더 많이 우리에게 줄 수 있다는 말이기도 하다. 사실 희극적 상상력이 펼치는 활기와 풍요로움의 측면에서 본다면 초기 소설들은 후기 소설보다 오히려 더 독보적인 경지에 있으며 그런 점에서 그 나름의 탁월한 매력과 독특한 가치를 획득하고 있다. 따라서 '삶의 비평'으로서 문학 작품이 우리에게 주는 깨달음이나 감동의 깊이와 무게의 차원, 즉 리얼리스트적 상상력의 창조적 성취라는 기준을 잠시 접어두고 본다면, 디킨즈의 초기 소설들은 후기 소설보다 훨씬 더 강렬한 힘으로 독자를 끌어당긴다. 무수한 희극적 인물들이 따뜻한 감상주의적 휴머니즘과 해학적 언어의 옷을 입고 다채롭고 흥미로운 상황을 연출하면서 끊임없이 독자의 웃음과 공감을 일으키는 디킨즈의 초기 작품들의 소설적 매력이야말로 디킨즈 상상력의 본령을 이루는 부분이자 그의 대중적 인기의 핵심적 바탕을 이루는 것이기도 하다. 그리고 초기 소설의 이런 장점은 후기 소설의 장점과 서로 비교해서 높낮이를 평가할 대상이기보다는 가령 비극과 희극의 경우처럼 서로 비교할 수 없는 독립된 성격의 예술적 가치에 해당한다고 보는 게 타당할지도 모른다.

그런데 편하고 즐겁게 읽히는 디킨즈의 초기 작품들 중에서도 희극적 상상력의 창조성이 가장 활기차고 풍요롭게 그리고 가장 매력적으로 펼쳐지고 있는 작품을 든다면 그것은 바로 그의 첫 장편인 『피퀵 보고서』(*The Pickwick Papers*)일 것이다. 무명작가에서 일약 당대의 유행으로 발돋움하던 20대 초반 디킨즈의 젊고 발랄하며 낙천적인 희극적 창조성이 유감없이 발휘된 이 소설은 이를테면 디킨즈의 순수시대라고 할 수 있는 작품인데, 여기에서 디킨즈는 독특한 개성을 지닌 수많은 희극적 인물들을 비롯하여 다채롭게 연속되는 희극적 사건과 모험들, 그리고 여러 가지 흥미로운 삽화(揷話)와 입담 등을 경이롭게 창조해 나간다. 그리고 이를 통해 독자의 상상력을 사로잡고 웃음과 공감을 자극하는, 그야말로 이야기꾼으로서의 솜씨를 최대한 쏟아 보인다. 물론 이 소설은 작품 자체로서는 삶에 대한 깊은 인식이나 감동을 주는 것과는 거리가 멀다. 애초에 디킨즈는 이 작품이 시작될 당시

한 유명 판화작가의 그림을 재미나게 설명하는 보조자적 역할로 참여했거니와, 디킨즈 자신이 나중에 작품 창작의 주도적 역할을 잡게 되었을 때도 그에게 어떤 진지한 작품의 주제의식 같은 것이 있었던 흔적은 없다. 그의 관심과 목표는 독자의 관심을 사로잡고 흥미를 유발하는 재미난 이야기를 쓰는 것, 그리고 그것으로써 작가적 재능을 인정받는 것에만 오직 있었던 듯이 보인다.

따라서 이 작품에는 짜임새 있는 플롯의 전개가 별로 없이 피퀵 일행의 시간적 공간적 움직임을 따라 피카레스크적인 형식으로 이야기가 이어져 나가고 있으며, 인물의 성격이나 사건들이 깊이 있게 묘사되거나 복잡한 발전의 양상을 보이지 않는다. 하지만 그러한 허물에 대해 우리는 이내 눈이 멀게 된다. 왜냐하면 독특한 개성과 풍성한 희극성을 띠고서 그때그때 다양한 방식으로 우리의 웃음과 즐거움을 일으키는 무수한 인물과 상황과 사건들, 그리고 이들을 통해 삶을 밝고 흥겨운 모습으로 묘사하고 있는 젊은 작가의 탄력과 생기와 온기가 넘치는 창조적 상상력에 우리는 곧바로 깊이 매료되어 이끌리기 때문이다. 작품 속에 이따끔 현실의 고통과 어두운 단면들이 담겨 들어가기도 하는데, 그것들은 곧 작품을 지배하고 있는 따사로운 희극성에 압도되고 말며, 여기저기서 작가의 풍자적 충동이 꿈틀거리며 비집고 나오는 경우도 있지만 그것들 역시 이내 희극적 충동에 부드럽게 녹거나 물러지곤 한다. 그리고 그 결과 짜릿한 즐거움과 여유로운 웃음이 독자의 얼굴에 퍼져 나간다. 이런 점에서 아마 디킨즈 작품들뿐만 아니라 소설문학 전체를 걸쳐서 볼 때도『피퀵 보고서』만큼 편하고 즐겁고 재미롭게 읽히는 소설은 찾기가 쉽지 않다 해도 지나치지 않을 것이다.

2

『피퀵 보고서』--그리고 디킨즈 소설 전체--가 구사하는 독창적인 희극적 활기와 풍요로움의 원천은 디킨즈가 탁월한 솜씨로 창조하는 희극적 인물들이다. 하지만 무수한 희극적 등장 인물들 중에서 가장 매력이 있고 또 작품의 희극성의 주축을 이루는 역할을 하는 인물들은 역시 두 명의 쌔뮤얼(Samuel), 즉 쌔뮤얼 피퀵과 쌤 웰러(Sam Weller)이다. 이 두 사람은 작품의 희극적 생명력을 공급하는 원천이자, 작품적 성과를 지탱해주는 근간이라 할 수 있다. 유복한 중산계급의 신사로서 뚱뚱한 모습에 명랑함과 너그러움과 순진함의 미소를 온 몸으로 풍기는 피퀵과 총기 넘치고 톡톡 튀는 개성의 소유자 쌤 웰러의 등장은 희극적 상상력의 창조적 충동으로 가득 찬 젊은 작가 디킨즈의 진면목을 일거에 세상에 터트려 알린 사건이다. 물론 선량하지만 순진하고 어리숙하기만 한 노신사로서 "인간성의 관찰자"(79)라는 자못 어울리지 않는 사명감을 품고 세상에 나서는 피퀵과 현실 경험이 풍부하며 재기가 넘치는 청년 쌤의 결합은 쉽게 돈키호테와 산초 판자를 연상시킨다. 그리고 디킨즈 이전 영국 작가들의 인물창조에서도, 가령 『트리스트람 섄디』(*Tristram Shandy*)의 토비 삼촌(Uncle Toby)과 트림(Trim) 하사, 또는 『험프리 클링커』(*Humphry Clinker*)의 브램블(Bramble)씨와 험프리(Humphry)의 경우처럼, 돈키호테와 산초 판자 유형의 변형이 심심찮게 발견되곤 한다. 하지만 피퀵과 쌤의 인물창조는 그 희극적 개성의 순수성과 토착적 매력의 깊이에 있어 이전의 원형과 변형들을 모두 크게 뛰어넘는 새로운 경지의 개척이라고 해야 할 것이다.

피퀵과 쌤은 표면적으로 너그러운 주인과 충직한 하인이라는 바탕직한 전통적 주종의 관계를 맺고 있는 것으로 나타난다. 하지만 이 이상적인 듯이 보이는 주종의 관계는 그 안에 묘한 비정상의 파격을 연출하는데, 하인이 단순히 주인을 복종하여 섬기는 것에서 그치지 않고 심신 양면에서 주인을 보호하고 지도하며 지배하기까지 하는 사실상 역전된 주종의 관계가 바로 그것이다. 그리고 두 사람의 이 희극적 파격의 관계는 그들 각각의 독특한 개성적 매력의 뒷받침을 받아 작품 줄거리의 진행 과정 속에서 점차적으로 그리고 자연스럽게 형성되고 발전되는 양상을 보이면서 작품에 지속적인 흥미의 공급원으로 작용한다.

사실 쌤은 작품 초반부터 등장하지 않는다. 작품 첫 부분은 얼마 동안 어떤 구심점이 없이 피큑 일행과 징글(Jingle) 등이 즉흥적으로 그때그때 이야기를 끌어나가는 식으로 전개된다. 따라서 그것은 비록 독자의 흥미를 끌만큼은 재미를 자아내긴 하지만, 자칫 산만하고 밋밋해져 소극(笑劇)(farce)적 유머의 세계로 떨어질 가능성을 지니고 있다. 그런데 쌤이 얼마 후 등장하여 피큑의 하인으로 고용되면서부터 작품은 곧 탄력 있는 해학과 풍자 그리고 구심적 활력을 갖춘 고양된 희극의 세계로 날아오르는 계기를 맞는다(Hardy 86). 실제로 이 작품 연재 분의 판매가 획기적으로 상승되는 시기는 쌤의 등장 시기와 일치하기도 하는데(Johnson 149), 어쨌든 쌤이 피큑의 하인으로 고용된 이후부터 작품의 희극적 얼개는 이 두 사람을 중심으로 하여 시간적 공간적 이동을 하면서 좀더 확실한 형체를 갖추게 되고 이를 바탕으로 곧 다채롭고 흥미로운 경험의 무늬를 엮어 나간다.

쌤과 피큑이 처음 만날 때 두 사람은 각각의 이해타산에 근거한 금전적 거래와 계약의 관계로서 출발한다. 피큑이 쌤을 하인으로 고용하는 장면은 이를 분명하게 연출해 보인다. 먼저 피큑의 경우, 그는 쌤이 "세상에 대한 지식이...상당하며 대단히 명민하여...나에게 실질적 도움이 될 것"(231)이라는 지극히 현실적인 동기에서 쌤을 하인으로 고용하고자 한다. 즉 그는 과거에 하인을 부려본 적이 없기 때문에 하층

계급의 인물로 하여금 자신의 사생활을 공유케 하는 데 대해 한편으로 망설이면서도, 앞으로 피퀵 클럽을 위해 수행해야 할 여행 등에서의 현실적 쓰임새를 고려하여 쌤의 고용을 결심하기에 이르는 것이다. 따라서 피퀵이 이때 지닌 쌤에 대한 기대와 태도는 마땅한 권위와 거리를 유지하면서 응분의 필요한 봉사를 받고자 하는 주인으로서의 기대와 태도를 벗어나지 않는다.

한편 쌤 역시 피퀵과의 처음 대면할 때도 그랬듯이 피퀵의 고용제안을 받는 순간 재빠른 타산적 태도로 거래를 유리하게 이끌어 가는 모습을 보인다. 그는 피퀵 일행을 보자마자 이전에 그들이 징글 일당에게 당했던 일을 언급하면서 은근히 얕보는 듯한 태도로 나오는데, 이런 그를 피퀵은 얼른 제지하고 앉힌 뒤 용건에 들어가고자 한다. 그러나 이미 뭔가 흥정의 기미를 눈치챈 쌤은 우선 피퀵 일행의 눈에 띄었을 자신의 헤어진 모자에 대해 억지섞인 변론을 펼침으로써 그들이 자기를 만만히 보지 못하게 한다. 그리고는 본론으로 들어가려는 피퀵에게 그는 다음처럼 대응한다.

> '여기 계신 이 신사 분들과 의견을 모아 내가 자네를 불러온 사안에 관해 말하자면,' 피퀵씨가 말했다.
>
> '예 바로 그거죠, 나리.' 쌤이 끼어들었다. '뱉아 보십시오, 아이가 1전 짜리 동전을 삼켰을 때 그 애 아버지가 말한 것처럼 말입니다.'
>
> '우선 우리가 알고 싶은 것은,' 피퀵씨는 말을 이었다. '자네가 어떤 이유에서건 혹 현재의 자네 일자리를 불만스럽게 여기고 있지는 않은가 하는 것일세.'
>
> '어르신 양반, 그 질문에 대답하기에 앞서,' 웰러씨가 대꾸했다. '내가 오히려 먼저 알고 싶은데, 나리께서 저한테 더 나은 일자리를 마련해줄 생각이신지요?'

> 'Now with regard to the matter on which I, with the concurrence of these gentlemen, sent for you,' said Mr Pickwick.
>
> 'That's the pint, sir,' interposed Sam; 'out vith it, as the father said to the child, wen he swallowed a farden.'

‘We want to know, in the first place,’ said Mr Pickwick, ‘whether you have any reason to be discontented with your present situation.’

‘Afore I answers that 'ere question, gen'lm'n,’ replied Mr Weller, ‘I should like to know, in the first place, whether you're a goin' to purwide me with a better.’(235)

이 장면에는 양측간 흥정의 주도권을 재빨리 장악해 가는 쌤의 모습이 희극적 긴장을 깔고 잘 나타나 있다. 피퀵이 고용 문제에 대해 말문을 여는 순간 쌤은 기다렸다는 듯이 대뜸 정공법으로 되받아 치고 나오는데, 이런 그에게 피퀵은 점잖게 격식을 갖추어 의사를 타진해 보고자 한다. 그러나 쌤은 피퀵의 질문에 대한 대답이 지니는 전략적 의미, 즉 자신의 현재의 불만스러운 처지를 고백함으로써 흥정의 불리한 위치에 놓이게 될 것을 본능적으로 직감하고 있다. 따라서 그는 즉시 ‘내가 오히려 먼저 알고 싶은 것은...’하는 조로 되물음으로써 협상의 주도권을 선점해버린다. 그리하여 피퀵은 먼저 고용의사를 밝히게 되고 쌤은 다짐하듯 그것을 재확인하고는, 곧 이어 쉴 틈 없이 “임금은?”, “의복은?”, “하는 일은?” 하고 심문하듯 밀고 나가면서 순식간에 계약을 성사시켜버리는 것이다.

이렇게 주종관계의 첫 순간에 벌어지는 현실적 이해관계의 싸움에서 쌤은 재빠른 계산으로 판세를 장악하는데, 그의 이러한 모습은 충성스러운 하인보다는 오히려 어리숙한 주인을 제 마음대로 농락하며 지배하는 능란한 하인상을 예비하는 듯 보인다. 물론 그는 피퀵을 동행하여 여행에 나서는 초기부터 특유의 입담으로 세상의 끔찍하고 어두운 현실을 드러내는 섬짓한 경험담을 터뜨림으로써, 일찌감치 피퀵에 대한 삶의 교육자적 역할을 시작한다. 그러나 이 당시 쌤의 역할은 전혀 의식되지 않고 행해지는 것일 뿐, 그의 언행은 하인으로서 당돌하며 주제넘은 것일 때가 많다. 그는 “아마 요 언젠가는 제 자신이 입에 파이프를 물고 뒷뜰에 정자를 가지고 있는 신사가 될 것”(290)이라고 하면서 계급상승의 욕구를 거침없이 피퀵 앞에서 표출한다. 또한 그는 주인의 친구인 윙클(Winkle) 등에 대해 무례할 정도로 노골적인 비웃음을 던지기도 한다(332, 337). 한편 사냥터에서의 식사 때 고양이 고기를 소고기 요리로 둔갑시켜 파는 파이장사의 이야기를 꺼내 피퀵의 밥맛을 떨어지게 하는 것(335)처럼 그의 초기의 일화에는 현실에 무지한 주인을 은근히 농락하면서 즐거워하는 측면이 두드러진다. 따라서 비록 형식적으로는 피퀵이 "쌤 웃지 말게"와 같은 명령으로 권위를 유지하고 쌤도 "물론이지요, 나리"(332)와 같이 깍듯이 순종하는 듯 하지만, 두 사람의 유대는 사무적 계약관계의 틀 위에서 경험적 우월감을 지닌 영악한 하인에 의해 헤게모니가 장악되는 희극적 양상을 강하게 드러내고 있는 것이다.

그러나 두 사람이 점차 인간적으로 가깝게 되면서 그들의 전도된 관계는 그런 부정적 가능성으로부터 멀어지고 새롭게 긍정적인 성격을 띠기 시작한다. 이 변화의 과정은 두 사람이 함께 겪는 일들을 통해 자연스럽게 일어나는데, 가령 피퀵이 바들 부인에 의해 혼인빙자 공갈혐의로 고소되었다는 이야기를 들었을 때 쌤이 보이는 비판과 놀라움이 뒤섞인 복잡한 반응(327)은 그 동안 쌤의 의식에 피퀵의 인간됨에 대한 신뢰가 알지 못하는 사이에 어느 정도 싹터왔으며, 이를 통해 쌤의 감정이 언제고 어렵지 않게 피퀵에 대한 인간적 애정으로 기울어질 수 있는 정도가 되었다는 사실을 미묘한 암시로 드러내주고 있다. 그리고 피퀵이 바들 부인의 악덕 변호사 도슨(Dodson)과 포그(Fogg)의 사무실을 찾아갔다가 봉변을 자초할 뻔할 때 쌤이 그를 막아주는 장면(350-1)은 좀더 확실하게 발전적 변화의 진행 상태를 보여준다. 특히 그 얼마 후 입스위치(Ipswich)에 갔을 때는 쌤이 보다 분명하게 그의 주인에 대한 보호자로서의 자신의 역할을 자각하는 모습이 포착된다. 여기서 피퀵은 그들이 묵은 여관의 복잡한 구조로 인해 밤중에 방을 잘못 들어가 낭패를 당하고는 통로 구석에서 웅크려 밤을 새우게 될 뻔하다가 다행히 쌤에게 구조된다. 쌤은 한 동안 어이없는 듯 바라만 보다가 곧 피퀵을 안전하게 방으로 인도해준다. 이때 오가던 대화의 끝에 쌤은 피퀵에게 "나리의 분별력이 어디 다니러 갈 때는 나리를 보살필 사람이 좀 필요하군요"라고 말한다. 그리고 그는 다음처럼 작별인사를 한다.

> '안녕히 주무십시요, 나리.' 웰러씨는 대답했다. 그는 문 밖에 이르렀을 때 멈춰섰다--그리곤 머리를 가로젓더니--계속 걸어 가다가--멈춰 서서는--촛불을 껐다--그리곤 다시금 고개를 젓더니--마침내, 깊디깊은 상념에 휩싸인 모습을 한 채 천천히 자기 방을 향해 걸어갔다.
>
> 'Good night, sir,' replied Mr Weller. He paused when he got outside the door--shook his head--walked on--stopped--snuffed the candle--shook his head again--and finally proceeded slowly to his chamber, apparently buried in the profoundest meditation.(395)

여기에서 쌤이 고개를 저으며 무엇을 곰곰이 생각하는지 구체적으로 언급되지 않고 이야기는 새로운 장으로 옮겨간다. 그러나 쌤과 피퀵 사이의 관계가 보이는 발전의 전후 과정에서 쌤의 깊은 사색의 결론이 무엇인가를 짚어내는 것은 어렵지 않다. 즉 약간 건방지게 주인의 어리숙함을 핀잔하는 투로 한마디 내뱉고 나오긴 했지만, 다시금 진지하게 생각을 하게 될 때 쌤은 이제까지 그가 겪어온 바 피퀵의 순수하고 선량한 인간성을 떠올리지 않을 수 없다. 그 결과 그는 복잡하고 혼탁한 세상사 속에서 길을 잃고 위해를 당할 것이 틀림없는 피퀵을 정말로 자신이 지키고 보호해 주지 않으면 안되겠다는 결론에 이르는 것이다. 바로 이러한 결심이 있지 않았다면 다음날 피퀵이 전날밤 일이 원인이 되어 터무니없는 오해로 입스위치의 경관들에게 체포되어 갈 때, 쌤이 몸을 던져 구출을 시도하다가 함께 잡혀가는 행동을 보였을 리 없다. 실제로 무지하고 위세만 부리는 치안판사 넙킨즈(Nupkins) 앞에 끌려갔을 때 결정적인 정보를 피퀵에게 귀띔하여 구속을 면하게 만드는 것은 쌤이다. 즉 쌤은 이로써 피퀵에 대해, 실리적 타산과 인간적 우월감에 바탕한 계약적 관계의 주도권 행사에서 인간적 신뢰의 바탕 위에서 현실 경험에 대한 교육자이자 보호자로서의 주도권적 역할을 수행하는 데로 완전히 건너 뛴 셈이다. 일찍이 여자 기숙학교의 한 선생이 피퀵에 대해 "내 생각엔… 그의 하인이 그를 데리고 있는 것 같아요"(306)라고 한 추측은 바로 이 단계에 이르면 완전히 다른 의미를 띠게 된다.

주인 피퀵의 보호자로서 쌤의 이러한 사명감과 역할은 이후 여러 가지 희극적 상황을 통해 계속 확인되곤 하지만, 쌤이 피퀵을 타락한 현실세계로부터 보호하려는 의지가 가장 극명하게 표출되는 것은 바로 재판의 판결에 불복하여 플리트(Fleet) 채무자감옥에 잡혀 들어간 피퀵을 따라 감옥에 들어가는 행동에서이다. 집행리가 피퀵을 잡으러 왔을 때 피퀵의 명령을 거부하면서까지 그를 보호하려는 의지를 이미 보인 바 있는 쌤은 피퀵이 감금된 직후 그에게 당분간 봉사의 직무를 면해 주려고 하자 이를 단호히 거부한다. 쌤의 이 명령거부는 물론 어려움에 처한 주인에 대해 오히려 헌신과 충성을 고수하는 하인의 모습과 다르지 않게 보일 수 있다. 사실 쌤의 이런 면모는 처음 그가 피퀵에 대해 취했던 실리적이고 당돌한 관계로부터 얼마만큼 달라졌는가를 증명하는 것이기도 하다. 그러나 그가 피퀵을 감옥에 홀로 내버려두지 않으려는 진정한 이유는 단순히 충성된 의리 이상의 깊은 인식에 있다. 쌤에게 항상 물정 모르고 어리숙한 존재로 취급받는 토니조차 피퀵을 감옥에 혼자 내버려두어서는 "산 채로 잡아먹힐 거"(609)라고 말할 만큼, 감옥이 대표하는 경험세계의 어둡고 참담한 현실과 그 파괴적 영향력 때문에 피퀵이 해를 당할 위험이 크다는 사실을, 즉 피퀵이 처한 상황의 심각성을 쌤은 너무도 확연히 들여다보고 있기 때문이다.

그리하여 쌤은 주인의 명령을 거부할 뿐만 아니라 한 발 더 나아가 아버지 토니의 도움을 받아 위장 채무의 구실을 만들어 감옥에 자청해 들어가는 행동까지 결행한다. 그리고 이러한 쌤의 인식과 결단의 타당성은, 감옥의 끔찍한 현실을 둘러본 피큑이 실제로 그가 이제까지 보존해 왔던 삶에 대한 낙관적 긍정의 시선을 송두리째 파괴당할 수 있는 엄청난 위협을 느끼고 이로부터 스스로를 보호하고자 자기 감방에 틀어박히기로 결심하는 것을 통해 곧 입증된다. 왜냐하면 쌤이 곁에 있음으로서만 피큑의 생존을 위한 칩거 결심과 실행은 가능할 수 있는 것이었기 때문이다. 믿고 자신을 내맡길 수 있는 쌤이 없고서는 피큑이 그렇게 쉽사리 자기유폐의 결단을 내리지 못했을 터인데다가, 설혹 그렇지 않다 할지라도, 쌤이 없는 상황에서 미빈스(Mivins)나 스맹글(Smangle) 같은 감옥의 어두운 세력이 현실적으로 얼마나 쉽게 피큑을 '산 채로 잡아먹고' 말았을 것인가는 자명하다. 또한 감옥에 잡혀온 바들 부인을 마주친 순간 즉시 좝 트로터(Job Trotter)를 변호사 퍼커(Perker)에게 보내 피큑을 감옥에서 나가게 할 방도를 마련하는 것(747)도 바로 쌤이다.

이렇게 쌤은 주인 피큑에 대해 단순한 하인이 아니라 교육자이자 지도자이자 보호자로서의 역할을 성공적으로 수행해 나감으로써, 피큑이 작품의 말미에서 새로운 여러 경험을 통해 "내 정신이 넓어지고 이해심이 향상"(893)되었다고 고백하도록 하는 데 결정적인 역할을 한다. 물론 이 과정과 역할은 본질적으로 희극적 상황 속에서 늘 전개되며 이때 독자의 웃음을 유발하는 주도적인 역할을 하는 것 역시 쌤이다. 그런데 쌤과 피큑 사이의 이처럼 역전된 희극적 파격의 관계는 사실 디킨즈 평자들의 많은 주목을 받아 왔다. 그 중에는 킨케이드(Kincaid)처럼 쌤의 역할을 조금 과장되게--가령 그는 쌤이 처음부터 피큑을 변화시키고 교육할 대상으로 설정하고 있다거나 쌤이 교육의 완성을 위해 피큑이 감옥에 가는 것을 막지 않는다고 보는 등 다소 지나친 논리를 편다(Kincaid 31-47)--강조하는 평자도 없지 않으나, 대부분의 평자들은 쌤과 피큑의 관계에서 쌤이 수행하는 보호자적 그리고 지도자적 역할에 대해 일정한 선을 그어 평가한다. 예컨대 에드먼드 윌슨(Edmund Wilson)은 쌤을 "제 분수를 온전히 알고, 살핌성있게 신실하며 영리한 하인"으로 규정하면서 "쌤 웰러는 그의 거침없는 언사에도 불구하고 결코 종자(從者)의 역할을 넘어서지 않는다"(E. Wilson 13, 21)라고 말한다. 쌤의 파격적 행동이 표면적으로는 주종관계라는 사회적 외형의 틀을 거의 파괴하지 않는 선에서 수행되고 있다는 점에서 보면 윌슨의 말은 납득할 만한 주장으로 들린다. 사실 어찌 보면 피큑에 대한 쌤의 깊어 가는 애정과 헌신이 그를 충직한 봉건적 하인으로서 주인을 존경하고 섬기는 지위에 자발적으로 들어서게 하는 것으로도 여겨질 수도 있다. 조지 오웰(George Orwell)이 바로 그렇게 보는 입장이며(Orwell 42), 실제로 작품 끝 부분에서 피큑이 쌤을 메어리(Mary)와 결혼시켜 독립하도록 만들어주고자 할 때 쌤이 즉시 아무런 주저 없이 메어리보다 피큑을 절대적 우선에 두고 계속되는 봉사의 의지를 천명하는 모습(886)은 그러한 견해를 충분히 뒷받침하는 예처럼 보인다. 그리고 이러한 면모는 "피큑에 대한 그들[쌤과 토니]의 찬미는 궁극적으로, 그의 무력함에 대한 그들의 인식을 압도한다"는 하디의 말(Hardy 99)이나 "쌤 웰러의 지혜는...피크위크씨의 넘치는 낙천주의와 선량한 활기에 의해 무색해진다"는 힐리스 밀러(J. Hillis Miller)의 주장(Miller 33)을 반박하기 어렵게 하는 것이기도 하다.

그러나 이 모든 견해는 강력한 유보조항을 달지 않고는 받아들이기 어려운 것들이다. 우선 쌤과 피큑이 지키는 주종관계의 외형은, 작품 속에서 두 사람이 실질적으로 뒤집힌 역할관계를 형성하면서 사건과 이야기를 전개해 나갈 때, 그것을 대조적으로 부각시키고 또 당대의 지배계급 독자들에게 자연스럽게 전달하게 하는 장식적 틀로서 기능하는 측면이 크다. 즉 표면상 유지되는 위계질서의 형식은 작품의 효과를 위한 일종의 소설적 장치의 성격이 강한 것이다. 한편 "특유의 독립성"(613)을 지닌 쌤의 거침없는 언사와 행동도 사실 자주 하인의 신분에 허용될 수 있는 수준을 넘어설 때가 많다. 가령 그의 격의 없는 언행으로 인해 그는 일찍이 한 신사에게 피큑의 친구로 오해되기도

(381) 하는가 하면, 윙클 등에 대한 거침없는 조롱이나 비난, 피퀵의 명령에 대한 거부, 그리고 피퀵에 관한 사항의 독자적 결정(747) 등과 같이 주종관계의 위계질서를 범하는 행동을 그는 자주 하곤 하는 것이다. 특히 작품의 후반부에서, 이튼스윌(Eatanswill)의 언론계 적수인 포트(Pott)와 슬러크(Slurk)가 서로 싸우고 피퀵이 이를 말리려다가 얻어맞는 장면에서, 여기에 뛰어든 쌤이 좌충우돌하면서 주인 피퀵과 같은 계급의 신사들에게 거친 언사를 퍼부으며 사태를 정리하는 행동은 아무리 상황의 희극성을 감안하더라도 그 놀라운 파격성으로 인해 독자의 주의를 사로잡는다(824).

한편 쌤이 자기를 독립시켜주고자 하는 피퀵의 제의를 거절할 때도, 그의 결의는 단순히 피퀵에 대한 존경심에서 비롯된 것이 아니다. 오히려 "저 없이 나리는 어떻게 되고요?"(886)하고 되물으며 그 제의를 단호히 거절할 때의 쌤은 피퀵을 존경과 섬김의 대상보다는 자기의 도움 없이는 살아나가기 힘든 보호의 대상으로 보고 있음이 분명하다. 쌤의 이 주장에 대해 토니도 이때 맞장구를 치는데, 이제껏 두 사람을 지켜 본 독자들 역시 쌤의 보호와 인도를 벗어나 홀로 삶을 꾸려나갈 수 있는 피퀵을 상상하기는 실로 어려울 것이다. 결국 이러한 사항들을 고려할 때, 쌤의 경험적 활력과 지혜가 피퀵의 순수하고 너그러운 심성에 감화되고 포섭되어 자발적 순종으로 귀착한다기보다는 끝까지 피퀵의 그런 심성을 이끌어주고 보호하는 적극적 힘으로 남아 계속하여 작용한다고 보아야 할 것이다.

이런 점에서 쌤과 피퀵의 주종관계는, 당대의 지배계급이 아쉬워하며 찬양하기 시작했던 봉건적 주종관계의 흥미로운 한 본보기로 처리될 수 없게 하는, 위계질서의 전복과 파격적 실천 그리고 나아가 민주적 관계의 가능성까지 암암리에 노정한다고 할 수 있다. 사실, 피퀵이 주인이고 쌤이 하인이라는 계급적 틀이 아무리 작품에서 유지되고 있다 할지라도, 그리고 독자가 어떤 계급에 속해 있든지 간에, 인간적인 측면에서 독자를 끌어당기는 쪽은 역시 절대적으로 쌤 웰러이다. 쌤이 지닌 민중적 덕성이라 할 장점들, 즉 생활의 지혜와 창조적 활력을 지닌 채 어느 곳이건 자유롭게 어울리면서 공동체적 유대감의 원천이 되는 능력의 매력은 점잖고 선량하고 순진하지만 허세와 체면과 어설픔을 벗어나지 못해 풍자의 대상을 면치 못하는, 기껏해야 너그럽게 웃으며 바라 보아줄 뿐인, 신사 피퀵의 개성을 압도하고 만다. 피퀵은 우리가 즐거운 독서의 대상으로서 허구적으로 어울려보고 싶어 할 만한 존재 이상은 아니다. 하지만 쌤은 현실 속에서 우리가 함께 어울려볼 뿐만 아니라 본받아 그렇게 되어보고 싶어지는 존재다. 쌤과 피퀵의 관계가 지니는 계급적 의미의 깊이는 바로 여기에 있다. 다만 두 사람의 관계의 이러한 계급적, 정치적 의미를 읽어내는 것에 앞서 우리에게 더 필요한 것은 두 사람의 희극적 파격을 따라가면서 그들의 관계가 일으키는 웃음과 즐거움을, 그리고 그것을 통해 디킨즈의 희극적 상상력의 창조성을 우리가 순수하게 충분히 만끽할 수 있어야 한다는 점일 것이다.

3

피퀵과 쌤의 희극적 개성과 파격적 관계가 『피퀵 보고서』의 희극적 매력의 뼈대를 이루고 있다면, 그들 주변의 여러 등장 인물들은 조연으로서 이들과 짝을 이루어 작품의 희극성을 풍성하게 살찌우는 역할을 한다. 그런데 이런 조연급 인물 중에서도 가장 돋보이는 존재는 역시 쌤의 아버지 토니 웰러이다. 토니 웰러는 작품이 한참 진행된 뒤에 또 간헐적으로 등장하고 있으며 따라서 당연히 피퀵보다 비중이 떨어지는 역할을 하고 있지만, 피퀵 못지 않은 호인다운 풍채와 우스꽝스러운 순진성을 지닌 희극적 개성으로 독자의 흥겨운 웃음을 등장할 때마다 일으킨다. 디킨즈의 희극적 상상력은 피퀵과 같은 부류에 해당하는 토니의 인물창조를 통해, 젊은 쌤의 희극적 활력에 압도된 피퀵의 희극적 개성의 힘을 보충하여 대조적 효과의 균형을 이루려 했던 듯이 보인다. 따라서 토니의 희극적 개성은 피퀵의 경우와 마찬가지로 바로 쌤과의 관계를 통해서 두드러져 나타날 수 있도록 엮어져 있다.

이는 곧 토니와 쌤의 관계가 피퀵과 쌤의 경우에서처럼 일반적인 위계질서를 벗어난 희극적 파격의 양상을 띠면서 전개된다는 사실을 의미한다. 즉 이 두 사람은 부자의 관계에 있지만 권위와 순종으로 요약될 수 있는 소위 정상적인 부자관계의 틀을 크게 벗어나 있다. 물론 두 사람이 작품 안에서 보여주는 관계는 일단 화기롭고 유머가 가득하며 엄청난 매력을 풍기는 조화의 경지에 올라서 있는 것으로 보인다. 그러나 그들의 조화는 사실 부자관계의 정상적인 위계질서와 합당한 도리에 의거하고 있지 않다. 오히려 이들은 부모-자식의 상궤를 천연스럽게 깨뜨리고 있으면서도 매력있는 관계를 이룬다는 점에서 인물창조로서 희극적 성공을 거두고 있다.

우선 토니 웰러는 아버지로서 마땅한 권위나 책임의식을 전혀 갖추지 못한 인물이다. 그는 아들 쌤의 성장을 아무렇게나 방치했으며 첫 번째 아내가 죽었을 때 무모한 충동으로 결혼허가증을 구입함으로써 쌤이 기대했던 유산상속분을 가로챈다. 그리고는 2년만에 우연히 만난 아들 앞에서 마누라 불평을 늘어놓으며, 이런저런 별명을 지어 부르거나 그가 마시려는 술잔을 빼앗아 마시기도 하고 심지어 핀잔과 면박까지 주곤 하는 쌤의 거침없는 언행에 아무런 거부감을 보이지 않는다. 사실 그가 권위를 주장하는 경우가 전혀 없는 것은 아니다. 예컨대 피퀵을 처음 만난 자리에서 그는 짐짓 아들을 고용한 주인에게 아버지로서 예의를 차리는 질문을 한 뒤 쌤에 대해 만족한다는 피퀵의 대답에 다음과 같이 아버지로서의 역할을 은근히 자찬한다.

'그 말을 들으니 매우 기쁩니다, 나리.' 노인장은 대답했다. '그 애 교육에 굉장히 애를 썼지요, 나리. 그 애가 아주 어렸을 때 길바닥에 나돌게 하여 저 혼자 꾸려나

가게 했지요. 그게 사내놈을 당차게 만드는 유일한 방법이거든요, 나리.'

'Wery glad to hear it, sir,' replied the old man; 'I took a good deal o' pains with his eddication, sir; let him run in the streets when he was wery young, and shift for his-self. It's the only way to make a boy sharp, sir.'(353)

하지만 이는 곧 쌤이 길거리에서 마구잡이로 자라나도록 방치했다는 말로서, 아버지로서의 직무유기를 드러낼 뿐이다. 즉 그에게 부여된 희극적 성격과 상황 때문에 그 파렴치성이 제거되고는 있지만 토니의 이 공치사(功致辭)는 초면의 신사 앞에서 부모된 권위를 세워보려는 허위의 강변에 불과하며, 이러한 시도의 억지성은 곧바로 이어지는 피퀵과 쌤의 반응에 의해서도 금방 탄로난다.

한편 이런 아버지를 둔 쌤은 스스로 생존의 방도를 개척하고 터득해 나가지 않을 수 없다. 물론 토니의 무책임성과 주책스러움에 대한 원망도 없을 리가 없다. 피퀵을 처음 만나던 자리에서 그는 그의 어머니가 사망했을 때 아버지 토니가 어머니의 유산을 재혼하는 데 다 써버린 것에 대한 불만을 열띠게 떠벌인다. 그러나 그는 주어진 조건에서 가능한 한 최대의 유익을 끌어내며 자립의 길을 열어나간다. 피퀵과 나누는 한 대화에서 그는 "제가 저의 아버지에게 뭔가 원하는 것이 있으면 저는 항상 매우 존경스럽고 공손한 태도로 요구했죠. 그가 그걸 주지 않는 경우는 제가 앗아내었답니다. 그걸 얻지 못해서 제가 무슨 못된 짓을 하게 될까 염려한 까닭이었죠. 이런 식으로 제가 아버지를 수없이 많은 곤경으로부터 면제해드렸지요"(448)라고 말한다. 이는 곧 쌤의 자립적 생명력과 지혜로운 대처가 없었다면 그가 기껏해야 좁 트로터 같은 사기꾼의 하인이 되었거나 아니면 『올리버 트위스트』(*Oliver Twist*)에서의 '날쌘 꾀돌이'(Artful Dodger)와 같이 노련하고 익살맞은 소매치기밖에 되지 않았을 것이라는 사실을 방증하는 말이다. 아버지를 "무도한 방랑꾼"(700)이라느니 "너무나 돌대가리인 늙은이"(867)라고 부르는 등의 무례한 쌤의 행동은 바로 이처럼 토니의 무책임함에도 불구하고 세상을 헤쳐나온 그의 당당한 위치 때문에 가능한 것이다.

그러나 두 사람의 이런 관계가 가질 수 있는 갈등의 가능성은 토니의 근본적인 선량함과 천진함 그리고 넘치는 해학성 등에 의해 쉽게 압도되고 잊혀진다. 게다가 아버지에 대한 자신의 행동이 "모두 다 좋은 감정으로 한 거지요, 나리--최상의 의도로 말입니다"(448)라고 피퀵에게 말하는 데서도 나타나는 쌤의 너그러움은 두 사람의 부자관계를 비할 데 없이 좋은 관계로 올려놓는 바탕이 된다. 그러나 두 사람의 화합이 토니의 아버지로서의 권위를 회복시키는 것은 아니다. 그가 쌤에게 대하는 태도를 혹 "애정의 권위"(Marcus 33)라고 평가해줄 수 있을지 모르나, 이미 부자관계의 위계질서는 두 사람 사이에서 불가능한 것이다. 오히려 쌤과 토니가 줄거리를 통하여 전개하는 관계는 사실상 위계질서의 전도일 뿐이다. 따라서 아써 에이드리언(Arthur A. Adrian)이 "부자간에 의무의 짐이 전혀 없는 성인 친구관계"(Adrian 132)라고 두 사람의 관계를 표현한 것도 타당성이 있지만 정확한 설명에는 못미친다.

쌤이 토니에 대해 아들로서보다는 아버지에 해당하는 역할을 한다는 점은 작품 도처에서 쉽게 발견된다. 말하자면 역마차 마부로 평생을 보내면서 세상경험이 많았어야할 토니가 웰러 부인의 유산처리 과정에서처럼 매사에 어리숙하고 무지하게 행동하는 반면, 쌤은 그런 토니에게 대답해주거나 타이르며 때로는 꾸짖거나 힘으로 제지하기도 하는 모습을 작품은 계속 보여주고 있는 것이다. 특히 웰러 부인과 스티긴즈(Stiggins)가 감옥에 면회왔을 때, 쌤이 토니를 짐짓 나무라기도 하는 등 능숙하게 두 사람의 말 대접을 해주는 동안 토니는 웰러 부인에게 주눅이 들어 있다가 틈을 보아 몰래 쌤이 보는 앞에서 스티긴즈를 쥐어박는 장난을 치는 장면(723-726)은 철없이 재롱부리는 아이와 점잖게 받아주는 아버지의 뒤바뀐 관계를 여실하게 보여준다. 이 결과 우리는 "돌봄을 받아야 하는 것은 그[토니 웰러]이다. 아들은 실로 그의 아버지가 되어야 한다"는 마커스의 단정(38)에 쉽게 동의할 수 있다.

토니와 쌤 사이의 이렇게 전복된 위계질서가 지니는 파격성은 앞서 언급했듯이, 피퀵과 쌤의 경우와 마찬가지로 두 사람이 지닌 개성의 대조적 특징을 통하여 그리고 그 궁극적 조화를 통하여 강렬한 희극적 효과를 창출하는 결과를 낳는다. 다만 쌤의 토니에 대한 역할은 피퀵에 대한 경우처럼 발전되고 심화되는 과정을 겪거나 지속적인 작용을 하는 성격을 띠지는 않는다. 두 사람의 파격적 부자관계는 작품의 희극성을 주도하기보다는 피퀵과 쌤의 희극적 관계를 좀더 보충하고 강화하는 요소로서 창조되어 있기 때문에, 훨씬 단순하고 천진스러운 성격을 띠도록 묘사되어 있다. 따라서 우리가 그들로부터 얻는 희극적 즐거움과 웃음도 피퀵과 쌤의 경우보다 단순하고 유치한 편이라 하겠지만, 이는 곧 그만큼 친밀하고 편한 것일 수 있음을 의미하는 것이기도 하다. 물론 이들의 관계에서도 당대의 무책임한 기성세대에 대한 우회적 비판이나 디킨즈 자신의 아버지와의 관계에 대한 소설적 반영 등과 같은 이면의 의미를 읽어낼 수 있겠지만, 보다 중요한 것은 두 사람의 매력적 어울림이 피퀵과 쌤의 어울림과 결합하여 작품 전체의 축제적 분위기를 구성하는 핵심으로 기능하면서 우리에게 디킨즈의 희극적 상상력의 본령을 한껏 맛보게 하는 역할을 최고의 효과로 수행하고 있다는 점일 것이다.

한편 토니는 또 하나의 다른 파격의 관계를 통해 작품의 희극성에 기여를 하는데, 그것은 곧 그의 아내와의 관계이다. 쌤과의 관계에 비해서 훨씬 단편적으로 묘사되고 있지만 토니는 자기 아내 웰러 부인(Mrs. Weller)에 대해서도 쌤에 대해서와 마찬가지로 마땅한 권위와 자격을 상실함으로써 정상적 위계를 벗어난 파격의 관계를 보인다. 그는 쌤에 따르면 사실 처음에 상당히 독단적인 결정으로 과부였던 웰러 부인을 자신 있게 두 번째 부인으로 삼은 것처럼 보인다. 하지만 그는 이내 그녀에게 정복당하는 신세가 되고 만다. 그는 웰러 부인에 의해 남편으로서 존경을 전혀 받기는커녕 갖은 구박과 잔소리를 받으면서 그녀 앞에서 늘 기가 죽고 겁에 질린 모습을 보일 뿐이다. 그가 남자다운 모습을 유지하는 것은 집밖에서 마차꾼으로 떠돌고 있을 때만 가능하며 일단 집안에 발을 들여놓는 순간 그는 웰러 부인의 강권에 짓눌리는 존재가 되고 만다. 따라서 그는 가능한 한 그녀의 언저리로부터 달아나거나 그렇지 못할 때는 무관심으로 그녀의 구박과 독설을 흘려버리는 것으로 그녀의 지배로부터 살아남는다.

토니가 그의 아내와 맺는 이런 파격적이고 파행적인 관계는 독자들에게 강렬한 웃음을 일으키는데, 이것은 그들이 각각 풍자와 해학이 어우러진 묘사를 통해 희극적으로 그려지고 있기 때문이다. 즉 토니는 그의 호방하고 여유로운 남성적 풍모가 아내 앞에서만은 그저 쩔쩔맬 뿐인 어설픈 모습과 희극적으로 대조됨으로써, 그리고 웰러 부인은 억지와 강변으로 남성을 꼼짝 못하게 하는 한편 잘못된 신앙에 빠져드는 어리석고 우스꽝스러운 모습을 통해, 각각 즐거운 풍자적 조롱의 대상이 되고 있다. 물론 두 사람이 일으키는 웃음의 성격은 분명히 다르다. 이것은 디킨즈가 지닌 남성적 입장에서 비롯되는 것인데, 아내에게는 한없이 주눅이 들어 있어도 유유자적한 남성적 풍모를 잃지 않도록 묘사되는 토니는 남성 독자에게 일종의 동지적이면서도 자기만족적인 웃음을 그리고 여성 독자에게는 호감과 매력 섞인 웃음을 일으키는 반면, 어리석은 맹신성과 억지와 히스테리 등 여성의 상투화된 결점을 집약하고 있는 것으로 묘사되는 웰러 부인은 남성 여성 공히 독자에게 자기만족적 경멸과 조롱을 일으키는 대상이 된다.

사실 토니와 웰러 부인이 보이는 이러한 풍자적 파격의 관계는 『피퀵 보고서』 전체를 걸쳐 나타나는 남성과 여성의 한 특징적 관계를 대표하는 것이기도 하다. 이 작품에서 여성들은 많은 경우 남성을 사로잡아 지배하고자 여러 가지 책략으로 공격해 오는 반면 남성들은 가능한 한 그러한 여성들의 손아귀에서 달아나고자 안간힘을 쓰는 모습을 보인다. 피퀵 일행은 자주 여성에 의해 곤혹을 치르곤 하는데, 텁맨

(Tupman)은 호색적인 노처녀 워들양(Miss Wardle)과의 관계로 인해 낭패당하며, 윙클은 포트 부인(Mrs. Pott)의 은근한 유혹에 빠져 구설수에 오른다. 그리고 피퀵 자신도 본의 아니게 수 차례 여성들의 밀착된 접근 때문에 고생하곤 하며 심지어 바들 부인에 의해 혼약파기 죄로 고소되어 감옥에 가기까지 한다.

또 피퀵 일행은 가는 곳마다 여성의 손아귀에 잡혀 꼼짝 못하는 남편들과 마주치곤 하는데, 포트, 넙킨즈, 리오 헌터(Leo Hunter) 등이 그 대표적 예이다. 이들은 모두 사회적으로는 상당한 지위와 권력을 행사하는 존재들이면서도 아내들 앞에서는 전혀 기를 펴지 못한 채 농락당하고 짓눌리기만 한다. 디킨즈는 그들의 이런 못난 모습에 대해서도 응분의 조롱을 보내고 있지만 그들의 아내에 대해서는 더욱 강한 풍자적 묘사를 가한다. 그녀들의 허세와 술수 그리고 호색성 등은 디킨즈에 의해 상당히 노골적인 비웃음의 대상으로 다뤄지곤 한다. 남녀간의 질서를 뒤엎고 군림하려는 여성에 대한 디킨즈의 강한 풍자는 토니가 여성들에 대해 피퀵에게 "그들이 당신에게 일단 마음을 먹으면 당신은 결코 그들을 배겨낼 도리가 없답니다. 그들을 어떻게 이겨내야 할지 알기란 불가능한 거지요. 당신이 그걸 궁리하고 있는 동안 그들이 당신을 해치워버린다 이겁니다"(884)라고 충고 삼아 말할 때, 우리로 하여금 그 말에 쉽게 동의하게 만든다. 실제로 도린 로버츠(Doreen Roberts 301)가 지적하듯이 작품에서 남성들은 주막이나 클럽과 같은 남성만의 집단에서 편안한 자유와 흥겨운 공동체적 유대감을 누리곤 하는 경향을 보이기도 한다.

토니의 말이 『피퀵 보고서』의 뒤집힌 남녀 관계에 대한 묘사를 통해 나타나는 디킨즈의 남성적 편향의 풍자성을 요약하고 있다면, 이를 좀 더 강화시켜 드러내고 있는 것은 바로 웰러 부인의 죽음이다. 그녀는 남편을 무시하고 열중해 나가던 야외 종교집회에서 비를 맞으며 오랫동안 설교를 듣는 것으로 인해 감기에 걸렸다가 얼마 안 되어 돌연 사망하는 것으로 처리된다. 그리고 그녀는 사망하기 직전 남편 토니에게 자신이 그 동안 아내로서 할 일을 다하지 못했다는 회개의 "분별 있는 말"(829)을 한 것으로 전해진다. 이에 대해 이전에 "그녀가 아내로서 역할을 하지 않는다"(353)고 아들 쌤에게 불평하면서 여성혐오적 언사를 일삼던 토니는 "대체로 말해 난 그녀가 죽어서 아주 슬펐다"(829)라고 너그러운 용서를 담은 애도를 잠깐 표한다. 물론 그는 아내의 죽음이 뜻밖에 가져다 준 '해방'과 '자유'의 만족감 속에서 그 슬픔을 금방 쉽게 잊어버린다. 웰러 부인에 대한 이와 같은 처리는 곧 강권적인 여성에 대한 일종의 남성적 소망충족이 담긴 응징의 해결이기도 한데, 여성의 회개라는 손쉬운 감상적 해결책은 결국 가정사의 주도권을 쥐고 있는 여성들에게 가해지는 풍자를 뒷받침하여 궁극적으로 온순하고 헌신적인 여성상을 미화하는 남성 이데올로기에 봉사하고 있는 셈이 된다. 그리고 이러한 방식의 남녀 관계를 통한 여성 풍자와 남성적 시각은 디킨즈의 다른 작품들에서도 자주 발견되는 사항이기도 하다.

그러나 토니와 웰러 부인 같이 헤게모니가 역전된 남녀관계에 대한 창조에서 단지 강권적이고 억지스러운 여성들의 묘사를 통한 디킨즈의 반여성적 풍자의 기질만을 찾아본다면 이는 부분적인 사실에 불필요하게 집착하여 디킨즈의 희극적 상상력의 전체적 풍성함을 제대로 파악하지 못하는 일이다. 우선 토니와 웰러 부인 등이 드러내는 디킨즈의 남성적 편향과 이데올로기적 한계는 사실 너무 분명한 것인 데다가 시대적으로 거의 불가피한 것이며, 따라서 이것만을 읽거나 강조하는 것은 이미 뻔한 내용을 쓸데없이 반복해서 떠벌이는 격에 불과하다. 게다가 토니와 웰러 부인으로 대변되는 파격적 남녀관계가 단순히 반여성적 풍자의 내용만을 지니고 있는 것도 사실 아니다. 그들의 관계를 자세히 들여다보면 못난 남성들에 대한 풍자가 항상 동시에 발견되곤 하는데, 여기에는 대개 강권적 여성들의 뒤틀린 심술이나 난폭한 군림의 이면에 종종 그들로서 그렇게 할 수밖에 없는 상황적 근거가 암시적으로 담겨 있곤 한다.

가령 토니와 웰러 부인의 경우, 토니가 그의 아들 쌤과 맺는 부자관계의 전도성을 염두에 둘 때, 우리는 그의 남편으로서의 역할과 능력이 그리 만족스러운 것이 아닐 것임을 쉽게 추측할 수 있다. 따라서 미망인이 된 몸으로 혼자 술집을 경영할 만큼 생활력이 강한 웰러 부인에게 만사태평형인 토니는 마땅한 상대가 못되는 것으로 드러났을 것이다. 결국 이런 상황에서 그녀가 남편에게 공격적이고 거칠게 대하는 한편 내면에 갇힌 에너지와 울화 등을 종교적 열중으로 풀고자 하는 것은 어렵지 않게 이해가 가는 사항이다. 토니 그 자신이 바로 이러한 실상을 의식 한 구석에서 느끼고 있다는 사실은 그가 쌤에게 "난 그녀를 아내로 둘 만한 자격이 없다"(379)고 말하는 대목에서 그 말의 아이러니를 뚫고 은근히 드러나기도 한다. 이런 점에서 토니의 집요한 여성혐오적 언사는 그의 감추어진 자의식을 무마하고 자신을 합리화하기 위한 무의식적인 반작용에 해당되는 측면이 없지 않다. 그리고 이렇게 볼 때 웰러 부인의 뉘우침이 그녀 자신의 입이 아니라 그녀 사후(死後) 토니에 의해 전달되고 있는 것도 우연하지만은 않은 사건의 서술로서 다시 음미해볼 사항이다. 단순한 듯한 서술의 표면 아래 이처럼 의외로 복잡한 심리적 메커니즘과 '혐의'에 대한 통찰이 스며 있는 점은 디킨즈의 희극적 상상력이 지닌 창조적 깊이의 일면을 증명해 주는 것이기도 하다.

그러나 토니와 웰러 부인 같은 파격적 남녀관계가 지니는 가장 궁극적인 의미는 그것이 디킨즈의 희극적 상상력의 창조성을 풍성하게 구현하고 즐겁게 장식하는 역할을 하는 것이라는 점이다. 이것은 다시 말해 토니와 웰러 부인의 창조에 있어서 그 본질적 요소는 그들의 관계가 지니는 희극성이지 그들의 성별이나 그로 인해 비롯되는 풍자적 내용의 차이가 아니라는 것이다. 즉 중요한 것은 토니와 웰러 부인 사이의 파격이 지니는 희극적 구조와 형식이지 그 파격의 구체적 내용이나 주제가 아니다. 왜냐하면『피퀵 보고서』에서 여성에 대한 풍자는 남성적 이데올로기의 무의식적 반영이기에 앞서 먼저 순수한 희극적 충동의 유쾌한 발현을 위해 우연히 쉽게 택해진 하나의 형식적 방편으로 존재하기 때문이다. 그것은 특수한 성적 태도와 차이의 의미로 의식되기에 앞서 마치 식욕처럼 자연스럽고 보편적인 충동의 산물로서 우리에게 느껴진다. 남성과 여성 인물들 각각에게서 드러나는 풍자적 태도의 너무나 노골적인 차이성과 그 반복성은 오히려 바로 그 의식 없이 행해지는 희극적 충동의 순진함과 자연스러움을 역으로 증명하는 것이라고 할 것이다. 따라서 비록 여성에게 좀더 강한 풍자적 조롱이 가해지고 남성에게 호의적 희극성이 보다 많이 부여되었다 할지라도 그 차이는 본질적으로 별 의미가 없는 것이다. 그것은 곧 양쪽이 혹 서로 뒤바뀌어 묘사되어도 아무 상관이 없을 차이이다. 오직 풍자와 해학이 서로 어울려 창출하는 희극적 효과의 강도만이 묘사의 핵심 목표인 것이다. 다만 이런 희극적 충동의 발현으로서 파격적 남녀관계 창조는 이후의 디킨즈 소설세계에서, 빅토리아조의 억압적 남성 지배 이데올로기에 대한 디킨즈의 비판적 의식이 창조한 다른 유형의 남녀관계와 섞임으로써, 더 이상 그 온전한 순수성을 유지할 수가 없게 된다.

4

피퀵과 쌤 그리고 토니 등이 『피퀵 보고서』에서 펼쳐 보이는 희극적 인간관계의 조화로운 매력은 이 소설이 "공동체 속에서 인간관계의 이상적 가능성에 대한 비전"을 구현하고 있다(Marcus 17)고 말하기에 족하다. 하지만 『피퀵 보고서』에서 펼쳐지는 디킨즈 상상력의 밝고 활기찬 희극의 세계는 이후의 디킨즈 소설에서 그 순수성과 온전성을 그리고 그 가능성을 곧 잃기 시작한다. 비록 순수한 희극성의 기억과 잔재가 이후의 작품에서 종종 목격되곤 하지만, 특히 『마틴 처즐윗』(*Martin Chuzzlewit*)까지의 초기 작품들에서 또는 심지어 『데이빗 코퍼필드』(*David Copperfield*) 같은 작품에서도 상당히 두드러지게 나타나곤 하지만, 피퀵 같은 순순한 희극적 인물이 주인공으로 이야기를 처음부터 끝까지 주도하면서 실질적으로 이끌어 가는 경우는 더 이상 일어나지 않는다. 가령 바로 다음 작품인 『올리버 트위스트』만 보아도, 피퀵과 같은 유형의 인물인 브라운로우(Brownlow)는 곧바로 주인공이 아니라 조역의 위치로 떨어져 점잖고 너그러운 신사로서 주인공 올리버의 후견인적 역할을 할 뿐이다. 그리고 『데이빗 코퍼필드』쯤에 이르면 피퀵류의 인물은 미코버(Micawber)처럼 비록 고갈하지 않는 낙천적 희극성을 흩뿌려대고는 있지만 본래의 따뜻함과 너그러움을 이미 거의 잃은 채 황당한 허풍으로 너스레를 떠는 초라한 어릿광대의 우스꽝스러운 모습으로 떨어지고 만다.

피퀵류의 주인공이 왜소해지는 만큼 당연히 쌤이나 토니 같은 인물들도 이후의 작품들에서 사라지거나 다시 나타난다 하더라도 그들이 지닌 강력한 희극적 활력과 개성 그리고 경이로운 조화의 순수한 매력을 잃는다. 이는 예를 들어 『마틴 처즐윗』에서의 마크 태플리(Mark Tapley)나 『바너비 럿쥐』(*Barnaby Rudge*)의 윌릿(Willet) 부자 또는 『데이빗 코퍼필드』의 바키스(Barkis) 같은 인물들을 쌤과 토니와 비교해보면 쉽게 드러난다. 그런데 이렇게 작품을 주도하는 희극적 인물들의 힘과 존재가 미약해지는 것은 바로 그 만큼 삶의 고통과 어두운 현실의 차가운 힘이 작품 속에서 희극적 세계관의 따뜻한 빛으로 녹여지지 않는다는 사실을 의미한다. 즉 악과 공포와 불행의 무리는 더 이상 희극적 상상력의 튼튼한 울타리 안에 갇혀있지 않고 허물어지거나 약해진 울타리를 뚫고 뛰쳐나가거나 뛰어 넘어버린다. 『올리버 트위스트』의 경우, 올리버의 배고픔과 시련, 페이긴(Fagin)의 탐욕, 빌 사익스(Bill Sikes)의 폭력성과 낸시(Nancy)의 죽음 등은 이미 희극적 상상력에 의해 용해되거나 포섭되기에는 너무 강렬하고 고통스럽다. 그것들은 『피퀵 보고서』에서처럼 무섭지만 짜릿한 전율을 주는 즐거운 놀이와 같은 차원의 경험을 훨씬 넘어서 어른의 세계, 현실의 세계에 이미 깊이 들어간 것들이다.

『피퀵 보고서』 이후의 이러한 변화는 결국『피퀵 보고서』의 순수한 희극적 활기가 지배하는 세계가 디킨즈 문학세계에 있어 '잃어버린 낙원'의 자리를 차지한다는 사실을 의미한다.『피퀵 보고서』에서 펼쳐지는 희극적 인생관의 경지는 체스터튼(G. K. Chesterton)이 말했듯이 "영원한 젊음의 느낌"이 살아 있는 경지(Chesterton 59)인데, 이는 바로 그 이후 디킨즈가 결코 돌아가지 못한 경지이다. 무명작가로서 어떤 작가적 자의식이 없이 그야말로 자신의 상상력의 순수한 발현만을 열중하여 쏟아내는 순수의 시대에서만이『피퀵 보고서』같은 작품의 창조가 가능한 것이었다. 인기 작가로 올라선 뒤 작가적 자의식이 점차 강하고 뚜렷하게 형성되면서 독자를, 독자와 자신이 살고 있는 세계를, 삶의 문제를, 경험의 실체를 점점 들여다보고 인식하면서 디킨즈는 작가로서 성장하고 고민하고 실천하고 살아나간다. 그러나 그는 동시에 늙어가면서 젊음과 순수함을, 상상력의 낙원을 잃어간다. 그리고 그 잃어버린 세계는 곧 일종의 신화로 남게 된다.

잃어버린 낙원, 신화로서 기억되는 세계는 개개인의 삶에 있어 바로 어린 시절의 꿈과 동화의 세계에 해당된다. 이는 곧『피퀵 보고서』에서 작용하는 디킨즈의 상상력의 시공간적 성격이 궁극적으로 어린 시절의 동화와 꿈의 나라와 일치한다는 사실을 뜻한다. 사실 이 작품의 주인공 피퀵은 유아의 영혼을 지니고 있는 존재이며, 등장인물은 물론 독자의 마음을 가장 강렬하게 사로잡는 부분은 바로 동화의 세계를 지배하는 초자연적 존재 즉 유령의 이야기들이다. 고통과 공포와 죽음과 갈등이 여기저기 깔려 있지만 그것들은 순진한 아이들이 전쟁놀이하며 서로 죽이는 일처럼 놀이의 차원에서 경험되는 것이거나 마법의 지팡이가 한 번 휘둘러지면 단번에 사라지듯 어느 틈에 녹아 해결되어 없어지거나 한다. 따라서 악과 공포의 존재는 현실적인 두려움의 힘을 갖지 않고 즐거움의 효과를 더하기 위해 존재하며, 악과 공포의 패배는 도덕적 의미를 별로 갖지 못한다. 그것들은 원래 그렇게 되도록 예정되어 있을 뿐이며, 놀이하는 어린아이가 그것들이 어떻게, 왜 제거되는가 하는 고민을 하지 않듯이 피퀵에게 심각한 고민과 깨달음 같은 것은 거의 없다. 작품에서 선의 승리는 예정된 결말일 뿐, 그것을 통해 어떤 현실적 교훈의 강력한 의미를 전달하고자 하는 의도는 없다.

요컨대 『피퀵 보고서』의 희극적 세계가 지닌 매력의 본질은 어린 시절의 동화의 세계, 꿈의 세계, 마법의 세계가 지닌 것과 동일하며, 따라서 『피퀵 보고서』를 제대로 즐기기 위해 우리에게 필요한 것은 바로 순순한 동화적 감수성으로 돌아가는 것이다. 가령 '피터 팬'(Peter Pan)의 이야기에서 웬디(Wendy)와 동생들이 피터 팬이 뿌려주는 요술 먼지를 맞고 '즐거운 생각'을 떠올림으로써 창문 밖으로 날아오를 수 있는 것처럼, 피퀵이 뿌려주는 환한 미소의 광채를 맞고 '즐거운 생각', 즉 동화적 심성을 되살림으로써만 우리는 피퀵과 함께 그의 마차 문 안으로 훌쩍 뛰어오를 수 있는 것이다. 그리고 피터 팬을 따라 아이들이 '네버랜드'(Neverland)로 날아가듯이, 우리는 피퀵을 따라 마차를 타고 디킨즈의 '네버랜드', 즉 '디킨즈랜드'(Dickensland)로 어느새 날아가듯 달려간다. 그리고 그곳에서 우리는 인어와 인디언이나 해적과 악어 대신에 워들과 징글 또는 포그와 플리트 감옥을 만나 흥겨운 모험의 시간을 즐긴다.

동화적 경험의 순수한 즐거움을 주는 '디킨즈랜드'로서 『피퀵 보고서』의 성격을 이렇게 규정할 때, 우리는 바로 이로부터 소박하지만 이 작품이 디킨즈 당대는 물론 오늘날의 독자에게 갖는 대중적 의미를 끌어내 볼 수 있다. 피터 팬의 '네버랜드'가 단지 어린이들만 대상으로 하고 어린이들에게만 매력적인 세계라면, 『피퀵 보고서』는 어린아이의 마음을 되살릴 수 있는 모든 어른에게로 그 매력과 즐거움을 확대한 성인용 '네버랜드'인 셈이다. 이렇게 말하는 순간 『피퀵 보고서』는 즉시 현대 대중오락의 한 전형인 '디즈니랜드'(Disneyland)를 상기시킨다. 피퀵의 '디킨즈랜드'는 19세기판 소설의 '디즈니랜드'에 해당한다고 할 수 있다. 미국의 '디즈니랜드', 그리고 그 복사판 한국의 '에버랜드'는 어떤 곳인가? 누가 가는가? 어린아이들은 물론, 대학생, 젊은 연인,

신혼 시절의 부부, 중년의 남녀, 손자 손녀를 따라 온 노인들 등 우리 모두 그곳에 가서 함께 섞여 '애들처럼' 즐긴다. 그리고 웃기는 놀이와 무서운 놀이에 번갈아, 연달아, 즐겁게 사로잡혀, '모처럼' 시간의 흐름을 잊는다. 『피퀵 보고서』가 우리에게 주는 경험은, 특히 디킨즈 당대의 독자들에게 주었던 경험은, 본질적으로 바로 이것과 같다. 물론 거액의 입장료에다 놀이마다 가로막고 사람 수대로 또 돈을 받고자 탐욕스럽게 벌리고 있는 자본의 더러운 손 때문에, 또는 밀려든 인파에 시달려, 우리의 즐거움이 손상 당할 염려는 없다. 단지 책을 펼 만한 시간과 공간만 있으면 된다. 그만큼 자본에 의해 제도화되고 상품화된 오락으로서의 성격이 없는 셈이다. 즉 '디킨즈랜드'로서 『피퀵 보고서』는 우리 인간의 본원적 욕망인 오락과 즐거움의 욕구를 독서라는 형태를 통해서 순수하고 건강하게 채워주는 일종의 놀이공원인 셈이다.

피퀵을 따라간 '디킨즈랜드'에서의 모험과 흥분과 즐거움, 물론 현실의 가난과 궁핍, 폭력적 모순성과 교활한 억압성을 잠시 접어둔 망각과 마취의 경험일 수 있겠지만, 그것은 동시에 현재의 타락한 후기 자본주의 삶의 억압적 긴장의 틀을 깨고 나가는 파격의 행위로서 해방과 회복을 경험하는 건강한 순간일 수도 있다. 물론 이것은 우리가 피퀵과 같은 순수한 영혼으로 돌아갈 때만 가능한 경험이며, 디킨즈의 다른 소설에서는 다시금 그 순수한 기쁨과 즐거움의 상태로 온전하게 맛볼 수가 없는 귀한 경험이다.

Ⅱ.『올리버 트위스트』
어른을 위한 동화

Oliver Twist

1

『올리버 트위스트』(*Oliver Twist*)는 찰스 디킨즈(Charles Dickens)가 일생 동안 완성한 14편의 장편소설 중 두 번째 작품으로, 디킨즈가 25세 되던 해인 1837년 2월부터 1839년 4월까지 『벤틀리의 잡지』(*Bentley's Miscellany*)라는 월간 잡지에 20회에 걸쳐 연재한 소설이다. 디킨즈의 첫 장편소설은 『피퀵 보고서』(*The Pickwick Papers*)인데, 『올리버 트위스트』가 나오기 한 해 전인 1836년 4월에 연재가 시작되어 폭발적인 인기를 누린 이 작품을 통해 디킨즈는 24세의 젊은 나이에 일약 당대 최고의 인기작가의 반열에 오른다. 『피퀵 보고서』의 성공으로 작가적 자신감을 얻은 디킨즈는 『피퀵 보고서』가 아직 연재되던 중인 1836년 11월에 그 동안 기자로 근무하던 『모닝 크로니클』(*The Morning Chronicle*) 신문사를 그만 두고 전업 작가의 길에 들어서는데, 그 후 다섯 달 만에 새로운 작품으로 연재를 시작한 것이 바로 디킨즈의 소설 가운데 가장 널리 알려진 『올리버 트위스트』다.

『피퀵 보고서』보다 늦게 나오긴 했지만 『올리버 트위스트』는 사실 디킨즈가 장편소설 작가로서 본격적인 의식을 지니고 창작한 최초의 작품이라고 할 수 있다. 왜냐하면 『피퀵 보고서』는 비록 디킨즈의 출세작

임에도 불구하고 디킨즈 자신이 처음부터 발의하고 구상한 작품이 아니기 때문이다. 이 작품이 시작될 당시 디킨즈는 풋내기 무명작가로서, 로버트 씨모어(Robert Seymour)라는 한 유명한 판화작가의 그림을 재미나게 설명하는 보조자적 역할로 작품 창작에 참여했었는데, 그러다가 얼마 후 그 판화작가가 뜻밖에 자살해버리는 바람에 운 좋게 작품을 주도적으로 이끌어나가게 되었던 것이다. 이에 반해『올리버 트위스트』는 디킨즈가 단독으로 출판업자 벤틀리와 정식으로 계약을 체결하고 처음부터 온전히 혼자만의 구상으로 창작에 임해 발표한 장편소설이었다. 디킨즈가『올리버 트위스트』의 연재를 시작한 것은『피퀵 보고서』가 아직 인기 절정에 있을 때였는데, 이 사실은 막 자신의 능력을 인정받은 젊은 작가의 넘쳐나는 창조적 에너지를 보여주는 것이기도 하지만, 다른 한편 우연히 거머쥔『피퀵 보고서』의 성공을 넘어서 자신의 작가적 역량을 본격적으로 증명해보이고 싶은 디킨즈의 작가적 자의식과 의지를 보여주는 사항이기도 하다.[1)]

『올리버 트위스트』가『피퀵 보고서』와는 상당히 대조적인 성격의 작품이라는 것은 그런 점에서 결코 우연이 아니다. 실제로『피퀵 보고서』는 플롯이나 주제랄 게 거의 없이 일화적인 모험담을 토대로 활기차고 풍요로운 희극적 상상력이 자유롭게 펼쳐지는 비교적 단순한 작품인 반면에『올리버 트위스트』는 플롯과 주제의식이 뚜렷한 가운데 고통과 공포와 폭력 등 어두운 상상력이 지배적으로 작용하는 등『피퀵 보고서』보다 짧으면서도 오히려 훨씬 복잡한 성격을 지니는 작품으로,[2)]『피퀵 보고서』의 축제적인 희극성에 열광했던 당대 독자들에게 상당히 큰 충격

1) 로버트 콜비(Robert A. Colby)는 이에 대해 다음과 같이 말하고 있다. "Dickens was most concerned about his reputation with critics who had questioned his ability to sustain a long narrative and were already predicting the exhaustion of his sparkling vein."(Colby 11)

2)『올리버 트위스트』의 장르적 복합성은 많은 비평가들이 지적하는 사항이다. 가령 마이클 슬레이터(Michael Slater)는 "풍자, 악몽 이야기, 사회 기록물, 소극(笑劇), 멜로드라마, 그리고 준(準)비극(near-tragedy)의 대단히 비범한 혼합체"로 이 작품을 지칭하고 있으며(Slater(1993) 508), 존 베일리(John Bayley)의 경우는 디킨즈가 이 작품에서 고딕적 악몽(Gothic nightmare)의 양식과 사회비판(social denunciation)의 양식을 서로 상승의 효과를 내도록 잘 결합함으로써 소설사에서 독특한 성공을 이루어냈다고 설명한다(Bayley 469).

으로 다가왔던 소설이다(Grant 97, Ford 41 각각 참조).

2

디킨즈가 작품의 서문에서도 밝히고 있듯이 『올리버 트위스트』는 일단 "선의 원리"(the principle of Good)(Dickens 33)를 대변하는 주인공 올리버 트위스트가 "온갖 역경을 뚫고 살아남아 마침내 승리하는"(surviving through every adverse circumstance and triumphing at last)(33) 이야기로서, 뚜렷한 도덕적 교훈과 주제를 담고 있는 작품이다. 주인공 올리버는 구빈원에서 부모가 누구인지도 모른 채 태어난 불쌍한 고아 소년으로, 탁아소와 구빈원에서 비참한 생활을 하며 자라다가 죽을 더 달라고 했다는 죄목으로 핍박을 당한 뒤 장의사의 도제로 팔린다. 장의사의 집에서 학대와 모욕을 당하던 그는 마침내 런던으로 도망치는데, 거기서 범죄 집단의 손아귀에 빠지게 된다. 인정 많은 신사에게 잠시 구원되기도 하지만 그는 곧 다시 범죄자들에게 납치된 뒤 결국 강도질의 도우미 역할을 강요받는다. 강도 현장에서 총상을 입은 그는 다행히 죽을 고비를 넘기고, 선량하고 자비로운 부인과 아가씨의 도움으로 순수함과 결백을 인정받은 뒤 편안하고 안전한 삶을 영위하기 시작한다. 비록 그를 해치려는 범죄 세계의 위협과 음모가 여전히 존재하지만, 올리버는 그를 동정하는 창녀 아가씨의 희생적인 도움을 비롯해 그를 구원해줬던 신사와 다른 선량한 보호자들의 도움과 노력으로 마침내 자신의 출생 비밀을 알게 되고 이모를 만나게 된다. 그리고 그는 아버지의 유산을 물려받은 뒤 아버지의 친한 친구였던 신사의 양자가 되어 시골에서 이모와 함께 행복하게 산다.

고아 소년이 가난과 궁핍과 학대와 범죄 세력의 유혹과 위협과 음모 등 수많은 고난에도 불구하고 자신의 타고난 선한 심성을 잃지 않은 채 시련을 극복한 뒤 구원과 행복에 이르는 위와 같은 줄거리로 볼 때, 『올리버 트위스트』는 권선징악에 바탕을 둔 일종의 '도덕적 우화'(moral fable)에 해당된다고 할 수 있다. 이 소설의 부제(副題)가 그 당시 널리 읽혀지던 존 번연(John Bunyan)의 기독교 도덕우화— 우리에게 『천로역정』이라고 알려진—『순례자의 역정』(*The Pilgrim's Progress*)을 연상시키는 "구빈원 소년의 역정"(The Parish Boy's Progress)이라는 점은 바로 작품의 그런 성격과 일치한다. 사실 선의 화신이라고 할 수 있는 올리버가 악의 화신이라고 할 수 있는 페이긴(Fagin)과 멍크스(Monks)의 유혹과 위협을 이겨내고 마침내 가족과 신분과 물질이 모두 온전히 갖춰진 이상적인 삶을 얻는 과정은 『천로역정』의 주인공 크리스천(Christian)이 악의 핍박과 유혹을 극복하고 천국에 이르는 과정을 세속적으로 변형해 구현한 것이라고 해도 틀리지 않다. 『올리버 트위스트』가 지닌 이런 도덕적 우화의 성격은 이 작품이 19세기 영국 사회라는 특수한 현실적 배경에도 불구하고 시공을 초월한 보편적 호소력을 갖게 하는 한 요인으로 작용한다. 착한 심성을 지닌 불우한 고아 소년이 굶주림과 천대와 사악한 위협을 당하며 극심한 시련을 겪다가 자비로운 섭리에 의해 궁극적으로 행복에 이른다는 이야기는, 즐거움보다는 고통이 더 많고 선보다 악이 지배하는 힘겨운 세상살이에 부대끼는 인간이라면 시대와 지역과 인종과 성에 관계 없이 언제나 마음속에 간직하고 있는 원형적 믿음과 염원, 즉 구원과 섭리의 진실성에 대한 신화적 소망과 순수한 동화적 욕망을 충족시키고 위로해주는 이야기이기 때문이다. 올리버를 소설의 등장인물로서 구체적 실체성이 없는 무성격적 존재로 설명하면서 그 이유를 "올리버가 진정한 보편인이라"(Oliver is a true everyman)는 점에서 찾는 베일리의 관점(Bayley 468)이 타당한 것도 바로 『올리버 트위스트』의 이런 작품적 성격에서 비롯된다고 할 것이다.

그러나 『올리버 트위스트』가 한 편의 소설로서 독자의 관심과 흥미를 끄는 진짜 이유는 위와 같은 도덕우화의 소망 충족적 보편성보다는 주인공 올리버가 겪는 경험의 구체적 특수성, 특히 올리버를 억압하거나 위협하는 현실세계의 구체적인 악에 대한 독특하고 생생한 재현에 있다. 작품 속에서 현실세계는 크게 선과 악이라는 두 개의 대립되는 세계로 나눠진다. 브라운로우 씨(Mr Brownlow)와 메일리 부인(Mrs Maylie)으로 대변되는 너그럽고 안온하고 다정한 세계가 한 편에 있고 그 맞은편에 범블(Bumble)과 페이긴으로 대변되는 비인간적이고 사악하며 음험한 악의 세계가 존재한다. 그리고 소년 올리버가 '선의 원리'를 대변하는 주인공이자 매개자로서 이 두 세계 사이를 오가며 양자의 대립적 양상을 드러내다가 선의 승리라는 결말을 이끈다. 하지만 이 두 대립되는 세계는 단순히 선과 악이라는 추상적 도덕성의 대변자가 아니라 19세기 영국사회의 중산계급적 가정 이데올로기와 이상적 가치관을, 그리고 억압적인 법제도와 범죄라는 구체적 사회악을 각각 구현하는 사실적 세계로 묘사된다.

그런데 이 두 세계 가운데 악의 세계, 즉 올리버의 삶과 여정을 힘들고 고통스럽게 만드는 현실세계의 악이 우리의 관심을 훨씬 강하게 끈다. 주인공 올리버를 비롯해 브라운로우, 메일리 부인, 로우즈(Rose), 해리 메일리(Harry Maylie) 등과 같이 작품 속에서 선의 원리를 대변하는 인물들은 작가의 도덕적 지지를 받고 있긴 하지만, 모두가 지극히 감상적이고 선하고 밋밋해서 인물로서의 문제성이나 매력이 별로 없다. 그에 반해 범블, 페이긴, 사익스(Sikes), 멍크스, '날쌘 꾀돌이'(Artful Dodger) 등과 같이 선에 대적하는 악의 세계의 인물들은 하나같이 독특한 개성과 마력을 지닌 존재들로 우리의 주의를 강력하게 사로잡는다.[3] 구체적 현실성에 있어서도 전자의 세계는 19세기적

3) 대부분의 비평가들이 이 점을 지적하는데, 가령 존 로마노(John Romano)는 "*Oliver Twist* is a novel famous for thrilling us with its portraits of evil and boring us with its portraits of good."이라고 말하며(Romano 119), 체스터튼(G. K. Chesterton)은 "In *Oliver Twist* the smoke of the thieves' kitchen hangs over the whole tale, and the shadow of Fagin falls everywhere. The little lamp-lit rooms of Mr. Brownlow and Rose Maylie are to all appearance purposely kept subordinate, a mere foil to the foul darkness without."라고 표현하고 있다(Chesterton 81).

외피를 지니고는 있지만 다분히 상투적이고 관념적인 성격이 강한 반면, 악당의 세계는 소설 전반부의 구빈원과 후반부의 런던 범죄소굴처럼 19세기 초 영국의 특수한 사회적 상황과 문제에 아주 밀접한 관련성을 지니고 있다. 더구나 악의 세계의 경우, 해학과 풍자라는 디킨즈 특유의 희극적 창조성과 사회 비판 의식, 그리고 인간 행동과 심리에 대한 작가의 탁월한 통찰력이 집중적으로 발휘됨으로써, 도덕적 승리를 거두는 선의 세계보다 오히려 더 강력한 인상을 독자에게 남기는 일종의 아이러니를 낳기까지 한다. 작품 출판 직후 빅토리아 여왕의 수상이었던 멜번(Melbourne) 경 같은 당대의 상류층 독자들에게서 부정적인 비난을 받았을 뿐만 아니라 쌔커리(W. M. Thackeray)를 비롯한 일부 비평가들에게서 "외설스럽고 부도덕하다"(salacious and immoral)는 공격을 받은 것도 바로 이런 아이러니에서 비롯된 것이다 (Horne, xiii, Colby 12, Hollingsworth 128-29, 각각 참조).

선의 힘에 맞서서 올리버의 생존과 행복을 위협하는 악의 세력은 작품 속에서 크게 구빈원과 범죄세계라는 서로 성격과 종류가 매우 다른 두 세계로 나뉜다. 이 두 악의 세력은 올리버의 여정에 따라 작품 전반부와 후반부에 순차적으로 나타나는데, 각각에 대한 고발과 폭로에 가까운 디킨즈의 강렬한 묘사와 형상화는 『올리버 트위스트』가 소설로서 독자를 사로잡는 결정적인 힘으로 작용한다. 먼저, 소설 전반부에서 디킨즈는 구빈원에서의 올리버의 삶을 통해 잘못된 법과 제도가 사회의 가장 무력하고 불행한 구성원들에게 가하는 비인간적이고 불의한 공적 악행을 신랄한 풍자로 폭로하며 비판한다. 이 부분을 정확히 이해하기 위해서는 구빈법을 둘러싼 디킨즈 당대의 역사적 상황을 약간 알 필요가 있다. 『올리버 트위스트』가 씌어지기 몇 해 전인 1834년에 영국은 1795년 이후 시행되어 오던 빈민 구제법, 즉 구빈법(The Poor Law)을 새로 개정한다. 법 개정의 주된 동기는 비효율적이고 부적절하게 운영되던 과거 구빈법의 여러 악습과 폐단과 부작용을 없애고 좀더 효율적이고 합리적으로 정비된 법을 마련한다는 것이었다. 이 구빈법 개정을 주도한 사람들은 벤담(Jeremy Bentham)과 맬서스(Thomas Malthus)의 사상을 신봉하는 공리주의(utilitarianism) 사상가들이었는데, 그들은 공리적 원칙과 합리성에 입각해 빈민 자격요건과 행정 절차의 강화, 남녀의 분리수용, 급식 제한과 강제노역 부과 등을 골자로 하는 신구빈법을 제정했다. 그리고 이를 통해 구제 대상이 되는 빈민의 인구를 최소화하는 한편 빈민의 노동력을 최대한 창출해냄으로써 빈민구제에 드는 사회적 비용을 절감하는 공리적 목표를 달성하고자 했다.

하지만 개정된 이 신구빈법에는, 구빈원의 운영 개선, 불필요한 사회적 비용지출의 절감, 어린이와 노약자의 처우 개선 등과 같은 그 긍정적 취지에도 불구하고, 빈민계층의 출산을 막기 위해 남편과 아내를 격리해서 수용한다든가, 구빈원에 의존하는 빈민의 수를 최소화하기 위해 최저수준의 급식을 제공하고 가혹한 노동을 의무적으로 강요하는 것과 같은 지극히 비인간적이고 비정한 공리적 조치들이 그 핵심 내용으로 포함되어 있었다. 게다가 이런 비인간적 조치들은, 행정관리들의 여전한 부패와 무능, 그리고 전혀 나아지지 않은 어린이와 노약자의 처우 등과 결합하여, 신구빈법 시행 이후의 구빈원 상황을 오히려 과거보다 훨씬 더 열악하고 비참한 곳으로 만들었다.

작가로 활동하기 전에 기자로서 삶의 현장을 누비고 다녔던 디킨즈는 신구빈법이 초래한 당대 구빈원의 바로 이러한 억압적이고 타락한 실상을 잘 알고 있었다. 그는 특히 당시 영국 지배계급의 이념적 근간으로서 구빈법 개정을 주도했던 공리주의적 사고의 비인간적이고 반생명적 성격을 꿰뚫어 보고서 이를 인본주의적 입장에서 강력하게 비판했다. 『올리버 트위스트』 초반부에서 고아인 올리버를 다루는 구빈원 관료들과 이사회의 비정하고 계산적이며 이기적인 행태에 대한 신랄한 풍자는 바로 그의 이러한 인본주의적 통찰과 분노의 소설적 반영이다. 그는 어린 아이들에 대한 동정심이 전혀 없이 탁아소의 운영비 착복에만 관심이 있는 탐욕스럽고 위선적인 맨 부인(Mrs Mann), 터무니없는 허영과 권위의식으로 가득 찬 교구 하급관리 범블, 그리고 죽을 더 달라는 올리버의 간청에 세상이 뒤집히기라도 한 듯이 경악하며 호들갑을 떠는 구빈원 이사회 등에 대해 노골적인 아이러니와 풍자의 공격을 사정없이 퍼붓는다. 이 중 올리버가 죽을 더 달라고 하는 유명한 대목만 인용해보기로 한다.

"주방장님, 제발 조금만 더 주세요."

주방장은 뚱뚱하고 혈색 좋은 사내였다. 하지만 그의 얼굴은 즉시 극도로 창백해졌다. 그는 경악하여 넋을 잃은 채 이 꼬마 반란자를 몇 초 동안 물끄러미 바라보았다. 그리곤 쓰러지지 않으려고 가마솥을 꼭 붙잡았다. 도와주던 아낙네들도 놀라서 온 몸이 마비되어 서 있었고 아이들은 공포에 사로잡혀 바라보았다.

"뭐라고!" 마침내 주방장이 희미한 목소리로 말했다.

"주방장님." 올리버는 대답했다. "제발 조금만 더 주세요."

주방장은 올리버의 머리를 겨냥해 국자로 한 대 내려치고 두 팔로 올리버를 꽉 붙잡은 채 교구 하급관리를 불러오라고 비명을 지르듯 소리쳤다.

교구 이사회는 마침 엄숙한 비밀회의를 하는 중이었는데 범블 씨가 몹시 흥분한 얼굴로 뛰어들어와 높은 의자에 앉은 신사를 보며 말했다.

"림킨스 이사님, 죄송합니다! 하지만 나리, 올리버 트위스트가 좀 더 달라고 했답니다!" 모두들 깜짝 놀랐다. 경악과 공포가 모든 사람의 얼굴에 서렸다.

"더 달라고 했다니!" 림킨스 씨가 말했다. "진정하게, 범블. 그리고 내 말에 분명히 대답하게. 방금 올리버가 좀 더 달라고 했다고 말했는가? 배급규정대로 준 저녁을 받아먹고 난 뒤에 말이야?"

"네, 그렇습니다, 나리." 범블은 대답했다.

"그놈은 교수형을 당할 놈이오." 흰 조끼를 입은 신사가 말했다. "장담컨대 그놈은 분명 교수형을 당할 놈이오."

'Please, sir, I want some more.'

The master was a fat, healthy man; but he turned very pale. He gazed in stupefied astonishment on the small rebel for some seconds, and then clung for support to the copper. The assistants were paralysed with wonder; the boys with fear.

'What!' said the master at length, in a faint voice.

'Please, sir,' replied Oliver, 'I want some more.'

The master aimed a blow at Oliver's head with the ladle; pinioned him in his arm; and shrieked aloud for the beadle.

The board were sitting in solemn conclave, when Mr. Bumble rushed into the room in great excitement, and addressing the gentleman in the high chair, said,

'Mr. Limbkins, I beg your pardon, sir! Oliver Twist has asked for more!' There was a general start. Horror was depicted on every countenance.

'For more!' said Mr. Limbkins. 'Compose yourself, Bumble, and answer me distinctly. Do I understand that he asked for more, after he had eaten the supper allotted by the dietary?'

'He did, sir,' replied Bumble.

'That boy will be hung,' said the gentleman in the white waistcoat. 'I know that boy will be hung.'(56-8)

이 대목이 『올리버 트위스트』를 대표하는 유명한 장면으로 기억되곤 하는 이유는 바로 이 장면에 구현된 사회적 비판의 강력한 상징성과 효과 때문이다. 아널드 케틀(Arnold Kettle 125)이 지적하듯이, 주방장 앞으로 겁에 질린 채 걸어나가 죽을 더 달라고 힘없이 애원하는 굶주린 소년 올리버는 세상의 모든 굶주린 고아를 비롯해 모든 가난하고 억압받는 약자들을 대변하는 존재이고 올리버의 가련한 요구에 자지러지듯 경악하는 살찐 주방장과 교구 이사회는 세상 모든 곳에 존재하는 억압적 제도의 대행자를 표상한다. 이런 상징적 구도 위에서 디킨즈는 올리버의 불쌍한 모습과 주방장 및 교구 이사회의 반응 사이의 극적 대조, 과장적 묘사와 아이러니와 역설 같은 스타일상의 효과적인 기법을 통해, 고아와 빈민 같은 사회적 최약자의 삶과 생존을 위협하는 공적 악의 세력으로서 비인간적인 법제도와 그 집행자들에 대한 지울 수 없는 부정적 인상을 독자의 뇌리에 아주 강력하게 새겨놓는다.

굶주린 올리버의 간청은 사실 최소한의 생존을 위한 지극히 소극적이고 기본적인 요구에 불과하다. 하지만 주방장과 이사회는 마치 그것이 혁명적인 저항이나 반역이라도 되는 듯이 경악하며 법석을 떤다. 이 반응은 일견 우스꽝스럽고 터무니없는 과장처럼 보이지만 사실은 그렇지 않다. 왜냐하면 주방장과 범블과 이사회 위원들에게 올리버의 가련한 요청은 본질적으로 자신들이 최상의 제도이자 가장 바람직한 체제라고 여기고 있던, 따라서 아무런 이의 제기나 이탈이 없이 절대적으로 복종되고 수용되어야 마땅한 현 체제에 대한 도저히 상상할 수 없는 도전 행위나 다름없기 때문이다. 다시 말해 올리버의 연약한 부탁은 그들이 신봉하는 공리주의에 기반한 현재의 사회 체제와 지배제도 전체에 대한 근원적이고도 심각한 위협이자 반역 행위인 것이다. 그들이 올리버의 행위를 "신성 모독의 불경스러운 범죄"(the impious and profane offense)(59)로 인식하고, "무도한 저 올리버가 모두를 타락시켰다"(That out-dacious Oliver has demoralized them all!)(173)면서 그를 즉각 독방에 감금한 뒤 가차 없이 징벌하고 나아가 구빈원에서 영원히 추방해야만 하는 이유는 바로 여기에 있다. 이처럼 지배 체제와 이념의 비인간성과 모순에 대한 신랄한 고발과 비판을 가하고 있는 『올리버 트위스트』의 구빈원 장면은 작품의 첫 몇 개 장밖에 안 되는 짧은 분량이지만 그 강렬한 묘사 방식과 주제의식으로 인해 작품 전체의 인상을 지배하다시피 하는데, 그 사회비판적 성격과 밀도의 측면에서 『블리크 하우스』(*Bleak House*)나 『리틀 도릿』(*Little Dorrit*) 같은 후기 작품들에서 심화되어 나타나는 디킨즈의 사회개혁가적 면모를 일찌감치 맹아의 형태로 잘 보여주는 것이기도 하다.

장의사 싸워베리(Sowerberry)의 집에서 도망쳐 런던으로 올라간 올리버는 구빈원으로 대변되는 공적 사회악의 위협에서 벗어나게 되지만 곧 새로운 형태의 악의 세력 밑에 들어가게 된다. 이 새로운 악의 세력은 페이긴과 사익스가 이끄는 사회 밑바닥의 범죄 집단으로서, 법과 제도의 공적 그물망 밖의 사적 영역에서 활동하는 세력이다. 사실 굶주리고 헐벗은 천애고아로 런던에 도착한 올리버가 '날쌘 꾀돌이'의 꾐을 받아 페이긴과 사익스의 손에 떨어지는 것은 현실적으로 볼 때 거의 필연이나 다름없다. 그런 상황에서 올리버 앞에 기다리고 있는 운명은 페이긴과 사익스의 영향과 지도 아래 '날쌘 꾀돌이'나 찰리 베이츠(Charlie Bates) 같은 범죄자가 되어 활동하다가 흰 조끼 신사의 예견대로 교수형대 위에서 생을 마감하는 것밖에 없을 것이다. 더구나 증오와 원한에 사무친 이복 형 멍크스의 음험한 계략까지 가세한 상태에서 올리버가 정상적인 인간으로 살아남을 가능성은 지극히 미미하다. 하지만 다행히도 올리버는 선의 원리를 대변하는 알레고리적, 또는 동화적 주인공으로서, 브라운로우나 메일리 부인 같은 선한 친구들의 도움, 그리고 타고난 천성이나 우연 같은 섭리의 작용을 통해 악의 위협과 유혹이 마련해 놓은 그러한 현실의 필연을 이겨내고 시적 필연의 승리를 획득한다.[4)]

그런데 페이긴과 사익스가 지배하는 이 범죄 집단의 인물들은 작품 속에서 단순히 선의 승리라는 도덕적 주제에 봉사하는 정형화된 악당으로만 존재하지 않는다. 비록 구빈원과 마찬가지로 올리버의 인간적 존엄을 위협하는 악의 세력으로 등장하긴 하지만, 이야기가 진행되면서 이들은 일반적인 범죄자의 틀을 넘어서는 다면성과 복합성, 그리고 심리적 깊이를 띤다. 그리고 이를 통해 이야기의 힘을 추동하는 중심 세력을 형성하면서 독자를 작품에 몰입시키는 가장 강력한 요인으로 기능한다.

---

4) 한편 썰리(Geoffrey Thurley)는 올리버가 악의 세계에서 구조되는 것을 전기적인 관점에서 심리학적으로 해석하여 다음과 같이 말하기도 한다. "The story of Oliver's rescue from destitution and contamination with evil fulfills a deep-seated need in Dickens... to re-enact, and thereby reaffrm, his emergence from the abyss of penury and degradation."(Thurley 50)

먼저, 페이긴은 탐욕스러운 장물아비에 좀도둑과 창녀들의 두목으로 혐오스러운 파충류에 비유되는 비열하고 음흉한 악당의 전형이다. 선에 대해 이유 없이 뿌리 깊은 증오를 지니고 있는 그는 슬레이터도 지적했듯이 어쩌다 악한이 된 존재라기보다는 처음부터 이미 악한으로 존재하는 것 같은 끔직한 인물이다(Slater(1993) 512). 하지만 그는 이런 악당의 성격뿐만 아니라 기괴한 희극성과 최면적 마력을 함께 지닌 지극히 복잡한 존재이기도 하다. 올리버 앞에서 소매치기 놀이를 하면서 신사 흉내를 내는 장면(9장)이나 현실사회를 지배하는 공리주의적 제1원리인 이기주의 철학을 설파하면서 노어 클레이폴(Noah Claypole)을 꼼짝 못하게 포섭하는 대목(42-3장)에서 나타나듯이 페이긴은 곳곳에서 희극적 활력과 풍부한 창조성을 발휘하곤 한다. 그의 이런 매력은 "누구나 왠지 모르게 그에게 끌리게 된다."(everyone is somehow attracted to Fagin)(Kincaid 71)고 할 정도인데, 흉측한 악당성과 매력이 결합된 복잡성 때문에 페이긴은 궁극적으로 뭐라고 간단히 정의하거나 설명하기가 불가능한 인물로 나타난다.

시골집에서 졸고 있는 올리버 앞에 갑자기 나타났다 흔적도 없이 사라지는 다음과 같은 장면도 그처럼 포착 불가능한 페이긴의 성격을 간접적으로 드러내주고 있다.

> 하느님 맙소사! 그의 심장 한가운데까지 피가 얼어붙게 만들고, 그에게서 목소리와 움직일 힘을 모두 빼앗아 가버린 저것은 대체 무엇이란 말인가? 저기--저기--창문에--눈앞 바로 가까이에--그가 놀라서 펄쩍 물러서기 전에는 손으로 거의 잡을 수 있었을 만큼 아주 가까이에, 두 눈으로 방안을 들여다보면서, 그리고 바로 그 순간 올리버와 시선이 마주치면서 바로 그 유태인 영감이 서 있는 것 아닌가! 그리고 그의 옆에는, 여관 마당에서 올리버에게 욕을 퍼부었던 바로 그 남자가, 분노 때문인지 공포 때문인지 아니면 둘 다 때문인지 얼굴이 하얗게 질린 채, 잔뜩 찌푸린 험악한 표정으로 서 있는 것 아닌가!
>
> 그것은 그저 한 순간, 흘끗, 섬광이 번쩍이듯 눈앞을 스친 것에 불과했다. 그리고 다음 순간 그들은 사라져버렸다.

(……)

수색은 아무 소득이 없었다. 최근에 생긴 발자국 같은 것조차 보이지 않았다.

(……)

그러나 어느 방향을 보아도 도망치는 사람들이 급하게 밟고 지나간 듯한 흔적은 전혀 없었다. 풀은 길게 자라 있었지만, 자기네 발에 밟힌 곳을 제외하고는 어디에도 짓밟혀 쓰러진 데가 없었다. 도랑의 양 옆과 가장자리는 축축한 진흙이었지만, 그 어느 곳에서도 사람의 신발 자국은 물론이고 지난 몇 시간 내에 동물이 밟고 지나간 듯이 보이는 아주 작은 표시조차 전혀 발견할 수 없었다.

Good Heaven! what was that, which sent the blood tingling to his heart, and deprived him of his voice, and of power to move! There—there—at the window—close before him—so close, that he could have almost touched him before he started back: with his eyes peering into the room, and meeting his: there stood the Jew! And beside him, white with rage or fear, or both, were the scowling features of the man who had accosted him in the inn-yard.

It was but an instant, a glance, a flash, before his eyes; and they were gone.

(…….)

The search was all in vain. There were not even the traces of recent footsteps, to be seen.

(……)

Still, in no direction were there any appearances of the trampling of men in hurried flight. The grass was long; but it was trodden down nowhere, save where their own feet had crushed it. The sides and brinks of the ditches were of damp clay; but in no one place could they discern the print of men's shoes, or the slightest mark which would indicate that any feet had pressed the ground for hours before.(311-2)

하지만 이 인상적인 장면의 진정한 의미는 이 장면이 페이긴으로 대표되는 악의 보편적 실체성, 인간의 삶 속에 본질로 내재되어 있는 악의 불가항력적 편재성과 그 위력을 극적 상징을 통해 우리에게 환기해 준다는 점에 있다. 안락하고 평화로운 메일리 부인의 시골집에서 나른한 행복감에 취해 있는 올리버에게 문득 끔찍한 과거의 기억과 악의 위협을 떠올리게 하는 페이긴의 등장과 사라짐은 앵거스 윌슨(Angus Wilson)도 말했듯이 카프카적인 악몽의 효과를 자아낸다(A. Wilson 23). 왜냐하면 올리버처럼 선한 존재가 아무리 외딴 곳에 달아나 숨어 있어도 악의 세력은 어디든 뒤따라와 언제든지 전혀 예기치 못한 순간에 우리의 평화와 행복을 파괴해버릴 수 있다는 사실을 강력하게 각인시켜놓고 있기 때문이다.

위의 장면에서 페이긴은 아무런 흔적도 남기지 않고 순식간에 사라져버린다. 그 결과 그는 무소불위의 초자연적 능력을 지닌 인물처럼 보이기까지 하는데, 조셉 골드(Joseph Gold) 같은 평자들이 페이긴에게서 악당을 넘어서서 '악마', 즉 사탄(satan)의 이미지나 모습을 찾곤 하는 이유는 바로 여기에 있다(가령 Gold 47 참조). 하지만 페이긴은 동시에 이런 초월적 성격과는 완전히 대조적인 지극히 인간적이고 사실적인 면모를 누구보다 강하게 보여주는 인물로 나타나기도 한다. 교수형을 앞두고 감방에서 공포에 떠는 그의 마지막 모습을 섬뜩한 심리적 사실주의를 통해 묘사하는 작품 말미의 장면이 그 대표적인 예다. 여기서 페이긴은 종전의 초월적 악마의 이미지와는 정반대로 그야말로 비참한 사형수의 더없이 가련하고 인간적인 모습을 적나라하게 드러내는데, 군중이 던진 돌에 맞아 다친 머리를 아마포 천으로 감고 붉은 머리카락이 창백한 얼굴 위에 흘러내린 그는 뜯기고 꼬인 턱수염에 두 눈은 끔찍한 광채로 빛나고 더러운 살갗은 고열로 여기저기 갈라진 채, 감방의 돌침대에 앉아 죽음의 순간을 향해 달려가는 시간을 센다. "여덟시--아홉시--열시. 이게 그를 놀라게 하기 위한 장난이 아니라면, 그래서 저것들이 서로 바짝 뒤쫓으며 다가오는 진짜 시간들이라면, 그것들이 한 바퀴 돌아서 다시 찾아왔을 때 그는 어디에 있을 것인가! 열한시! 앞 시간을 알리는 소리가 허공 속에서 진동을 마치고 사라지기도 전에 또 한 시간을 치는 소리가 난 것이다. 여덟시가 되면 그는 자신의 장례행렬의 유일한 애도자가 될 것이다. 그리고 열한시가 되면---"(470). 이렇게 "덫에 걸린 짐승의 얼굴에 가까운 표정으로, 몸을 좌우로 흔들며 침상에 앉아"(472) 극심한 정신착란에 빠져 몸부림치는 마지막 모습 때문에 페이긴은 작품 속의 악당들 중 가장 혐오스러우면서도 동시에 독자의 가장 씁쓸한 동정의 대상으로 남는 묘한 아이러니를 낳기에 이른다.[5] 비평가 스티븐 마커스(Steven Marcus)가 "디킨즈의 가장 당혹스러운 인물 가운데 하나"(one of Dickens's most puzzling characters)로서 "페이긴은 누구인가?"(Who is Fagin?)라는 질문을 던져놓고는 마지막에 가서 그저 디킨즈의 "천재적 창조물"(a creation of genius)이라는 것 말고는 달리 설명할 수 없다(Marcus 358, 378 각각 참조)고 결론을 내리고 있는 것은 바로 페이긴의 이런 설명 불가능한 복잡성과 다면성의 자연스러운 결과일 것이다.[6]

한편, 작품 속에서 페이긴과 대조적이면서 쌍벽을 이루는 악당 사익스 경우 역시 비슷하게 묘한 복잡성을 띤 인물로 나타난다. 교활하고 비열한 페이긴과 달리 단순하고 직설적이고 격정적인 성정의 소유자인 사익스는 짐승처럼 거칠고 사나운 강도로 그야말로 포악한 악당의 전형이다. 그의 이러한 평면적인 악한의 이미지는 자신의 애인 낸시(Nancy)를 아무런 망설임 없이 무자비하게 살해하는 장면에서 그 절정에 이른다. 하지만 낸시를 살해한 바로 직후부터 그는 무식하고 비정한 악당 이상의 심리적 깊이와 사실성을 지닌 입체적 인물로 바뀐다. 즉, 사익스는 살인자라는 가장 비인간적인 존재로 떨어지는 바로

---

5) 작품 마지막에 묘사되는 페이긴의 이런 모습에 대해 힐리스 밀러(J. Hillis Miller)도 "Fagin in jail is as much a figure to be pitied as hated."(68)라고 말하며, 먼로 엥겔(Monroe Engel) 역시 "Even Fagin in his cell is human, mortal, alone, and afraid."(94)라고 표현하고 있다.

6) 디킨즈의 친구이자 전기 작가인 포스터(John Forster)가 전하는, 페이긴에 대한 디킨즈 자신의 다음과 같은 고백도 페이긴의 인물적 복잡성을 드러내주는 한 증거이다. "the Jew[Fagin]... is such an out and outer that I don't know what to make of him."(Forster vol.1, 87)

그 순간부터 역설적이게도 가장 인간적인 존재로 떠오르기 시작하는데, 절명의 순간 그를 올려다보는 낸시의 눈을 잊지 못한 채 죄의식과 공포에 사로잡혀 방황하는 그의 모습에서, 화재의 현장에서 영웅적인 활약을 펼치는 그의 처절한 몸부림에서, 단말마의 비명을 지르며 목에 줄이 걸린 채 지붕에서 떨어지는 그의 비참한 최후에서, 우리는 무지막지한 악당보다는 오히려 도스토옙스키의 주인공 라스콜리니코프와 같이 고뇌와 갈등에 찬 비극적 주인공의 모습을 발견하게 된다. 그리고 이를 통해 우리 내면에 숨어 있는 폭력적 충동과 공포와 죄의식의 원형적 실체를 확인하면서 사익스에 대한 깊은 인간적 공감을 느끼게 된다. "우리가 도덕적 자기만족감에서 벗어나, 사익스를 인간 이하의 존재로 단순하게 배척해버릴 수 없다는 두려울 정도로 불편한 인식에 충격적으로 사로잡히게 된다."(we are shocked out of any feelings of moral complacency into a fearfully disquieting recognition that he cannot be simply disowned)는 존 루카스(John Lucas)의 말(Lucas 47)이 설득력을 갖는 이유는 바로 '짐승' 같은 악당에서 문제적 '인간'으로 바뀐 사익스의 이러한 질적 변화와 그의 극심한 정신적 고통과 방황에 대한 우리의 강한 공감과 일체감 때문인 것이다.

이밖에 '날쌘 꾀돌이'와 찰리 베이츠의 경우도 단순하지 않은 면모를 지닌다. 이들은 비록 페이긴의 하수인으로 죄의식조차 전혀 없는 타락한 건달 소매치기들에 불과하지만, 다른 한편 지칠 줄 모르는 희극적 활력과 재기발랄함으로 인해 독자에게 범죄자보다는 오히려 어릿광대 같은 희극배우의 인상을 더 강하게 심어준다. 특히 이들이 페이긴의 소굴에서 다른 동료들과 함께 자기네 나름의 자족적인 세계를 형성한 채 일종의 끈끈한 연대와 평등과 풍요와 자유와 유희와 여흥을 누리는 모습은 그들에 대한 우리의 도덕적 재단이나 범주화를 심각하게 무력화시킨다. 왜냐하면 그들의 축제적인 분위기와 활기는 구빈원의 억압적이고 비인간적인 현실은 물론이고 브라운로우와 메일리 부인의 단조롭고 무미건조한 선의 세계와도 대조됨으로써 그들을 작품에서 가장 생명력 있는 집단으로 보이게끔 하기 때문이다.

우리의 관습적 도덕률을 뒤흔드는 이러한 문제적 성격은 '꾀돌이'가 재판을 받는 장면에서도 극적으로 드러나는데, 사형이나 유배형 같은 중벌을 받을 수 있는 심각한 상황에도 불구하고 "여기는 정의의 전당이 아냐"(This ain't the shop for justice)(396)라고 하며 판사와 법정을 조롱하는 '꾀돌이'에게서 우리는 조무래기 소매치기범이 아니라 억압적이고 부패한 지배제도와 권위에 대한 통쾌한 고발자의 모습을 보게 된다. '꾀돌이'와 같은 범죄 집단이 지닌 이런 도덕적 이중성을 배경에 놓을 때, 구빈원 시절 "제도적으로 시행된 배반과 기만의 희생자"(a victim of a systematic course of treachery and deception)(47)로서 외로움과 굶주림과 학대밖에 경험하지 못했던 올리버가 페이긴의 범죄소굴에 들어갔을 때 친구와 음식과 휴식을 제공받을 뿐만 아니라 심지어는 처음으로 눈물이 나올 만큼 웃음을 터뜨리기까지 한다는 사실도 우연 이상의 의미를 띤다. 왜냐하면 페이긴의 방에서 올리버의 이 첫 웃음이 함축하는 바는 바로 범블과 교구 이사회로 대변되는 법과 제도와 정부 관료집단이 올리버 같은 사회적 약자를 보호하고 도와줘야 하는 그 본래의 목적을 수행하기는커녕 오히려 비인간적인 비정함과 억압성과 기만성에 있어서 사악한 범죄자 집단인 페이긴이나 사익스 무리들보다 훨씬 못하다는 아이러니이기 때문이다.

3

『올리버 트위스트』는 막 전업작가의 길에 들어선 디킨즈 초년기의 작품인지라 아무래도 예술적인 면에서는 부족한 점이 느껴지는 소설이다. 가령, 초반부의 구빈원 부분에서 한껏 고조된 신랄한 사회풍자의 어조가 런던의 범죄 집단을 다루는 뒷부분에서 제대로 유지되지 못하는데, 이 때문에 사회비판의 주제와 선악과 관련된 도덕적 교훈의 주제가 조화롭게 융합되지 못하고 서로 충돌함으로써(Kincaid 58) 작품의 내부 구조에 "중대한 괴리"(crucial disjunction)(Raina 30) 내지는 심각한 불균형을 초래하고 있다. 한편 플롯 전개에서는 우연이 너무나 결정적으로 개입하곤 한다. 특히 작품 속에서 올리버가 범죄에 연루되었다가 구조되는 두 번의 사건에서 그를 구조하는 사람들이 바로 그의 아버지의 친구인 브라운로우 씨와 그의 이모인 로우즈 메일리라는 점은 너무나 인위적인 우연의 일치라고 하지 않을 수 없다.[7] 이 밖에 올리버의 출생과 관련된 미스테리나 로우즈와 해리의 사랑 이야기에 멜로드라마적 상투성이 강하다는 점도 흔히 지적되곤 하는 결함들이다.

하지만 『올리버 트위스트』는 한 편의 고전 작품으로서 이런 결함들을 넘어서는 소설적 매력을 많이 지니고 있다. 왜냐하면 앞에서 본 것처럼, 선의 승리라는 우화적 주제를 구현하는 이야기이자 "소망충족의 소설"(a novel of wish-fulfillment)(Ebstein 87)로서 이 작품이 지닌 보편적 호소력, 범블이나 페이긴, 또는 '날쌘 꾀돌이' 등에서 볼 수 있듯이 디킨즈 특유의 풍자적 해학과 통찰력이 발휘된 개성적인 인물창조와 묘사, 추리소설적 긴장과 희극적 활력과 비극적 감상성을 적절히 버무린 흥미로운 이야기 구성 등은 작품을 읽는 독자의 관심을 시종일관 사로잡기에 충분하기 때문이다. 『올리버 트위스트』가 디킨즈의 "모든 초기작 가운데 가장 돋보이는 소설"(the finest of all the early works)(Lucas 54)일 뿐만 아니라 일종의 "어른을 위한 동화"(children's story for adults)(Colby 36)로서 시공을 초월한 대중적 사랑을 계속 받는 이유는 바로 여기에 있을 것이다.

---

7) 이 때문에 체스터튼 같은 디킨즈 옹호자조차도 이 소설의 플롯을 "얼토당토않다"(preposterous)고 말하고 있기까지 하다(Thurley, 34에서 재인용). 하지만 플롯의 이러한 우연성을 달리 설명하는 평자도 없지 않은데, 가령 스티븐 마커스는 "The coincidences in *Oliver Twist* are of too cosmic an order to belong in the category of the fortuitous."라고 말하고 있다(Marcus, 78).

Ⅲ.『골동품 가게』
감상주의와 희극적 상상력의 골동품적 조합

The Old Curiosity Shop

1. 리틀 넬: 감상주의의 시련과 오해

1

디킨즈의 『골동품 가게』(*The Old Curiosity Shop*)(1840-41)는 디킨즈 당대에는 굉장한 대중적 인기와 더불어 상당히 높은 비평적 평가를 받았다. 디킨즈의 친구이자 전기작가인 존 포스터(John Forster)는 이 작품에 대해 "영국 소설의 가장 매력적인 작품" 가운데 하나라고 지칭하면서 이 작품에서 디킨즈가 주인공 넬(Nell)을 중심으로 이야기를 전개하는 솜씨는 "진정한 예술성"을 보이고 있다고 높이 평가하고 있다(Forster vol. 1, 124-5).

하지만 포스터의 이러한 높은 평가와 디킨즈 당대의 굉장한 인기에도 불구하고 『골동품 가게』에 대한 비평적인 평가는 디킨즈 사후 그의 많은 다른 소설과 비슷하게 대단히 부정적인 것으로 떨어지고 단다. 이것은 특히 당대 독자들의 심금을 울렸던 넬(Nell)의 이야기에 대해 19세기 말 올더스 헉슬리(Aldous Huxley)나 오스카 와일드(Oscar Wilde) 같은 작가들이 저속하거나 우스꽝스러운 감상주의의 극치로 폄하함으로써 가속화되었는데, 그 이후로 감상주의라는 결함에, 인물 창조가 현실감이 없으며 또 구성도 치밀하지 못하고 서투르게 되어 있다는 지적이 추가되면서 작품에 대한 전체적인 부정적 평가가 굳어지게 되었다.

가령 스티븐 마커스(Steven Marcus)는 이 작품을 디킨즈의 "가장 성공적이지 못한 작품으로서, 디킨즈가 지적인 통제력의 많은 부분을 상실하고 그의 작가로서 성격에서 가장 약하고 가장 미성숙한 모든 것들에 자신을 포기하고 맡겨버린 것처럼 보이는 작품"(Marcus 129)이라고 규정하고 있다. 그리고 리비스(F. R. Leavis)는 작품의 주인공인 넬에 대해 "리틀 넬을 심각하게 받아들이기를 제안하는 것은 터무니없는 일일 것이다. 그녀에게는 아무런 사실성이 없다. 현실적인 것에 대한 그 어떤 인식으로부터도 그녀는 비롯되어 나온 바가 없다. 그녀는 애써 꾸며낸 비현실적 존재로서 그녀의 기능은 독자에게 조야한 덕의 자기 탐닉을 조장하는 것뿐이다" 라고 혹평하면서 디킨즈의 후기 대표작의 주인공인 리틀 도릿(*Little Dorrit*)과 대조시키고 있다(Leavis 298).

물론 에드거 존슨(Edgar Johnson)이나 개릿 스튜어트(Garrett Stewart), 그리고 제임스 킨케이드(James R. Kincaid) 등 같이 이 작품의 긍정적인 면을 좀더 보고자 하는 평자들이 없지는 않지만 이 작품에 대한 평가는 마커스나 리비스의 경우와 같이 부정적인 것이 주류인 실정이다. 특히 이러한 부정적 평가는, 20 세기 후반이후 디킨즈의 재평가가 이루어지는 가운데 리비스의 경우처럼 『돔비 부자』(*Dombey and Son*) 이후의 디킨즈의 후기작품들을 높이 평가하고 그 결과 상대적으로 초기작품들을 여전히 경시하는 경향으로 인해 더욱 확고하게 굳어지고 받아들여졌다고 할 수 있다. 그리하여 최근의 한 비평가도 "악명 높은 감상성이 병적이고 억제되지 않은 채 황당하거나 우스꽝스럽게 이어지는 텍스트라고 [평자들이] 거의 보편적으로 여기고 있는" 작품으로 『골동품 가게』를 요약하고 있다(Bowen 13).

그러나 『골동품 가게』에 대한 이러한 부정적 평가의 경향은 다시 짚어볼 필요가 많다. 우선 이 작품의 가장 큰 결함으로 지적되는 넬의 이야기의 감상주의에 대한 평가가 과연 절대적이고 객관적인가 하는 의문이 제기될 수 있다. 넬의 이야기가 감상주의적 측면이 다분히 있는 것은 분명하다. 하지만 넬의 감상주의가 과연 작품 속에서 정말로 '병적이고 억제되지 않은 채 황당하거나 우스꽝스럽게 이어지고' 있는가 하는 점에서는 의문의 여지가 크다. 감상주의는, 비록 부정적 의미로 대개 쓰이고 있으나, 원래 그 자체로는 결함이 될 수 없는 작품의 한 성격이다. 다만 그것이 애수와 정조만을 짙게 깔고서 독자의 동정심과 공감을 과도하게 일으키려고 할 때 부정적인 요소로 작용하게 되는 것인데, 넬의 인물로서 성격이나 행동 그리고 그녀의 이야기에서 우리는, 뒤에서 자세히 살펴보겠지만, "조야한 덕의 자기 탐닉을 조장하는" 과도한 감상주의와는 거리가 있는 면모를 충분히 발견할 수 있는 것이다.

게다가 작품의 감상주의적 성격이 어느 수준에서 지나친 것이 되느냐 하는 것 자체부터가 사실 시대와 문화에 따라 달리 판단될 수 있는 상대적인 문제이다. 넬의 이야기가 지닌 애수와 정조는 디킨즈 당대의 독자들에게는 강렬한 공감을 일으키는 것이었을지언정 지나친 감정적 조장으로 여겨지지는 않았을 것이다. 그러나 빅토리아조 후기 이후 산업사회와 도시문명의 진행 속에서 인간의 감성이 복잡해지고 단순성을 잃어가면서 솔직하고 직접적인 감정의 호소나 반응을 부끄럽거나 저급한 것으로 여기는 경향이 형성됨으로써, 넬의 이야기 같은 감상주의는 천박하거나 조야하고 우스꽝스럽거나 병적인 것으로 치부되기가 쉬웠을 것이다. 이는 다시 말해 넬의 감상주의에 대한 후세의 비판이나 거부감이란 것이 곧 그만큼 메마르고 각박해진 현대인의 궁핍한 감성의 반영으로서 상대적이고 특수한 문화적 편향의 결과라는 사실을 뜻하는 것이다.

에드거 존슨도 바로 이런 입장에서 넬의 감상주의를 비판하는 현대인이 사실은 자연스러운 감정의 표출을 과잉으로 규정하면서 이를 두려워하고 있는 비정상의 상태에 있는 것이라고 지적하고 있다(Johnson 323). 킨케이드 역시 이와 비슷한 태도에 서 있는데, 그는 넬에 대한 후세 독자들의 거부반응을 "히스테리컬" 하다고까지 말하면서 이러한 거부 반응은 넬이나 소설 자체는 물론이고 그들에 대해 열광하고 슬퍼했던 빅토리아조 사람들과 사회에 대한 속물적인 우월 의식에서 비롯된 것이라고 지적한다. 그러면서 그는 우리가 소설 속의 내밀한 감정적 호소의 존재에 반응하거나 인정할 능력을 상실했다는 사실을 오히려 심각하게 여겨야 할 것이라고 꼬집는다(Kincaid 78).

존슨과 킨케이드 등의 위와 같은 지적은 곧, 넬의 감상주의에 대한 후세의 부정적인 평가가 사실은 작품의 내용에 대한 객관적인 고찰의 결과이기보다는 디킨즈 당대 독자들의 솔직하고 열렬한 감정적 반응에 대한 후세 독자들의--히스테리와 우월감이 뒤섞인--주관적 거부반응의 결과라는 것을 시사하는 것이다. 다시 말해 대다수의 후세 평자들이 넬의 감상주의를 조잡하고 우스꽝스럽게 여기면서 이를 바탕으로『골동품 가게』에 대해 부정적 평가를 내리고 있지만, 그러한 평가는 실제 작품의 구체적 내용보다는 당대의 독자 반응이라는 작품 외적 현상에 대한 문화적 또는 시대적 반발감의 영향에 근거하고 있는 측면이 많다는 것이다. 그리고 이런 점에서『골동품 가게』에 대한 부정적인 평가에는 바로 신비평에서 말하는 이른바 '영향론적 오류'(affective fallacy)에 해당하는 것이 강하게 작용하고 있는 셈이다.

한편『골동품 가게』에 대한 부정적인 평가 경향은, 넬의 감상주의에 대한 평가의 객관성 여부 문제를 차치하고서도, 여전히 그 정당성에 대한 의심의 여지를 안고 있다. 그것은 이 작품에서 넬의 이야기가 사실 작품 전체의 구조를 이루고 있는 세 개의 축 가운데 하나에 불과한데, 이 작품에 대한 부정적 비평이 거의 대부분 오직 넬의 감상주의 이야기 부분에만 관심을 집중하고서는 그것을 비판한 다음 그것을 곧바로 작품 전체에 대한 부정적 평가로 직결시키곤 하기 때문이다. 즉 에드거 존슨도 지적(Johnson 322)하고 있듯이, 『골동품 가게』에 대한 평가는 거의 대부분 이 작품의 또 다른 축을 형성하고 있는 두 인물인 대니얼 퀼프(Daniel Quilp)와 딕 스위블러(Dick Swiveler)를 무시한 채 오직 넬에 대한 내용만 가지고 이루어지곤 한다. 그러나 이 작품은 넬의 이야기만으로 구성되어 있지 않으며, 따라서 넬의 비극적 감상주의적 인물 창조와 운명은 작품의 한 부분에 불과한 것으로서 그녀의 이야기는 작품의 전체적 성격을 지배하는 것과 사실 거리가 멀다. 오히려 이 작품의 매력은 넬보다도 퀼프와 스위블러를 통해 표출되는 희극적 상상력의 독특한 성격에 있다고 해도 과언이 아니다. 아니 더 정확히 말하면 넬의 감상주의의 반대편에 퀼프와 딕의 희극적 세계가 결합됨으로써 서로 상보적인 효과를 낳고 그 결과 작품의 독특한 매력과 생명력이 창조되고 있다고 할 수 있다.

그런데 『골동품 가게』에 대한 비평에서 이처럼 넬에 대해서만 관심이 치우치면서 그것을 극단적 감상주의로 쉽사리 속단하는 경향은 바로 평자들이 알게 모르게 이 작품과 관련된 전기적 사실 또는 창작과정을 둘러싼 작품 외적 사실에 너무 많이 영향을 받은 탓이라고 할 수 있다. 이것은 앞에서 언급한 '영향론적 오류'에 반대되는 신비평의 또 다른 개념 즉 '의도론적 오류'(intentional fallacy)에 해당되는 것이라고 할 수 있는데, 가령 넬의 인물로서 성격과 그녀의 죽음은 잘 알려진 대로 디킨즈의 요절한 처제 메어리 호가쓰(Mary Hogarth)를 모델로 한 것이다. 넬의 이야기를 쓰면서 디킨즈가 메어리의 죽음에 대한 각별한 슬픔과 상처를 새롭게 쓰라리게 겪었다는 사실은 잘 알려져 있다. 그런데 디킨즈의 이러한 각별한 개인적 감정의 반영의 사실에 너무 지배되어 평자들은 그녀를 작품의 가장 중심적인 존재로 아니 유일한 주인공처럼 인식하여 그녀를 작품 평가의 중심에 놓는 동시에, 넬을 작가의 감정적 몰입이 절제되지 못한 채 과잉으로 반영된 감상주의의 표본적 산물로 쉽사리 단정해버린다. 그리고는 이를 곧 작품 전체의 치명적이고 절대적인 결함으로서 쉽게 재단해버리는 오류를 범하곤 하는 것이다. 하지만 작품과 관련된 디킨즈의 개인적 상황이나 의미를 떼어 놓고 작품 자체만을 가지고 생각한다면 과연 넬의 감상주의적 성격이 그토록 비정상적인 것으로 지적되거나 작품의 평가에 있어 그렇게 비정상적으로 비중을 차지할 수 있을까 하는 의문이 강력하게 들지 않을 수 없다.

한편 작품이 피카레스크적인 엉성한 구성으로 되어 있다거나, 마커스의 주장처럼 작가의 지적인 통제가 이루어지지 못했다는 식의 작품 형식에 대한 부정적 평가에 있어서도 우리는 비슷한 '의도론적 오류'를 지적할 수 있다. 왜냐하면 작품이 단편 이야기에서 급조되어 장편으로 늘여졌다는 사실, 그러면서 넬의 죽음이 창작과정에서 포스터 등의 의견이 반영되어 나중에 결정된 것이라는 증언 등은 작품 자체의 형식적 성격을 따짐에 있어 '의도론적' 선입견으로 작용하여 비평가들로 하여금 작품이 서투른 구성을 지니고 있다고 쉽사리 단정해버리도록 만들었다고 할 수 있기 때문이다.

물론 넬의 이야기가 피카레스크적 성격을 많이 띠고 있는 것은 사실이다. 그러나 피카레스크적 전개는 데포우(Defoe)나 필딩(Fielding), 그리고 스몰렛(Smollett) 등의 작품에서 볼 수 있듯이 다양한 현실의 광경과 경험을 제공하게 하는 장치로 작용할 수 있는 만큼 그 자체가 곧 서투른 구성을 의미하는 것만은 아니다. 게다가 이 작품이 오직 피카레스크적 구성만으로 전개되고 있는 것도 아니다. 오히려 피카레스크적 구성과는 거리가 먼 퀼프나 스위블러의 인물 집중적인 이야기가 차지하고 있는 부분은 작품의 삼분의 이에 가깝다. 또한 서로 대립되는 인물인 넬과 퀼프의 이야기가 작품 속에서 결합된 것은, 두 사람의 알레고리적 성격을 고려할 때 얼핏 노골적이고 그래서 유기성을 결여한 서투른 결합처럼 보이지만, 사실은 오히려 주제를 부각시키기 위한 의도적이고 효과적인 결합으로 보아야 한다. 그리고 나아가 이러한 대립적 구조를 통해 그것은 작품의 분위기와 정조에 일관성과 통일성까지 확보해주고 있는 것이기도 하다. 게다가 그들의 대립되는 축 사이에는 스위블러라는 중간적 축, 그리고 그와 마셔니스(Marchioness)의 이야기가 보여주는 하위플롯이 존재하고 있음으로써, 작품을--즉흥적으로 늘여졌다는 선입견과는 달리--탄탄하고 유기적으로 구성된 작품으로 만들어놓고 있기도 하다. 즉 우리는 이 작품의 창작에 대해 "디킨즈로 하여금 그의 화폭을 확장하게 만든 특이한 상황들이 소설에 거의 흔적을 남기지 않았으며 소설 속에서 작용하고 있는 창조적 에너지를 해치지 않았다는 점을 우리는 인정해야만 한다"는 씰비어 모너드의 말(Monod 172)에 기꺼이 동의할 수 있는 것이다. 그리고 이런 점에서 흔히 비평적 세련과 객관성을 표방하고 있는 많은 현대 평자들의 부정적 평가가 사실 주관적이거나 선입견적인 비평의 오류를 범하고 있으며 반면에 이 작품의 예술성을 다분히 정실주의적으로 높이 사주고 있는 포스터의 입장이 오히려 역설적이게도 이 작품을 더 제대로 평가한 셈이라고까지 말할 수 있는 것이다.

요컨대『골동품 가게』에 대한 비평과 평가는 작품에 대한 의도론적 또는 영향론적 오류, 즉 감상주의에 대한 독자의 무반성적인 자기확신과 선입견, 그리고 주인공에 대한 치우친 집중과 판단 등으로 인해 제대로 이루어졌다고 할 수 없다. 이것은 곧, 넬의 이야기가 안고 있는 감상주의를 좀더 객관적으로 파악하는 한편 그것과 더불어 작품의 구체적인 구성과 인물 창조의 성격을 객관적으로 바라보면서『골동품 가게』를 다시 읽어야 할 필요가 있다는 것을 의미한다. 물론 그러한 필요와 재평가에 부응하기 위해서는 당연히 작품의 세 축을 형성하고 있는 인물들인 넬과 퀼프 그리고 스위블러에 대해 각기 마땅하게 비중을 두면서 이를 구체적으로 논하고 분석하는 종합적인 비평작업이 이루어져야 할 것이다. 하지만 여기에서는 편의상 퀼프와 스위블러에 대한 논의는 뒤로 미루고 먼저 이 작품에 대한 부정적 평가의 가장 핵심적인 근거로 삼아지는 리틀 넬에 대해서만 집중해서 살펴보기로 한다.

2

리틀 넬이 디킨즈 상상력의 감상주의적 면모를 특히 강하게 드러내주고 있는 인물인 것은 물론 어느 정도 부인할 수 없는 사실이다. 디킨즈가 즐겨 창조하는 선한 심성의 어린아이, 특히 어린 소녀이면서도 순수하고 희생적이며 꿋꿋한 정신과 인내로 어머니 또는 구원자와 같은 역할을 하는 디킨즈 여주인공의 원형에 해당되는 인물로서 넬은 작품 속에서 여러 시련을 겪다가 마침내 죽음에 이르는 과정을 통해 독자의 심금을 울리고 강렬한 동정심을 자아낸다. 그녀의 이러한 성격은 특히, 그녀에게 부여되는 알레고리적 성격을 통해 강화되곤 한다. 작품의 초반부에서 그녀는 "아주 어리고, 정말 영적이며, 정말 자그맣고 요정 같은 존재"(55)로 묘사되고 있는데, 조금 뒤에는 보다 직접적으로 그녀가 "마치 일종의 알레고리 속에서 존재하는 것 같다"(56)라고 진술되고 있기까지 하다. 그리고 늙은 트렌트(Trent)와 함께 막 런던을 탈출해 나가던 무렵에는 그녀가 자신들의 여행을 『천로역정』(*Pilgrim's Progress*)과 비교하여 생각하는 장면(175)이 있으며, 특히 작품의 후반부에서는 다음처럼 신화적 존재로 묘사되고 있기도 하다.

> 당신이 그 어느 가문이든 옛 가문의 화랑을 구경한 적이 있다면, 여러 다른 세대에 걸쳐 똑같은 얼굴과 형상--흔히 그들 모두 중 가장 아름답고 자그마한 인물--이 눈에 띄게 되는 것을 기억할 것입니다. 그리고 당신이 초상화의 긴 열을 따라 가면서 그 똑같은 예쁜 소녀, 즉 결코 늙거나 변하지 않으며, 그 종족의 선한 천사로서, 모든 역경에 있어서 그들 곁에 있어주고, 그들의 모든 죄를 구속(救贖)해주는 그 소녀의 존재를 알아보게 된다는 것을 당신은 기억할 것입니다.

> If you have seen the picture-gallery of any one old family, you will

> remember how the same face and figure--often the fairest and slightest of them all--come upon you in different generations; and how you trace the same sweet girl through a long line of portraits--never growing old or changing--the Good Angel of the race--abiding by them in all reverses--redeeming all their sins--(637)

즉 넬은 타락한 세상에 대한 구원적 가치로서 선과 순수와 희생 그리고 인내 등과 같은 덕목을 대변하는 알레고리적 존재인데, 이러한 그녀의 성격은 미망에 사로잡힌 그녀의 할아버지 트렌트와 악의 화신 퀼프, 그리고 그 밖의 타락하고 비인간적인 여러 현실적 양상과 극명하게 대조된다. 그리고 이 알레고리적 대조는 그녀가 그 현실의 세력에 의해 고난과 죽음을 당하는 이야기의 전개와 결합됨으로써, 작품의 감상주의적 정조를 최대한으로 창출하고 독자의 동정과 연민을 극대화하는 데 기여한다.

하지만 넬이 이처럼 감상주의적 알레고리의 평면적 성격만을 오로지 지니고 있는 인물인 것은 아니다. 먼저 그녀의 알레고리적 성격은 어디까지나 그녀가 지닌 현실적 존재를 강화시키기 위한 수단일 뿐 그 자체가 인물 창조의 궁극적 지향점으로 설정되고 있지 않다. 즉 그녀의 인물은 비록 선과 순수라는 추상적 덕목을 알레고리적으로 구현하고 있는 듯이 보이지만 그것은 어디까지나 그녀의 현실적 존재 위에 추가된 성격에 불과한 것이다. 가령 『만인』(*Everyman*)의 주인공 '만인'이나 『천로역정』의 주인공 '크리스천'에 대한 독자의 공감은 추상적이지 구체적 실감으로 느껴질 수 없다. 그러나 넬은 종교나 도덕의 추상적 체계로 이루어진 세계가 아니라 19세기 초 영국의 런던과 지방이라는 특수하고 구체적인 삶과 현실 속에서 고유한 개성과 행동을 통해 구체적 실감과 공감을 창출하고 있는 인물이다.

비록 골동품으로 둘러싸인 그녀의 방이 그로테스크한 분위기를 자아내고 또 그녀와 늙은 트렌트가 지나가며 경험하는 세계가 그로테스크한 측면을 보이곤 하지만, 그것은 언제나 타락과 미망, 탐욕과 집착, 유혹과 고난, 착취와 위선, 돈과 가난, 굶주림과 질병, 싸움과 증오, 슬픔과 죽음, 기쁨과 동정, 호기심과 공포, 산업 사회의 공포와 자본주의적 갈등 등 온갖 구체적인 현실 경험의 세계 안에 있는 그로테스크성이다. 그리고 그러한 현실의 경험 세계 속에서 그녀는 고민하고 갈등하며, 유랑의 신산에 힘겨워하며, 사무치는 외로움에 떨고 절망적인 공포에 쫓긴다. 그리고 돈을 벌기 위해 노동하며 생존을 위해 인내하고 노력한다. 따라서 그녀의 덕성과 고난은 추상적 가치의 구현이 아니라 살아 있는 경험적 현실의 일부이자 재현이다. 넬이 "디킨즈와 당대의 많은 독자들에게는 소녀적 덕성의 충분히 사실적인 투영이며 분명코 가슴에서 나온 투영이었다"라는 한 평자의 말(Sanders(1982) 67)은 바로 넬의 이러한 현실성 위에서 더욱 확실한 설득력을 갖게 된다. 사실 넬의 이야기가 당대 독자들에게 그토록 생생하고 절실한 동정심과 애수를 자아낼 수 있었던 것은 그녀의 감상주의적 알레고리의 성격 자체보다는 오히려 그녀가 그런 성격을 지니면서도 궁극적으로는 위와 같이 엄연하고 고단한 현실 속에 존재하는 구체적 인물이라는 점에 그 진정한 이유가 있다고 할 것이다.

요컨대 넬에게는 알레고리적 성격 외에, 그녀와 할아버지가 겪는 현실, 즉 19세기 초 영국의 도회지와 시골이 보여주는 특수하고 구체적인 풍경 속에서의 경험을 통해 현실적 존재성이 추가로 형성되고 각인된다. 그런데 넬의 알레고리성이 이렇게 현실성과 결합되어 있는 것은 곧 넬의 알레고리적 성격이 추상적 가치나 덕목의 전파가 아니라 현실 사회의 비판이라는 실천적 의미를 띤다는 것을 뜻한다. 즉 넬의 순수와 선은 그것에 대비되어 나타나는 현실의 여러 타락하고 야만적인 모습에 대해 사회적 비판의 도구로서 역할을 하는 것이다. 물론 비록 넬을 유랑의 길로 내모는 직접적인 악의 세력인 퀼프는 넬 이상으로 강한 알레고리적 성격을 지니고 있다. 하지만 그를 제외한 삶의 어두운 악의 세력은 넬과 늙은 트렌트가 거쳐가는 세상을 통해서 역사적 사회적 현실성을 띠고 점차 심각하게 다가온다. 그리고 그것은 넬과의 대조를 통해 우리에게 강력하게 전달된다. 이것은 가령, 여행 초기에 인형극단 코들린(Codlin)과 쇼트(Short)를 비롯하여 유랑 공연패들이 보여주는 생존 경쟁의 이기적 태도들에서 분명하게 느껴지기 시작하며, 잘리 부인(Mrs Jarley)의 밀랍 전시 안내원으로 넬이 일할 당시 만나는 기숙 여학교장 몬플래더스(Monflathers)의 냉혹한 계급차별 논리에서 잠깐이지만 강렬한 사회적 비판으로 각인된다. 그리고는 노름에 빠진 할아버지를 구하여 도망치다가 죽음의 골짜기 같은 산업도시의 끔찍한 현실과 마주치는 대목에 이르러 넬의 이야기는 그 사회적 비판의 의미를 극대화하여 실현한다.

물론 산업사회의 끔찍한 현실은 넬의 이야기와의 유기적인 관련성이나 연속성이 없이 다분히 파편적이고 일회적인 현상으로만 다뤄지고 있다. 따라서 이 작품에서 산업사회 비판을 너무 과도하게 확대하여 해석한 나머지 아도르노(Adorno)처럼 넬을 비인간적인 자본주의의 물신적이고 상품화된 죽은 세계의 희생자로 단정하거나(Bowen 17 참조) 에드거 존슨처럼 넬의 할아버지를 당대에 불어닥친 자본주의적 투기열풍의 산물로 보는 것(Johnson 326)은 아무래도 무리이다. 하지만 적어도 산업사회에 대한 강렬한 묘사는 그러한 '과잉 해석'을 촉발할 만큼 강력하고 시대적 현실성을 띠고 있는 것만은 틀림없다.

어쨌든 넬의 알레고리성은 피폐한 사회적 현실을 대조적으로 부각시키는 역할을 통해 작품의 사회 비판적 의미에 기여하고 있는데, 넬의 알레고리성이 이렇게 사회비판의 도구라는 적극적 의미를 갖는다는 것은 결국 그 알레고리성에 의해 지탱되고 강화되는 넬의 감상주의적 성격 역시 비슷하게 적극적인 의미가 있다는 말이기도 하다. 사실 감상주의가 끼치는 악영향은 바로 그것이 현실 사회의 문제와 병폐를 못보게 하거나 은폐하는 역할을 할 때인데, 넬의 감상주의는 그보다는 오히려 거꾸로 현실의 문제와 병폐를 부각시켜서 드러내는 역할을 하고 있다. 왜냐하면 인간 사회에 존재하는 절대적인 악의 문제를 비롯하여 사회의 이기적 욕망과 경향, 그리고 또 산업사회의 비인간적 현실의 문제나 자본가적 착취논리 등은, 작품의 피카레스크적 전개로 인해 독자들에게 단편적이고 일시적인 내용들처럼 보이면서 자칫 쉽게 잊혀질 수 있는 것들인데, 바로 넬의 감상주의적 성격과 대조됨으로써 오히려 독자의 뇌리에 깊게 각인되어 잊혀질 수 없는 강력한 인상으로 남아 있게 되기 때문이다.

한편 넬의 이야기를 구성하는 주요 부분인 그녀와 할아버지와의 관계도 일견 다분히 감상주의적인 것으로 보이지만 그 이상의 현실적 의미와 적극적 가치를 지니는 것으로 해석할 수 있다. 그녀와 할아버지와의 관계는 일종의 뒤집힌 부녀관계의 성격을 띠고 나타난다. 즉 비록 형식상으로는 조부-손녀의 관계이지만 리어왕(King Lear)과 코딜리어(Cordelia)의 관계와 비슷한 요소를 지니고 있고 또 자주 그것에 비유되는 것(가령 Welsh(1987) 88 참조)에서 알 수 있듯이, 두 사람의 이야기는 부당하고 권위를 상실한 부권(父權)과 그로 인해 희생당하는 헌신적이고 현명한 딸의 이야기라 할 수 있다. 그러나 리틀 넬이 코딜리어에 근접한 인물인 데 비해 늙은 트렌트는 줄리엣 맥매스터(Juliet McMaster)가 옳게 지적한 대로(McMaster 102) 리어왕의 감상성은 약간 공유하지만 그 위엄은 전혀 지니지 않은 인물이라는 점에서, 이들은 리어왕과 코딜리어 사이의 관계보다 더욱 왜곡과 전도가 심한 부녀관계의 양상을 보인다고 할 수 있다. 그런데 이렇게 전도된 부녀관계의 모습, 즉 보호받고 이끌어져야 할 어린 소녀 넬이 오히려 그녀의 할아버지를 악의 처소로부터 보호하고 인도하며 구원하고자 하는 모습은 궁극적으로, 디킨즈가 보았던 당대의 타락하고 무능한 기성세대의 현실에 대한 한 간접적인 반영과 공격이라는 비판적 의미를 갖는다. 이것은 디킨즈가 넬과 늙은 트렌트를 시작으로 그의 소설 세계 전체에 걸쳐 이러한 전도된 부녀관계 유형을 그 어떤 인간관계보다 꾸준하게 천착하여 묘사한다는 사실을 통해서 뒷받침되고 있다.

타락한 어른을 이끌어 가는 어린아이로서 넬의 모습은 작품에서 일찌감치 일종의 아이러니로서 주어진다. 첫 장면에서 길을 잃은 그녀는 작중 화자로 등장하는 험프리 나리(Master Humphrey)의 인도를 받아 집을 찾아간다. 그런데 이때 인도자인 험프리는 "내가 그녀를 보호하고 있기보다 그 아이가 나를 이끌고 돌보는 것처럼 보이는"(45) 듯한 이상한 느낌을 갖는다. 그리고 늙은 트렌트와의 처음 대화에서도 넬은 그녀를 잃을까봐 겁에 질린 늙은 트렌트를 어른이 아이에게 대하듯이 진정시키는데, 아직 정상적인 의식을 보존하고 있는 늙은 트렌트 역시 험프리에게 "당신이 이미 목도하셨듯이 많은 면에서 내가 어린 아이이고 그녀가 어른인 것은 사실"(52)이라고 인정한다. 이런 점에서 어른인 늙은 트렌트가 어린 넬에 대해 "내 삶의 생각이자 목적"(49)이라고 지칭한 것은 이미 작품 처음부터 아이러니가 되고 있는 셈이다.

그들의 역전된 위계질서는 그들이 집을 떠날 때부터 본격적으로 전개된다. 늙은 트렌트는 노름으로 큰 재산을 잡고자 하다가 결국 파산하고 열병에 걸려 완전히 무능하고 박약한 어린아이 같은 존재로 떨어진다. 그리하여 일체의 부모적 권위나 능력을 상실한 채 유아성(幼兒性)의 "가련하고 허울뿐인 가짜"(146)로 전락한 늙은 트렌트를 이끌고 넬은 거리로 나서는데, 그 순간 넬은 다음과 같이 묻는다.

'어느 길로 갈까요?' 넬은 물었다.

노인은 엉거주춤 그리고 어찌할 바를 모르는 듯 먼저 그녀를, 그 다음에는 오른쪽과 왼쪽을, 그리고 다시 그녀를 보더니 고개를 저을 뿐이었다. 이제부터는 **그녀가 그의 인도자요 길잡이**라는 것이 명백했다. 아이는 그것을 느꼈다. 하지만 망설임이나 불안을 조금도 지니지 않았으며 그에게 자기 손을 잡혀주고는 부드럽게 그를 이끌며 떠나갔다.

'Which way?' said the child.

The old man looked irresolutely and helplessly, first at her, then to the right and left, then at her again, shook his head. It was plain that **she was thenceforth his guide and leader**. The child felt it, but had no doubts or misgiving, and putting her hand in his, led him gently away.(150)(필자 강조)

이 전도된 관계는 얼마 안 가서 그들이 런던을 막 벗어나 쉴 때, 어머니에게 매달리는 어린아이처럼 칭얼대는 그를 꿋꿋한 태도로 넬이 달래는 장면(175-176)에서 다시금 강화되어 나타난다. 그런데 이렇게 확립된 역할전도에 바탕하여 시작된 넬과 늙은 트렌트의 방랑은 일종의 목가적 추구의 성격을 띤다. 특히 넬은 전원으로 나가면 과거의 "소박한 즐거움이 복귀하고 할아버지의 건강과 평화가 회복되며 조용한 행복의 삶"(148)을 누릴 수 있으리라는 순수한 기대로 정처 없는 유랑의 길을 나선다. 그러나 넬의 이러한 기대와는 달리, 그들은 쇼트와 코들린같은 공연꾼들의 영리추구적 생존경쟁이라든가 어느 한 마을에서의 어린 학생소년의 죽음 등 행복보다는 현실의 어둡고 불행한 면을 더 많이 겪게 된다. 그리고 무엇보다도 늙은 트렌트는 다시 노름의 마수에 사로잡히고 그녀의 돈을 훔치기까지 하며, 급기야는 그들을 고용한 잘리 부인의 돈궤를 강도질할 계획을 하기까지 하는 등 타락과 광증의 모습을 보인다. 이 결과 넬은 그가 범죄를 저지르기 떨어지기 직전에 황급히 그를 구원하여 도망하게 된다. 이 구원의 행위는, 다음 인용문에서 보다시피, 그녀로 하여금 구원자적 존재로서의 자기인식을 보다 분명히 깨닫는 한편 할아버지의 구출이라는 보다 분명해진 목적의식을 확립하는 경험을 하게 한다.

...넬 자신은 마음속에 새로운 감정을 느꼈으며, 그것은 그녀의 심성을 고양시켰고 전혀 알지 못했던 힘과 자신감을 그녀에게 불어 넣어주었다. 이제 책임은 서로에게 나누어진 것이 아니었다. 그들 두 사람의 삶의 모든 짐이 그녀에게 지워진 것이며, 이제부터 그녀는 두 사람을 위해 생각하고 행동해야 했다. '내가 할아버지를 구해낸 거야,' 그녀는 생각했다. '어떤 위험과 고난에도 난 그걸 기억할 거야.'

...the child herself was sensible of a new feeling within her, which elevated her nature, and inspired her with an energy and confidence she had

> never known. There was no divided responsibility now; the whole burden of their two lives had fallen upon her, and henceforth she must think and act for both. 'I have saved him,' she thought. 'In all dangers and distresses, I will remember that.'(406)

그리하여 이제 늙은 트렌트는 그녀에게 단순히 "갈피를 못 잡는 짐"(210)에서 "신성한 짐"(422)으로 달리 인식되며, 그녀는 "어떤 멀리 떨어진 태고적 장소에 있는 피신처"(435)를 찾아 모든 유혹과 고통으로부터 해방되고자 하는 분명한 목표의식을 지니게 되는 것이다.

그녀의 이러한 구원의 추구는 그들이 죽음의 골짜기 같은 산업지대를 간신히 빠져 나온 뒤 극적으로 교장선생의 도움을 받아 실제로 어느 오래된 마을의 낡은 교회 부속건물에 안착을 함으로써 일시적으로 성취되는 듯이 보인다. 하지만 그녀가 그곳에 이르기까지 짊어졌던 '짐'의 두게와 그로 인해 겪어야 했던 고난과 시련은 이미 그녀의 삶의 에너지를 돌이킬 수 없도록 고갈시킨 끝이라, 결국 그녀는 한 계절이 가기 전에 숨을 거두고 만다. 사실 그녀의 죽음은 늙은 트렌트가 노름을 다시 시작함으로써 그녀가 겪게되는 극심한 고통에서 비롯되는 바가 크며, 이후 그를 구원하고자 하는 일념으로 험난한 여정을 무리하게 다그쳐나감으로써 그녀의 생명력은 완전히 소진되어버리고 마는 것이다. 이런 점에서 늙은 트렌트는 킨케이드가 지적한 대로(Kincaid 80) 퀼프보다 더 작품에서 중심적인 악당의 역할을 하는 인물이라고 할 수 있다.

이상 살펴본 넬의 구원자적 역할은 일차적으로는 앞에서도 지적했듯이 무능한 기성세대에 대한 디킨즈의 비판적 상상력의 반영으로서 단순히 감상주의적 이야기 이상의 사회적 의미를 갖는다. 그러나 넬의 이 구원자적 역할은 다른 한편으로 넬의 성격을 해석함에 있어서 하나의 중요한 의미를 갖는 것이기도 하다. 왜냐하면 그녀의 이 구원자 역할을 통해 넬은 그녀가 단순히 수동적이고 도피적인 희생자로서 감상주의적이기만 한 인물이 아니라 반대로 적극적인 성격과 행동의 면모를 감추고 있는 인물이라는 것을 보여주곤 하기 때문이다. 물론 그녀의 잘못이 없이 그녀에게 가해지는 고난과 도피 그리고 죽음으로 귀결되는 운명으로 인해, 그녀에게는 연약한 어린아이나 희생적 순교자의 이미지가 한편으로 존재하는 것이 사실이다. 하지만 이와 동시에 그녀는 할아버지를 인도하고 구원하고자 행동하는 실천적 존재로서, 할아버지를 대신해 사람들을 상대하고 생존을 위해 돈벌이에 직접 나서며, 위기의 순간에 탈출을 과감히 결정하고 실행하는 결단성을 보인다. 그리고 이런 의미에서 그녀의 인내는 묵묵히 참기만 하는 인내이면서 동시에 굴하지 않고 이겨내려는 도전적 반응의 성격을 지니는 것이라고도 할 수 있다.

그녀의 이러한 적극적 면모는 배드리 레이너(Badri Raina)나 킨케이드 같은 평자들도 간단하게나마 언급하고 있지만(Raina 52 그리고 Epstein 131 "Interview with James R. Kincaid" 참조), 이를 좀더 분명하게 느낄 수 있는 방법은 그녀를『골동품 가게』이전 작품의 비슷한 착한 주인공들인 올리버 트위스트(Oliver Twist)나 로우즈 메일리(Rose Maylie), 또는 케이트 니클비(Kate Nickleby)나 매들린 브레이(Madeline Bray) 등과 비교함으로써이다. 이들은 넬에 비해 거의 자립적 행동이나 인식이 없이 그저 수동적으로 당하고 착하기만 한, 그야말로 감상주의적 인물들이다. 반면에 넬은 희생과 고통 가운데서 자립적으로 사고하고 행동하는 모습을 보여준다. 사실 구원자의 역할이라는 면만 놓고 볼 때, 넬은 이후의 작품에 나오는 플로런스 돔비(Florence Dombey)나 애그니스 윅필드(Agnes Wickfield)보다도 더 구체적인 현실적 경험을 하면서 그로부터 가해지는 시련과 고통을 견뎌내는 한편으로 구원자적 역할에 대한 의식의 차원에서도 뚜렷하고 확고한 면모를 보이는 존재이다. 이런 점에서 그녀는, 서두에서 인용한 리비스의 주장과는 달리, 리틀 도릿과 대조되기보다는 오히려 리틀 도릿의 원형적 존재로서 그녀와 가깝게 비교될 수 있는 인물이라고 해야 온당할 것이다. 즉 그녀에게 현실적 인물로서의 성격이 '아무것도 없다'는 리비스의 단정은 그녀의 감상주의적 수동성만을 처음부터 편파적으로 보고 내린 섣부른 단정인 것이다.

한편 넬의 이야기가 지닌 감상주의를 논할 때 빠질 수 없는 것은 바로 그녀의 죽음이다. 사실 오래된 교회 건물에서 맞는 그녀의 죽음은 이 작품이 지닌 애수와 감상성의 정점이자 핵심이라고 할 수 있다. 물론 이것은 작품 속에서 미리부터 준비가 진행되어 간 결말이다. 그녀의 도피 과정에서 그녀는 빈번하게 죽음과 연상되거나 죽음 가까이 서성이는 모습으로 나타나곤 하기 때문이다. 런던을 떠난 이틀째 되던 날 찾아가 환대를 받는 선량한 노인의 집에서 그 노인의 죽은 아들에 대한 언급에서 시작하여, 넬을 도와주는 늙은 학교 선생의 어린 학생의 죽음, 자주 묘지 주변을 서성거리는 넬의 모습, 사라진 과거와 죽음의 존재들과 어울리는 넬의 모습 등을 통해 넬은 언제나 죽음을 벗으로 가깝게 두고 있는 존재로 보이곤 한다. 하지만 미리 어느 정도 예견되도록 구성되어 있음에도 불구하고 아니 오히려 그 때문에 넬의 죽음은 더욱 안타깝게 여겨지고 또 슬프게 다가온다. 넬의 죽음의 감상주의적 효과는 그렇게 해서 최대한으로 창출된다.

그러나 넬의 죽음에서조차 우리는 그것을 단순히 값싼 눈물을 짜내기 위한 감상주의적 결말로만 여길 수 없게 하는 두 가지 측면을 발견하게 된다. 먼저 그 첫 번째는 디킨즈가 당대 독자들의 간절한 바램에도 불구하고 넬을 행복한 안식과 평화에 이르게 하지 않고 죽게 만들었다는 사실이다. 넬이 늘 죽음과 연상되면서 나타났지만, 작가로서 디킨즈가 그런 넬을 종국에 살아나게 하였다면 그것은 독자의 써스펜스를 해소시킴으로써 독자에게 만족을 주면서 큰 환영을 받았을 것이다. 행복한 결말을 통한 멜로드라마의 효과가 넬의 죽음으로 인한 것 못지않게 강렬했을 것이 분명하기 때문이다. 실제로 독자들로부터 넬을 살려두라는 간절한 요청의 편지가 쇄도하였다고 작품을 연재하던 당시 디킨즈 스스로 고백하기도 했다는 점에서 더욱 그런 짐작이 가능해진다.

하지만 디킨즈는 행복한 결말을 통해 독자들의 입맛에 영합하지 않는다. 물론 디킨즈 개인적으로 볼 때, 그의 갑작스럽게 요절한 처제 메어리를 상상 속에서 상당 부분 되살려낸 인물로서 넬의 운명은 당연히 비극적으로 끝나게끔 예정된 것이었다고 추측할 수 있다. 또한 작품 속에서 넬을 숭배하는 킷 너블즈(Kit Nubbles)가 그와 현실적으로 어울리는 하녀 바바라(Barbara)와 결혼하는 것을 자연스럽게 하는 차원에서도 넬의 죽음은 어느 정도 불가피한 측면이 있다고 볼 수 있다. 그러나 이 모든 것보다 더 중요한 것은 바로 타락하고 야만적인 세상에서 순수와 선의 덕을 대변하는 존재인 넬이 현실적으로 결코 살아남을 수 없다는 디킨즈의 사실적인 인식이 넬의 인물 창조의 바탕에 단단하게 자리잡고 있다는 사실이다. 왜냐하면 디킨즈의 그런 현실적 인식이 없었다면 넬의 죽음은 위와 같은 이유에도 불구하고 그렇게 필연적인 것으로 처리될 수 없었을 것이기 때문이다. 넬과 늙은 트렌트의 이야기가 당대 사람들에게 셰익스피어의 리어왕과 코딜리어 같은 비극적 감동을 줄 수 있었던 근거는 바로 여기에 있다. 그리고 이런 측면에서, 오늘날의 독자나 평자들이 넬의 이야기를 단순히 값싼 감상주의의 극치로만 쉽게 단정할 때, 그것은 결국 우리의 감수성이 마모되어 넬의 인물 창조에 포함된--19세기 독자들은 감지하고 있는--이런 사실성을 간과하고 있든지 아니면 우리의 감수성이 오만하여 그것을 아예 외면해버리고 있든지 하다는 사실을 드러내는 것일 뿐이다.

한편 디킨즈가 넬의 죽음을 단순히 감상적으로 또는 쎈세이셔널하게 다루고 있지 않다는 또 다른 증거는 바로 넬의 죽음 장면이 직접 묘사되고 있지 않다는 사실에 있다. 넬은 55장에서 병약해져 가는 모습이 비쳐진 뒤로 오랫동안 작품에서 사라져서 독자를 써스펜스에 사로잡히게 한다. 이 써스펜스는 마침내 70장에서 넬의 작은 할아버지와 킷 등이 넬을 마침내 찾아내는 부분에서 기대로 기울어진다. 하지만 바로 이어지는 71장에서 우리는 돌연 숨을 거둔 채 누워 있는 넬을 목격하게 된다. 즉 우리는 넬이 죽는 순간을 직접 목격하지 못하는 것이다.

물론 넬의 구원에 대한 우리의 염려와 기대를 한껏 부풀려 놓은 상태에서 돌연 이미 죽어버린 그녀의 모습을 들이댐으로써 디킨즈는 우리의 슬픔과 충격을 한층 더 강화시키고자 했을 수 있다. 하지만 이 생략의 처리에서 우리가 분명히 놓쳐서는 안 되는 사실은 바로 그처럼 극적인 순간에 넬의 죽음을 직접 상세하게 묘사했다면 오히려 손쉽게 올릴 수 있었을--따라서 상투적이었을--감상적 효과의 극치를 디킨즈가 단연코 거부하고 있다는 점이다. 죽음이라는 절대적 한계와 현실성을 디킨즈가 인식하지 못했다면, 그래서 단지 독자의 심금을 올리려는 일차원적 목표만 집착했다면 이와 같은 생략의 처리와 결말은 결코 가능하지 않았을 것이다. 디킨즈의 대중성이 속된 싸구려 통속성으로 떨어지지 않는 이유의 하나는 바로 이러한 작가적 직관에 있다.

3

이상에서 우리는 『골동품 가게』의 주인공 넬의 감상주의적 성격이 그 이면에 간직하고 있거나 그 주변에 드리우고 있는 현실적 의미나 적극적 성격을 살펴보았다. 이러한 작업의 목표는 그녀의 감상주의적 성격이, 흔히 단정되는 것처럼 터무니없는 감정의 과잉 분출이나 유치하고 조야한 자기 탐닉적 미덕의 조장에 불과한 것이 아니라는 사실을 밝히려는 것이었다. 요컨대, 넬의 감상주의를 비웃고 조롱하는 것은 넬이 정말 객관적으로 또는 절대적으로 유치하고 조야한 싸구려 감상의 극치에 해당되기 때문이 아니다. 그것은 오히려 모더니즘 이후 산업 자본주의와 과학 기술 문명이 발달하면서 현대인에게 일어난 감수성의 '각질화', 즉 소위 세련된 문화의 외피 속에서 자연스러운 감정과 반응을 일단 부끄럽게 여기고 억제하는 일종의 각박한 위선적 허위의식이 낳은 편견의 결과이다. 따라서 넬을 아무런 현실적 실감이 없는 "선량함의 괴물"이라고 하거나(Pearson 84), "플라스틱으로 만들어진" 기괴한 난쟁이 같은 존재로 보면서 넬의 이야기를 "휴지조각"에 불과한 것으로 보는 것(Carey 25, 136)은 짐짓 단단하고 성숙한 비평적 감수성에서 나온 진단인 것처럼 보이지만, 그 이면에는 바로 평자 자신도 깨닫지 못하고 있는 자기만족적인 허위의식이나 감정적 차원에서의 속물적인 우월감이 일종의 집단적 무의식으로 숨어서 작용하고 있는 것이다.

그런데 세련된 감정구조와 정교한 판단력으로 위장된 이러한 현대 독자의 비평적 착오는 한편으로 넬에 대한 빅토리아조인들의 열광적 반응을 역시 현대적으로 과도하게 비틀어 해석하는 엉뚱한 결과를 낳기도 한다. 가령 노리 엡스타인(Norrie Epstein)은 당대의 "성인 독자들이 넬에 대해 그토록 감동을 받은 한 이유는 그녀가 남성의 집단적 무의식 속에 감춰져 있는 한 이미지, 즉 사춘기 직전의 처녀, 막 성적으로 개화하기 직전에 있는 어린 꽃봉오리 같은 존재를 재현하고 있다는 데 있다. 넬은 빅토리아 시대의 롤리타이다"(Epstein 126) 라고 말하고 있다. 그리고 보웬은 이에서 더 나아가 넬의 할아버지조차 넬에 대해 억압된 성적 욕망을 품고 있으며, 이 욕망의 왜곡된 반영으로 표출되고 또 그것에 대한 상상적 보상행위로 추구되는 것이 바로 그의 노름병이라고 주장하기까지 한다(Bowen 17).

그러나 이러한 주장들은 조금만 자세히 보면 작품에 대한 왜곡된 논리적 비약이라는 것이 금방 드러난다. 가령 엡스타인의 경우, 그의 주장은 바로 넬이 퀼프에 의해 성적 희롱의 대상으로 삼아지고 있다는 작품 속의 사실을 슬며시 전용하여, 넬에 대한 디킨즈 당대 독자들의 열렬한 반응을 퀼프의 경우와 같은 성적 욕망에서 비롯된 것으로 살짝 바꿔친 다음, 그것을 마치 객관적 사실인 양 단정짓고서 이로부터 교묘한 심리적 추론을 이끌어낸 것에 불과하다. 작품 속에서 넬에 대한 성격 묘사 가운데 넬의 성적 대상성을 암시하는 것은 퀼프의 호색적 언사 외에는 아무것도 없다. 그리고 퀼프의 호색적 희롱은 퀼프의 성격을 드러내는 것이지 넬에게 그러한 여지가 있어서 그런 희롱이 나올 수 있는 가능성은 조금도 없다. 만약 넬에게 그러한 여지가 있다면 그것은 퀼프의 악마적 성격은 물론이고 넬 자신의 성격까지 약화시키는 중대한 결과를 낳는다. 즉 작품 속에서 넬은 롤리타로 볼 만한 요소가 전혀 부여되어 있지 않으며, 오히려 롤리타와 정반대의 존재라고 해야 옳다.

다만 퀼프가 넬을 롤리타 같은 욕망의 대상으로 혹시 보진 않았는가 하는 생각은 가능할지 모른다. 하지만 이것마저 빅토리아조가 아니라 20세기의 퀼프일 때만 가능한 일이다. 즉 넬을 롤리타로 보는 것은 빅토리아조의 독자나 퀼프가 아니라 넬과 같은 소녀적 순수성을 부끄러워하고 두려워하여 그것을 내숭이나 위선으로 뒤틀어버리고 싶어하는 한편 순수에의 그 억압된 동경을 도착된 성적 욕망으로 치환하여 헛되이 추구하는 현대인의 도착된 집단적 무의식인 것이다. 그리고 현대인의 이러한 뒤틀린 성적 욕망을 자의적으로 투사해 끌어낸 또 하나의 억지논리가 바로 늙은 트렌트가 넬에 대해 억압된 근친상간적 성욕의 무의식을 품었다는 보웬의 주장인 것이다.

넬에 대한 인물창조를 둘러싼 심리학적인 성적 역학을 굳이 추적하고자 한다면, 혹시 작가인 디킨즈 개인과 관련해서 다음과 같이 추론을 해 볼 수 있을지는 모른다. 넬은 앞에서도 언급한 바 디킨즈의 죽은 어린 처제 메어리 호가쓰를 상당 부분 모델로 반영하고 있는 인물이다. 그런데 디킨즈가 신혼의 시기에 어린 처제를 끔찍이 사랑했다는 사실에서 우리는 메어리에 대한 그의 애정이, 심리학적으로 볼 때, 메어리에게 디킨즈의 무의식 속에 존재하는 어떤 이상적인 여성적 존재, 즉 융(Yung)의 표현을 빌면 디킨즈의 '애니머'(anima)가 투영되었던 결과가 아닌가 하고 추측할 수 있다. 따라서 메어리의 반영인 넬은 결국 디킨즈의 애니머의 투영에 다름 아닌 것이 된다.

그러나 디킨즈의 애니머 즉 이상적 여성성의 투영으로서 메어리 그리고 넬에 대한 디킨즈의 애정에는 어딘가 억압된 성적 욕망이 감추어져 있을 수 있다. 물론 이것은 메어리나 넬에게 결코 표면적으로 투사될 수가 없는 욕망이다. 작품 속에서 넬의 인물로서의 성격에 그 어떤 성적 요소도 부여되지 않는 주된 이유는 바로 여기에 있다. 따라서 이 모순된 욕망은 제 삼의 존재를 통해 투사되지 않으면 안 된다. 퀼프와 같은 인물의 창조가 개입하는 것은 바로 이 지점이다. 악동적 희극성과 악마적 활력으로 넘치는 퀼프는 스튜어트도 지적하듯(Stewart 97) 디킨즈 자신을 상당 부분 반영한 인물이라고 할 수 있다. 즉 그는 디킨즈의 악마적 분신으로서 다시 융 심리학의 용어를 빌면 작가인 디킨즈에 대한 일종의 '그림자'(shadow)와 같은 존재인 것이다. 그런데 퀼프의 이런 성격은 바로 디킨즈가 메어리에 대한 자신의 무의식적 성적 욕망을 퀼프에게 전이시켜 투영한 뒤 그로 하여금 넬에 대해 무차별적이고 이유 없는 호색성을 보이게 함으로써 자신의 억압된 욕망을 상상적으로 해소하고 있다는 것을 뜻하는 것이다. 물론 이때 무의식적 욕망은 죄의식을 수반하고 따라서 그 죄의식의 해소를 위해 그 욕망의 투영인 퀼프는 응징되지 않을 수 없다. 작품 속에서 퀼프가 넬의 죽음과 거의 때를 맞추어 함께 끔찍한 죽음을 맞는 것은 바로 이 때문이다. 그리고 그의 죽음이 별 이유 없이 갑작스럽게 일어나는 것 역시 바로 이러한 사정에서 그 이유가 쉽게 찾아질 수 있다.

하지만 넬을 둘러싼 이러한 심리적 메커니즘의 파악은 어디까지나 작품 외적인 정황, 즉 창작 과정상의 디킨즈 개인적인 심리에 대한 부차적인 해석에 불과하다. 작품의 해석과 평가에서 무엇보다 중요하고 기본적인 것은 작품 안에서 실제로 일어나고 있는 내용을 바탕으로 인물의 행동과 성격을 객관적으로 성실하게 해석하고 평가하는 작업일 것이다. 이런 점에서 넬에 대한 현대의 해석과 평가는 앞에서 본 것처럼 거의 대부분이, '영향론적' 또는 '의도론적' 오류를 비롯하여 주관적 자의성과 독단적 오만의 오류를 범하고 있다. 특히 현대의 비평적 관점이나 기준이 지닌 시대적 특수성 또는 문화적 편향성을 인식하지 못하고 그것을 절대적인 것으로 규정하고 대입하는 오류는 넬에 대한 정당한 이해와 평가를 가로막는 것이었다. 따라서 이러한 오류가 인식되고 교정될 때 비로소 넬과 『골동품 가게』는 새롭게 이해되고 평가될 수가 있는 것이며, 이 글은 바로 그러한 인식과 교정을 위한 노력의 소산이다. 결론적으로 말해서, 우리가 넬의 실체를 객관적으로 이해하고 그러면서 그녀의 감상주의가 퀼프와 스위블러의 악마성이나 창조적 희극성과 이루어내는 극적 결합과 구조를 균등하게 제대로 인정해 줄 때, 『골동품 가게』는 디킨즈의 초기적 특성이 가장 집중적으로 발휘되어 있고 그러면서도 문학적인 성취까지 확보한 디킨즈의 대표적인 초기 작품으로 새롭게 자리매김될 수 있을 것이다. 물론 이러한 긍정적 평가는 어디까지나, 삶에 대한 인식의 깊이와 치열한 비판의식을 기준으로 하는 리얼리즘적 차원이 아니라 희극적 상상력의 활력과 순수한 감상주의의 골동품적 결합이라는 설화적 창조성의 차원에서만 주장될 수 있을 것이다.

2. 대니얼 퀼프: 만인(萬人)의 악동(惡童)

1

디킨즈의 『골동품 가게』(*The Old Curiosity Shop*)를 긍정적이건 부정적이건 유명하게 만든 주인공은 물론 넬(Nell)이다. 넬은 디킨즈 소설에 등장하는 선한 주인공들의 원형적 존재로서 그녀가 보이는 선한 심성과 시련의 구체성은 독자들의 동정과 연민을 최대한으로 끌어냄으로써 빅토리아조 독자들의 사랑과 감동을 집중적으로 받았다. 하지만 그녀의 불쌍한 이야기는 그 이후 소위 세련된 감수성을 지닌 현대의 독자들에게는 감상주의적 극치로서 우스꽝스럽거나 지겹기까지 한 것으로 받아들여지면서 빅토리아시대와는 정반대의 방향으로 이 작품을 유명하게 만들었다.

넬에게 오늘날 부여되어 있는 악명이 과연 타당한 것인지 따져볼 여지가 많지만 어쨌든 넬은 『골동품 가게』라는 작품보다 더 유명할 정도로 소설사적으로 일종의 신화적 지명도를 갖는 주인공이 되어 있다. 그러나 『골동품 가게』에는 또 하나의 신화적 주인공이 존재하는데, 그것은 바로 디킨즈의 가장 매력적인 악당 대니얼 퀼프(Daniel Quilp)이다. 그는 선의 화신이라고 할 넬의 반대편에서 악을 대변하고 있는 인물로서 넬과 함께 작품의 중심되는 두 축으로 작품의 구조를 떠받치고 있다(물론 두 사람 외에 딕 스위블러(Dick Swiveller)가 작품에서 또 하나의 중심 축으로 존재하고 있지만 딕은 두 사람의 대립되는 중심 축 사이에서 연결의 역할을 하는 연결 축과 같은 존재라고 할 수 있어 작품의 핵심되는 두 대립 축은 역시 넬과 퀼프라고 해야 할 것이다).

넬의 적으로서 악의 결정체인 퀼프는 사실, 극단적 찬사와 비판을 오가는 넬에 비해, 작품이 발표된 이래로 모든 독자와 평자들에 의해 디킨즈의 천재적 인물창조로서 언제나 높이 평가를 받아왔다. 그는 디킨즈의 악당 중에서 가장 악마적인 성격을 지니고 있는 인물이면서, 동시에 희극적인 충동과 에너지가 넘치는 악동의 이미지를 탁월하게 구현하고 있는 존재이다. 그의 이런 희극적 에너지와 악마적 성격은 일종의 신화적 보편성과 매력을 지니고 있어, 이를 통해 그는 작품에 생명력을 불어 넣어준다. 특히 그의 악마성과 희극성은 작품 속에서 넬의 감상주의를 상쇄 또는 보완하는 대칭적 기능을 함으로써, 작품의 구조적 균형은 물론 심미적 매력과 소설적 성취를 강화하고 확고히 구축해주는 결정적인 역할을 한다.

즉 퀼프는 『골동품 가게』가 우리에게 갖는 소설적 매력의 핵심에 서 있는 인물이라고 할 수 있는데, 따라서 『골동품 가게』와 초기 디킨즈의 창조적 상상력에 대한 이해와 감상에 있어서 가장 필수적인 작업은 바로 퀼프의 성격과 매력에 대해 구체적으로 살펴보는 일일 것이다. 사실 『골동품 가게』에 대한 비평적 경향은 주로 넬에게만 관심을 집중하는 한편 그녀의 감상주의에 대해 상당히 편파적인 평가를 내림으로써 이 작품을 태작으로 폄하하는 쪽이 주류였는 바, 우리가 관심의 비중을 퀼프에게로 옮기는 한편 넬의 이야기도 퀼프와의 구조적 대칭과 균형의 관계 속에서 좀더 객관적으로 파악한다면 『골동품 가게』의 작품으로서 평가는 이제까지와는 전혀 다른 식으로 이루어질 수 있을 것이다.

2

퀼프의 인물로서 본질적 성격의 핵심은 먼저 그의 악마성이다. “나는 너희들 덕이 높은 놈들을 증오해! ... 암, 난 그런 놈들 모조리 증오해!”(453) 하고 선언하는 그는 넬을 비롯하여 모든 인물들의 적으로서 악의 화신이다. 그는 넬을 영원한 몽마(夢魔)처럼 뒤쫓으며, 어린 아기를 잡아먹는 귀신과도 같으며, 순진 무구한 킷을 모함하여 감옥에 보내도록 사주하는 등, 작품 속에서 일어나는 모든 악행의 원천이다. 그 결과 작품의 곳곳 속에서 그는 "악령"(evil spirit)(159, 239) 또는 "악귀"(evil genius)(447) 또는 "악마"(demon)(454) "악신"(Evil Power)(454) 등으로 지칭되곤 한다. 이런 점에서 그의 악마성은 그와 대척점의 인물인 넬과 마찬가지로 일종의 알레고리적 성격을 강하게 띠고 나타난다.

즉 퀼프는 모든 면에서 넬과 대칭되고 반대되는 악마적 존재인데, 넬과의 이 알레고리적 대칭성은 그가 난쟁이로서 넬과 같은 육체적 크기, 즉 어린아이처럼 몸집이 작은 존재이지만 넬의 순수하고 고결한 모습과는 반대로 추하고 혐오스럽고 더러운 외모를 지니고 있다는 사실을 통해 구체적인 이미지로 강화되어 제시된다. 처음 등장할 때 그의 모습은 난쟁이 같은 작은 체구에 거인의 머리통과 얼굴을 가진 기괴한 모습으로 묘사되며, 이어 습관적으로 짓는 "섬찍한 미소"(a ghastly smile)로 인해 그의 얼굴의 기괴한 표정이 더욱 끔찍하게 보인다고 진술된다. 그리고 이 미소는 그의 누런 어금니를 드러나게 하여 마치 "헐떡이는 개"와 같은 모습으로 보이게 한다(65)고 묘사된다.

악마적인 미소에다 더러운 어금니를 드러내며 헐떡이고 있는 살인적 광견의 이 이미지는 그가 바로 넬의 뒤를 따라 들어왔다는 사실에 의해 더욱 대조적으로 우리의 인상에 강하게 심어진다. 그의 이런 추하고 혐오스러운 인상은 그의 사무실이나 자주 가는 술집 같은 곳처럼 그가 활동하는 더럽고 비루한 환경과 일치하는데, 그리하여 그와 동질적인 자연 요소는 "비, 진흙, 오물, 습기, 안개, 그리고 쥐들"(472)이라고 규정되고 있기도 하다.

이처럼 추하고 더럽고 혐오스러움의 화신으로 나오는 퀼프는 돈이라는 현실 세계의 절대적 권력을 통해 악마적 역할을 수행한다. 넬의 할아버지에게 돈을 빌려줌으로써 그는 넬과 그녀의 할아버지에 대한 위협이 되고 마침내 그들을 도망가게 만든다 그가 아내 퀼프 부인

(Mrs Quilp)과 결혼하게 된 한 이유도 그가 가진 재산에 유혹된 지니윈 부인(Mrs Jiniwin)의 사주를 통해서이다. 그리고 샘프슨 브래스(Sampson Brass) 같은 자를 온갖 멸시와 가학으로 농락하며 부릴 수 있는 것도 그의 금력 때문이다. 하지만 이때 돈은 그의 악마적 권력의 한 보편적 수단에 불과한 것으로서 자본주의적 경제권력 같은 사회적 성격을 띠고 있지 않다. 따라서 킨케이드(Kincaid)나 루커스(Lucas)처럼 퀼프의 악마성을 역사적 사회성의 맥락에서 해석하는 것(Kincaid 95, Lucas 86-88)은 넬을 자본주의적 가치의 희생자로 보는 것과 같이 무리한 사회적 해석이다. 사실 퀼프의 성격에서 중요한 것은 그의 악마적 본성이며, 다만 돈이라는 보편적 도구를 통해 그는 세상과 선을 적으로 삼아 공격과 가학을 계속할 수 있는 권력이 주어질 뿐이다.

퀼프의 악마적 권력은 무차별적 가학성을 띠고 나타난다. 그는 남녀노소, 신분, 인간과 동물, 그리고 생물과 무생물을 가리지 않고 무차별적으로 공격하고 괴롭힌다. 그리고 그 공격과 괴롭힘은 전형적인 가학성을 띠고 행해진다. 그는 넬을 만날 때마다 호색적인 언사로 넬을 오싹하게 만들며, 넬이 남기고 간 새에 대해 목을 비틀어버리라고 지시한다. 언제나 습관적으로 손톱을 물어뜯는 그는 "물어버리겠다"(82)는 협박을 아무에게나 일삼으며 딕과 싸울 때 실제로 물어뜯는 행동을 하기도 한다. 또 그는 킷 너블즈(Kit Nubbles)의 집에 찾아가 그를 보고 무서워 울어대는 어린 아기를 보고 식인적 언사와 암시를 내뱉으며, 거대한 뱃머리 장식 조각상을 갖다 놓고는 때리고 치고 찍고 후비면서 킷과 넬에 대한 증오를 끔찍하게 풀기도 한다.

퀼프의 무차별적 가학성은 심지어 적과 아군까지도 가리지 않는다. 즉 그의 충직한 하인인 톰 스콧(Tom Scot)과 그의 앞잡이인 악덕 변호사 샘프슨 브래스까지 퀼프는 가학적 폭력의 대상으로 삼는 것이다. 그리하여 그를 위해 킷과 싸우기까지 하는 충직한 하인인 톰을 퀼프는 언제나 구타로 그의 애정을 표현하곤 하며, 샘프슨에 대해서는 그가 퀼프의 비위를 맞추고 아첨하며 지시에 따를수록 더욱더 강화된 가학적 학대로 그를 못살게 군다. 가령 추운 날씨에 비바람이 새는 찻집에 샘프슨과 샐리 브래스(Sally Brass)를 불러다 놓고 아늑하다고 우기는 장면(51장)이나, 자신의 사무실에서 샘프슨에게 뜨거운 독주를 마시게 하면서 갖은 악담과 학대를 가하는 장면(62장) 등은 퀼프의 존재 목적이 마치 가학적 쾌락에 있는 것처럼 보이게 할 정도이다.

한편 그는 틈만 나면 아내 퀼프 부인을 학대하고 괴롭히는데, 그녀를 꼬집고 물어뜯거나 아니면 끊임없는 언어적 폭력으로 그녀를 고통스럽게 한다. 가령 그의 사무실로 찾아온 퀼프 부인에게 그는 "도깨비불이 되어 여기 저기 당신 주위에서 항상 춤을 추며, 당신이 가장 기대하지 않을 때 뛰쳐 나오고, 당신이 항상 불안과 초조로 시달리게 할 것"(470)이라든가 "교묘하게 고치고 개량하여 여자를 잡도록 만든, 사람잡는 덫을 쳐놓을 것이야--당신이 줄을 밟으면 폭발하여 당신을 산산조각 내버릴 용수철총을 설치할 것이야"(472)와 같은 협박으로 그녀를 고문하며 즐거워한다.

자기 부인에 대한 퀼프의 이러한 가학성은 넬에 대한 성적 희롱과 결합하여 퀼프의 악마적 권력이 남성적 폭력의 성격을 특히 강하게 지니고 있음을 드러내준다. 아무런 저항도 없이 항상 연약하고 양순하기만 한 퀼프 부인을 신체적으로 정신적으로 끊임없이 학대하면서 삶의 쾌감을 얻는 퀼프의 모습은 남성의 폭력적 지배와 여성의 비참한 희생의 전형처럼 보이기까지 한다. 퀼프가 처음 그의 아내를 입에 올릴 때 그녀는 "어여쁜 퀼프 부인, 말 잘듣고 마음 약하며 사랑많은 퀼프 부인...오! 잘 길들여진 퀼프 부인"(68-69)이라고 지칭되고 있는데, 여기에 이미 퀼프와 그의 아내 사이의 가학과 굴종의 관계는 분명하게 압축되어 드러나 있다.

퀼프의 가학적 욕구를 만족시키는 데 더없이 좋은 대상으로서 퀼프 부인의 고통은 특히 농축된 성적 학대의 함의를 짙게 띠고 묘사되기도 한다. 가령 자신에 대한 험담을 하던 동네 아낙네들을 몰아내고 퀼프 부인만 남은 자리에서, 공포에 질린 그녀에게 퀼프는 "오 그대 근사한 존재여!"라고 말을 거는데, "마치 이것이 말의 수식이 아니며 그녀가 실제로 달콤한 사탕이기라도 한 것처럼 그는 입맛을 다시"면서 "오 그대 소중한 사람! 오 그대 달콤한 미녀여!"(81)하고 계속 뇌까린다. 그리고는 이렇게 악의적 희롱에 담아 표출한 육욕적 충동과 가학적 욕구를 그는 바로 이어지는 장면에서 실제 행동으로 옮기는 것으로 은근하게 암시된다. 즉 그는 곧 이어 퀼프 부인에게 "연기 뿜고 싶은 기분이라 아마 밤새도록 이글거릴 것이다"(82)라고 하면서 그의 "궐련 끝이 한껏 불꽃처럼 시뻘개"(83)지도록 날이 밝을 때까지 그녀를 강제로 붙들어놓고 괴롭히는 것이다. 이 장면에 대해 피어슨(Pearson)은 "초기 빅토리아 시대 소설에서 노골적인 성교행위에 가장 가깝게 다가가는 경우"(Pearson 84)라고 말하고 있기까지 하다.

어쨌든 퀼프의 이러한 동물적 학대에 대해 퀼프 부인은 시종일관 양순한 태도와 연약한 모습으로만 대하지만 이 절대적 순종은 오히려 더욱 그의 가학적 충동을 자극하고 그 쾌감을 증가시킬 뿐이다. "그녀의 최고 장점은 그녀가 그토록 온순하고 그토록 양순하며 결코 제 뜻을 부리지 않는다는 점"(81)이라고 직접 조롱하기도 하는 퀼프는 그녀가 순종하면 할수록 더욱 악의적으로 그녀에게 고통을 가하곤 한다. 그의 이러한 가학성은 샐리 브래스의 전언을 가져다주고자 춥고 습한 밤에 힘들게 찾아온 퀼프 부인에게 그가 "당신이 습기에 젖어서 즐거워. 당신이 추워하니 즐겁고, 당신이 길을 잃었다니 즐겁고, 당신 눈이 울어서 빨개진 것이 즐겁고, 당신의 조그만 코가 그렇게 오그라들고 얼어붙은 꼴을 보니 기분이 좋아지는 걸"(615) 하고 사정없이 내뱉는 말에서도 다시금 확인된다.

성적 가학성을 띠는 퀼프의 이 남성적 악마성은 퀼프 부인과 넬을 비롯하여 그의 장모나 킷의 어머니, 여관집의 하녀, 샐리 브래스 등까지 그 대상으로 포함하여 역시 무차별적 공격성을 띤다. 그런데 퀼프의 이러한 무차별적 가학적 악마성은 다른 한편으로, 루커스가 지적

(Lucas 87)하듯이, 무소부재와 전지전능의 성격을 띠고 나타나기까지 한다. 먼저, 늙은 트렌트(Old Trent)를 이끌고 달아나던 넬은 밀랍인형을 전시하는 마음씨 좋은 잘리 부인(Mrs Jarley)을 만나 한 숨 돌리는데, 이 때 그녀는 저녁 무렵 산책을 나갔다가 어디선지 불쑥 나타난 퀼프와 맞닥뜨린다. 물론 다행히 퀼프의 눈에 띠지는 않지만 그의 돌연한 출연은 넬을 숨막히는 공포감에 빠지게 하면서 퀼프가 "영원한 악몽"으로 그녀를 따라 다니는 존재인 것처럼 느끼게 만든다. 넬 앞에 이러한 퀼프의 돌연한 출연은 『올리버 트위스트』(*Oliver Twist*)에서 메일리 부인(Mrs Maylie)의 시골 별장에서 행복한 나날을 보내던 올리버에게 어느 날 나타나 창문너머 그를 바라보는 페이긴(Fagin)과 멍크스(Monks)의 출연 장면을 연상시키는 것(Lucas 83)으로서, 넬이 아무리 멀리 도망을 쳐도, 언제 어디서든 그녀의 곁에 악령처럼 따라 다니며 그녀를 위협할 수 있는 무소부재의 악마적 존재로서 퀼프의 성격을 강하게 부각시켜 놓는다. 그의 이러한 모습은 자신의 불행을 한탄하는 독백을 하며 걷고 있던 딕의 곁에 불쑥 나타나 그의 아버지가 되어주겠다고 선언하는 장면(236)이나 넬의 소재를 찾아 킷의 어머니와 독신자 신사가 마차를 타고 여행을 했을 때 어느 틈에 먼저 그곳에 도착해 "악령처럼" 나타나는 장면(447) 등에서도 확인된다.

이러한 무소부재성은 곧바로 퀼프의 무소불위성 또는 전지전능성과 통한다. 즉 그의 악마적 권력은 그로 하여금 작품 속에서 초인적인 능력의 소유자로서 모든 것을 자신의 마음대로 좌우하고 조정하고 지배하는 존재로 나타나게 한다. 그는 무엇이든지 먹어치우는 초인적 식욕을 지닌 존재이다. 끓고 있는 차를 그대로 눈 하나 깜짝하지 않고 들이마시고, 숟가락이나 포크까지 씹어먹으며(86), 방금 화덕에서 펄펄 끓도록 데운 독한 화주를 냄비 채 아무렇지도 않게 들이키며(567-8), 어린아기를 비롯하여 퀼프나 넬 등에 대해 식인적인 욕망을 발산한다. 또 그는 숨막히도록 자욱한 연기 속에서도 오히려 활력을 발휘하며, 추위나 비바람에 전혀 개의하지 않고, 달리는 마차에서 자유자재로 곡예를 펼칠 수 있다. 그리고 그는 "흰담비처럼 약빠르고, 족제비처럼 교활"(237)하여 무엇이든 다 파헤쳐서 알아내며, 어디든지 찾아가며, 누구든지 이용하고 조정하고 해친다. 그리하여 딕을 구슬러 앞잡이로 이용하고 자신은 손하나 까딱하지 않고도 샘프슨 남매를 매수하여 킷에게 누명을 씌워 감옥에 집어넣어버린다. 이밖에 그의 행방불명으로 인해 그가 강물에 빠져 죽은 것으로 단정하고 장례 준비논의를 하던 퀼프 부인과 지니윈 부인 그리고 샘프슨 앞에 돌연 "하강한 몽마"(462)처럼 나타나는 장면은 그가 마치 죽음까지 넘어선 불멸의 악마성을 구현하고 있는 존재인 듯한 암시마저 준다.

3

이상과 같은 악마적 성격으로 인해 퀼프는 디킨즈 소설의 악당 가운데 가장 혐오스럽고 흉측하며 징그러운 악당으로 우리에게 다가오는 한편, 디킨즈의 어느 악당보다도 작품 전체에 걸쳐 무차별적이고 전방위적으로 그 악마적인 위협과 가학적 폭력을 행사하는 존재로 나타난다. 하지만 퀼프의 인물로서 성격은 단순히 이처럼 혐오감과 공포감을 일으키는 악마성만으로 이루어져 있지 않다. 그에게는 악마성과 더불어 독자의 묘한 공감이나 일체감을 느끼게 하는 일종의 특이한 매력이 존재한다. 작품을 읽어가면서 우리는, 한편으로 그의 손길이 닿자 소스라치며 움츠리는 넬처럼 그에 대해 억누를 수 없는 혐오감과 반발감을 분명히 느끼게 되지만, 그와 동시에 다른 한편으로는 퀼프 부인이나 그의 하인 톰 스콧이 지니고 있는 것과 같은 어떤 뿌리칠 수 없는 매력과 호감을 그에 대해 품지 않을 수 없게 된다. 이것은 디킨즈가 그를 단순히 불량하고 무도한 악당으로만 창조하고 있지 않고 뭔가 독특한 개성을 그에게 부여하고 있기 때문인데, 독자의 이율배반적인 반응을 일으키는 퀼프의 이 독특한 개성의 본질은 그의 악마성이 지닌 악동(惡童)적 성격에 있다.

퀼프는 비록 작품 처음에 "나이 지긋한 남자"(an elderly man)(65)이라고 진술되고 있지만, 난쟁이라는 육체적 크기로 인해 처음부터 이미 악동 같은 소년의 이미지를 강하게 띠고 나타난다. 그리고 이어 그는 실제로, 사악한 중년의 어른에게 어울리는 행동과는 거리가 아주 먼 그야말로 악동 같은 행동거지를 계속해서 펼쳐 보이기 시작한다. 그의 그런 모습은 그가 어떤 지적이거나 정적인 방식보다는 육체적이고 동적(動的)인 방식으로 악행을 자행하고 사람을 괴롭힌다는 사실에서 잘 나타난다. 그는 자주 싸우고 소리치며 날뛰는 모습으로 나타난다. 그는 퀼프 부인을 꼬집고 물어뜯으며, 하인을 발로 차고 몽둥이로 때리며, 머리로 들이받고자 문을 박차고 뛰쳐나가서는 딕과 한바탕 물어뜯으며 격투를 벌인다. 혹 싸우고 물어뜯지 않을 때라도 그는 언제나 찡그리거나 약올리고 협박하고 조롱하면서 시끄럽게 떠들어대기 일수이고, 아니면 먹어치우고 마시고 피워대면서 쉴새없이 움직이거나 어디론가 돌아다닌다. 그의 이러한 동적인 모습은, 페이긴이나 랠프 니클비(Ralph Nickleby) 같이 지략이나 음모로 악을 조용히 기획하고 조종하는 어른으로서의 악당이 아니라, 심술궂은 골목대장처럼 여기저기 쑤시고 돌아다니며 사고를 치거나 시비를 걸고 약자를 즐겨 괴롭히는 악동의 모습을 쉽사리 연상시킨다.

퀼프의 이런 악동적 공격성과 심술의 심리적 바탕은 상당부분 그의 외모에 대한 소년적 자의식과 열등감에 있다. 그는 일단 자신의 흉측한 외모를 아무렇지도 않게 여기는 것처럼 보인다. 그는 그것을 부끄러워하거나 감추려고 하지 않으며, 오히려 일부러 더 흉측한 표정을 지어 다른 사람을 위협하는 등 자신의 추함을 가학의 수단으로 삼기까지 한다. 가령 작품 초반에서 그는 아내에게 "내가 바라보기에 멋있지 않아? 구레나룻만 있으면 세상에서 제일 잘생긴 사람이지 않겠어?"(81) 하면서, 자신의 흉측한 외모를 반어적으로 노골화함으로써 아내를 괴롭힌다. 그리고 또 그를 싫어하는 장모 지니윈 부인에 대해서도 "난 쪼그만 곱사등이 악당이나 괴물이고 말굽쇼, 지니윈 부인, 암 그렇고 말굽쇼!"(85)라고 뇌까리면서 그녀에게 혀를 내밀고 더욱 추한 동작으로 겁에 질려 도망치게 만든다.

하지만 그의 이러한 노골적인 태도 밑에는 자신의 추함에 대한 자의식과 열등감이 숨겨져 있다. 이것은 비록 그 자신은 추한 용모를 노골적으로 드러내고 과시하는 듯하지만 다른 사람이 그것을 언급하거나 지적할 때는 그냥 지나치지 않는다는 사실을 통해 나타난다. 가령 그의 장모 지니윈 부인이 위와 같이 퀼프의 괴롭힘을 당하는 주된 원인은 바로 그녀가 그의 추한 용모를 남들에게 떠벌이곤 한다는 사실에 있다. 그리고 킷도 그가 퀼프의 추한 용모를 언명함으로 인해 퀼프의 강한 증오를 사게 되는데, 넬을 따라 퀼프의 사무실에 왔다가 기다리는 중 그는 퀼프의 하인 콤 스콧과 난투극을 벌이게 된다. 퀼프가 나와 둘을 뜯어말린 뒤 싸운 이유를 물었을 때, 그는 킷이 그에 대해 "일전을 주고 그 어느 곳에서 볼 수 있는 것보다 더 추한 난쟁이"(95)라고 말했다는 것을 듣는다. 물론 이때 퀼프는, 비록 겉으로는 이것을 부인하지 않으면서 아무렇지 않은 듯 넘기지만, 킷의 이 말을 가슴에 담아두고 틈이 날 때마다 이것을 되뇌이며 킷에 대한 증오를 내비치곤 한다(129, 455, 550). 그리고 결국에는 브래스 남매를 시켜 킷에게 누명을 씌워 그를 감옥에 잡혀 들어가게 만든다.

물론 퀼프의 이러한 자의식과 열등감, 그리고 그로 인한 증오나 복수심은 성장한 어른이 갖는 복잡하고 은밀한 자의식이나 증오와는 거리가 멀다. 그것은 오히려 막 사춘기에 접어들 무렵의 소년이 자신을 못생겼다고 하는 친구들의 놀림에 대해 품는 자의식과 열등감 그리고 그것으로 인한 유년기적 증오감에 가깝다. 즉 퀼프의 자의식에는 복합적인 감정의 층이나 결이 없다. 자신의 추한 외모에 대한 어떤 억눌린 자기 혐오나 비참한 의식 같은 것이 퀼프에게는 없으며, 따라서 추한 사실을 부인하거나 감추려는 위선적인 태도도 그에게는 없다. 다만 우치한 소년적 자의식과 그로 인한 열등감 그리고 이것을 건드린 타인에 대한 단선적이고 노골적이며 단순한 증오감만이 있을 뿐이다.

게다가 이 소년적 자의식과 증오감마저도 악행 자체를 즐기는 그의 심술궂은 악동성을 발휘하는 구실이나 계기로 존재할 뿐이지, 악행의 절대적인 동기나 근원으로 작용하지 않는다. 다시 말해 그의 자의식과 증오는 단순하고 솔직하고 반사적이며, 그의 억누를 수 없는 악동적인 심술과 악의를 발휘하는 빌미를 제공하는 역할을 할 뿐인 것이다. 따라서 킷이나 다른 사람들에 대해 그가 복수를 행하는 과정은 음험한 계획으로 위선적으로 추구되기보다는, 그리고 목표를 위해 참고 인내하는 모습보다는, 노골적으로 위협하거나 선언적으로 드러내며 즉발적이다. 그리고 그는 복수의 실현이나 증오의 해소라는 결과를 즐기기보다는, 대상을 괴롭히고 가학하는 과정 그 자체를 즐기며 이런 점에서 자기 만족적이라고 할 수 있다.

그의 이러한 소년적 자의식이나 자기만족적 악의는 넬의 오빠 프레드 트렌트(Fred Trent)와 딕 스위블러에 대한 그의 증오에서도 나타난다. 먼저 프레드에 대해 퀼프는 자기보다 잘 생기고 젊은 프레드가 예전에 자기 집에 왔을 때 자기 아내인 퀼프 부인에게 추파를 던졌다고 믿고는 그 때문에 시기와 질투심에 사로잡혀 프레드를 미워하고 복수하고자 하는 것처럼 그의 대사에서 언급된다(228, 241). 하지만 퀼프의 이 시기와 질투는 어떤 구체적인 계기나 사실적인 근거에서 비롯된 것이 아니라, 그저 외모에 대한 그의 유아적 자의식과 단순한 열등감에서 나온 막연한 억측에 불과하다. 거기에는 계급적인 열등감이나 불안감 같은 사회적 성격은 물론이고 그런 경우에 수반됨직한 남자로서의 깊은 고민이나 복잡한 번민 따위가 전혀 없다. 게다가 이 시기와 질투마저도 퀼프가 자기 아내나 프레드의 관계를 어찌됐든 정말로 의심해서 나온 것이라기보다는 오히려 단순히 시기와 질투 자체를 위해 그리고 그것을 구실로 증오와 복수의 가학적 쾌락을 얻기 위해 억지로 구실을 꾸며내고 심술을 부리고 있는 것이라는 측면이 더 크다. 즉 그의 프레드에 대한 증오는 소년적 자의식과 열등감의 단순한 동기를 핑계로, 그 어느 것이든 꼬투리를 잡아 증오와 가학의 대상으로 삼고 싶어하는 악동적 심술이 자족적이고 능동적으로 발로된 결과인 것이다.

한편 딕에 대한 그의 증오는 유아적 복수심 내지는 앙심이라는 동기를 띠고 나타난다. 작품 초반부에서 그는 넬의 집에 자고 있다가 요란스럽게 문을 두드리는 소리에 놀라면서 잠이 깬다. 잠을 깨운 이 소리에 골이 난 그는 한바탕 화풀이를 하려고 맹렬하게 문을 열어 젖히면서 뛰쳐나가는데, 그랬다가 뜻밖에 딕한테 오히려 두드려 맞는다. 딕의 이 행동은 넬을 몰아낸 퀼프에 대한 일종의 간접적인 응징의 장치로 행해지는 것이기도 한데, 어쨌든 퀼프는 이때의 봉변을 잊지 않고 있다가 기회가 오자 그것에 대한 복수로 딕을 골려주는 데 몰두한다. 문을 박차고 뛰쳐나갔다가 딕과 주먹다짐을 하는 장면부터 이미 개구쟁이 악동들 사이의 싸움질과 영락없이 같은 모습을 극명하게 보여주고 있는 셈이지만, 퀼프가 이 일에 대해 앙심을 품고 나중에 되갚고자 하는 것 역시 유아적인 복수심의 전형적인 행태이다. 따라서 그의 딕에 대한 증오나 앙심은 위선적이거나 악의적인 원한 같이 착잡한 현실적 성격이 아니라 극히 단순하고 솔직한 자연적 반응으로서 자족적이고 거의 동물적이라고까지 할 악동적 심술의 순수한 발로라는 양상을 띠며 나타나고 있다.

이처럼 유아적 자의식이나 열등감 그리고 그로 인한 단순한 증오나 시기심 또는 앙심 같은 것을 구실 삼아 자족적으로 행해지는 퀼프의 악동적 심술과 가학에는 당연히 어떤 물질적 이익의 추구 같은 분명한 현실적이고 구체적인 동기나 목적이 없이 그저 가학과 심술 그 자체를 위해 행해지는 것으로 나타난다. 이것은 가령 그가 가장 중요한 일로 삼고 있는 듯이 보이는 넬과 그녀의 할아버지에 대한 추적 행위에서 잘 나타나고 있다. 그는 거의 다른 일을 제쳐놓고 두 사람의 행방을 집요하게 쫓는다. 그러나 그의 이처럼 집요한 추적의 동기는 작품 속에서 사실 그다지 분명하거나 납득할 만하게 제시되어 있지 않다. 표면적으로 그는, 처음에는 넬의 할아버지가 재산을 숨겨놓았다는 생각에서, 그리고 나중에는 그들을 잡아 독신자 신사로부터 배상을 받아내리라는 생각에서, 넬과 넬의 할아버지를 쫓는 것처럼 보인다. 하지만 넬의 할아버지가 빈털터리라는 사실을 그는 거의 확신하고 있으며, 또 배상에 대한 기대나 가능성도 별로 큰 것처럼 보이지 않는다. 즉 돈에 대한 탐욕은 그가 넬과 그녀의 할아버지를 쫓는 표면적인 구실일 뿐 진정한 목적이 아닌 것이다. 오히려 모너드(Monod 177)나 마커스(Marcus 151-2)가 지적하듯이, 그는 그들에 대해 애초부터 지닌 증오감이 해소되지 못한 데서 나오는 분노 또는 그들을 괴롭히고 싶은 가학적 심술이라는, 악에의 가학적 욕망이 그 주된 동기처럼 보인다.

이러한 점은 넬에 대한 그의 호색적 욕망에 대해서도 적용된다. 그의 넬에 대한 호색성 역시 정말 진지한 욕망이라기보다는 다분히 악의적 가학 그 자체를 즐기기 위한 행위의 성격이 짙기 때문이다. 넬에게 퍼부어 대는 그의 호색적인 언사는 넬에게 호색적으로 접근하여 성적으로 희롱하고자 하는 실제적인 색욕보다는, 개구쟁이 소년이 착하고 예쁜 소녀를 보고 괴롭히고 싶어서 짓궂게 놀려대는 것처럼, 성적 희롱이라는 수단을 빌어 순결과 선의 화신인 넬을 이유 없이 못살게 괴롭히고 싶어하는 순수한 악의와 반발심에서 비롯된 악동적 성격이 더 크다. 이것은 그가 늙은 트렌트와 넬의 집을 점령한 뒤 넬의 빈 침대까지 차지하여 그 침대 위에 벌렁 누워 발길질을 하며 담배를 피워대는 모습을 통해서도 잘 나타나 있다. 다시 말해 퀼프가 넬과 그녀의 할아버지를 괴롭히고 쫓는 것은 물질적 이익의 달성이나 육체적 욕망의 충족 같은 구체적 목표 때문이 아니라 그들이 자신의 손아귀에서 빠져나간 것에 대한 맹목적인 분노나, 그들에 대한 미움과 증오의 감정을 달래고자 하는 변덕, 또는 선과 약자에 대한 가학의 즐거움을 누리고자 하는 순수한 악의적 욕망 때문이다. 그리고 이런 점에서 결국 그의 추적과 악행은 추적을 위해 추적하고, 악행을 위해 악행을 행하는 심술궂은 악동의 성격을 띤다고 할 수 있는 것이다.

그런데 퀼프의 이런 악동적 성격은 곧, 비록 그가 구소부재와 무소불위의 악마적 능력을 지니면서 작품을 지배하고 있는 듯이 보임에도 불구하고, 그의 악행의 영향력이 그만큼 실제적이고 위협적인 것이 못 된다는 사실을 의미한다. 그의 가학과 악행은 대상이 되는 인물들의 현실적 삶에 있어서 어떤 심각한 장애나 고난을 초래하지 않는다. 그의 아내나 장모에게 행하는 것처럼 그는 대부분 언어적 희롱이나 위협적 동작을 통해 상대방을 놀래키거나 심리적으로 괴롭히는 데 그칠 뿐이다. 어쩌다 물리적인 폭력을 행하는 경우도 기껏 개구쟁이들의 주먹다짐 같은 것 아니면 골목대장의 심술궂은 행패 정도를 넘어서지 않는다.

물론 넬과 킷에 대해서는 좀더 직접적인 위협의 힘으로 작용하는 것처럼 나타난다. 하지만 먼저 넬의 경우, 그녀가 당하는 고난은 사실 따지고 보면 퀼프에게서 직접적으로 비롯되는 바가 별로 없다. 그는 넬의 할아버지가 빚진 돈에 대해 채무자로서 정당하게 권리를 행사하여 그녀의 집을 몰수하였을 뿐, 넬과 그녀의 할아버지는 그에게 쫓겨난 것이 아니라 집을 비워야 하는 채무자의 처지를 받아들여 스스로 떠나간 것이다. 따라서 넬이 퀼프로 인해 받는 고통은 그의 심술궂은 악동적 성희롱일 뿐이며, 오히려 그녀의 할아버지의 잘못과 집착과 노망이야말로 넬의 고난의 주원인이라고 해야 한다. 그리고 킷의 경우도, 그가 비록 브래스 남매를 사주하여 킷을 감옥에 집어넣는 데 성공하기는 하지만, 이것은 곧 실패로 돌아가고 그로 인해 그는 쫓기다가 죽음에 이르고 말 뿐이다. 특히 그가 뱃머리 조각상을 사무실에 가져다 놓고 킷 대신 두드려 패며 화풀이를 장면은 심각하거나 직접적인 위해가 없는 그의 악동적 심술과 성격을 잘 드러내주는 대목이다.

현실적 위해성이 거의 없는 퀼프의 이러한 악동적 심술은 요컨대 그의 악마성이 음험하거나 위선적이거나 비열하지 않다는 것을 뜻하며, 그것은 곧 악당으로서 일종의 단순함 내지는 순수함이라고 할 수 있는 성격, 즉 동화적 성격이 그에게 존재한다는 것을 의미한다. 선에 대한 퀼프의 증오와 대항은 사탄적인 영웅성이나 메피스토펠레스적인 음험한 사악성과 거리가 멀고, 오히려 동화나 우화 속의 도깨비(hobgoblin) 같은 장난기나 유치함에 가깝다. 모든 선한 사람들을 증오한다고 선언하면서 선과 악의 절대적 대결의 한 축을 구성하는 알레고리적 인물로서 그는 이미 어느 정도 단순한 성격이 부여되어 있지만, 이 알레고리적 단순성에 악동적 성격이 결합됨으로 인해 퀼프에게는 일종의 동화적 순수성이 형성되고 있는 것이다. 그리고 이러한 동화적 순수성은 퀼프를 디킨즈의 다른 악당들, 가령 페이긴이나 랠프 니클비, 펙스니프(Pecksniff), 유라이어 힙(Uriah Heep), 리고드(Rigaud) 등과 본질적으로 구분시켜 놓는 요소이자 바로 독자가 거부할 수 없는 매력을 갖게 하는 주된 원천인 것이다.

물론 이때 간과하지 말아야 할 사실은 퀼프가 지닌 악동성의 매력이 바로 그의 희극적 활기와 에너지로 인해 더욱 강화된다는 점이다. 사실 악동성 자체가 희극성을 이미 어느 정도 동반하는 성품인데, 그는 분명 작품 속에서 가장 희극적인 에너지가 넘치는 인물이다. 딕 스위블러가 희극적 창조성을 함께 보여주고 있긴 하지만 에너지의 측면에서는 아무래도 퀼프에 훨씬 못 미친다. 그는 “사자처럼 강한”(94) 체력과 엄청난 식욕의 소유자에다 원초적이고 야성적인 정력을 뿜어내는 악동으로서 가히 “순수한 남성적 에너지의 전형”(Kincaid 84)라고 할 수 있는 존재이다. 그리고 이 에너지에는 때와 장소를 가리지 않고 거침없이 터져나오는 강렬한 희극적 기질이 결합되어 있다.

따라서 그가 등장하는 장면에서는 매순간 거의 자기도취적이라고까지 할 그의 희극적 충동과 활력이 다채롭게 발산되며, 퀼프 부인을 비롯한 그의 대상들은 그의 가학에 괴로워하면서도 그 희극적 에너지로 인한 묘한 매력에 사로잡혀 꼼짝없이 계속 당하고 있을 뿐이다. 특히 33장, 51장, 62장 등에서 그가 샐리나 샘프슨 브래스를 희롱하고 괴롭히는 장면을 통해 발휘되는 그의 풍부한 언어적 또는 육체적 희극성과 활기는 셰익스피어적 인물창조의 수준에 이른다고 할 수 있을 정도이다(물론 여기에서 퀼프의 희극적 에너지는 비열한 악당 브래스 남매에 대해 도덕적 응징을 가하는 도구적 기능까지 함께 하고 있음으로써 스튜어트(Stewart 92)가 지적한 대로 쌔디스트이면서 동시에 풍자가이기도 한 퀼프의 복합적인 성격을 잘 드러내고 있다). 이런 점에서 그가 세상에서 "가장 풍성한 유머"를 지니고 있으며 "가장 놀라운 희극성의 기질"을 지니고 있다(564)는 브래스의 발언은 지극히 비열한 아부로서 행해진 말이지만 동시에 정확한 요약이기도 하다. 그리고 이러한 희극적 활력을 통해 강화된 악동성은 궁극적으로 작품 속에서, 넬의 희생적이고 감상주의적 이야기가 자칫 흐르게 될 정적 분위기와 정조를 일신하고 상쇄함으로써, 즉 "소설의 애수성에 대한 해독제"(Epstein 124)의 역할을 함으로써, 이 작품의 희극성과 감상성이 절묘한 균형을 이루는 데 결정적인 기여를 한다.

4

퀼프의 순수하고 원초적이며 에너지 넘치는 악동성은 앞에서도 말했듯이 퀼프 부인이나 톰 스콧처럼 독자들로 하여금 내밀하고 거부할 수 없는 공감의 매력을 느끼게 한다. 이 공감적 매력의 바탕을 이루고 있는 심리적 메커니즘은 바로 우리 자신에게 존재했거나 억눌려 있는 악동적 욕망이라는 일종의 보편적인 본성을 우리가 퀼프에게 투영함으로써 그를 통해 일체감과 쾌감을 느낀다는 것에 있다. 물론 퀼프에 대한 이러한 투영과 공감의 매력은 작가인 디킨즈 자신도 예외가 아니라고 할 수 있다. 아니 오히려, "섬세한 악마적 희열"(fine demonic rapture)(Carey 27)과 희극적 에너지가 넘치는 악동성에 있어서, 퀼프는 어쩌면 디킨즈의 소설 속 주인공들 가운데 디킨즈 자신의 악동적 성격이 가장 많이 투영되어 있는 존재라고 할 수 있다.

그런데 퀼프가 우리 자신에게 있는 보편적이고 본질적인 악동성을 투영하고 있음으로써 우리의 공감과 매력을 일으킨다는 말은 곧 그가 장소와 시대를 초월한 보편적 존재라는 사실을 의미하는 셈이다. 즉 그는 빅토리아조 시대의 독자는 물론 현대의 독자에게도 거의 동질적인 매력을 갖는다. 그리고 영국을 비롯한 서양의 독자에게도 한국 같은 동양의 독자에게도 역시 비슷한 공감을 얻을 수 있는 인물이다. 왜냐하면 그의 매력의 원천인 악동성은 바로 인간의 보편적인 본성의 일부이기 때문이다.

물론 퀼프의 인물로서 독특한 개성과 매력은 19세기 초 빅토리아조 영국이라는 구체적 현실과 특수한 시점 위에서 구축되어 있다. 즉 구체적 시대와 현실의 배경을 떠나서는 퀼프의 매력은 발생할 수 없다. 하지만 그의 매력의 본질적 핵심은 역시 시공을 초월한 그의 보편적 성격에 있다. 이것은 그의 존재에 부여된 알레고리적 보편성에서 주로 비롯되고 있는 것이지만, 현실의 인간으로서 그가 지닌 무정형적 성격도 이를 적지 않게 뒷받침해주고 있다. 그는 빅토리아조 초기 영국 런던의 한 악랄한 사채업자로 중년의 남자이다. 하지만 그는 어른이면서 어린아이이고 사채업자이면서 밀수와 증권에도 관여하고 폐선 처리업이나 임대업 등에도 종사하는 등 도대체 정확한 직업이 없다. 그는 또 계급이 불분명하고, 사회적 도덕이나 규범 또는 존재와 비존재, 나아가 생사의 경계까지도 넘어선 사람처럼 보인다. 그는 현실의 인간이면서 초인적 능력을 지닌 도깨비이기도 하다. 말하자면 그는 '무정형'의 존재인 것이다. "퀼프는 범주부여를 거부한다"(Quilp defies categorization)고 맥매스터(McMaster 106)가 한 말은 이런 점에서 맞는 지적이라고 할 수 있다.

요컨대 현실 존재로서의 무정형성과 알레고리적 성격을 통해 퀼프는 악동이라는 보편적 인물로서의 성격을 확보하고 있고, 이를 바탕으로 그는 독자로 하여금 이 보편적 성격에 동질적으로 반응하고 공감하게 함으로써 저항할 수 없는 매력을 소설의 안팎에서 끊임없이 행사한다. 악동으로서 퀼프의 이러한 보편적 성격과 매력은 궁극적으로 그를 설화적 주인공 또는 신화적인 지위를 갖는 소설적 인물창조로 올려 놓는다. 그가 시대를 넘어선 만인의 악동으로 언제나 우리에게 기억되고 읽힐 수 있는 이유는 바로 여기에 있다. 다만 퀼프와 같은 악당, 즉 소름끼치도록 악마적이면서 동시에 매력적인 에너지가 넘치는 악동의 성격을 가진 인물이 디킨즈의 소설 세계에서 다시는 발견되지 않는데, 이 사실 역시 바로 그의 신화적 존재가 지닌 자족성과 완결성을 말해 주는 것에 다름 아니라고 할 것이다.

3. 딕 스위블러: 디킨즈 소설 속의 도덕적 재생의 원형

1

찰스 디킨즈(Charles Dickens)는 19세기 영국 사회에 대해 그 어느 작가보다도 비판적인 소설가였다. 디킨즈는 산업혁명과 제국주의를 바탕으로 전대미문의 경제적 번영을 구가했던 빅토리아조 영국 사회 내부에 심각한 사회적 갈등과 모순, 도덕적 타락이 존재하는 것을 꿰뚫어 보았고, 이것을 자신의 소설 속에 비판적인 통찰로 형상화 해놓았다. 이러한 사회비판 의식은 『리틀 도릿』(*Little Dorrit*)이나 『우리 서로의 친구』(*Our Mutual Friend*) 같은 디킨즈의 후기 소설에서 특히 강하게 드러나는데, 이 때문에 에드먼드 윌슨(Edmund Wilson)은 디킨즈를 "빅토리아 시대에 가장 적대적인 작가"(the most antagonistic to the Victorian age)(E. Wilson 25)라고 일컫기까지 한다.

하지만 디킨즈는 그의 강력하고 신랄한 사회 비판에도 불구하고 어떤 정치적 비전이나 사회 혁명 같은 급진적 대안을 제시하려고 했던 작가는 아니다.『두 도시 이야기』(*A Tale of Two Cities*) 같은 작품에서도 잘 나타나지만 그는 프랑스 혁명 같은 급진적인 무력 혁명에 대해 매우 부정적인 태도를 지니고 있었으며, 심지어 법이나 제도 개혁 또는 이념을 통한 사회 개조 가능성에 대해서도 별로 희망을 두지 않았던 작가이다. 사실 그는 리얼리스트로서 정치적 이념이나 대안에는 거의 관심이 없었다고 해도 과언이 아니다. 그는 오히려 사회를 구성하는 개별 인간의 도덕적 변화와 의미 있는 실천에서 사회 구원의 궁극적 가능성을 찾고 이를 강조했던 작가이다. 즉 일찍이 조지 오웰(George Orwell)이 지적했듯이, "디킨즈의 사회 비판과 공격은 언제나 사회 구조의 변화보다는 개개인의 정신의 변화를 지향하고 있었던 것이다"(Orwell 22). 디킨즈의 이러한 작가적 성격은 그에게 소시민적 부르주아 작가라는 비판을 안겨주는 것이기도 하지만, 정치적 이념이나 대안을 제시하는 것이 문학의 소명으로 정의되지 않는 한, 디킨즈의 비전은 여전히 부정할 수 없는 효력과 가치를 지닌다고 할 수 있다. 왜냐하면 디킨즈의 사회 비판은 레이먼드 윌리엄스(Raymond Williams)의 말을 빌린다면 "구체적 현실의 시간과 장소에서 개별 인간의 구원 방법과 인간 본성에 대한 비전"(Williams 49)을 그 본질로 삼고 있기 때문이다.

인간 본성에 대한 신뢰와 개인의 "심성의 변화"(change of heart)를 지향하는 디킨즈의 이러한 작가적 성격은 물론, 너무나도 널리 알려진 그의 작품, 즉 『크리스마스 캐럴』(*A Christmas Carol*)의 주인공 에버니저 스크루지(Ebenezer Scrooge)를 통해 잘 고찰될 수 있을 것이다. 하지만 이 글에서는 이 작품보다 좀 더 앞선 시기로 돌아가, 디킨즈의 초기 소설 중의 하나인 『골동품 가게』(*The Old Curiositiy Shop*)의 한 주인공 딕 스위블러(Dick Swiveler)에게서 디킨즈적인 개인의 도덕적 변화와 구원이 어떻게 묘사되는지 살펴보고자 한다. 『골동품 가게』의 딕 스위블러에 주목하는 이유는 그가 바로 디킨즈의 소설 세계 전체에 걸쳐 지속적으로 묘사되는 개인의 도덕적 구원과 변화 과정을 구체적으로 보여주는 '원형적인' 인물이기 때문이다. 따라서 딕 스위블러가 보여준 도덕적 재생의 원형이 이후의 디킨즈 주인공들에게서 어떻게 변형 또는 변주되어 나타나는가를 살펴보는 작업은 이 글의 후반부를 구성할 것이다.

2

디킨즈의 인물 가운데 타락한 한 개인이 도덕적 각성을 통해 새로운 사람으로 변화하는 모습을 보여주는 것은 사실 엄밀히 말하면 딕 스위블러가 처음이 아니다. 『골동품 가게』 바로 전에 발표되었던 『니컬러스 니클비』(*Nicholas Nickleby*)에 나오는 한 인물인 뉴먼 녹스(Newman Noggs)에게서도 우리는 그런 도덕적 변화의 예를 어느 정도 분명하게 발견할 수 있기 때문이다. 이를 간단히 살펴보면, 한때 신사로서 "녹스 씨"(Mr Noggs)라고 불리기도 했던 뉴먼은 재산을 탕진하고 날로 빚에 빠져들다가 결국 악덕 고리 대금업자 랠프 니클비(Ralph Nickleby)의 고용인으로 얽매여 있는 인물이다. 그는 본래 선량한 심성의 사람이지만 생존을 위해 랠프의 악랄한 고리대금업을 도와주면서 그저 술로 자책감과 현실의 고통을 잊고자 한다. 그런데 이렇게 주인 랠프를 방조하며 타락한 현실에 무기력하게 끌려가던 그는 니컬러스와 그의 가족이 랠프의 흉계에 희생당할 위험에 있다는 것을 알아채면서 도덕적 각성의 계기를 맞는다. 그리하여 그는 랠프 몰래 니컬러스를 도와주려고 하는데, 랠프에 얽매여 있는 현실적인 상황으로 인해 적극적인 행동을 하지는 못하고 그 대신 기회 닿는 대로 소소한 도움만을 제공한다. 그러다가 마침내 그는 니컬러스에 대한 복수를 획책하는 랠프의 음모를 좌절시키고 그 결과 랠프가 스스로 목숨을 끊으며 비참한 최후를 맞게 하는 데 결정적인 기여를 한다. 그리고 이 과정을 통해 자신의 망가졌던 도덕성과 인간적 자존심을 점차 회복하게 되고, 나아가 치어리블(Cheeryble) 형제에게 받은 보상을 통해 물질적으로도 재활하기에 이른다.

요약에서도 알 수 있듯이 뉴먼은 그 자신의 이름이 의미하듯이, 도덕적인 각성을 통해 '새로운 인간'(a new man)으로 변하는 인물임에 틀림없다. 하지만 그는 등장인물로서 작품 속에서 너무나 주변적인 지위에 있고 따라서 그 성격이 너무나 단편적이고 단순하다. 그가 왜 몰락하게 되었는지 우리는 알지 못하며, 그의 도덕적 각성도 구체성이 없이 그저 하나의 사실 또는 당위로서 우리에게 간단히 주어질 뿐이다. 그의 이야기는 도덕적 재생의 내용을 담고 있기는 하지만, 작품의 줄거리나 구조에 대한 유기적인 관련성이 없이 일종의 장식처럼 덧붙여진 부자연스러운 일부처럼 느껴진다. 그는 창조되었다기보다는 끼워 넣어진 존재라고 할 수 있으며, 따라서 독자의 관심과 흥미를 끄는 의미 있는 독립된 인물이라기보다는 이야기의 구색을 맞추기 위해 조립된 하나의 유형에 불과하다. 다시 말해 뉴먼은 비록 디킨즈의 인물 가운데 도덕적 변화의 첫 사례이긴 하지만 인물로서의 구체성이나 실감에 있어서는 아무래도 진지한 관심의 대상이 될 수 없는 파편에 그친다고 해야 할 것이다.

그렇다면『골동품 가게』의 딕 스위블러는 등장인물로서 지니는 비중과 도덕적 재생의 구체적 실감이 뉴먼의 경우와 어떻게 다른가? 무엇보다도 딕은 뉴먼과는 달리『골동품 가게』에서 작품의 핵심을 이루고 있는 등장인물 가운데 한 명이다. 물론 이 작품의 중심축을 이루고 있는 인물들은 어린 넬(Nell)과 퀼프(Quilp)이다. 디킨즈의 수많은 인물들 가운데서도 일종의 신화적 명성을 누리고 있는 두 인물은 넬과 퀼프는 각각 선과 악을 대변하면서 작품의 구조를 떠받치는 두 대립축을 구성하고 있다. 하지만 넬과 퀼프의 이 대립되는 두 중심축 사이에서 일종의 연결고리 역할을 하며 또 하나의 중심축을 이루고 있는 인물이 있으니 그게 바로 딕 스위블러이다. 그는 넬의 슬프고 애처로운 이야기와 악마적이고 파괴적인 퀼프의 세력의 극단적인 대립을 완화하는 동시에 융합하면서 작품 전체의 구조와 의미를 변증법적으로 완성시키는 유기적인 역할을 한다. 바로 이런 점에서 그가 보여주는 도덕적 재생의 주제는 뉴먼과는 전혀 달리 그야말로 본격적이고 원형적인 성격과 의미를 띠는 것이라고 할 수 있다.

도덕적인 측면에서 딕의 행로를 간단히 요약하면, 그는 악의 대변자인 퀼프와 샘프슨 브래스(Sampson Brass)에게 고용되어 넬에 관련된 그들의 음모의 공범자의 역할을 하다가 궁극적으로 도덕적 재생의 과정을 거쳐 자신을 지배했던 퀼프와 샘프슨에게 응징을 가하는 데 기여한다. 이것은 얼핏 뉴먼의 이야기와 크게 다르지 않게 들린다. 하지만 이 과정에서 딕은 뉴먼과는 달리, 타락의 구체적 과정과 실상을 보여주며 또 그의 도덕적 각성을 가능하게 하는 인간적 심성의 면모가 묘사된다. 그리고 도덕적 재생 자체도 단순히 결과로 주어지지 않고 열병으로 인한 사경이라는 고통스러운 경험을 통해 얻어지는 것으로 제시된다.

작품 처음에 나타나는 딕 스위블러의 등장인물로서의 성격은 넬의 오빠 프레드 트렌트(Fred Trent)에 의해 조종되는 건달 친구로서 한낱 희극적 광대 같은 존재라고 할 수 있다. 실제로 그는 삶에 대한 아무런 진지성이 없이 프레드와 어울려 음주와 난봉 등으로 소일하며, 프레드가 자기 동생 넬의 할아버지 트렌트 영감(Old Trent)으로부터 돈을 뜯어내려는 수단으로 제안하는 넬과의 결혼 음모에 기꺼이 동의하고 이를 실제로 실천에 옮기려고 하는 등, 도덕적으로도 세상의 탐욕적 가치에 영합하는 타락성을 보인다. 이 결과 그는 프레드의 "도구에 불과한 존재"(a mere tool)(243)에 그치지 않고 결국 퀼프의 손아귀에 넘어가 그의 "훌륭한 멋모르는 첩자"(a good unconscious spy)(469)로서 비열한 악덕 변호사 샘프슨에게 고용되는 지경에 이른다. 그의 이 취직은 특히 넬과 트렌트 영감에 대한 퀼프와 프레드의 교활한 음모에 그가 동의한 것이라는 점에서 더욱 그의 도덕적 타락성을 증명해준다. 이후 그는 위선적이고 악덕 법률 대리인인 샘프슨과 샐리 브래스(Sally Brass)의 하수인 노릇에 쉽게 적응해 나가는 한편 퀼프와도 어울리며 이런저런 정보를 전해줌으로써 퀼프의 악행을 돕는다. 그리고 넬의 충직한 친구인 킷 너블즈(Kit Nubbles)를 음해하려는 퀼프 일당의 계략에 있어서도 그는 어리숙하게 말려들어가 그것을 성공적으로 수행하는 데 요긴하게 이용된다.

그러나 샘프슨 법률 사무실의 사무원으로의 전락(轉落)을 시점으로 딕은 서술의 관심을 한층 강하게 받기 시작한다. 그리고 이와 동시에 도덕적 각성의 계기를 맞으면서 인간적 변화의 과정에 들어선다. 그의 도덕적 갱생 과정은 샐리의 하녀인 마셔니스(Marchioness)와의 관계를 중심으로 전개되는데, 넬과 퀼프에 의해 지배되는 스토리의 전개를 비집고 독자적인 또 하나의 이야기 줄기를 형성한다. 그리고 이를 통하여 딕은 단순한 "희극적 원형으로부터 진정한 인격체로 전환"(transition from comic prototype to genuine personality)해 나가며, 궁극적으로는 넬과 퀼프로 분열된 작품의 알레고리적 원형의 양극을 매개하는 "현실적 인물"(real people)로서 주제적 의미를 구현하기에 이른다(Pearson 89-90).[8) 따라서 "딕의 심리적 변신이 분명코 그다지 교묘하게 짜여져 있지 않다"(His psychological metamorphosis is certainly not very artfully contrived)는 실비에 모너드(Sylvere Monod)의 지적(Monod 180)은 사실을 잘못 파악한 것이라고 할 수 있다.

물론 딕의 도덕적 변모의 가능성은 작품의 전반부에 이미 어느 정도 준비되고 있다. 즉 그는 처음 등장할 때부터 프레드나 퀼프, 또는 브래스 남매 등과는 달리 완전히 타락한 악당이 아니며 나아가 본질적으로는 긍정적 심성을 지니고 있는 존재로 묘사되고 있다. 그는 악덕을 적극적으로 도모하거나 구현하는 인물이 아닐 뿐더러, 현실의 타락한 이기적 논리에 영합하여 악덕의 앞잡이 노릇을 하고 있기는 하지만 근본적으로 '부도덕'하다기보다는 '무도덕'한 인물에 가깝다. 삶을 진지하게 대면하지 않는 그에게는 사실 어떠한 행위도 도덕적 의미나 무게를 갖지 않는 셈이다. 넬과의 결혼을 통해 트렌트의 재산을 탈취하자는 프

8) 한편 Kincaid 역시 "Dick is...a sane alternative made possible by their [Nell and Quilp's] extreme and self-destructive antipathy"(Kincaid 82)라고 비슷한 주장을 하고 있다.

레드의 제의에 그가 동의할 때, 그 주된 동기의 하나로서 "그의 기질이 지닌 습관적 무심함"(the habitual carelessness of his disposition) (106)이 지적되고 있는 것은 바로 그러한 사실을 뒷받침한다.

그런데 도덕적 가치판단을 벗어난 그의 행동은 한편으로 그가 지닌 희극적 기질과 상상력을 통해 삶에 대한 긍정으로 나타나기도 한다. 가령 처음 등장할 때, 비록 프레드를 지원하기 위한 말이지만, 그는 프레드와 트렌트 영감에게 화해의 철학을 역설(60-65)한다. 또 그는 물 섞인 진(gin)과 단간방에 있는 침대를 각기 장밋빛 포도주와 여분의 방에 갖추어 놓은 책장으로 가정함으로써 자신의 구차하고 궁핍한 현실을 상상력으로 살 만하게 변화시킨다. 말하자면 그에게는 일종의 창조적 활력이 존재하는 것이며, 그 결과 프레드가 말하듯이 그는 "어떠한 상황에서도 즐거워할 수 있는 것이다"([He] can be merry under any circumstances)(102). 그리고 이러한 창조적 활력에 내재되어 있는 그의 희극성은 인간적이며 생성적이고 상호 연대적인 성격을 띠는 것으로서 퀼프의 악마적이고 파괴적이며 폐쇄적인 희극성과 극적 대조를 이룬다.[9] 이밖에, 퀼프에게 유인되어 술에 취해 넬에 대한 계획을 발설하고 난 뒤 돌아가다가 돌연 땅을 치며 통곡하는 장면(236) 등은 그가 의식의 한 저변에 한가닥 도덕적 본능을 갖추고 있는 존재라는 사실을 드러내기도 한다.

그러나 딕의 한 구석에 내버려진 도덕의식이 자극되고 인간적 변모가 본격적으로 시작[10]하는 것은 역시 그가 샘프슨에게 고용되고 난 뒤부터라고 할 수 있다. 우선 샘프슨의 사무실에 처음 나온 날 그는 샐리를 보는 순간 이상하게 그녀에게 시선이 끌리면서 그녀에 대한 강력한 공격적 충동에 사로잡히는데, 이 장면은 짧게 언급되지만 딕에게 있어 한 중요한 계기가 되고 있다.

---

9) 딕의 희극성을 퀼프와 Sam Weller의 희극성에 비교하여 훌륭하게 분석하고 있는 글로서 Garrett Stewart의 글 100-113면 참조.

10) 앞서 언급한 딕의 통곡하는 장면과 그것에 이어지는 퀼프와의 대면을 딕의 갱생의 시점으로 보는 Marcus의 입장은 설득력이 희박한 것이라 하겠으며, 따라서 본 논문은 Kincaid의 입장을 정확한 해석으로 받아들이는 셈이다. Steven Marcus의 글 165면과 Kincaid의 글 101면 각각 참조.

…스위블러씨는 이상한 영향력이 점점 자신을 뒤덮어 오는 것을 느끼기 시작했다. 그것은 이 샐리 브래스를 궤멸시키고 싶은 끔찍한 욕망이었으며, 그녀의 두건을 쳐서 날려버려 그것 없이 그녀가 어떻게 보이는지 시험해보고 싶은 기이한 충동이기도 했다.

…Mr Swiveler by degrees began to feel strange influences creeping over him--horrible desires to annihilate this Sally Brass--mysterious promptings to knock her head-dress off and try how she looked without it.(328)

여기서 샐리에 대한 딕의 공격적 충동이 의미하는 것을 짐작하기는 어렵지 않다. 한마디로 이것은 일종의 도덕적 계시의 의미를 지닌다. 즉 샐리는 샘프슨을 제치고 사실상 사무실의 실권자로서, 퀼프와 결탁하여 행하는 그들의 악행을 주도하며, 또한 딕이 이후 구원의 관계를 맺을 마셔니스를 비인간적으로 학대하는 존재인데, 바로 이러한 사실에 대한 본능적 예감이 딕의 내면에 잠자고 있던 도덕성을 자극하여 꿈틀거리게 하는 것이고, 이 결과 딕은 점점 자신도 모르게 공격적 충동에 휩싸이게 되는 것이다.

물론 이 도덕적 예감은 본능의 일시적 반응에 의한 것으로서 딕에게 '의식적'인 각성을 일으키는 결과에 이르지는 못한다. 사실 그후 그는 오히려 적당히 샐리의 환심을 사면서 여전히 타락한 현실에 순응하는 행동을 계속해 나갈 뿐이다. 하지만 바로 이렇게 일단 자극을 받아 꿈틀거려진 그의 도덕적 본성으로부터 이제 그의 의식은 완전히 자유로울 수 없다. 그가 무심코 한번 대면하고 지나쳤던 마셔니스가 그의 마음의 평정을 흐트러뜨리면서 강하게 그의 관심을 사로잡는 것은 바르 이 때문이며, 따라서 샐리가 마셔니스를 학대하는 장면을 목격하였을 때 그의 내면에는 자신이 가담하고 있는 현실의 추악성에 대한 인식이 암암리에 깊이 새겨지는 것이다.

마셔니스와의 카드놀이는 이처럼 의식적 자각이 없이 진행되는 그의 도덕적 변신이 실천적으로 드러나는 동시에 새로운 전기를 맞이하는 사건이다. 그는 그동안에도 퀼프와 술자리를 같이하고 속물 척스터 씨(Mr Chucster)와 어울리는 등 아직 타락한 가치에 젖어 있는 모습을 보여 왔었다. 그런데 마셔니스와 다시 마주침으로써 그는 처음으로 자신의 인간적 본성과 도덕성에 온전히 따르는 행동을 하게 되는 것이다.

우선 그는 자신의 우스꽝스러운 장난질을 엿보다 들킨 마셔니스를 비난하지 않고 오히려 그녀의 호소를 동정적으로 믿어주면서 그녀를 방안으로 초대한다. 그리고 그녀가 샐리에 대한 두려움 때문에 이를 거부하자, 그는 기꺼이 그녀가 머무는 부엌으로 함께 내려가 준다. 그런데 여기에서 그녀의 비참하고 굶주린 처지를 본 그는 사려 깊은 태도로 즉시 먹고 마실 것을 조달해준다. 그리고는 그녀에게 상대가 되어 놀이를 가르쳐주면서 그는 이름조차 없는 그녀에게 마셔니스라는 이름을 지어주기까지 한다. 다음은 바로 그러한 장면의 일부이다.

> '자,' 리차드는 그녀 앞에 접시를 놓으면서 말했다. '우선 그걸 먹어치워라. 그리고 나서 보자.'
>
> 그 작은 하녀는 더이상의 분부가 필요없었다....
>
> '다음으로,' 딕은 펄맥주를 건네주며 말했다. '이걸 마셔보렴. 하지만 천천히 마시도록 해라. 넌 그것에 익숙해 있지 않을 테니까. 자, 맛 좋지?'
>
> '오, 아주 좋은데요.' 그 작은 하녀는 대답했다.
>
> 스위블러씨는 이 대답에 더할나위 없이 만족한 듯이 보였다.... 이 예비절차들이 끝나자, 그는 그녀에게 놀이를 가르쳐주는 데 몰두했다....
>
> '자,' 스위블러씨는 받침접시에 두 개의 육펜스짜리 동전을 놓으면서 말했다.... '그것들은 판돈이란다. 네가 이기면 네가 그걸 다 가져가고, 내가 이기면 내가 다 가져가는 거지. 분위기를 보다 실감 있고 유쾌하게 하기 위해 내 너를 '후작 부인'이라고 부를테니, 알겠지?'

> 'There!' said Richard, putting the plate before her, 'first of all, clear that off, and then you'll see what's next.'
>
> The small servant needed no second bidding....

'Next,' said Dick, handing the purl, 'take a pull at that; but moderate your transports, you know, for you're not used to it. Well, is it good?'

'Oh! isn't it?' said the small servant.

Mr Swiveler appeared gratified beyond all expression by this reply.. . These preliminaries disposed of, he applied himself to teaching her the game....

'Now,' said Mr Swiveler, putting two sixpences into a saucer ... 'those are the stakes. If you win, you get'em all. If I win, I get'em. To make it more real and pleasant, I shall call you the Marchioness, do you hear?'(528)

요컨대 여기에서 딕은, 이름을 지어주는 행위에 의해서 상징되듯, 인간적 존재가 부정되고 박탈된 마셔니스를 하나의 온전한 인간적 존재로서 새롭게 창조하고 있는 셈이다. 그런데 중요한 것은 바로 이 행동을 통하여 딕 자신 또한 이제까지 현실의 이기적이고 타락한 가치에 대해 수동적으로 영합하고 농락당하기만 하던 존재로부터 인간적 공감성과 도덕적 가치를 자발적으로 실천하는 주체적 존재로의 전환을 이루고 있는 셈이라는 사실이다. 다시 말해 딕과 마셔니스와의 이 만남은 그녀의 인간적 탄생의 순간인 동시에 딕 자신의 새로운 존재변화의 결정적 전기가 되는 순간이기도 한 것이다. 그리고 이 사실은 카드 게임을 마치고 집으로 돌아간 그가, 즉 넬에 대한 파렴치한 음모에 가담해온 그가, 잠자리에 들 때까지 마셔니스의 삶과 운명에 대한 관심을 떨치지 못하며 그녀에 대한 진지한 독백을 하곤 하는 모습을 통해 강한 암시로 증명되고 있다.[11] 따라서 이 장면 이후 딕의 행동은 도덕적 실천의 연속으로 나타난다. 가령 그는 킷에 대한 브래스 남매의 음모가 진행되는 과정에서 마셔니스의 절도혐의가 분명한 것으로 추측됨에도 불구하고 그녀를 보호하기로 결심한다. 또한 킷이 억울하게 누

11) 딕의 마셔니스에 대한 이 진지한 관심의 의미는 그녀가 바로 넬과 비슷한 나이의 소녀로서, 딕이 퀼프에 대한 상징적 대응의 존재인 것과 비슷하게, 넬에 대한 상징적 대응의 성격을 띠는 존재라는 점에 의해 더욱 깊어진다.

명을 쓰고 잡혀올 때 그는 킷에게 뉘우치면 슬쩍 놓아주겠다고 제의하기도 하며, 킷이 결국 감옥에 갇히자 맥주를 사식으로 넣어주는 한편 슬픔으로 쓰러진 그의 어머니 너블스 부인(Mrs Nubbles)을 사려 깊게 돌봐주기까지 한다.

딕의 이러한 도덕적 행동들이 그의 고용주 샘프슨과 샐리가 의도하고 추구하는 바에 역행하는 것이나 다름없다는 점에서, 일면 그들에 대한 딕의 반항이 이미 시작된 것처럼 보인다. 하지만 딕은 아직 의식적으로는 브래스 일당의 악행에 대한 확실한 인식이나 반항적 태도를 지니고 있지 않다. 비록 그 동안에 진행된 도덕적 성장에도 불구하고 그는 퀼프의 지시를 받은 브래스에 의해 먼저 해고될 때까지 그들의 진영에 그대로 머물러 있을 뿐이다. 해고될 때도 그는 직관적으로 브래스 등의 흉악성을 어느 정도 감지하고 있지만 아무런 적극적 반응을 보이지 않은 채 그저 말없이 떠나갈 뿐이다.

그가 '열병'이라는, 디킨즈의 남성 주인공들에게 자주 일어나는 상징적 죽음과 재생의 제의(祭儀)적 과정을 거치는 것은 바로 이러한 사실에 근거한다. 즉 딕이 온전한 도덕적 재생에 이르기 위해서는 그를 지배하고 농락해온 타락한 세력에 대한 확실한 의식적 각성과 그것에 대항하는 주체적 실천이 선행되어야 한다. 그런데 딕은 그러한 적극적 각성과 실천으로까지 나아가지 못함으로써 결국 그 대가로 그리고 그것에 이르기 위한 상징적 절차로서 바로 열병을 통한 죽음의 위기와 시련을 거치게 되는 것이다. 물론 이제까지 그가 범한 부당한 행위와 잘못에 대한 값을 치른다는 측면에서도 이 시련의 과정은 이미 어느 정도 그 필요성이 마련되어 있었던 셈이다. 따라서 그는 브래스에게서 해고를 당하고 집으로 돌아오자마자 돌연 열병으로 쓰러져 사경을 헤매는데, 이때 혼수상태의 그를 괴롭히는 "뭔가 행해지지 않은 채 남겨진 것, 넘어서야 할 뭔가 무서운 장애, 물리쳐지지 않고 병든 뇌리를 물고 늘어지는 뭔가 애타는 번민의 의식"(a sense of something left undone, of some fearful obstacle to be sumounted, of some carking care that would not be driven away and haunted the distempered brain)(579)은 바로 그가 실천하지 못하고 남겨놓은 주체적 항거 행위에 대한 무의식적 자책감의 발로인 것이다.

마셔니스의 때맞춘 구원은 딕로 하여금 이 죽음의 시련과 위기로부터 살아남아 '행해지지 않은 채 남겨진' 이 재생의 요건을 채울 수 있게 해 준다. 이것 역시 위에서 보았던바 그가 한 때 베풀었던 진정한 인간적 행위의 인과적 당위라는 점에서 개연성 있는 사건의 전개라고 할 수 있다. 어쨌든 딕은 마셔니스를 통해 육체적인 소생과 더불어 도덕적으로도 온전한 재생을 이루는데, 이것은 그가 의식을 찾자마자 곧 브래스 남매와 퀼프의 악행의 실상을 확실히 깨닫게 되고 이어 그들에 대한 응징의 적극적 행위를 수행하는 데서 나타난다. 그는 마셔니스가 나중으로 미루려는 브래스 일당의 음모실상에 대한 진술을 "그것이 가장 엄숙하고 굉장한 성질의 것인 듯이...열화 같은 간청"(fervent adurations...as if they had been of the most solemn and tremendous nature)(586-7)으로 받아낸다. 그리고 킷을 구명하고 샘프슨과 퀼프 등을 응징할 신속한 조치를 취하도록 하기 위해 마셔니스를 갈런드 씨(Mr Garland)에게 즉시 보낸다. 이때도 자신의 병약함으로 인해 할 수 없이 마셔니스를 보내긴 하지만 그 전에 당장 그 자신이 달려갈 태세를 보인다. 또한 그는 갈런드 씨 등에게 브래스와 퀼프 등이 응징을 면해서는 안 된다고 결연한 징벌의지를 다짐하여 보이기도 한다(598). 이밖에도 그는 자신을 구해 준 마셔니스에 대한 보답으로서 그가 상속한 얼마 안 되는 돈으로 그녀를 교육시킴으로써 도덕적 진실성을 더욱 확인해 보여준다. 요컨대 이러한 주체적 항거와 도덕적 실천을 통하여 딕은 마침내 도덕적 재생과 인간적 성숙을 이룩하여 마셔니스가 한 때 그를 지칭하여 불렀던 "살아난 사람氏"(Mr Liverer)(585)라는 이름에 진정으로 답하고 있는 것이다. 그리고 이 모든 것들로부터 우리는 딕이 작품 속에서 도덕적 알레고리의 주인공들인 넬과 퀼프에 대응하는 현실적 주인공으로서 삶의 도덕성과 인간적 가치의 주제를 구현하는 핵심적 인물이라는 사실을 궁극적으로 다시금 확인할 수 있는 것이다.

3

딕 스위블러를 통해 최초로 구체적인 묘사를 통해 구현된, 타락한 인물의 도덕적 각성과 재생의 주제는 디킨즈의 이후 작품에서 두 가지 유형으로 갈라져서 확장되고 발전된다. 하나는 딕 스위블러가 피고용자로서 부도덕하고 타락한 상황을 떨치고 자신의 본성을 되찾는 측면이 부각되어 억압적인 주종관계에서 피고용자 신분의 인물들이 악덕 고용주에게 항거하면서 도덕적 재생을 획득하는 유형이고, 나머지 하나는 중심인물로서 딕이 지니는 도덕적 재생의 주제적 성격이 좀 더 확장되어 작품의 주인공들을 통해 도덕적 재생이 성취되는 유형이다.

전자는 대개 조연급 인물들이 재현하는 경우인데, 고용주에 대한 저항이라는 외향적이고 행위적인 성격이 강하게 부각되며 종종 딕이 지닌 희극성이 계승되어 발현되곤 한다. 반면에 후자는 주로 주연급의 인물들이 실행하고, 어떤 외적 대상에 대한 항거보다는 자기 자신의 잘못된 태도나 가치관에 대한 각성이라는 반성적이고 정적인 성격이 두드러지며 따라서 성찰과 재생의 과정이 상당히 진지하고 고통스럽게 묘사되곤 한다. 전자에 해당되는 인물로는 『데이빗 코퍼필드』(*David Copperfield*)의 윌킨스 머코버(Wilkins Micawber)와 『리틀 도릿』의 팽크스(Pancks), 그리고 『우리 서로의 친구』의 라이어(Riah) 등을 들 수 있으며, 후자의 인물로는 『마틴 처즐윗』(*Martin Chuzzlewit*)의 마틴 처즐윗, 『크리스마스 캐럴』의 스크루지, 『리틀 도릿』의 아써 클레넘(Arthur Clennam), 『위대한 유산』(*Great Expectations*)의 핍(Pip), 그리고 『우리 서로의 친구』의 유진 레이번

(Eugene Wrayburn) 등이 있다. 여기서는 이들 중 원형적 인물로서 딕 스위블러가 지니는 성격을 가장 두드러지게 계승하고 있는 인물들인 윌킨스 미코버와 유진 레이번의 경우를 간단히 살펴보기로 한다.

먼저 미코버를 보면, 그는 이렇다 할 직업이 없이 언제나 뭔가 행운이 찾아올 거라는 낙천적이면서도 허황된 망상을 지닌 채 무책임하게 생활하는 놈팡이 같은 건달 신사이다. 비록 나이가 지긋한 중년의 인물이라는 차이점이 있지만 건달로서의 모습은 딕 스위블러의 경우와 거의 동일하다. 물론 그는 근본적으로 선량한 심성을 지닌 호인이며, 이 점에서도 딕과 유사하다. 그는 늘 빚에 쫓겨 다니곤 하는데 그러다가 결국 바람직하지 못한 주종관계의 덫에 빠져들고 만다. 이것 또한 딕이 경제적인 궁핍 때문에 퀼프의 제안을 받아들여 샘프슨의 서기로 들어가는 것과 비슷하다.

경제적으로 쪼들리던 미코버는 비열하고 음험한 악당 유라이어 힙(Uriah Heep)의 꾀임을 받아 "그의 비서"(his confidential clerk) (*David Copperfield* —이하 *DC*로 약칭--594)로 고용된다. 그리고 윅필드 씨(Mr Wickfield)를 몰락시키고 사업을 장악하여 윅필드 씨의 딸 애그니스(Agnes)를 차지하려는 유라이어의 교활한 음모를 도와주게 된다. 그러나 그는 이 "암묵적 동조자"(a tacitly consenting party)(*DC* 820)의 역할로 인해 양심의 가책을 받게 되면서 심한 자기혐오에 빠지고 인간성의 파괴를 경험하게 된다. 그는 날로 음울해지고 가족들을 회피하며, 미코버 부인에 의하면, 거칠고 난폭할 뿐 아니라 정신 상태가 이상하고 신체마비의 증상까지 보인다(*DC* 771).

그러던 그는 죄어드는 양심의 가책과 고통을 견디지 못하고 마침내 도덕적 결단을 내린다. 유라이어 앞에 데이빗과 트래들즈(Traddles) 그리고 베치 트롯우드(Betsey Trotwood) 등을 불러 모아놓은 그는 그 자리에서 유라이어가 그동안 저질러 온 비리의 전모를 폭로한다. 그리고는 막혔던 숨을 자유롭게 내쉬면서 자신의 본성을 회복한다. 이렇게 유라이어의 억압을 떨치고 그의 파멸을 가져오는 행위는 미코버에게 바로 그 자신의 도덕성과 인간적 자존심을 망가뜨렸던 유라이어의 교활한 착취와 지배에 대한 합당한 응징인 동시에 도덕적 자기구원의 성취라는 의미를 지니는 것이다.

미코버의 이러한 의로운 반란 과정은 그의 희극적 성격의 뒷받침을 받아 성공적으로 극화되고 있는데, 특히 그가 데이빗 등에게 내적 고통을 비치며 결단의 임박을 알리는 장면(*DC* 773–781)과 실제 유라이어에 대한 폭로를 행하는 장면(*DC* 815–826)은 희극적 효과와 더불어 섬세한 심리적 진실성까지 담고 있다. 이런 점에서 미코버는 그의 원형인 딕 스위블러의 희극성과 도덕성을 효과적으로 조화하여 재현하고 있을 뿐만 아니라, 저항과 응징 행위의 직접성과 실천성에 있어서는 딕보다 한걸음 나아갔다고 할 수 있다. 다만 그는 딕에 비해 작품 속에서 인물로서 차지하는 비중이 크게 작은 편인데, 그럼에도 불구하고 그의 희극적 낙천성과 활력이 지닌 집중성으로 인해 딕의 경우보다 오히려 더 강한 인상을 독자에게 심어주는 데 성공하고 있으며, 이런 점에서 미코버는 딕을 발전적으로 계승한 또 다른 '살아난 사람 氏'임에 틀림없다.

딕을 원형으로 하여 미코버 같은 인물을 통해 새롭게 발현되는 피고용자 신분의 조연급 인물들은[12] 대개 사무원이나 경리직 또는 조수 등과 같은 하층 소시민적 인물들로서, 처음에는 악덕 고용주 밑에서 부정한 사업의 앞잡이나 침묵하는 공범자 아니면 착취당하는 희생자의 역할을 하면서 봉사한다. 그러나 그들은 어떤 계기를 통해 도덕적 각성이나 결단에 이르게 되고 마침내는 사악한 주인에게 그동안의 억눌린 반항과 분노를 터뜨리는 모습을 보인다. 그리고 이들의 이러한 항거는 단순히 고용관계의 붕괴뿐만 아니라 어떤 형태로든 악덕 주인에 대한 가시적 보복의 결과를 수반하곤 한다. 따라서 이들의 행위는 악덕 지배자에 대한 응징으로서 우선 작품의 줄거리가 요구하는 권선징

12) 이런 인물로 가장 성공적이고 구체적인 경우는 바로 『리틀 도릿』의 팽크스라고 할 수 있을 것이다. 팽크스에 대해서는 6장 참조.

악의 실현에 기여한다는 일차적 기능을 하는 셈이다. 하지만 이들의 행위가 지니는 보다 근본적인 의미는 바로 이들이 그러한 반항적 행위를 통해 자신의 억압되었거나 왜곡된 인간성을 되찾는다는 도덕적 자기구원의 존재론적 차원에서 발견된다고 할 수 있다.

물론, 이들에게 있어 계급적 갈등의 성격이 부재하고 위와 같이 도덕적 구원의 개인적 측면이 짙다는 사실이 곧 거기에 사회비판의 의미가 결여되어 있다는 것을 의미하지는 않는다. 오히려 이런 인물들의 창조에서 디킨즈는 그 어느 때보다도 통렬하게 부당한 억압자를 통렬하게 응징하며 억눌린 자의 도덕적 승리를 강력히 찬양하고 있다. 이런 점에서 디킨즈는 이런 인물들의 도덕적 재생 묘사를 통해 당대 사회의 지배적 가치와 타락한 권력에 대한 공격을 가열할 뿐만 아니라 나아가 인간적 가치와 실천에 의한 사회적 재생의 가능성까지 제시하고자 한다고 할 수 있다.

다음으로 디킨즈가 묘사하는 도덕적 재생의 두 번째 유형의 전형인 유진 레이번을 살펴보자. 디킨즈의 마지막 장편 소설『우리 서로의 친구』의 유진 레이번은 신사 계급에 속하는 인물로서 디킨즈가 이 작품에서 거의 환멸에 찬 태도로 신랄하게 풍자하고 비난하는 빅토리아조의 타락한 지배계급의 일원이다. 그는 상류계층의 한량으로서, 포드스냅(Podsnap)과 버니어링(Veneering) 등으로 대변되는 위선과 탐욕의 타락한 당대 사회의 가치에 영합한 채 의미 있는 사회적 활동이 없이 권태와 자조 그리고 냉소 등으로 삶을 낭비한다. 작품에서 처음 등장할 때 그가 친구 모티머(Mortimer)와 보여주는 무위도식과 방종과 빈정거림으로 가득 찬 언행과 태도는 딕 스위블러와 프레드 트렌트의 행태를 쉽게 연상시킨다. 삶에 대한 진지한 방향성이나 목적의식 또는 의욕이 전혀 없이 모든 것을 우스꽝스럽게만 대하는 레이번의 이런 모습은 바로 그를 다른 비슷한 유형의 주연급 도덕적 갱생자, 즉 진지함을 덕목으로 지닌 아써 클레넘이나 핍 등과 구분 짓는 특징이다. 이런 점에서 레이번은 도덕적 갱생자로서 딕의 성격을 가장 근사하게 계승하는 인물이라고 할 수 있다.

레이번의 도덕적 타락은 소설 속에서 자주 그리고 쉽게 찾아볼 수 있지만 가장 극명하게 그것이 나타나는 대목은 바로 그가 작품의 여주인공 리지 헥삼(Lizzie Hexam)을 유혹하는 장면이다. 그는 최하층 계급에 속하는 리지에게 매력을 느끼고 그녀에게 접근한다. 하지만 그는 진지한 사랑의 의도 같은 것이 전혀 없이 오직 성적인 욕망의 대상으로만 그녀를 생각한다. 리지는 레이번의 접근에 한편으로 그에 대한 연정을 느끼게 되지만, 넘을 수 없는 신분의 차이를 분명히 인식하고 결국 그를 피해 멀리 달아난다. 그러나 레이번은 그녀가 숨어 사는 마을까지 찾아와 그녀를 유혹한다. 그는 만나자마자 당연한 듯이 리지의 허리를 끼려고 하며, 자신의 욕정의 제물로 그녀를 굴복시키고자 감언이설을 늘어놓는다. 거듭되는 리지의 거부와 저항에도 불구하고 그는 리지의 어려운 처지를 이용해 집요하게 그녀를 설득하는데, 그의 목적은 한마디로 말해 그녀를 육체적으로 정복해 자신의 정부(mistress)로 삼는 것이다. 리지 역시 이를 분명히 간파하고서, 그녀를 정욕의 제물로 삼아 결국 "치욕에 떨어뜨리고 말"(to put me to shame) 부도덕한 "그런 연인에게서 달아날 결심이 확고하다"(I am so determined ... to fly from such a lover)(*Our Mutual Friend*--이하 *OMF*로 약칭--760-2)라고 레이번의 잘못된 욕망과 태도를 지적하며 그의 요구를 끝까지 거절한다.

그러나 레이번의 타락상이 절정에 달하는 이 대목은 동시에 레이번의 도덕적 각성의 단초가 나타나는 시점이기도 하다. 리지의 간절한 호소와 촉구에 레이번은 그녀에 대한 자신의 애정이 단순 육체적 욕망만이 아닌 진정한 끌림이라는 사실을 고백하게 될 뿐만 아니라, 감추고 있던 자신의 불순한 의도를 비롯하여 리지와의 관계가 지니는 현실적인 문제점과 그 본질을 조금씩이나마 진지하게 대면하기 시작한다. 그리하여 그는 리지와의 진정한 결혼의 가능성까지도 막연하나마 가정해보기까지 하는데, 그 결과 리지가 정신적 긴장과 압력을 이기지 못 해 그의 팔에 안겨 쓰러졌을 때 더 이상의 추근거림이 없이 그대로 그녀를 보내준다. 그리고는 혼자 남아 "마음 불편한 생각"(uneasy reflections)(*OMF* 762)에 사로잡혀 긴 내적 갈등을 겪는다.

하지만 이미 타락한 사회의 가치와 제도에 젖어 삶에 대한 일체의 진지한 행동의 능력을 상실한 채 자기불신과 냉소주의를 벗어나지 못하고 있는 레이번은 'yet'과 'but'으로 시작되는 말들만 계속 번갈아 중얼거리다가 확실한 결단에 이르지 못한다. 그가 내리는 마지막 결론은 단지 "그녀와 결혼하는 것도 불가능하고, 그녀를 떠나는 것도 불가능하니. 위기야!"(Out of the question to marry her, and out of the question to leave her. The crisis!)(*OMF* 766)라는 갈등의 확인일 뿐이다.

레이번의 이 위기는 결국 브래들리(Bradley)에 의한 살인적 가격(加擊)과 리지에 의한 구원이라는 외부적 힘의 도움을 받고 나서야 비로소 해결된다. 브래들리의 공격은 특히 레이번이 자신의 갈등과 위기에 대해 스스로 용기 있는 결단을 내리지 못한 데 대한 징벌적 의미를 지닌다. 리지와의 대화를 통해 가까스로 얻은 도덕적 각성과 자기 인식에도 불구하고 이를 실천적 결단으로 연결하지 못한 레이번은 구원과 갱생에 앞서 먼저 과거로부터 현재에 이르기까지 행해온 방탕, 낭비, 무책임, 오만, 현실도피 등에 대한 대가를 온전히 치러야 할 필요가 있는데, 그의 부당한 행위의 한 희생자인 브래들리가 바로 그 징벌의 대행자로서 역할을 해주는 것이다.

브래들리의 가격을 받고 강물에 던져진 레이번은 다행히 리지에게 구조된다. 죽은 목숨과 다름없이 강물에 처박히고, 또 구조된 뒤에도 사경을 헤매다가 마침내 리지의 헌신과 사랑을 통해 새로운 생명과 삶을 얻게 되는 그의 갱생 과정은 디킨즈 작품에서 반복되는 징벌과 재생의 상징적 제의(祭儀)에 해당되는데, 이것은 다시금 열병에 걸려 사경을 헤매다 마셔니스에 의해 구원되는 딕에게 그 원형을 찾을 수 있다. 다만 레이번의 경우 내적 갈등 외에도 브래들리라는 외적 존재에 의해 치명적인 징벌을 직접적으로 받는다는 점에서 딕은 물론이고 클레넘이나 핍과 같은 다른 주연급 계승자들에 비해 훨씬 가혹하고 혹독한 재생 경험을 거친다는 중요한 차별점이 존재한다. 이런 의미에서 그는 디킨즈 소설의 남성 주인공 중 가장 진보한 인물창조라고 해도 틀리지 않다고 하겠다.

딕과 마찬가지로 레이번 역시 리지에 의해 육체적인 구원뿐만 아니라 정신적인 구원까지 함께 얻는다. 그는 육체적으로 소생한 뒤, 마침내 무의미하게 방황하던 과거의 삶을 청산하고 새롭고 진정한 삶의 실천을 향하여 용기 있는 결단을 내리게 된다. 우선 그는 의식을 찾았을 때, 그녀에 대한 자신의 부당성을 밝히면서 그녀의 명예를 보호하기 위해 브래들리를 벌하지 말도록 모티머에게 부탁한다. 그리고 리지에게 정식으로 청혼을 함으로써 그녀에 대한 자신의 사랑의 진정성을 증명한다. 그는 또한 이제껏 결여하고 있던 겸손한 인식과 삶에 대한 의욕을 획득하는데, 결혼 후 리지와 나누는 대화는 방종과 냉소로 일관된 과거 생활에 대한 그의 분명한 자기 각성과, 그가 그 동안 부정해왔던 삶에 대한 "목적과 에너지"(purpose and energy)(*OMF* 825)를 겸손히 발견하면서 새로운 삶을 조심스럽게 시작하려는 모습을 잘 보여준다. 그의 이러한 변화와 도덕적 재생은 나중에 모티머와 나누는 대화에서 한층 강력한 실천적 결단과 의지로 확인되는바, 이 장면에서 그는 모티머에게 티핀스(Tippins) 같은 상류계급의 멸시 앞에서 리지를 오히려 자랑스럽게 여기면서 "그녀와 함께, 그리고 그녀를 위해, 숨지 않고 바로 여기 이 자리에서 당당히 끝까지 싸워나갈 것이다"(I will fight it out to the last grasp, with her and for her, here, in the open field.)(*OMF* 885)라고 선언한다.

레이번의 도덕적 구원과 재생은 작품 속에서 단순한 개인적 차원을 넘어 사회적 차원의 상징적 의미를 지닌다. 딕 스위블러의 다른 계승자들과 마찬가지로, 레이번이 인물로서 딕 스위블러를 넘어서는 부분은 무엇보다도 바로 이 점일 것이다. 『우리 서로의 친구』에서 디킨즈는 포드스냅, 버니어링, 티핀스 같은 타락한 상류계급 인물들의 창조를 통하여 당대 사회 지배계급에 대한 통렬한 비판과 혐오를 극명하게 드러내고 있는데, 바로 레이번과 그를 구원하는 리지는 그러한 지배계급의 타락성에 대응하는 구원적 가치를 대변하는 인물이다. 리지가 구현하고 있고 또 레이번이 수용하여 실천하고자 하는 건강한 덕목들, 즉 진실한 감수성과 공감적 상상력, 주체적 의지와 결단력, 노동에 의한 생존과 강인한 생활력, 이타적 태도, 삶에 대한 진지한 태도와 '목적과 에너지', 그리고 창조적 실천 등은 바람직한 삶의 실현에 절대적으로 필요한 긍정적 가치들로서, 바로 포드스냅, 버니어링, 티핀스 등의 타락한 지배계급이 상실했고 부정하는 가치들이다. 따라서 지배계급의 일원이자 공범자였던 레이번이 파멸적인 위기를 겪고 리지의 도움을 받아 구원받는 사건은 빅토리아조 사회의 타락한 문화에 대하여 디킨즈의 상상력이 희구하는 도덕적 징벌과 갱생의 비전으로서 의미를 지닌다. 이 비전은 특히 레이번이 최하층 계급 출신인 리지와 결합한다는 사실, 즉 당대의 계급적 질서를 넘어선 두 남녀의 결합을 통하여 한층 파격적이고 도전적인 성격을 띠는데, 흥미로운 사실은 이것 역시 바로 샐리 브래스의 부엌데기 하녀와 결혼하는 딕 스위블러의 선택에서 이미 그 싹이 발견된다는 점이다. 말하자면 유진 레이번은 딕 스위블러가 원형으로 제시한 디킨즈의 도덕적 재생의 비전과 의미를 최종적으로 완성하여 구현한 인물인 셈이다.

Ⅳ.『바너비 럿쥐』
디킨즈 초기소설의 정점

Barnaby Rudge

1

디킨즈의 다섯 번째 소설『바너비 럿쥐』(*Barnaby Rudge*)는 디킨즈 소설 중 부정적 의미의 최상급 표현을 가장 많이 받는 작품일 것이다. 가령, 20세기 초 디킨즈 재평가를 촉발한 에드먼드 윌슨(Edmund Wilson)은『바너비 럿쥐』를 "디킨즈 초기소설 가운데 가장 만족스럽지 못한 작품"(the least satisfactory of his early books)으로 평가하고 있으며(E. Wilson 16), 디킨즈 전기 작가로 디킨즈 연구의 결정적 토대를 마련한 에드거 존슨(Edgar Johnson)은 더 나아가『바너비 럿쥐』가 "디킨즈의 모든 장편소설들 중 가장 만족스럽지 못한 작품"(the least satisfactory of all Dickens's full-length books)(Johnson 330)이라고 규정한다. 한편『바너비 럿쥐』 연구의 권위자인 토머스 라이스(Thomas J. Rice)의 경우는『바너비 럿쥐』를 디킨즈 소설 중 "가장 사랑받지 못하고 가장 읽히지 않는"(the least loved and the least read) 작품이라고 지칭하고 있으며(Rice(1987) xv), 비교적 뒤에 출판된 대중적인 디킨즈 소개서의 저자도 이 작품을 디킨즈 전체 작품 중 "가장 읽히지 않고 가장 매력이 적은 소설"(the least read—and the least attractive—novel)로 언급하고 있다(Epstein 136).

『바너비 럿쥐』에 덧붙여지는 이런 부정적 최상급 수식어는 결국 말하자면 이 소설이 디킨즈 작품 중 가장 실패한 작품이라는 일반적인 비평적 인식을 단적으로 보여주는 표현이다. 비록 마커스(Steven Marcus)나 썰리(Geoffrey Thurley) 처럼 다른 목소리를 내는 평자가 없지는 않지만 이는 소수에 불과하고, 『바너비 럿쥐』에 대한 이런 부정적 평가는 일반적인 정설처럼 받아들여져 있다고 해도 틀리지 않다. 이러한 부정적 평가와 인식은 곧 디킨즈에 대한 비평적 논의에서 『바너비 럿쥐』가 가장 주목을 받지 못하는 작품이 되는 상황으로 이어질 수밖에 없는데, 국내 디킨즈 연구에서도 이 작품에 대한 제대로 된 논의는 전무한 상태이다(2017년에 발표된 신웅재의 논문이 하나 있긴 하지만, 등장인물의 한 사람인 바든(Varden)의 노동자 계급적 덕목을 다루는 극히 지엽적인 글로, 작품에 대한 비평적 판단이 결여되어 있다)(Shin 103-18 참조).[13)]

이 글은 『바너비 럿쥐』에 대한 비평의 주류를 이루는 이런 일반적 폄하와 외면이 과연 얼마나 타당한가 하는 문제의식에서 출발한다. 그리고 이러한 문제의식 위에서 작품을 다시 읽고 해석하면서 이 작품이 지닌 소설적 특성과 성과를 구체적으로 따져보고자 한다. 이 과정에서 기존 비평의 오류가 발견된다면 어떤 점에서 그러한지를 밝힐 것이며, 이를 통해 디킨즈 작품세계에서 『바너비 럿쥐』가 갖는 소설적 위상을 좀 더 객관적으로 새롭게 정립하고자 한다.

13) 이 작품에 대한 영미 학계의 최근 논문은 그 수가 매우 적을 뿐만 아니라 그나마 주인공 바너비의 까마귀 친구 그립(Grip)이나 잠(sleep), 또는 월터 스콧(Walter Scott)과의 관계 등처럼 지엽적이거나 주변적인 사항을 다루는 것들이 많다.

2

『바너비 럿쥐』는 1780년 영국 런던에서 일어난 고든 폭동(Gordon Riots) 사건을 중심소재로 다루고 있는 역사소설이다. 빅토리아조를 대표하는 소설가로서 디킨즈의 작가적 생명력이 험프리 하우스(Humphry House)의 말대로 "19세기 빅토리아조 영국사회로부터 그 자체의 생명과 활력, 특유의 기풍을 지닌 하나의 완전한 세계를 창조했다"는 데 있다(House 224)고 한다면, 『바너비 럿쥐』는 디킨즈 당대가 아닌 18세기 영국을 무대로 한 역사소설이라는 점에서 디킨즈 작품세계에서 상당히 예외적인 작품이라고 할 수 있다(19세기를 배경으로 하지 않은 디킨즈의 또 다른 작품으로는 역시 18세기 역사적 사건을 배경으로 한『두 도시 이야기』(*A Tale of Two Cities*)가 유일하다). 그런데 역사소설이라는『바너비 럿쥐』의 이 예외적 작품성은 사실 작가로서 발돋움하던 초기 디킨즈의 야심찬 소설적 기획의 결과로 생겨난 것이다. 왜냐하면『피큌 보고서』(*The Pickwick Papers*) 성공 이후 소설가로서 명성과 입지를 굳혀 나가고 있던 디킨즈가 전시대 최고 작가였던 월터 스콧(Walter Scott)을 능가하겠다는 의욕과 포부를 지니고서 유달리 오랜 창작 과정과 진통을 거쳐 세상에 내놓은 작품이 바로 역사소설로 발표된『바너비 럿쥐』이기 때문이다.

『바너비 럿쥐』에 대한 디킨즈의 구상은 작품이 발표되기 5년 전인 1836년으로 거슬러 올라간다. 이 해 5월 디킨즈는『보즈의 스케치』(*Sketches by Boz*)의 출판사와 하나의 계약을 맺는데, 그 내용은 '런던 열쇠제조상 게이브리얼 바든'(Gabriel Varden, The Locksmith of London)이라는 제목을 지닌 한 편의 전작장편소설을 그해 11월 말까지 완성해 넘긴다는 것이다.[14] 제목에서 언급된 열쇠제조상 '바든'이 『바너비 럿쥐』의 주인공 중 하나라는 점에서, 이 계약 당시 디킨즈가 구상했던 작품은 바로 『바너비 럿쥐』의 전신임에 틀림없다. 그런데 디킨즈가 이 작품을 구상하고 출판사와 계약을 맺은 시기는 의미가 있다. 왜냐하면 이 시기는 바로 『피퀵 보고서』의 연재를 시작한 지 두 달도 안 된 때로서 디킨즈가 아직 인기와 명성을 얻기 전이기 때문이다. 이것은 곧 디킨즈가 작가로 데뷔한 직후 자신의 첫 본격소설로 구상하고 기획한 작품이 바로 『바너비 럿쥐』라는 것을 뜻한다. 다시 말해 『바너비 럿쥐』는, 비록 『올리버 트위스트』(*Oliver Twist*), 『니컬러스 니클비』(*Nicholas Nickleby*), 『골동품 가게』(*The Old Curiosity Shop*)보다 나중에 발표되었지만, 첫 산문집을 낸 뒤 우연하게 『피퀵 보고서』의 연재자로 섭외를 받고 막 문단에 발을 내디딘 무명의 신인 작가 디킨즈가 자신의 작가적 능력을 발휘하여 세상의 주목을 받을 기회이자 발판으로 마음먹고 계획했던 첫 작품이었던 것이다.

디킨즈의 이 첫 기획은 『피퀵 보고서』 이후 다른 작품들을 연달아 먼저 창작하게 되는 등 여러 가지 사정 때문에 구체적인 결실을 맺지 못한 채 5년 가까이나 미뤄진다. 첫 구상과 계약 이후 작품이 완성되어 발표되기까지 5년이나 걸렸다는 것은 사실 왕성한 창작력을 발휘하던 초기 디킨즈로서는 상당히 예외적인 경우인데, 이 지연되는 과정에서 디킨즈의 첫 본격소설 기획으로서 『바너비 럿쥐』가 지녔던 각별한 의미는 애초보다 훨씬 커지고 강화된다. 『피퀵 보고서』의 예상치 못한 인기와 성공 이후 『올리버 트위스트』, 『니컬러스 니클비』, 『골동품 가게』를 발표하면서 디킨즈의 작가로서 명성과 지위는 급상승하고, 이에 따라 새 작품에 대한 기대가 독자는 물론 디킨즈 자신에게도 크게 달라질 수밖에 없었기 때문이다. 특히 『피퀵 보고서』 성공 이후 일약 당대를 대표하는 작가로 올라선 디킨즈는 전시대 최고 작가인 스콧에 필적하는 명성과 지위를 얻고자 하는 의식을 강하게 지니게 되는데, 그 결

14) 『바너비 럿쥐』의 구상 및 출판 과정에 대한 구체적 내용은 Butt 76–77면과 Lindsay 92–93면 등 참조.

과 『바너비 럿쥐』를 본격적으로 집필할 무렵 디킨즈는 “자신이 발작적인 열광으로 흥분하여 지어내는 즉흥적 작가가 아니라 스콧과 필적할 수 있을 만큼 성숙한 소설가라는 사실을 자기 자신에게나 세상에게나 증명하려는”(Lindsay 92) 새로운 시도로서 작품 창작의 목표와 의미를 두기에 이른다. 이런 점에서 작품이 발표되기까지 겪은 중단과 지연과 변경은 바로 디킨즈의 이 달라진 작가적 위상과 포부, 그에 따른 작품의 각별해진 중요성과 의미, 그리고 이를 위해 창조적 상상력과 작가적 역량을 어느 때보다도 집중적으로 발휘해야 했던 사정에 필연적으로 뒤따를 수밖에 없었던 과정이라고 할 수 있다.

디킨즈의 달라진 작가적 포부와 창작 시도가 『바너비 럿쥐』의 소설적 성격에 가져온 결정적인 결과는 애초에 통속적 로맨스류의 소설로 구상했던 작품이 심각한 사회적 위기를 초래한 폭동 사건을 다루는 스콧류의 역사소설로 바뀌었다는 점이다. 하지만 역사소설로의 장르적 변화 외에도 『바너비 럿쥐』가 디킨즈의 이전 작품들과 다른 면모는 적지 않다. 이전의 모든 작품들에게서 늘상 보이던 피카레스크적인 요소가 전혀 없고 런던과 그 근교 치그웰(Chigwell)을 중심으로 한 장소의 통일성을 강하게 유지하며 사건이 전개된다는 점, 이전 작품들에 비해 등장인물들의 계급과 지위가 사회 전체를 망라할 정도로 훨씬 포괄적일 뿐만 아니라 서로 유기적으로 긴밀하게 연결되어 있다는 점, 그리고 부자(父子)관계를 역사적 사건을 압축하는 문제로 설정하고 이를 집중적이고 일관되게 다룬다는 점 등, 『바너비 럿쥐』는 앞선 작품들과 크게 다른 구성 방식과 특징적 면모들을 보인다. 그리고 이런 예외적 특징들은 바로 디킨즈가 이 작품에 부여한 각별한 의미와 창작적 노력의 반영이자 작품의 소설적 성과를 보여주는 예시로서 중요한 의미를 지닌다.

요컨대 역사소설 『바너비 럿쥐』는 디킨즈가 작가로서 자신의 역량을 세상에 펼쳐 보일 첫 본격소설로 기획했던 작품으로서 그 의미가 남다른 작품일 뿐만 아니라, 스콧이라는 선배작가를 염두에 두고 5년이라는 장기간 동안 숙성시키고 확장한 결과물이다. 특히 유명작가로 올라선 디킨즈가 자신의 이전 작품들의 인기의 이면에 있는 무질서한 창작 내용을 의식하면서 이제 자신이 벼락출세한 운 좋은 통속작가가 아니라 작가적 역량을 명실상부하게 지닌 소설가임을 증명하고자, 그리하여 스콧의 계승자[15)]로서 인정받고자 세상에 내놓은 작품이다. 이런 점에서『바너비 럿쥐』는 초기 디킨즈 작품들 가운데 그 어느 것보다도 디킨즈의 작가적 역량을 가늠하는 척도로 삼을 수 있는 작품이라고 할 수 있고, 그런 만큼 디킨즈의 이 야심찬 기획이 얼마나 성취되었는지를 정당하게 평가하는 작업은 가치가 있다고 하겠다.

3

『바너비 럿쥐』에 대한 부정적 평가에서 출발점처럼 빠지지 않고 거론되는 사항은 플롯과 관련된 것이다. 이는 특히 디킨즈 당대 평자들인 포우(Edgar Allan Poe)와 존 포스터(John Forster)의 영향이 큰데, 포우는 헤어데일(Haredale) 가(家)의 살인 미스터리 이야기와 폭동 사건 이야기가 서로 유리되어 있어서 후자가 나중에 "억지로 삽입되었다"(forcibly introduced)고 생각할 정도라고 비판하며(Poe 109), 포스터는 작품 초반부에서 독자의 흥미를 끌었던 이야기가 폭동을 다루는 후반부에서 묻혀버렸다면서 "플롯 운영"(the management of plot)상의 결함을 언급한다(Forster vol.1, 144). 이 두 사람의 견해는 존슨에 의해 그대로 이어져, 그는 이 작품의 가장 불만족스러운 사항으로 "어설프고 허리가 부러진 플롯"(a clumsy and broken-backed plot)을 맨 먼저 거론한다(Johnson 330).

15) 최근의 한 논문은 디킨즈가 더 나아가 이 작품에서 스콧을 뛰어 넘으려는 시도를 했다고까지 주장하기도 한다. Jeffrey Jackson 1-19 참조.

사실 『바너비 럿쥐』의 이야기 전개의 표면은 얼핏 이런 지적들이 타당한 듯이 보이기도 한다. 1775년 런던 근교 마을 치그웰의 조용한 여관 메이폴(Maypole)에서 시작하는 소설의 전반부는 그 지방의 유서 깊은 귀족 헤이데일 가의 옛 살인사건 이야기와 에머(Emma) 헤어데일과 에드워드 체스터(Edward Chester) 사이의 '로미오와 줄리엣' 적인 사랑 문제, 바너비 모자와 런던의 열쇠제조상 바든 집안 이야기 등을 포함하면서 작품의 3분의 1 가량 느릿하고 단조롭게 진행된다. 그러다가 33장에 오면 곧바로 5년을 뛰어넘어, 곧바로 반가톨릭주의를 계기로 발생한 고든 폭동 사건에 대한 역사적 서사가 시작되면서 이야기가 상당히 빠른 속도로 진행된다. 그리고 전반부를 이끌었던 여러 개인적인 이야기들은 급박한 사건의 전개와 묘사 속에서 압도되는 듯이 보이고 관심의 초점에서도 멀어진다. 따라서 초반부의 느슨한 개인적인 이야기들과 후반부의 격렬한 역사적인 사건들 사이에 일종의 비연속성과 불균형이 존재하는 것처럼 보이고, 이런 점에서 일종의 구성상의 결함을 드러내는 것처럼 생각될 수도 있다.

하지만 초반부의 사적인 사건들에서 후반부의 역사적 사건으로 넘어가는 과정에서 느껴지는 이런 표면적 단절성과 비대칭성은 사실 디킨즈가 역사소설로서 작품의 주제를 효과적으로 구현하기 위해 의도적으로 취한 서사 전략의 결과이다. 『바너비 럿쥐』는 개인의 사적인 삶과 운명이 고든 폭동이라는 역사적 위기와 사회적 혼란의 공적 상황 속에서 어떻게 통제할 수 없는 방식으로 휩쓸리며 파국적인 영향을 받는가를 보여주는 역사소설이다. 1841년 11월 5일에 쓴 한 편지에서 디킨즈는 이런 역사소설로서 『바너비 럿쥐』에서 자신이 추구하는 서사의 목표를 다음과 같이 밝히고 있다.

> [이 소설에서] 내가 목표하는 바는 [폭동 사건의] 군중과 폭력과 분노를 표현하여 전달하는 것이다. 내 등장인물들의 모습을 군중 속에서 놓치거나 화염과 연기 속에서 그들을 희미하게만 볼 수 있을 정도가 되는 결과를 감수하고서도 그것들을

표현하는 것이 내 목표이다.

> ... my object has been to convey an idea of multitudes, violence, and fury; and even to lose my own dramatis personae in the throng, or only see them dimly, through the fire and smoke(Sanders(2003) 150에서 재인용).

디킨즈가 여기서 강조하고 있는 것은 역사소설로서 『바너비 럿쥐』의 중심은 개인들이 아니라 '군중과 폭력과 분노'가 '화염과 연기'로 터져 나오는 역사적 사건이라는 점이다. 즉 이 작품에서 서사와 구성의 중심으로 설정된 것은, '1780년 폭동 이야기'(A Tale of the Riots of 'Eighty)라는 작품의 부제가 말해주고 있듯이, 사회적 혼란과 위기를 초래했던 고든 폭동 사건이고, 그 결과 소설 속 개인들의 문제와 사연은 '화염과 연기' 자욱한 역사적 혼란과 소용돌이 속에서 '희미'해질 수밖에 없음을 분명히 밝히고 있는 것이다. 개인과 개인의 이야기는 역사와 역사 이야기에 종속되어야 한다는 디킨즈의 역사소설가로서의 이 분명한 서사 의식은 곧 소설의 중심 주제인 역사적 사건의 효과적인 형상화를 위해 소설의 나머지 부분이 최대한 기여하도록 『바너비 럿쥐』의 서사가 조직되어 있음을 의미한다. 다시 말해, 소설 초반부의 모든 사건과 이야기는 후반부에 전개되는 역사적 사건 속에 빨려 들어가도록 예정되어 있을 뿐만 아니라, 소설의 모든 서술 방식과 플롯 구성은 고든 폭동이라는 격렬한 역사적 사건을 생생하게 형상화하고 전달하는 데 최대한 기여하도록 기획되어 있는 것이다.

메이폴 여관 주인 존 윌릿(John Willet)과 아들 조(Joe) 사이의 갈등을 비롯해 체스터 부자의 불화, 바든 집안의 문제 등 초반부를 구성하는 느슨한 사적 이야기들이 수행하는 서사적 기능과 역할은 바로 이것이다. 그들은 모두 겉으로는 역사적 사건이나 상황과 아무 관련이 없는 듯하지만 사실은 5년 후 격렬한 폭동 사건에 휩쓸려 들어갈 운명을 지닌 채 다가올 격동과 파국을 조용히 준비하고 있다. 즉 이들은 마치 폭풍 전야의 고요처럼, 곧 몰아닥칠 폭풍의 파괴성과 영향력을 대조를 통해 역설적으로 예고하고 강조하는 역할을 하고 있는 것이다. 주인공 바너비와 관련 되어 초반부에서 가장 큰 관심을 촉발하는 동시에 그 강한 사적 성격 때문에 역사적 사건과 단절된 별개의 플롯을 구성하는 이야기처럼 보이는 헤어데일 가의 살인사건 미스터리조차도, 후반부에 가면 폭동 사건에 종속되어 폭동의 진행 과정 속에서 결정적 영향을 받고 종결을 맞이함으로써 궁극적으로 역사적 사건의 불가피한 파장과 보편적 위력을 부각시키는 데 기여한다. 따라서 디킨즈의 이러한 서사적 의도와 구성을 생각할 때, 치그웰을 중심으로 펼쳐지는 초반부의 평온하고 느슨한 분위기와 표면적인 단절성과 비역사성은 플롯상의 결함이 아니라 오히려 뒤에 일어나는 거센 역사적 사건의 소용돌이와 파괴성을 극적 대조로 강조하기 위해 디킨즈가 의도적으로 설정한 반어적 서사 전략의 결과로 보아야 옳다. 사실 일찍이 디킨즈 당대 독자 가운데도 초반부의 이런 서사적 기능을 알아차리고 간단하게나마 이를 언급한 평자가 없지 않다(Collins 103 참조). 이런 점에서 앞의 포우와 포스터, 존슨의 비판은 디킨즈가 설정한 이 개인과 역사 간의 주종관계와 반어적 서사전략을 파악하지 못한 채 이야기의 표면적 단절성을 플롯상의 결함으로 성급하게 주관적으로 판단한 것이라고 해야 할 것이다.

초반부 개인들의 삶과 후반부 역사적 사건 사이의 단절과 대조, 평온함과 격동 사이의 표면적 분리와 대립을 통해 그 이면의 긴밀한 연관성을 역설적으로 드러내고 강조하는 디킨즈의 서사전략은 소설의 공간적 출발점이자 심리적 중심인 메이폴 여관에 대한 묘사에서 압축적으로 잘 나타나 있다. 작품의 첫 장과 후반부 역사적 사건 이야기가 시작되는 33장은 모두 메이폴 여관에서 시작된다. 날짜도 5년의 간격이 있지만 살인사건이 일어난 날짜인 3월 19일로 동일하고 날씨와 시간도 폭풍우가 몰아치는 밤으로 동일하다. 이 시공간적 일치는 물론 초반부와 후반부가 그 대조적 성격 아래 사실상 동전의 양면 같은 불가분한 일체성을 지니고 있음을 암시하기 위한 디킨즈의 계산된 설정이다. 그리고 이 설정 위에서 디킨즈는 바깥의 거친 폭풍우와 반대되는 아늑하고 안전한 메이폴의 풍경을 통해 대조와 분리와 단절의 이미지를 극명하게 전달한다.

> 때때로 이 여관 안의 행복한 사람들은 동작을 멈추고 귀를 기울이거나 손가락을 들어 "들어봐!" 하고 외치곤 했다. 그러면 굴뚝 속을 구르는 소리와 유리창을 빠르게 때리는 빗소리 너머로 울부짖으며 내닫는 폭풍우 소리가, 마치 거인이 손으로 잡고 흔들 듯이 사방 벽을 뒤흔들어대는 소리가 들려왔다. 그러고 나면 바다가 치솟아 오르는 것처럼 거칠게 으르렁거리는 소리가 들려왔고, 그 다음엔 대기가 미쳐 날뛰는 듯이 느껴질 정도로 엄청난 소용돌이와 진동이 때렸고, 그러고 나면 길게 울부짖는 소리를 내며 바람의 파도가 연달아 휩쓸고 지나가고, 한 순간의 안식이 찾아왔다.
>
> 그날 저녁, 비록 밖에서 그것을 보아줄 사람은 아무도 없었지만, 메이폴의 불빛은 정녕 즐겁게 빛났다. 축복 받을지어다, 빨갛게 빛나는 창가의 낡은 커튼, 루비처럼 깊고 빨갛게 달아오른 붉은 커튼이여! 난로불빛과 촛불빛과 고기와 음료와 친목의 온기를 모두 녹여 한 줄기 풍요로운 빛으로 환히 비추는, 그리고 반짝이는 눈처럼 바깥의 거칠고 황량한 풍경을 명랑하게 바라보는 창가의 빨간 커튼이여!
>
> From time to time these happy indoor people stopped to listen, or one held up his finger and cried 'Hark!' and then, above the rumbling in the chimney, and the fast pattering on the glass, was heard a wailing, rushing sound, which shook the walls as though a giant's hand were on them; then a hoarse roar as if the sea had risen; then such a whirl and tumult that the air seemed mad, and then, with a lengthened howl, the waves of wind swept on, and left a moment's interval of rest.
>
> Cheerily, though there were none abroad to see it, shone the Maypole light that evening. Blessings on the red—deep, ruby, glowing red—old curtain of the window; blending into one rich stream of brightness, fire and candle, meat, drink, and company, and gleaming like a jovial eye upon the bleak waste out of doors!(314-5)

비바람이 거세게 몰아치는 어둡고 황량한 밖과 밝고 따뜻하고 아늑한 메이폴 여관은 서로 철저히 분리되고 단절되어 있다. 거칠게 울부짖는 폭풍우와 위험한 어두움을 벽과 창문으로 단단히 막고 물리치고서 불빛과 온기와 음식과 술과 친목으로 안을 가득 채운 메이폴의 아늑하고 따듯한 방과 난롯가는 더할 나위 없이 평화로운 안식처이자 최상의 피신처이이다. 시간이 정지된 듯한 느낌마저 주는 이 아늑한 여관은 바깥의 소용돌이와 상관없이 평화와 안전을 언제까지나 제공해줄 것처럼 보인다.

물론 이 대조와 분리와 단절은 결코 그렇게 견고하고 영원한 것이 아니다. 그것은 표면적이고 일시적이며 위태로운 것일 뿐이다. 실제로 폭풍우는 계속 창틀을 흔들어대면서 호시탐탐 문틈으로 뚫고 들어와 밝은 촛불을 꺼트리려 하고 울부짖는 비바람 소리는 담벼락과 유리창을 후려치면서 평안한 침묵을 끊임없이 위협한다. 벽을 뒤흔드는 '거인의 손'과 포효하며 치솟는 '바다', 미친 듯이 대기를 뒤흔들며 '격렬하게 소용돌이치는' 바람의 '물결' 등과 같은 비유들은 폭풍우에 맞서는 메이폴의 평화와 안전을 대조적으로 부각시키는 기능을 하고 있지만, 동시에 메이폴의 불안하고 위태로운 상태를 환기하는 역설적 기능을 수행하고 있기도 하다. 즉 메이폴의 안전과 보호와 평화를 강조하고 내세우는 서사의 표면에는 다가올 역사적 격동에 휩쓸려 파괴되기 직전의 "한 순간의 안식," 폭풍 전야의 고요와 같은 위태로운 상태에 대한 강한 암시가 함께 깃들어 있는 것이다. 따라서 메이폴의 아늑함에 대한 이 묘사는 표면적으로는 폭풍우로부터 격리된 안전함과 평화로움의 느낌을 극대화하고 있는 듯이 보이지만 사실은 다가올 거센 폭풍우에 결국 휩쓸리고 말 불가피한 운명을 반어적으로 드러내고 있으며, 나아가 그 미래의 폭풍우가 가하는 끔찍한 파괴력과 충격의 효과를 극대화하기 위한 대조적 설정으로서 역설적 기능을 하고 있다. 그리고 이것은 바로 작품 초반부의 개인적 이야기와 후반부의 역사적 사건 사이의 관계를 그대로 재현하는 것인바, 초반부의 평온한 개인들의 이야기와 후반부의 격동적인 역사적 사건 사이의 대조와 단절의 이중성에 대한 적확한 은유적 압축으로서 그 의미가 있다.

요컨대, 디킨즈가 작품 초반부에서 살인사건 이야기를 비롯해 조오-에드워드, 휴와 바든의 사적인 이야기들을 역사적 상황과 상관없이 느긋하고 사사롭게 전개하고 있는 것은 플롯 운영에 실패한 작가적 서투름의 결과가 아니다. 이것은 후반부에 터져나올 역사적 사건을 조용히 준비하는 동시에 대조를 통해 그 역사적 사건의 격렬한 역동성과 집중된 긴장성을 부각시키기 위한 반어적 서사전략의 의도적 설정이다. 이런 관점에서 초반부와 후반부 사이의 5년이라는 간격도 구성상의 편의를 위한 손쉽고 무성의한 건너뜀이라기보다는, 대조와 단절의 효과를 강화하기 위한 의도적 생략인 동시에 각각의 사연을 지닌 개인의 이야기들이 역사적 사건으로 포섭되기 전에 서로 얽히고 익어갈 시간적 여유를 주는 자연스러운 설정이라고 보아야 옳다. 따라서 이 모든 점을 고려할 때, 『바너비 럿쥐』의 플롯이 지닌 "느긋한 다성적 구조"(a relaxed polyphonic structure)(Thurley 67)를 "서투르게 허리가 부러진 이야기 구조"(awkwardly broken-backed narrative structure)(Greaney 6)라고 단순히 규정하는 일반적 판단은 『바나비 럿쥐』에 대한 부정적 평가에서 가장 먼저 교정되어야 할 사항이라고 하겠다.

『바너비 럿쥐』에서 초반부가 후반부를 은밀히 준비하면서 후반부와 긴밀한 연관성을 맺고 있음을 잘 드러내주는 또 다른 예는 바로 작품의 집중적 관심사 중의 하나인 부자관계의 묘사이다. 이 작품에서 디킨즈는 서로 다른 네 가지 유형의 부자관계를 심도 있게 다루고 있는데, 그가 여러 유형의 부자관계를 이렇게 집중적으로 다루는 경우는 그의 다른 작품 어디에서도 찾아볼 수 없다.[16] 그런데 주목할 점은 작품에서 묘사되는 부자관계가 모두 아버지의 부당한 억압이나 타락한

16) 『피퀵 보고서』와 『돔비 부자』(*Dombey and Son*)가 그나마 부자관계의 문제를 비중 있게 다루는 작품들이다.

가치관이나 죄악으로 아들이 반항하거나 고통을 당하는 파행적 관계라는 사실이다. 그 결과 이들 부자관계는 "모두 심각한 위계질서의 혼란을 겪으며, 각각의 관계에서 아버지와 아들은 지배력과 권위를 놓고 서로 대결하며 싸움을 벌인다"(Marcus 184). 메이폴의 유아독존형 주인 존 윌릿의 아들 조, 위선과 교활함의 화신인 귀족 신사 존 체스터의 아들 에드워드, 체스터의 사생아로 폭동의 지도자가 되는 휴(Hugh), 비열한 살인자 럿쥐의 아들 바너비가 각각 그들의 아버지답지 못한 아버지와의 관계를 통해 공통적으로 보여주는 것은 바로 그러한 갈등과 반항과 파열의 관계이다.

아버지의 잘못된 행위로 인해 대립과 파괴로 치닫는 부자관계에 대한 디킨즈의 강렬한 관심은 물론 디킨즈 자신의 무책임한 아버지에 대한 개인적 불만과 갈등에서 비롯된 측면이 없지 않다. 하지만 이 작품에서 묘사되는 파행적 부자관계가 의미 있는 것은 그것이 디킨즈의 개인적 경험의 반영을 뛰어넘어 18세기 후반의 억압적이고 타락한 국가 현실과 사회적 반란 사건에 대한 상징적 '축도'(microcosm)로 형상화되어 있기 때문이다. 왜냐하면 부자관계가 작품에서 차지하는 비중이 상당히 큰데, 이런 부자관계는, 즉 조와 에드워드, 그리고 휴 등이 그들의 권위적이거나 타락한 아버지와 형성하는 반항과 거부의 관계는 모두 국가권력과 권위에 대한 전면적 반란인 고든 폭동 사건을 예고하거나 축약하는 것들로 기능하고 있기 때문이다. 특히 이들의 부자관계가 작품 초반부에서 구체적으로 다뤄질 뿐만 아니라 고든 폭동 사건 이야기가 펼쳐지기 바로 직전에 아들의 반란이 일어나도록 구성되어 있다는 점은 디킨즈가 이들 부자관계를 작품의 중심 역사적 사건인 고든 폭동과 반란에 대한 제유(synecdoche)적 압축 내지는 상징으로 설정하고 있음을 잘 나타내준다.

각각의 부자관계에 대해 좀 더 상술하자면, 먼저 조와 존 윌릿의 경우, 아버지 존은 앞에서 본 메이폴 여관과 거의 동일하게 평온과 안락, 고요의 삶을 대변하는 존재로 시간의 흐름과 변화, 세대교체를 일절 거부하면서 독불장군식 권위를 막무가내로 행사하는 아버지다. 그는 20살의 "건장한 젊은이"(a strapping young fellow)(49)인 아들 조를 영원히 어린아이로 취급하기를 고집할 뿐만 아니라 그의 신체활동과 경제적 자유는 물론 언어의 자유까지 제한하고 구속한다. 이렇게 아버지의 부당한 절대적 권위와 권력에 의해 한 인간으로서 주체적 인격과 독립된 존재성을 철저히 거부당한 아들이 아버지에게 반항하는 것은 피할 수 없는 일이다. 따라서 "안의 내용물이 압력에 눌려 있는 상태로 권위를 지닌 존재들에 의해 가학적으로 뒤흔들려지는 마개가 꽉 막힌 병"(Michasiw 580)처럼 터지지 직전 상태까지 간 조는 마침내 아버지의 동료를 때려눕히고 메이폴을 뛰쳐나간다. 그리고 "남성성의 야만적 시험장"(Marcus 189)인 군대에 들어감으로써 거부된 자신의 남성성과 독립된 인격을 주장한다.

조의 이 항거는 작품에서 지극히 정당하고 당연한 것으로 묘사되는데, 이런 반항을 초래하는 아버지 존의 작중 의미는 당대 사회의 지배계급과 국가 권력을 상징적으로 대변하고 예고하는 존재라는 점에 있다. 왜냐하면 그는 역사적 변화와 개선의 필연성을 거부한 채 자기만족에 빠져 시대착오적인 구습을 고수하며, 축적되어 가는 내적 모순을 인식하지 못하고 무지한 권위와 부당한 권력으로 억압만 하다가 결국 격렬한 반란의 폭발을 당하게 될 정부와 지배 권력을 압축한 인물이기 때문이다. 그를 "영국의 전형적인 훌륭한 아버지"라고 칭하며 "그와 같은 존재가 더 없다는 것이 유감이다"(293)라고 칭찬하는 동료들의 말이 나중에 바너비를 박해하고 그에게 사형선고가 내리도록 왜곡된 증언을 하는, 존과 똑같이 자기만족적이고 무지막지한 권력을 휘두르는 시골 치안판사에게 동일하게 반복되어 적용되고 있다(435)는 사실은 이 점을 분명히 드러내준다. 작품 후반부에서 존의 억압적인 권위와 남성성의 상징인 메이폴 여관과 기둥이 고든 사건의 폭도들에 의해 처참하게 파괴당하는 사건은 이런 점에서 필연적 귀결이자 사회적 상징성을 강하게 띠는 사건이다.

한편 존 체스터와 두 아들 에드워드와 휴 사이의 부자관계는 존 윌릿과 조의 경우보다 더 뒤틀리고 복잡한 양상을 보이는데, 사회적 함의와 폭동과의 관련성을 특히 강하게 띠면서 나타난다. 마키아벨리적인 사악함과 철저한 위선의 화신으로서 두 아들에게 이기적이고 부당한 권위와 영향력을 행사하는 아버지 존 체스터는 존 윌릿과 다른 차원에서 당대 사회의 타락한 권력과 억압을 대변한다. 그는 윌릿과 달리 지배계급인 귀족계급의 타락한 가치관을 극단적 전형으로 구현해 보이는 인물로, 자신의 안락한 노후를 확보하기 위해 적자(嫡子)인 에드워드에게 "재산 사냥꾼"(a fortune hunter)(174)이 되어 정략결혼을 하라고 노골적으로 강요한다. 그의 이런 이기적 파렴치성과 교활한 비윤리성은 자식으로서 도리와 예의를 지키고 자신의 올바른 삶을 추구하려는 에드워드의 도덕성과 진정성과 극명한 대조를 이룬다. 따라서 에드워드가 아버지와 같은 타락한 귀족계급의 삶 속에서 "자신이 알지 못한 채 수행해 온 악역"(the villain's part that I have unconsciously played)(176)을 분명히 인식하고 아버지의 요구를 거부하는 것은 필연적이다. 비록 교활한 체스터가 에드워드의 불순종 의도를 눈치 채고 먼저 의절과 추방을 선언하는 선제 조치를 취하지만, 이것은 아들의 도전과 거부에 대한 두려움과 충격을 감추려는 체스터의 자기기만적 허세에 불과할 뿐, 부당하고 타락한 아버지의 권위와 힘에 대한 에드워드의 반항행위의 진정성과 파국적 결과는 작품 속에서 확실하게 드러난다. 에드워드의 이런 저항은 아들의 독립된 인격을 부정하고 자기 세계관을 절대적으로 강요하는 아버지의 부당한 권위와 자기중심적 권력 행사에 대한 정당한 반항이라는 점에서 조의 경우와 본질적으로 동일하다. 그리고 두 사람의 이런 반항과 결별은 폭동 5년 전 상황인 작품 전반부를 마감하는 역할을 함으로써, 후반부에서 전개될 사회 전체의 반란과 위기 사건을 예고하는 상징적 의미를 강하게 띤다.

존 체스터는 그의 사생아 휴와의 관계를 통해 폭동을 야기하는 지배세력과 국가권력의 타락과 무책임, 기만적 억압 등을 더욱 극명하게 압축해서 보여준다. 체스터가 한때 농락하고 버린 집시여인의 소생인 휴는 여섯 살 때 교수형 줄에 어머니를 잃은 후 사회로부터 온갖 멸시와 천대를 받으면서도 강인하고 야생적 생명력으로 살아남은 존재이다. "저놈은 동물이지요. 그러니 그렇게 다뤄야 하지요"(140)라고 하는 존 윌릿의 말은 휴의 사회적 지위와 야성적 본질을 요약하고 있는 구절이다. 따라서 그가 자신을 짐승 취급하고 학대하는 사회와 지배질서에 대해 깊은 증오심과 복수심을 품고서 "세상이 가능한 모든 해악을 나에게 가한 만큼 나도 가능한 모든 해악을 세상에게 가하겠다"(165)고 벼르는 것은 당연하다. "가톨릭 반대"(No Popery) 대신 "재산 소유 반대"(No Property)라는 반사회적 구호를 외치며 폭동의 가장 극렬하고 용맹스러운 지도자로 활약하는 그의 모습은 이 소설에서 역사적 전형성과 사회적 문제성을 가장 강하게 띠는 인물로 그를 부각시킨다.

그런데 휴의 이 사회적 증오와 반란은 일종의 전이(轉移)된 공격행위로서, 근본적으로는 부재하는 '아버지' 체스터가 제공한 것이다. 왜냐하면 휴의 극렬한 복수심과 파괴적인 공격성은 자신과 어머니를 배반한 이름 모를 '아버지' 체스터에 대한 무의식적 분노에서 비롯된 것인데, 아버지의 존재를 모르는 상태에서 그는 아버지 대신 아버지를 상징하는 대상, 즉 자신을 직접적으로 학대하고 억압하는 사회 전체를 향해 그 분노와 원한을 돌리고 있는 것이기 때문이다. 그리고 이 분노는 마침 발생한 고든 폭동 사건을 통해 격렬하게 터져 나오고 있는 것이다.

휴의 이 전이된 반란이 지닌 사회적 폭발성은 특히 두 사람이 서로간의 혈연관계를 모르는 상태에서 맺는 지배 · 복종의 관계를 통해 무의식 차원에서 크게 강화된다. 체스터는 교활한 책략으로 휴를 꼼짝 못하게 얽어매어 자신의 사악한 목적을 위한 도구로 이용하는데, 이때 휴는 체스터를 완력으로 간단히 처치할 수 있음에도 불구하고 이상하게도 다음처럼 체스터에게 완전히 압도된 채 심한 열등감과 수치심을 느낀다.

> 그것[체스터의 행동]은 그 사내에게 굴욕과 수치를 느끼게 했고, 더욱 더 어쩔 줄 모르고 우물거리게 했다. 심한 말이라면 그도 응수할 수 있을 것이고 폭력이라면 배로 되받아칠 수 있을 터였다. 그러나 이 냉정하고 자기만족적이며 경멸적이고 침착한 응대는 그로 하여금 가장 정교한 언변보다도 더 완벽하게 열등감을 느끼게 했다. 모든 게 이런 효과를 낳도록 작용했다. 상대의 부드럽고 유려한 억양과 대조되는 자신의 거친 말씨, 그의 상스러운 행동거지와 체스터 씨의 세련된 몸가짐, 그의 지저분하고 흐트러진 누더기 옷과 눈앞에 있는 상대의 우아한 옷차림새... 이 모든 것들의 영향으로 인해 휴는 완전히 압도되고 말았다.
>
> It [Chester's behaviour] humbled and abashed the man, and made him still more irresolute and uncertain. Hard words he could have returned, violence he would have repaid with interest; but this cool, complacent, contemptuous, self-possessed reception, caused him to feel his inferiority more completely than the most elaborate arguments. Everything contributed to this effect. His own rough speech, contrasted with the soft persuasive accents of the other; his rude bearing and Mr Chester's polished manner; the disorder and negligence of his ragged dress, and the elegant attire he saw before him... all these influences... quelled Hugh completely.(235)

그리하여 "휴의 복종은 완전했다"(240)고 할 정도가 된다. 물론 휴의 이러한 심리는 일차적으로 계급적 열등감에서 비롯된 것이 분명하다. 하지만 두 사람의 감춰진 혈연관계를 고려할 때, 휴의 이 절대적 복종은 아직 정체를 모르지만 눈앞에 존재하는 '아버지'에 대한 일종의 생리적 종속의 본능이 무의식에 작용한 탓이기도 하다. 그 결과 휴의 이 굴종은 그의 내면에 잠재된 반항의 충동을 중첩적으로 자극하는 결과를 가져온다. 즉, 노회한 귀족 앞에 자신의 야성적 에너지가 무기력하게 굴복한 데 대한 계급적 분노가 그 순간 휴의 마음 한 구석에 필연적으로 일어나는바, 여기에 무의식 차원에서 형성된 아버지의 권위에 대한 억눌린 오이디푸스적 반항이 새롭게 겹쳐지는 것이다. 따라서 휴의 이 억눌린 분노는 뭔가 계기를 통해서 가시적 대상을 향해 전이되어 분출되는 것이 필요한데, 바로 고든 폭동 사건이 그 계기와 대상을 제공함으로써 사회를 향한 잔인한 복수와 극렬한 파괴의 형태로 다침내 실현되는 것이다. 이런 점에서 귀족 헤어데일에 대한 그의 증오와 복수 역시 같은 귀족 계급인 아버지 체스터에 대한 억눌린 반발과 응징의 욕구가 전이된 측면이 있다고 할 수 있으며, 그렇게 볼 때 그의 증오와 복수가 보이는 과도하고 특이한 집착성이 어느 정도 설명된다고 하겠다.

휴가 보여주는 아버지에 대한 억눌린 무의식적 반항과 복수의 충동은 바보 주인공 바너비를 통해서도 나타난다. 바너비 역시 휴와 마찬가지로, 부재하는 아버지와 그의 악행으로 인해 처음부터 불행한 삶이 주어지는 아들이다. “영혼의 부재”(74)로 인한 그의 백치성과 불안한 광기, 손목에 난 핏자국 반점 등은 그의 출생 전날 밤 끔찍한 살인죄를 범하고 사라진 아버지 럿쥐가 남긴 영원한 저주의 낙인이다. 따라서 바너비의 무의식에는 불행의 근원인 사라진 아버지에 대한 두려움과 함께 복수의 충동이 깊이 도사려 있을 수밖에 없다. 이것은 꿈속에 나타나 그의 무의식을 끊임없이 괴롭히는 아버지의 상징적 형상을 바너비가 무서워하면서도 동시에 은밀히 살피며 뒤쫓는다(95)는 사실을 통해 암시되고 있다. 이 무의식적 공격과 복수의 충동은 실제로 17장에서 그가 정체를 모르는 낯선 존재로 아버지 럿쥐를 처음 만났을 때, 럿쥐에게 달려들어 공격을 가한 뒤 도망치는 그를 추적하는 행위와, 그를 붙잡아 타이번(Tyburn)에 교수형 시키고 싶어 하는 욕망을 통해 분명하게 드러난다. 이 욕망은 바로 오이디푸스적 부친살해 욕망의 강력한 발현이나 다름없는데, 뉴게이트 감옥에서 럿쥐와 다시 상면하는 순간 그가 즉각 달려들어 럿쥐를 공격하는 행위를 통해 다시 한 번 확실하게 표출된다.

아버지에 대한 바너비의 공격과 살해 욕망은 휴와 비슷하게 곧바로 억제되고 전이된다. 다만 휴의 경우는 아버지를 모르는 상태에서 분노가 억제되기보다는 곧장 사회 전체에 대한 분노로 전이되는 데 반해, 바너비는 아버지를 알게 됨으로써 먼저 아버지에 대한 강렬한 애정 표현과 극진한 보살핌의 의식적 행위로 강력하게 억제되고 대체된다. 하지만 살인죄를 범하고 자식에게 저주의 낙인을 남긴 악당으로서 아버지에 대한 억눌린 분노와 복수의 충동은 여전히 무의식 저변에 도사린 채, 뭔가 계기를 통해 다른 대상에게 전이되어 표출되기를 기다린다. 그리고 휴와 마찬가지로 그 계기와 대상은 고든 폭동 사건과 억압적 지배 권력에 의해 그에게 주어진다. 그가 고든의 청원 집회 첫날 국가 권력과 법의 대행자인 군인을 단독으로 쓰러뜨리는 폭동의 첫 반란 행위(49장)를 하는 것의 의미는 바로 여기에 있다. 즉 바너비가 폭동 사건에서 활약을 하는 것은 단순히 사회적 혼란에 잘못 휩쓸려 들어간 바보의 우연한 불행이 아니라, 억눌린 욕망의 전이와 표출이라는 심리적 필연성과 사회적 상징성을 강하게 지닌 개연성 있는 사건인 것이다. 그리고 이런 점에서 바보라는 개인적 특수성 때문에 작품 속의 부자관계 중 가장 사회적 연관성이 적은 바나비의 부자관계에서조차 아들의 반항과 복수의 충동은 폭동의 사회적 반란 에너지로 흡수되고 있는 셈이라고 하겠다.

이상에서 보았듯이 『바너비 럿쥐』에서 여러 형태의 부자관계의 창조를 통해 디킨즈가 하고 있는 것은 부당한 권위와 타락한 가치기준으로 사회를 지배하는 국가권력과 지배계급에 대한 근본적 탐색이자 제유적 진단이다. 아버지들의 부당한 권위와 타락상과 죄악 행위를 강조하고 그에 합당한 강력한 응징을 가하는 한편 아들들의 정당한 반항과 거부를 부각시키고 긍정함으로써 디킨즈는 이들 부자관계가 압축하고 있는 18세기 후반 영국 사회의 지배질서와 국가권력 또한 갈등과 위기와 파국에 직면할 수밖에 없다는 메시지를 분명하게 표현한다. 이것이

고든 폭동이라는 역사적 사건을 중심 소재로 다루는 역사소설에서 사적인 부자관계가 집중적으로 다뤄지고 있는 궁극적 이유이고 의미이다. 그렇다면 이제 작품의 중심 소재이자 사건으로 국가적 혼란과 위기를 가져온 고든 폭동 사건 자체에 대해서는 과연 디킨즈가 어떤 식으로 묘사하고 있는지, 그리고 그것을 어떻게 평가해야 할지 살펴볼 차례이다.

고든 폭동 사건은 1780년 영국 런던을 유례없는 공포와 혼란의 도가니로 몰아넣었던 사회적 반란 사건이다. 작품 속에서 디킨즈가 사료를 통해 밝히고 있는바, 나흘 남짓 이어진 폭동 기간에 72채의 민간 가옥과 뉴게이트(New Gate)를 비롯한 4대 주요 감옥이 모두 붕괴되고 런던 중앙은행이 공격당했으며, 진압과정에서 사살된 인명만 200명이 넘을 정도로 엄청난 사회적 피해와 손실이 발생한 사건이다(653-54). '고든'이라는 명칭이 말해주듯, 이 사건의 계기가 된 것은 물론 가톨릭교도에 대한 차별을 폐지하는 정부의 법안에 반대해서 개신교도의 지도자 고든이 주도한 반가톨릭 집회와 청원이다. 하지만 그 사회적 위기와 파괴의 규모로 볼 때 이 사건은 단순히 반가톨릭 정서 하나로 설명되기에는 너무나 크고 격렬한 재난이었다. 실제로 여러 평자들도 이 사건을 뚜렷한 핵심 원인이 없이 여러 가지 국내외적 상황과 요인이 결합해서 발생한 우발적인 성격의 재난으로 설명하곤 한다(가령 E. Wilson 17, A. Wilson 152, T. A. Jackson 26 등 참조). 즉 반가톨릭 청원 집회를 계기로 발생한 소요가 여러 사회 불만 세력들에 의해 폭력 사태로 발전한 뒤 그것이 걷잡을 수 없는 폭동과 파괴로 커졌다는 것이다.

『바너비 럿쥐』에서 디킨즈가 소설적으로 재현하고 있는 고든 사건의 전말도 바로 이러한 역사적 평가와 정확히 일치한다. 폭동 사건을 다루는 후반부 이야기는 반가톨릭 청원을 위한 집회와 행진이 묘사되는 49장까지 비교적 고든 중심으로 이야기가 전개된다. 하지만 50장 이후 사태는 "망상에 빠진 상원의원"(341) 고든의 의도와 전혀 상관없이 반사회적인 폭동으로 변질되고, 휴, 데니스(Dennis), 태퍼팃(Tappertit) 같이 종교와는 아무 관계가 없는 사회 불만 세력들이 합작하여 극렬한 파괴와 방화와 약탈을 자행하는 것으로 묘사된다. 이러한 폭동의 시작과 종결 과정은 작품이 끝나가는 77장까지 집중적으로 자세하게 묘사되는데, 이 과정에서 "얼빠진 귀족"(407) 고든은 거의 완전히 사라졌다가 마지막 장인 82장에서 간단히 말년이 언급되기만 한다. 디킨즈 자신도 주요 사건 묘사가 권위 있고 믿을 만한 역사적 자료에 기초했다고 서문에서 밝히고 있거니와(41), 작품 속의 이러한 사건 구성과 전개는 고든 폭동 사건이 어떤 분명한 사회적 원인이나 계급적 동기에 의해 기획된 정치적 반란이나 봉기가 아니라 편협한 종교적 미망으로 시작된 시위와 집회가 의도치 않게 격렬한 사회적 폭력 사태로 번진 우발적 소요 사건임을 드러낸다.

따라서 이 사건 전반에 대한 디킨즈의 입장은 기본적으로 매우 부정적이다. 작품 서문에서 그는 고든 사건을 당대에 "지울 수 없는 수치"(indelible disgrace)(40)를 남긴 "부끄러운 소동"(shameful tumults)(40)이라고 개탄하면서 이 사건을 다음과 같이 정리하고 있다.

> 우리가 종교적 구호라고 잘못 일컫는 것을 종교가 전혀 없는 자들, 일상생활에서 옳고 그름의 가장 상식적인 원칙들조차 무시하는 자들이 쉽사리 부르짖는다는 것, 그것이 편협하고 박해하는 정신에서 나왔다는 것, 그리고 그것이 무분별하고 이성을 잃고 집요하고 무자비하다는 것, 이 모든 것을 역사는 우리에게 가르쳐준다.
>
> That what we falsely call a religious cry is easily raised by men who have no religion, and who in their daily practice set at nought the commonest principles of right and wrong; that it is begotten of intolerance and persecution; that it is senseless, besotted, inveterate and unmerciful; all History teaches us.(40)

디킨즈는 여기서 "지극히 많은 불행을 초래한 잘못된 종교적 구호”(698)로서 고든 폭동 사건이 지닌 부정적 성격을 세 가지로 요약하고 있다. 그런데 이 세 가지는 바로 『바너비 럿쥐』에서 디킨즈가 비판적으로 묘사하고 있는 고든 사건의 핵심적 내용에 정확히 대응하는 것들이다. 먼저, 디킨즈가 작품 속에서 부각시키는 고든 사건의 가장 큰 문제점은 종교와는 거리가 먼 부도덕한 “최악의 인간들의 최악의 격정”(415)이 종교적 명분 뒤에 숨어서 사건을 파괴적인 폭동 사태로 변질시켰다는 점이다. 간교하고 위선적이고 비열한 개쉬포드(Gashford)가 고든의 비서로 종교와 상관없이 오직 이기적 목적을 위해서 폭동을 배후에서 조종하고 선동하는 모습은 그 가장 대표적인 예다. 폭동의 주동자들로 활약하는 교수형 집행인 데니스와 도제 기사단 조직의 두목 태퍼팃 등이 보여주는 뒤틀린 심성과 욕망, “진짜 런던의 쓰레기와 찌꺼기 같은 무뢰한들”(453)과 “볼 장 다 본 그래서 도저히 구제가 불가능한 악당들“(549)로 구성된 폭도의 범죄적 방화와 약탈행위들 등에 대한 묘사가 일관되게 보여주는 것도 바로 사태의 반도덕성에 대한 디킨즈의 강력한 비판이다. 이것이 디킨즈 요약의 첫 번째에 해당되는 사건의 주요 성격이다.

하지만 디킨즈는 고든 사건을 촉발한 것이 신교도들의 그릇된 반가톨릭주의라는 엄연한 사실을 간과하지 않는다. 고든에 대한 동정적 묘사가 보여주듯이 폭동의 책임을 신교도들에게 전적으로 돌리지는 않지만, 어쨌든 폭동 사태의 계기를 제공한 그들의 편협한 기독교 신앙과 가톨릭교에 대한 부당한 박해 행위는 통렬한 비판을 받아 마땅한 ‘지울 수 없는 수치’로 작품에서 묘사된다. 말끝마다 신교도적 입장을 내세우며 반가톨릭적 언사를 일삼지만 무지하고 변덕스럽기 짝이 없고 심성이 고약한 바든 부인과 그녀의 하녀 미그스(Miggs)는 바로 그런 ‘편협하고 박해를 가하는“ 신교도들의 전형이다. 그들은 고든 집회의 적극적인 기부자들이자 참여자들인데, 이러한 사실을 통해 디킨즈는 고든의 편협하고 어리석은 미망에 동조하여 가톨릭교도에 대한 박해를 지지한 신교도들이 바로 그들과 같은 “무지하고 어리석은 자들”(348)이며, 이들의 그릇된 종교관 때문에 결과적으로 엄청난 사회적 위기와 피해가 초래되었다는 점을 분명하고 엄중하게 고발한다. 그들이 작품에서 가장 신랄한 풍자의 대상이 되고 있다는 사실은 이에 대한 디킨즈의 분노와 비판이 얼마나 강렬한지를 잘 보여준다. 이것이 디킨즈가 요약에서 두 번째로 명시하고 있는 고든 사건의 잘못된 부분이다.

디킨즈가 마지막으로 지적하는 고든 사건의 개탄스러운 점은 폭동의 끔찍하고 야만적인 파괴성이다. 사실 『바너비 럿쥐』에서 디킨즈가 가장 역점을 두고 공들여 묘사하는 것은 폭동의 이 파괴적이고 광적인 성격이다. 런던과 그 인근을 휩쓸며 메이폴, 헤어데일 저택, 뉴게이트 감옥, 랭데일(Langdale)의 집 등을 차례로 붕괴시키는 폭도들의 야만적 파괴행위들을 묘사하는 장면들은 디킨즈의 전(全) 작품을 통해서 견줄 대상이 없을 압권으로 평자들의 극찬을 받는 부분이다. 그 중에서 헤어데일의 저택에 대한 방화와 파괴 장면은 다음처럼 묘사된다.

> 베들럼의 문들이 활짝 열어 젖혀졌을지라도 그날 밤의 광란이 만들어 낸 것 같은 가공할 미치광이들이 쏟아져 나오지는 않았을 것이다. 마치 살아 있는 원수들을 짓밟기라도 하듯 사방의 꽃밭을 밟아 뭉개고 그 위에서 춤을 춰대는 와중에 흡사 사람 목을 비틀어 뽑는 야만인과도 같이 꽃을 줄기에서 잡아 뽑아대는 작자들이 있는가 하면, 불붙은 횃불을 공중에다 내던진 채 그것이 자기 머리나 얼굴 위로 떨어져서는 살갗을 지져대 흉측한 화상을 입히게끔 내버려두는 작자들도 있었다. 또 불길로 달려 들어가서는 물속이라도 되는 것처럼 손을 놀리며 그 속에서 허우적대는 작자들이 있었고, 그자들과 똑같이 극렬한 욕망을 즐기려고 불길 속으로 뛰어들려다가 강제로 제지를 당한 패들도 한편에 있었다. 술 취한—얼굴로 보건대 스물도 채 안 된성 싶은—한 젊은이가 입에다 술병을 문 채로 땅바닥에 널브러져 있었는데, 이글거리는 백열의 불길에 녹은 납이 지붕에서 그의 머리통 위로 쏟아져 내리더니 그것을 양초나 다름없이 순식간에 녹여버렸다.
>
> If Bedlam gates had been flung wide open, there would not have issued forth such maniacs as the frenzy of that night had made. There were men,

> who danced and trampled on the beds of flowers as though they trod down human enemies, and wrenched them from the stalks, like savage who twisted human necks. There were men who cast their lighted torches in the air, and suffered them to fall upon their heads and face, blistering the skin with deep unseemly burns. There were men who rushed up to the fire, and paddled in it with their hands as if in water, and others who were restrained by force from plunging in, to gratify their deadly longing. On the skull of one drunken lad—not twenty, by his looks—who lay upon the ground with a bottle to his mouth, the lead from the roof came streaming down in a shower of liquid fire, white hot; melting his head like wax.(508)

체스터튼이 "등골저리는 리얼리즘"(eerie realism)(Chesterton 35)이라고 부른 디킨즈의 탁월한 묘사력이 유감없이 발휘되고 있는 장면이다. 사물과 사건을 실제보다 더 박진감 있게 그려냄으로써 강력한 "시적 진실성"(poetical truth)(Collins 102)을 성취하는 디킨즈의 상상력은 마치 폭동의 파괴행위에 대한 생생한 묘사를 넘어서서 끔찍함과 공포의 창조 그 자체를 디킨즈가 즐기는 듯한 느낌마저 준다. 위의 묘사에서도 나타나듯이, 걷잡을 수 없는 폭도들의 파괴 행위는 광적인 자기 파괴적 행위에 이를 정도로 극도의 끔찍한 양상을 띤다. 이런 광적이고 충격적인 파괴성은 폭동이 가열되면서 더욱 더 난폭하게 닥치는 대로 부수고 날뛰는 폭도들에 대한 여러 차례의 생생한 묘사에서 거듭 강조되는데, 이 격렬한 폭동 장면들을 통해 디킨즈는 독자에게 폭동의 파괴성에 대한 지울 수 없는 공포감을 불러일으키는 한편 그 끔찍한 폭력성과 위험성을 강력히 경고하고 비판한다. 사실 "폭도의 누그러들 줄 모르는 광적인 난동"(618)이 보여주는 이 '무분별하고 이성을 잃고 집요하며 무자비한' 폭력성과 파괴성이야말로 디킨즈가 고든 폭동 사건에서 본 가장 부정적인 면이라고 할 수 있다. 그리고 『바너비 럿쥐』에서 디킨즈의 상상력이 그 어떤 것보다 폭동 장면에 가장 집중적으로 반응하고 왕성하게 작용한 것은 바로 그러한 폭력과 파괴에 대한 강렬한 두려움과 비판의식의 발로라고 할 수 있다.

고든 폭동, 특히 그 폭력성에 대한 디킨즈의 이런 부정적 관점과 비판의 태도는 그 자체만 놓고 볼 때는 존슨이 지적하듯이 상당히 중산계급적인 관점과 태도이다(Johnson 313 참조). 사회 질서와 체제 전체를 위협하는 파괴적 폭력에 대한 강한 두려움과 비판은 바로 뉴게이트 감옥의 자물쇠를 열어달라는 폭도들의 협박과 요청을 단호히 거부하는 바든과 같은 중산계급의 보수적 입장과 크게 다르지 않기 때문이다. 폭도를 구성하는 반사회적 하층 집단의 발생 원인을 "형편없는 형법과 형편없는 감옥규칙, 그리고 상상할 수 있는 최악의 경찰제도"(453)에게 있다고 보는 시각도 바로 사회질서와 규율을 중시하는 중산계급적 입장의 반영이다. 하지만『바너비 럿쥐』의 폭동 묘사에는 이런 보수적 중산계급 의식에 반하는 디킨즈의 강한 체제 비판의식과 반란에 대한 민중적 공감이 함께 공존하고 있기도 하다. 가령, 부자관계에서 보았듯이 존 윌릿과 존 체스터 같은 인물은 바로 부당하고 타락한 권력과 억압을 휘두르는 지배계급과 국가권력의 축도인바, 이들에 대한 아들들의 반란처럼 고든 폭동의 사회적 반란도 그 끔찍한 폭력성 밑에 정당성과 필연성을 어느 정도 지니고 있는 것으로 제시된다. 이는 특히 폭동의 주도자로 가장 잔인하고 가장 파괴적인 행동을 하는 휴를 통해서 분명하게 표현되는데, 아버지는 물론이고 바너비를 제외한 사회 전체로부터 버림받고 천대받는 그의 모진 삶의 배경은 그가 보이는 극렬한 사회적 증오와 반란의 불가피성을 상당부분 담보해줌으로써 독자는 그에 대해 강한 혐오감과 함께 일정한 동정심과 공감을 느끼지 않을 수 없다. 바너비에 대한 그의 인간적 우정과 변호가, 그리고 자신의 정치적 입지를 강화하고자 그를 교묘하게 조종했던, 그러면서도 아들임을 부인한 아버지 체스터에 대한 그의 마지막 저주가 독자에게 강한 정서적 호소력을 지니는 것은 바로 이 때문이다.

또한 디킨즈는 폭동 과정에서 랭데일 같은 시민의 보호 요청을 거부하고 자기 안락만 추구한 비겁한 런던 시장을 비롯해 폭동 초기에 적절한 대응과 조치를 하지 못한 치안 관료들, 바너비를 불량한 부랑자로 박해하고 왜곡된 증언을 일삼는 시골 치안판사와 그 부류들, 메어리 존스(Mary Jones) 같은 불쌍한 자들을 아무렇게나 교수형 시키는 비인간적인 형벌제도 등, 기회 있을 때마다 무능하고 타락하고 부도덕한 지배권력에 대해 강한 풍자와 비판을 가한다. 폭도로 처벌을 받은 사람들 대부분이 "가장 약하고 가장 미천하며 가장 비참한 사람들"(698)이라는 표현이 말해주듯이, 디킨즈가 작품에서 일관되게 비판하는 것은 제 본분과 역할을 다하지 못한 채 부당한 억압과 권력만 행사하는 지배 계급의 무능과 태만이다. 소설 전반부에서 존 윌릿과 존 체스터의 아버지로서 행태가 주로 폭로하는 것도 바로 지배계급의 이런 모습이다. 따라서 이러한 지배계급의 억압과 무능 아래 하층 민중은 필연적으로 무지와 가난과 범죄와 비참에 떨어질 수밖에 없고, 이는 점차 억눌린 사회적 불만으로 쌓이고 응축되어 가다가 고든 사건과 같은 우발적인 계기를 통해 마침내 걷잡을 수 없는 반사회적 폭력과 파괴적 광란으로 터져 나올 수밖에 없다. 디킨즈의 끔찍한 폭동 묘사의 곳곳에 이면처럼 깔려 있는 것은 바로 이런 민중의 비참한 처지와 자포자기적 분노에 대한 디킨즈의 공감적 인식과 상상력이다. 국가권력의 상징인 뉴게이트 감옥을 불사르는 폭도들의 광란을 묘사하는 장면에서 마지막에 던져지는 "불을 더 세차게 질러대라!"(Pile up the fire!)(584)라는 외침이 디킨즈 자신이 그 순간 폭도와 함께 신나게 불을 지르며 외쳐대는 소리처럼 들리는 것은, 그리고 독자 역시 자신도 모르게 호응하며 함께 외치게 되는 것은 디킨즈의 그런 공감적 상상력의 결과이자 한 승리이다.

4

앞에서 언급했듯이 『바너비 럿쥐』에서 디킨즈의 역사적 상상력이 집중하는 것은 고든 폭동 사건이다. 느슨하게 전개되는 듯한 초반부의 여러 사적인 이야기들은 모두 나중에 펼쳐질 고든 폭동 사건의 긴박한 전개를 위한 준비이다. 그리고 후반부에 가면 실제로 모두 고든 폭동 사건의 소용돌이에 흡수된다. 이 점에서 이 소설의 진정한 주인공은 바너비도 휴도 바든도 아닌 고든 폭동 사건이라고 할 수 있다. 폭동 사건이 작품의 중심이라는 말은 곧 역사소설로서 『바너비 럿쥐』가 산만하고 균형을 잃은 듯한 서사 구조의 표면 아래 사실은 고든 폭동이라는 역사적 사건을 중심으로 "소설 내의 여러 이야기 가닥들을 하나의 통일된 전체로 융합하는"(Rice(1975) 173) 유기적 긴밀성과 일관성을 지닌 작품이라는 것을 의미한다. 따라서 이 작품에서 "역사적 사건이 [개인의] 순수한 '인간적 비극'을 위해 순전히 부수적인 배경을 제공할 뿐이라"는 루카치의 지적(Lukács 292-3)은 포우나 포스터처럼 작품을 피상적으로 훑고 성급하게 내린 잘못된 판단이다.

사실 디킨즈의 역사소설에 대한 비판에서 루카치가 좀 더 중요하게 여기는 점은 역사 · 사회적 사건에 대해 디킨즈가 "소시민적 휴머니즘과 이상주의"(Lukács 292)에 기반한 추상적이고 도덕적인 태도를 견지한다는 점이다. 이는 곧 디킨즈의 중산계급적 개인주의 태도에 대한 비판인데, 고든 폭동 사건의 묘사에서 디킨즈가 그 파괴적 폭력성에 대해 중산계급적 인본주의에 기반한 도덕적 거부감을 강하게 표출한 것을 지적한 것이다. 하지만 이는 역사적 사건을 계급투쟁의 총체적 사회 현상과 문맥 속에서 바라보고 이를 진보적 관점에서 해석해야 한다는 루카치의 막시스트적 역사소설관에 기초한 당파적 비판이다. 역사소설이라고 해서 주인공의 삶과 역사적 사건을 꼭 총체적이고 거시적 관점에서만 해석하고 판단할 필요는 없다. 더구나 루카치식 막시스트 역사관은 역사를 바라보는 하나의 당파적 입장일 뿐 절대적으로 옳은 유일한 역사관은 아니다. 사실 루카치 소설론의 핵심인 총체성이라는 개념도 일종의 이상주의적 모형으로서 다분히 주관적으로 적용되기 쉬운 애매한 개념이다. 따라서 역사적 사건을 통해 역사발전의 필연적 흐름을 드러내는 사회의 전형적 갈등과 투쟁 양상을 포착해서 이것을 소설로 표현해내야만 한다는 막시스트적 관점을 고집하지 않는다면, 고든 사건의 폭력성에 대한 디킨즈의 비판과 그것이 기초하고 있는 중산계급적 휴머니즘과 개인주의적 도덕관은 역사적 사건에 대한 하나의 가능한 해석이자 유효한 관점으로 충분히 인정해줄 수 있다. 즉, 디킨즈의 이 중산계급적 역사 해석과 계급적 관점은 작가로서 디킨즈 개인의 이념적 성향을 말해주는 것일 뿐 역사소설로서 『바너비 럿쥐』의 소설적 한계를 규정짓는 근거가 될 수 없다.

역사소설로서 『바너비 럿쥐』의 소설적 한계를 작가의 이념적 차원이 아니라 문학적 차원, 즉 역사의 허구적 형상화 방식과 관련된 소설 내적 문제에서 찾을 경우, 가장 먼저 언급할 수 있는 것은 작품에서 발휘되고 있는 디킨즈의 희극적 충동의 과잉이다. 소설의 소재인 고든 사건은 국가적 혼란과 위기를 가져온 심각한 사회적 반란 사건이었던 만큼, 실제 역사 현실 속에서 사건을 경험하고 관여한 사람들에게는 생사가 걸릴 만큼 중차대한 선택과 결단의 시기이자 급박한 위기의 순간이었음에 틀림없다. 따라서 이러한 심각한 사건을 소설로 형상화하는 것은 작가에게 고도의 집중된 역사적 상상력과 최고의 진지한 태도를 요구하는 작업이다. 물론 작가는 소설적 효과를 위해 희극적 상상력을 어느 정도 적절하게 발휘할 수 있다. 사실 아무리 비극적인 현실이라도 삶 속에서는 언제나 희극적 요소가 존재하기 마련이라는 점에서, 심각한 문학작품 속의 희극성은 일정 정도 삶의 사실적 반영이기도 하다. 셰익스피어 비극에 광대가 늘 등장한다는 점은 이를 잘 보여주는 예다.

그러나 『바너비 럿쥐』에서 디킨즈의 희극적 상상력은 진지한 역사적 상상력의 통제를 벗어났다고 할 만큼 너무 왕성하게 발휘되고 있다. 소설의 희극성은 주로 바보인 바너비, 메이폴의 존 윌릿과 그의 세 친구들, 바든의 가족과 그의 견습공인 태퍼팃과 하녀 미그스 등을 통해 디킨즈 특유의 활기차고 풍성한 모습으로 다양하게 펼쳐진다. 이들은 풍자와 유머에 의해 독특하고도 풍성한 희극적 세계를 구축하는 초기 디킨즈의 창조적 재능과 활력이 유감없이 발휘된 인물들로, 사건 진행이나 인물로서의 역할에 상관없이 존재 그 자체로서 독자에게 끊임없이 웃음을 일으킨다. 그리고 이를 통해 심각한 역사 현실을 다루는 작품에 희극적 활력을 불어넣는 데 크게 기여한다. 이런 점에서 이들은 "삶의 구속"을 뚫고 자유로이 솟구치며 "불사조와 같이 일어나는 인간적 희열의 웃음"(E. Wilson 13)을 선사하는 디킨즈의 탁월한 희극적 인물창조 능력을 잘 보여주는 예들이다. 그런데 문제는 디킨즈의 이 희극적 상상력이 끔찍한 폭동사건을 형상화하고 있는 진지한 역사소설인 『바너비 럿쥐』에서는 가능한 한 작품에 희극적 활력을 불어넣는 데 그쳐야 하는데, 종종 초기의 다른 소설에서처럼 이야기의 분위기와 성격을 지배하다시피 할 정도로 너무 지나치게 발휘된다는 점이다. 그 결과 역사소설로서 『바너비 럿쥐』가 확보하고 있어야 할 전반적인 진정성과 개연성이 훼손되는 상황이 발생하곤 하는데, 폭동의 주요 지도자로 활약하는 태퍼팃과 데니스의 인물창조가 바로 그 대표적인 경우이다.

먼저 태퍼팃의 경우, 그는 도제기사단이라는 일종의 노동조합 조직의 지도자로서 역사적 사건의 맥락에서 볼 때 사회 혁명을 도모하는 급진적 반항분자로 나타난다. 하지만 그의 이러한 급진적 역사성은 허영과 어리석음이라는 그의 개인적 성격에 퍼부어지는 디킨즈의 풍자적 조롱과 희화화로 인해 작품 속에서 그 정치적 의미를 상실하고 만다. 그 결과 그의 모든 급진적이고 혁명적인 언행들은 단순히 덜 떨어진 개인의 성격적 결함에서 나온 우스꽝스럽고 분수없는 짓들로만 보이게 된다. 가령, "지금과 다른 사회가 되어야 하는 것이오."(266)라든가 "이젠 네 아비의 압제 행위의 희생자가 아니라... 불우한 이 나라의 상처를 치유하고자 나선 자"(543) 등과 같은 발언들은 그 자체로서 충분히 18세기 말 사회적 위기 상황에 선 급진적 지도자로부터 나옴직한 것들이다. 하지만 그것이 키가 5피트도 안 되는 자신을 상당히 크다고 자부하고, 깡마른 체구에다 조그만 눈과 신기할 정도로 짧은 다리를 가진 자신에 대해 넋을 잃을 정도의 감탄에 빠지며, 가당찮게 주인의 딸에 흑심을 품고 있는 허영과 어리석음의 결정판인 인물에게서 연발 튀어나올 때는 이미 역사적 문맥과는 전혀 관계없이 독자의 참을 수 없는 웃음을 유발하는 그야말로 과장적 허풍으로만 들릴 뿐이다. 그의 희극적 성격에 대한 디킨즈의 조롱은 거의 순전한 풍자적 즐김의 수준에서 이뤄진다고까지 할 수 있는데, 이는 존 체스터 앞에 처음 나타났을 때 그의 인상을 "수용소의 문을 부숴버리고는 그 문의 자물쇠통까지 집어들고 도망나온 정신병자"(245)라고 묘사하고 있는 데서도 노골적으로 드러나 있다. 그의 결말이 다른 폭동 주동자들과는 달리 교수형이 아니라, 두 다리를 잃은 채 구두닦이로 재활했다가 심술 사나운 과부와 결혼하여 의족 때문에 조롱을 받곤 한다는 식으로 우스꽝스럽게 처리되는 것도 바로 디킨즈의 희극적 충동 대상으로서 그의 성격을 확인해주는 자연스러운 결과이다. 따라서 이런 더할 나위 없이 희극적 인물이 체제의 근간을 흔드는 심각한 반란 사건의 핵심 지도자의 한 사람으로 계속 등장할 때, 작품의 역사적 현실감과 긴장감은 적지 않게 손상될 수밖에 없다.

데니스의 경우도 비슷한 양상을 보인다. 그 역시 폭동의 지도자로서 파괴와 약탈과 방화에 앞장서는 인물이다. 휴에게 폭동 발생시 공격할 지점과 인물을 미리 설명해주면서 반란 준비 교육을 시키거나, 폭동 초기에 주저하는 폭도들을 자극해 반란과 봉기를 선동하는 등, 그는 태퍼팃보다 더 혁명적이고 체제 전복적 행위를 일삼는 존재이다. 그에게는 반국가적 급진성 외에 또 다른 사회적 의미가 부여되어 있기도 한데, 완악한 교수형 집행인으로서 그리고 나중에 비참하게 교수형을 당하는 존재로서 그는 작품 속에서 사형집행의 남용 및 공개처형의 비인도성을 비판하기 위한 도구로 기능하기도 한다. 하지만 데니스의 이러한 정치적 급진성과 사회적 기능 역시 태퍼팃의 경우와 비슷하게 그의 기괴한 개인적 성격과 행동이 디킨즈의 강력한 희극적 상상력과 충동에 의해 끊임없이 희화화됨으로써 작품 속에서 그 의미가 크게 약화된다. 가령, 태퍼팃과 어울려 술집에서 춤추며 난봉을 피우는 장면이나, 바든과 존 윌릿의 목을 매달고 싶어 눈물까지 흘리며 간청하며 안달하는 장면 등에서 그는 반란의 지도자와는 거리가 먼 우스꽝스럽고 괴팍한 존재로 묘사된다. 그는 특히 『골동품 가게』의 퀼프(Quilp)처럼 심술 고약한 철부지 악동 같은 행태를 통해 주변 상황과 상관없는 순수한 웃음을 유발하곤 하는데, 뉴게이트 함락시 감방 앞에 앉아서는 살려 달라 울부짖는 사형수들에게 다음처럼 넉살을 늘어놓는 장면은 그의 그런 면모를 잘 보여준다.

> "댁네들한텐 법이 있잖어." 책상다리를 하고 눈썹을 치켜 올리면서 그는 말했다. "법이 댁네들을 위해 특별히 맹글어져 있고, 이렇게 좋은 감옥도 댁네들을 위해 특별히 지어져 있고, 목사님까지 댁네들을 위해 특별히 뫼시어 놓고 있잖어. 게다가 헌법이 정해준 관리가 댁네들을 위해 특별히 임명되어 있기도 하고, 호송 마차까장 댁네들을 위해 특별히 마련되어 있지 않느냐 말여. 그런데도 아직 만족들을 못하시겠다 이거여! 저기 맨 끝방에 있는 양반, 좀 조용히 허시지 그려?"
>
> "You've had law," he said, crossing his legs and elevating his eyebrows: "laws have been made a'purpose for you; a wery handsome prison's been made a'purpose for you; a parson's kept a'purpose for you; a constitutional officer's appointed a'purpose for you; carts is maintained a'purpose for you—and yet you're not contented! Will you hold that noise, you sir in the furthest?"(591)

불길이 치솟는 절체절명의 긴박한 상황에서 한가로이 앉아 이처럼 농담과 조롱을 즐기는 그의 악동 같은 모습은 디킨즈의 순전한 희극적 "천재성이 지닌 자기 구현적 자발성"(Leavis 343)이 여실하게 발휘되고 있는 좋은 예이다. 따라서 독자 역시 이 순간의 긴박한 상황을 잠시 잊고 함께 웃음을 터뜨릴 수밖에 없는데, 그 결과 폭동 사건의 고조된 위기상황은 일시적이지만 가벼운 소극(farce)의 차원으로 내려앉는다. 이처럼 데니스는 사건의 진행이나 이야기 문맥과 무관하게 틈날 때마다 자신의 순수한 희극적 충동과 가학적 희열을 즐기는 악동으로 묘사됨으로써, 태퍼팃과 마찬가지로 그가 주도자로 참여하는 폭동 사건의 역사적 심각성을 상당부분 희석하는 부정적 영향을 끼친다. 그리고 이러한 영향의 책임은 바로 데니스와 같은 희극적 인물창조를 즐기는 디킨즈의 억제되지 못한 희극적 상상력의 과잉에 있다. 위의 조롱 장면에서 데니스는 자신의 흉측한 얼굴이 새겨진 지팡이 머리 부분을 "견줄 데 없는 즐거움과 평온과 만족감"(589)을 가지고 입으로 빨아대는데, 지팡이 끝을 빠는 데니스의 희열에 찬 얼굴 위로 펜 끝을 빠는 디킨즈의 자못 흥겨운 얼굴이 겹쳐지는 것은 바로 이 때문이다.

5

역사적 상상력과 균형을 이루지 못하는 디킨즈의 지나친 희극적 충동은 역사소설로서 『바너비 럿쥐』의 문학적 성취를 제한하는 가장 큰 요인이다. 하지만 에드워드 체스터와 조 윌릿에 대한 인물처리의 미숙함도 『바너비 럿쥐』의 역사에 대한 소설적 형상화 수준을 미흡하게 하는 또 다른 요인이다. 에드워드와 조는 작품 전반부에서 그들의 아버지와 결별한 후 사라졌다가 후반부 끝 무렵에 홀연 나타나서는 위기에 처한 바든과 헤어데일, 에머, 그리고 돌리 등을 차례로 구해주는, 디른바 ‘초월적 해결자’ 내지는 ‘기계적 신’(deus ex machina)의 역할을 수행한다. 하지만 이들의 아버지들이 바로 디킨즈가 고든 폭동을 통해 비판하는 지배계급의 부당한 억압과 타락한 권위를 대변하는 존재들이라는 점을 고려할 때, 이들은 작품에서 너무 손쉽게 사라지고 너무 손쉽게 나타나 폭동의 반대편이 된다. 특히 이들이 폭동의 가장 격렬한 주동자로서 나름의 정당성을 지니는 휴와 개인적 친분 내지는 혈연관계를 맺고 있다는 점에서 이들의 가벼운 처리는 아쉽다. 왜냐하면 이들은 만약 사라지지 않고 남아 있었다면, 폭동 과정에서 휴와의 관계로 인해 깊은 갈등과 선택의 고민을 겪을 수 있었을, 다시 말해 역사적 상황의 복합성과 유기적 성격을 드러내는 이른바 ‘전형적’ 인물이 될 수 있었을 것이기 때문이다. 이는 특히 아버지와의 갈등 속에서 “자신의 참된 위치”(172)와 계급적 기만성을 통찰하는 에드워드에게 해당된다. 따라서 이 두 인물의 잠재적 전형성을 발전시키지 못하고 사라짐과 재등장이라는 안이한 방식으로 처리한 것은 디킨즈의 역사적 상상력이 아직 충분히 성숙한 수준에는 이르지 못했음을 보여주는 부분이다.

하지만 이러한 한계에도 불구하고 『바너비 럿쥐』는 앞에서 보았듯이 치밀한 서사 전략과 효과적 구성, 부자관계 문제에 대한 집중적 탐구, 그리고 역사적 사건의 박진감 있는 형상화와 이를 통해 드러나는 강한 사회비판과 풍자 등, 여러 측면에서 디킨즈 여타 초기소설보다 완성도 높은 우수한 작품이다. 사실 결함으로 지적했던 희극적 충동의 과잉도 역사적 상상력과의 관계에서 그렇다는 것이지, 그 자체로만 보면 오히려 탁월한 인물창조를 통해 풍성한 희극적 세계를 창조하는 디킨즈의 특징적 면모를 어느 소설보다 더 잘 드러내는 것으로 볼 수 있다. 바너비와 그의 까마귀 그립(Grip)이 구현하는 낭만적 희극성을 비롯해, 존 윌릿과 친구들의 어리숙하면서도 견고한 희극성, 퀼프와 페이긴(Fagin)을 합쳐놓은 듯한 데니스의 기괴한 희극성, 야만적 에너지로 가득 찬 휴의 난폭한 희극성, 태퍼팃과 미그스와 바든 부인 등을 통해 수행되는 신랄한 풍자의 해학성, 그리고 피큌의 이상적 휴머니즘을 한층 강화한 바든의 건강하고 활기찬 희극성에 이르기까지 『바너비 럿쥐』에서 펼쳐지는 디킨즈 특유의 희극적 상상력은 그의 다른 소설에서 보기 힘들 정도로 다양하고 풍성하다. 결국 이 모든 점에서 볼 때, 『바너비 럿쥐』는 디킨즈 소설 중 '가장 만족스럽지 못한' 실패작이라고 결코 말할 수 없다. 오히려 그 반대로 그의 야심찬 기획과 포부가 상당 부분 달성된 성공작으로 보아야 옳을 것이며, 이런 점에서 디킨즈의 작가적 성장의 전환점이자 초기 소설세계의 정점을 찍는 대표작으로 평가해줘도 지나치지 않다.

다만 이럼에도 불구하고 『바너비 럿쥐』는 몇 가지 부차적 요인들 때문에 디킨즈 작품들 중 '가장 읽히지 않고 가장 매력이 적은 소설'이라는 지위만큼은 벗어나기 힘든 것으로 보이는데, 그 첫 번째 요인은 역사소설로서 지니는 소재의 예외성과 특수성이다. 특히 작품의 중심인 고든 사건은 디킨즈 당대인 빅토리아 시대와 떨어진 과거의 우발적 사건으로 종교적 특수성과 파괴와 폭동이라는 불편한 내용을 지닌 사건이다. 따라서 보편성과는 거리가 먼 예외적이고 제한된 성격의 역사적 소재, 즉 대중적 매력도가 떨어지는 소재이다. 다음으로 이 작품에는 어린 넬(Little Nell)이나 올리버 트위스트처럼 학대받거나 시련을 당함으로써 독자의 휴머니즘적 감성에 강렬한 호소를 하는 두드러진 주인공이 없다. 비록 바너비가 가장 큰 동정의 대상으로 등장하긴 하지만, 정상인이 아닌 바보라는 특이한 성격 때문에 그는 넬이나 올리버만큼 독자의 강렬한 보편적 관심과 공감을 얻지는 못한다. 마지막으로 『바너비 럿쥐』에는 디킨즈 대중성의 결정적 요소의 하나인 감상주의적 멜로드라마가 부재한다. 즉, 같은 역사소설이지만 커다란 대중적 인기를 얻은 『두 도시 이야기』의 루시 마넷(Lucy Manette)에 대한 시드니 카튼(Sydney Carton)의 희생적 사랑 같은 감동적 멜로드라마가 거의 섞여 있지 않음으로써 독자의 정서를 자극하는 힘이 미약하다. 하지만 이 모든 것들은 『바너비 럿쥐』가 지닌 소설적 결함이 아니라 디킨즈의 다른 대중적 작품들과 구분되는 차이점에 해당되는 것들이다. 따라서 이런 요인들로 독자의 외면을 받고 저평가를 받는다는 것은 앞에서 살펴 본 것처럼 그 나름의 상당한 소설적 성취를 이룬 작품으로서 극히 억울한 일일 수밖에 없다. 이런 점에서 『바너비 럿쥐』에 붙을 수 있는 가장 적절한 최상급 수식은 디킨즈 소설 가운데 '가장 오해받는' 작품이라는 표현일 것이다.

V.『돔비 부자』
디킨즈의 빅토리아조 가부장제 이데올로기 비판

Dombey and Son

1.『돔비 부자』와 돔비 부녀

1

1848년에 완성된『돔비 부자』(*Dombey and Son*)는 디킨즈(Charles Dickens) 소설세계에서 일종의 전환기에 해당하는 작품이다. 이 작품은 명실상부한 빅토리아조의 대표적인 작가로 올라선 디킨즈가 사회를 좀 더 넓고 비판적인 시선으로 바라보면서 당대 사회의 본질적인 문제들을 직접적으로 포착하고 형상화하기 시작하는 모습을 보여준다. 가령 주인공 돔비(Dombey)의 경우, 그는 중산계급의 강고한 이데올로기를 한 몸에 구현하고 있는 인물로서 디킨즈의 이전 소설에서 볼 수 없었던 유형의 주인공, 즉 사회적 성격을 강하게 띠는 주인공인데다가, 이전의 어떤 주인공들보다 훨씬 지배적이고 문제적인 인물로 작품에서 중심 역할을 한다. 한편 이 작품에는 영국 사회의 자본주의적 재편과정을 상징하는 철도에 대한 묘사와 장면들이 나오는데, 이런 것들은 바로 디킨즈 당대인 19세기 중엽 영국 사회의 변화상을 구체적으로 반영하는 것들이다. 따라서 이렇게 디킨즈의 이전 소설들에 비해 사회적 성격과 진지한 주제의식을 강하게 담고 있는 『돔비 부자』는, 『블리크 하우스』(*Bleak House*)나 『리틀 도릿』(*Little Dorrit*), 또는 『어려운 시절』(*Hard Times*) 등으로 대표되는 디킨즈의 후기 작품 세계의 시작을 알리는 작품으로서 주목할 만한 가치가 있다.

『돔비부자』는 성공한 중산계급의 사업가인 주인공 돔비의 오만한 삶과 실패 과정을 다루고 있는 작품이다. 돔비는 가부장제적 권위와 오만에다 자본주의적 가치관을 겸하여 지니고 있는 중산계급 사업가로, 빅토리아조 사회의 지배계급의 이데올로기를 대변하는 일종의 전형적 인물이다. 돔비의 삶은 작품 속에서 네 명의 다른 인물들과의 관계를 통해 구체적으로 그려지는데, 그 네 명의 인물은 그의 아들 폴(Paul)과 딸 플로런스(Florence), 그의 심복이자 회사의 2인자인 제임스 카커(James Carker), 그리고 그가 새로 맞은 아내 이디쓰 돔비(Edith Dombey)이다. 작품 속에서 돔비는 이 네 명의 인물들과 표면적으로는 지배와 종속이라는 위계질서의 관계를 맺는다. 하지만 그 관계의 이면에는 팽팽한 긴장과 갈등으로 가득 찬 심각하고 미묘한 대립 관계가 형성된다. 바로 이 대립관계가 전개되는 과정에서 권위적인 가부장이자 오만한 자본가로서 돔비의 비인간적인 행동과 태도가 극명하게 드러나는데, 돔비는 결국 치명적인 저항과 배반을 받게 되어 순식간에 모든 것을 다 잃고 몰락하고 만다. 그리고 이러한 돔비의 오만과 몰락 과정을 통해 『돔비 부자』는 19세기 중엽 빅토리아조 영국 사회의 가부장제 이데올로기와 자본주의적 가치관이 지닌 억압적 양상을 비판한다.

이 글에서는 『돔비부자』의 중심 내용을 구성하는 돔비와 네 인물들 사이의 관계 중에서 가장 핵심이 되는 돔비와 그의 딸 플로런스 사이의 관계를 분석하고자 한다. 돔비의 가부장적 권위와 자본가적 오만은 이디쓰 돔비나 카커와의 관계를 통해서도 잘 나타나 있지만, 이보다는 그가 아들 폴과 딸 플로런스와 맺는 관계에서 한층 구체적으로 형상화되어 있다. 특히 작품 전체에 걸쳐 진행되는 돔비와 그의 딸 플로런스 사이의 관계는 미묘한 심리적 갈등을 펼쳐 보이면서 주인공 돔비의 개인적 성격과 사회적 의미를 섬세하게 드러내줄 뿐만 아니라, 다른 인물들과의 관계와 달리 행복한 결말에 도달함으로써 작품의 주제를 완성시키고 있기도 하다. 사실 돔비의 아들 폴이 작품 초반에 사망한다는 점에서 『돔비 부자』는 그 제목과는 달리 돔비와 플로런스의 이야기, 즉 '돔비 부자'가 아닌 '돔비 부녀'의 이야기라고 해도 과언이 아니다. 따라서 돔비와 플로런스의 이야기에 대한 정확한 분석과 이해는 작품 전체의 의미를 파악하는 데 있어서 필수적인 작업이라고 할 것이다. 다만 다음에서는 돔비 부녀의 이야기의 바탕이자 배경이 되는 돔비 부자의 이야기를 먼저 간단히 살펴보고, 그 뒤에 돔비와 플로런스의 이야기에 대한 구체적 분석에 들어가기로 한다.

2

아버지로서 돔비는 디킨즈의 이전 소설에 나타나는 아버지의 유형과 상당한 거리가 있는 인물이다. 즉 돔비는 디킨즈의 초기 소설에 자주 묘사되는, 무책임하거나 타락한 아버지들과는 달리, 중산계급의 성공한 사업가로서 아들에게 자기의 사업을 계승시키기 위해 모든 책임과 배려를 다하고자 하는 아버지로 나타난다. 하지만 그는 바람직한 아버지와도 역시 거리가 멀다. 아들 폴에 대한 그의 각별한 기대와 배려는 아버지로서의 진정한 사랑과 의무의 수행이 아니라 독단적인 권위와 자기중심적인 지배권의 행사에 다름 아니기 때문이다.

돔비의 이러한 권위와 지배의 바탕에 자리 잡고 있는 것은 중산계급의 경제적 번영과 사회적 지위를 영속화하기 위한 도구적 존재로서 아들을 인식하는 물질주의적 태도이다. 폴의 출생이 그에게 가져온 기쁨의 유일한 이유가 다름 아니라 '『돔비 부자』' 상사의 명칭이 명실상부하게 되었다는 데 있다는 사실은 그것을 분명히 드러내준다. 따라서 돔비에게 폴은 단순히 집안의 대를 이을 생물학적 후손 이상의 가치를 지닌다. 즉 폴이 상속할 돔비의 물질과 권력과 지위는 곧 돔비 자신의 전(全)존재의 가치와 의미가 구현된 것으로서, 돔비는 폴에게 이를 계승시킴으로써 바로 자기 존재의 새로운 재생산과 영속화를 실현할 수 있는 것이다. '폴'이란 이름이 돔비의 아버지로부터 돔비 자신을 거쳐 이제 그의 아들에게 반복해서 붙여지고 있는 것의 한 의미는 바로 여기에 있다.

폴의 삶은 태어나는 순간부터 돔비에 의해 독점되고 지배되며 '돔비 부자'의 광영을 성취하도록 기획되며 예정된다. 돔비는 취크 부인(Mrs Chick)이나 톡스 양(Miss Tox) 등 주변의 인물들이 자신에 대한 아첨의 방편으로 폴에게 관심을 보이는 것에 대해서조차 "나는 사람들이 우리 부자 사이에 끼어드는 것을 전혀 원치 않는다"(I have no wish that people should step in between us)(103)고 못박으며 경계를 한다. 그리고 그는 핍췬 부인(Mrs Pipchin)에게 폴의 조속한 교육을 강조하면서 다음처럼 확언한다.

> 그에게는 올라서도록 마련된 높은 자리가 있소. 내 아들의 앞길에는 우연이나 의혹 따위는 추호도 없는 것이요. 그의 인생 노정은 그가 태어나기 전부터 이미 훤히 닦아져 준비되고 설정되어 있었소. 이러한 젊은이의 교육은 지체되어서는 안 되며 불완전해서도 안 될 것이요
>
> There is an eminence ready for him to mount upon. There is nothing of chance or doubt in the course before my son. His way in life was clear and prepared, and marked out before he existed. The education of such a youg gentleman must not be delayed. It must not be left imperfect.(204)

"세계가 '돔비 부자'를 위해 만들어져 있고" A.D.는 "anno Dombei-and Son"을 의미(50)한다고 여기는 돔비에게 이러한 구상의 진리성과 그 실현 가능성은 추호의 의심의 여지가 없다. 하지만 돔비의 구상

은 그의 위대성과 금력에도 불구하고 돔비 부인의 사망으로 인해 시초부터 차질을 겪다가 결국은 폴의 죽음으로 무참히 좌절되고 만다. 사실 폴의 조기 사망에 대한 근본적인 책임은 돔비 자신이 독단적 지배와 권위의 행사를 통해 폴로부터 어린아이로서의 정상적인 삶을 박탈하고 미리 결정된 '돔비 부자'의 인간형, 즉 물질적 부와 권력을 바탕으로 지배계급의 지위를 영속해 나갈 인간형으로 '제조'되기를 강요한 데에 있다. 이 점에서 아버지를 죽이는 아들을 등장시키는 『마틴 처즐윗』(*Martin Chuzzlewit*)과는 대조적으로, 『돔비 부자』는 아들을 죽이는 아버지를 제시하고 있는 셈이다. 그리고 '아버지와 아들'의 관계를 작품의 핵심으로 다루리라는 예상과 달리 부자관계가 일찍 종결됨으로써 발생하는 작품제목의 아이러니는 무엇보다 아버지 돔비의 생명 파괴적 억압성에서 환기된다 하겠다.

이런 점에서 폴과 돔비의 부자관계는 일단, 아들이 아버지의 지배와 권위에 의해 일방적으로 억압당하다가 일찌감치 희생당하고 마는 관계로 볼 수 있다. 하지만 디킨즈는 폴을 단순히 병약하고 소극적인 아들로서만 그리고 있지 않다. 폴이 돔비의 권위에 어떤 의식적 반항도 하지 못하는 것은 사실이지만, 그것은 어린 나이의 소년으로서 당연한 것이다. 그러므로 이러한 점을 접어둘 때 우리는 폴에게서 뜻밖에 돔비를 당혹케 하고 돔비의 뜻을 어기거나 배반하며 궁극적으로는 아버지의 모든 계획을 허물어뜨리는 등의 저항적 성격을 발견할 수 있다.

폴은 아버지를 닮은 아들로서 돔비에게 매사 순종하는 듯하지만 동시에 "이상하고 구시대적이며 심중한"(strange, old-fashioned, thoughtful)(151) 태도와 행동거지를 통해 돔비가 바라고 요구하는 인간형과는 실로 "기괴하게 대조적인"(monstrously contrasted)(152) 모습을 보인다. 그리고 그는 "돈이 도대체 뭐예요!", 또는 "그걸 가지고 뭘 할 수 있는 거예요?"(152) 하고 물음으로써 돔비가 그의 존재와 삶의 기초로 삼고 있는 '물신'의 가치와 의미를 부정하고 전복한다. 폴은 또 아버지에게가 아니라 아버지가 혐오하는 누나 플로런스, 월터

(Walter), 심지어 하층계급의 사람들에게 진정한 사랑을 쏟아 보인다. 특히 돔비가 아들에 대한 구상을 촉진하여 실현하고자 속성 교육 제조업자 블림버 박사(Dr. Blimber) 앞에 그를 데려갔을 때, 그를 "어른"(man) 즉 돔비식 인간으로 만들어주겠다는 블림버의 말에 대해 폴은 즉각 "나는 차라리 아이가 되겠어요."(210)라고 대답한다. 그런데 이 말은 사실상 아버지 돔비의 모든 권위와 의도를 거부하며 그에 저항하는 선언이나 다름없다.

이런 점에서 볼 때, 그가 병상에서, 필사적인 심정으로 "내 아이야, 날 모르니?"(294)하고 물어보는 돔비를 알아보지 못하는 것도 단순한 의식의 혼미 이상의 거부적 행동으로서 강한 의미를 지닌다. 폴의 이러한 도전성은 곧 리비스(F. R. Leavis)가 지적한 폴의 "무서운 아이"(enfant terrible)적 면모(Leavis 38-42)를 증명하는 것이다. 다만 기성세대의 지배와 가치체제를 전복할 만큼 파괴적 힘을 지닌 폴의 이 면모가 적어도 돔비를 향해서는 리비스가 보는 이상으로 다양하게 발휘되며, 또 그것이 리비스가 추론하는 폴의 어린아이적 순수함과 솔직성에서 비롯될 뿐만 아니라 부분적으로는 돔비의 아들로서 그가 물려받은 강고한 자기주장의 성정(性情)[17] 과도 결부된 것이라고 해야 할 것이다.

그러나 돔비에 대한 폴의 결정적 치명타는 바로 그의 죽음이다. 물론 폴의 죽음은 앞서도 지적했듯이 근본적으로 돔비의 강제적 지배에 의해 야기된 것이다. 하지만 폴의 드러나지 않는 항거적 행동들에 비추어 생각될 때 폴의 죽음은 순전히 수동적인 성격만을 띠는 것이 아니다. 일찌감치 죽음에 대한 의식을 지니기 시작한 폴은 사실 죽음에 대한 일종의 동경을 하고 있었다고 할 수 있다. 그 단적인 증거가 되는 것은 저승으로 흘러가는 '바다'에 대한 그의 애착과 "그것이 계속 말하는 것이 무엇인지"(171)에 대한 집요한 호기심이다. 따라서 그는 다가오는 죽음에 대하여 기꺼이 체념하며 평안한 마음의 준비를 할 수 있다.

17) 폴이 돔비와 닮은 점에 대한 언급으로는 Leavis의 글 38면 외에 Dirk den Hartog의 글 43-46면 참조.

그런데 플로런스에 대한 그의 애정이 한편으로 돔비에 대한 본능적 저항의 발로이기도 하듯이, 폴의 죽음에 대한 이러한 자학적 태도는 바로 자신의 삶을 사물화하여 소유하고 왜곡시키는 돔비의 권력과 지배에 대한 무의식적 반항의 욕구에서 비롯된 것으로서 공격적 의미를 지닌다. 다시 말해 폴의 죽음은 “아버지의 모든 설계와 소중한 희망들에 대한 치명타”(a death-blow...to all the father's schemes and cherished hopes)(Forster vol. 2, 20)로서 궁극적으로 돔비에 대한 폴의 복수에 해당되는 것이다. 이렇게 볼 때, 돔비와 폴의 부자관계는, 돔비의 파괴적 부권 때문에 소멸되는 것에 못지않게, 공고한 위계질서의 표면 아래 행해지는 아들의 무의식적 거부와 저항 때문에도 그 종말이 촉진되었다고 할 수 있을 것이다.

3

『돔비 부자』에서 아버지 돔비와 딸 플로런스가 보여주는 부녀관계의 양상은 얼핏 진부하게 보인다. 사실, 표면상 아버지 돔비의 냉대와 증오를 한없는 사랑과 인내로 견뎌나가는 플로런스가 고통스러운 파국까지 경험한 뒤 돔비의 깨달음에 맞추어 극적인 용서와 화해로 보상받는 이야기 줄거리는 일단 별로 참신한 소재라고 할 만한 것이 못된다. 따라서 많은 평자들은 플로런스를 이상화된 감상적 여주인공의 실례로 그리 마땅찮게 보면서 리어(Lear) 왕과 코딜리어(Cordelia)를 이들 관계의 원형으로 지적하거나 동화적 성격을 언급하곤 하는데, 이는 쉽게 이해가 간다.[18)]

하지만 플로런스와 돔비가 전개하는 갈등과 파국 그리고 화합의 내

18) 이러한 예로, 리어왕과 관계에 대해서는 Alexander Welsh(1987)의 글 87면, 그리고 동화적 성격에 관해서는 Lyn Pykett의 글 19면 등 참조.

용은 그 감상성 또는 진부성의 표면 아래 빅토리아 시대의 가부장적 이데올로기와 가치관에 대한 디킨즈의 비판적 상상력과 그 예리한 통찰 또한 섬세하게 담고 있다. 먼저 돔비의 경우, 그는 디킨즈의 작품에서는 예외적으로, 무능하게 딸에게 의지해 살거나 딸을 이용하는 아버지가 아니라, 딸을 "언급할 가치가 전혀 없는 존재" 또는 "투자할 수 없는 저질 동전 한 닢 정도"(51)로서 무시하며 강력한 힘과 권위를 행사하는 아버지로 나타난다. 그런데 돔비의 이런 모습은 바로 빅토리아조 가부장의 억압적 권위를 대표하는 모습이다. 한편 플로런스는 전형적인 디킨즈의 여주인공처럼,[19] 순수한 사랑과 자기희생--일견 빅토리아조의 순종적 여성상에 부합하는 듯한 덕목--을 실천하는데, 그녀의 이 덕목은 실제 작품 속에서는 돔비의 강력한 부권(父權) 아래 순조롭게 수용되기보다 오히려 그것을 동요시키고 위협하며 결국 굴복시킨다고까지 할 만한 힘으로 작용하고 있다.

물론 플로런스는 작품 속에서, 가부장의 절대 권위를 행사하는 아버지 돔비에 대하여 반항이나 비판 의식 같은 적극적 태도나 면모를 보여주지 않는다. 오히려 그녀는 돔비의 무정한 냉대와 증오에도 불구하고 무조건적인 순종과 사랑을 한결같이 간직하면서 그의 애정을 얻고자 애쓸 뿐이다. 따라서 두 사람 사이에는 부녀간의 지배와 복종의 문제를 둘러싼 갈등이나 세력다툼이 사실상 벌어질 수가 없다. 실제로 돔비와 플로런스는 남성 지배 이데올로기에 바탕한 빅토리아 시대의 가족 위계질서를 누구보다도 확실하게 실천하고 있는 부녀라고 해도 과언이 아니다. 돔비의 부권은 취크 부인을 비롯한 주변인물들에 의해 절대적인 추종을 받으며, 가업을 잇는 데 무가치한 존재[20]로 아버지에게 외면당하는 플로런스의 딸로서의 지위는 그녀 자신에 의해서조차 추호도 의심되지 않는다. 오히려 플로런스는 그런 아버지를 기꺼이 숭

19) Lynda Zwinger 역시 디킨즈 작품에서 돔비의 예외성과 플로런스의 전형성을 지적하고 있다. 그러나 그녀는 이 작품이 "the only novel in which the heroine's father is also her tormentor"라고 규정하는데, 돔비가 플로런스를 괴롭히고자 직접적 혹은 적극적으로 행동하는 게 없을 뿐더러 사실은 그가 디킨즈 세계에서 딸로 인해 심각한 고민과 갈등을 치르는 유일한 아버지라는 점에서 위의 말은 주객이 뒤바뀌어야 좀 더 옳은 지적이 된다고 할 것이다(Zwinger 420, 422).

20) 돔비는 아들 폴에게 "Girls have nothing to do with Dombey and Son"(197)이라고 말하기도 한다.

배하며 그에게 헌신하고자 할 뿐이다.

그러나 이렇게 고착된 표면적 질서에도 불구하고 돔비와 플로런스의 관계는 그 이면에서 일종의 팽팽한 갈등과 심각한 힘의 대립양상을 전개한다. 왜냐하면 돔비가 아들 폴만을 "유일한 자식"(only child)(312)으로 여기고 플로런스를 "자식 아닌 것"(no issue)(51)으로 치부하지만, 플로런스의 혈연으로서의 존재는 돔비로 하여금 그녀와 어떻게든 마주대하지 않을 수 없게 하기 때문이다. 따라서 돔비에게 애정을 표시하고자 하는 "그녀의 한 가지 집중된 소망"(320)과 항상 아버지를 향하는 그녀의 "떠도는 사랑"(326)은 그의 외면과 거부에도 불구하고, 또 그녀의 의도함이 없이 돔비의 의식을 줄곧 침입하고 교란한다. 즉, 더 이상 나아갈 수 없을 만큼 엄정한 부녀간의 지배질서를 구축하고 있는 돔비의 감춰진 의식 안에서 바로 플로런스로 인하여 그리고 그녀에 대항하여 치열한 세력투쟁이 벌어지게 되는 것이다.

그런데 이것의 근본 동인(動因)은 경제적 번영에 의해 다져지고 강화된 중산계급의 물질주의적 가치관과 이기주의 그리고 지배와 소유욕 등이 당대의 가부장 이데올로기와 결합한 극단적 산물로서 비인간적으로 왜곡되고 강퍅해진 돔비의 자존의식, 즉 오만이다. 돔비의 이 오만은 불필요한 상품으로 이미 치부해버린 딸 플로런스를, 그녀의 순종을 '받아'주지도 증오를 '표현'하지도 않음으로써, 최소한의 관심이나 '가치'의 대상으로 인정하는 것조차 완강하게 거부하고자 하는 오만이다. 따라서 돔비가 벌이는 세력 투쟁의 흥미로운 역설[21)]은 싸울 의사가 없고 대항의 사실도 전혀 모르는 상대를 향해 돔비가 고독한 투쟁을 하고 있을 뿐 아니라 상대방의 무력함과 간절한 굴종의 태도가 돔비에게는 오히려 더욱 대적하기 어려운 힘으로 주어진다는, 말하자면 이디 항복하고자 하는 상대를 '승인'해줌이 도리어 자신의 패배가 되고 마는 싸움을 돔비가 스스로 자초하고 있다는 점이다.

---

21) John Romano는 돔비의 성격 창조 자체에서 다음처럼 역설적 기초를 지적해 내기도 한다: "The paradox is that although Dombey maintains a proud, hyperborean exterior, he is nonetheless a character portrayed throughout almost entirely in terms of his emotions"(Romano 161).

돔비와 플로런스 사이의 이 빗나가고 승산없는 대결은 작품의 첫 부분인 돔비 부인이 죽는 장면에서부터 시작된다. 돔비가 집안의 값진 가구처럼 자신의 부를 장식하는 소유물 정도로밖에 여기지 않던 돔비 부인이 그를 제쳐두고 플로런스만을 가슴에 꼭 껴안은 채 마지막 숨을 거두는 모습은 돔비에게 일종의 충격적 인식을 던져준다. 플로런스와 그의 아내 사이에 맺어져 있는 강렬한 인간적 유대는 죽음이라는 엄숙한 순간의 도움을 얻어 그들에 대한 그의 경멸적인 무관심의 장벽을 뚫고 전혀 뜻밖의 강렬함으로 그의 의식에 지워지지 않는 각인을 새겨놓는 것이다.

> ...그녀와 그녀의 죽어가는 어머니 사이의 그 슬픈 포옹은...그에게 하나의 계시이며 책망이었다. 그가 그토록 높은 기대를 하고 있는 아들에게 그의 마음이 아무리 쏠려 있다 하더라도, 그는 그 임종 장면을 잊을 수 없었다. 그 자리에 자신이 끼어들 부분이 없었다는 것을 그는 잊을 수 없었다. 애정과 진실이라는 그 맑은 심연의 바닥에서 두 사람이 서로의 품에 꼭 안긴 채 있는 동안, 자신은 그들 위의 저편 언덕에 동떨어져, 동참자가 아니라 완전히 거절당한 방관자로서만 내려다보며 서 있었다는 것을.

> ...the sad embrace between her and her dying mother...was at once a revelation and a reproach to him. Let him be absorbed as he would in the Son on whom he built such high hopes, he could not forget that closing scene. He could not forget that he had had no part in it. That, at the bottom of its clear depths of tenderness and truth, lay those two figures clasped in each other's arms, while he stood on the bank above them, looking down a mere spectator--not a sharer with them--quite shut.(83)

말하자면 사회적 성공에 의거하여 유아독존의 확고한 신념과 "인간의 의지를 마음대로 좌우하는 힘"(103)으로 자기 주변세계를 지배해온 돔비에게 한낱 장식물이나 쓸모없는 동전에 다름없이 생각되던 아내와 딸이 사실은 그의 절대적 권력과 존엄을 초월하는 삶의 고결한 가치의 세계, 그가 소유할 수 없고 또 그의 참여를 거부하는 진정한 인간적 깊이를 지닌 경험의 영역에서 살고 있다는 발견이 처음으로 그의 의식의 문턱을 두드리는 것이다. 이것은 순간적이고 그저 어렴풋한 것이지만, 자기 존재에 대한 그의 확신을 위협할 가능성을 지닌 충격적 인식이다. 왜냐하면 여기에서 돔비에게 "깨달음이자 책망"으로 감지되는 것은 곧 그가 이제까지 당연히 신봉하며 추구해온 가치체계와 삶에 대한 모든 태도가 진실한 인간경험과는 거리가 멀 뿐 아니라 오히려 고결한 인간성을 억압하고 말살하는 것으로서 돔비 부인을 죽음에 이르게 한 근본 원인[22]이라는 사실이기 때문이다.

물론 돔비의 오만한 자존심과 이미 굳어버린 독선은 이러한 순간적 각성의 틈입을 그것이 분명한 의식의 표면으로 떠오르기도 전에 즉시 의식의 저편으로 물리치고 오직 그것을 소외당하고 상처받은 데에 대한 원한으로 전환하여 기억해 두고자 할 뿐이다. 그러나 그의 이 경험은 이제 그로 하여금 플로런스에 대해 더 이상 무관심할 수 없게 만든다.

> ...어린 플로런스에 대해 이전의 무관심했던 그의 감정은 야릇한 종류의 거북함으로 변했다. ...자신도 그 성질을 거의 알지 못하는 가슴 속의 어떤 비밀에 대한 단서를 바로 그녀가 쥐고 있는 듯이 그는 느끼게 되었다. 마치 그의 내면에 듣기 싫고 귀에 거슬리는 소리를 내는 하나의 현이 있는데, 그녀가 그것을 직관적으로 알고 있고 그녀의 숨결이 바로 그것을 소리나게 할 수 있을 것처럼.
>
> ... 그녀는 결코 그에게 확실하게 혐오스러운 대상은 아니었었다. 그런데 이제 그녀에 대해 그는 불편한 심기를 갖게 되었다. 그녀는 그의 평온을 어지러뜨렸다. 방법만 알고 있다면 그는 그녀에 대한 생각을 기꺼이 떨쳐버렸을 것이다. 그는 자신이 그녀를 증오하게 될까 두려웠다.

> ...his previous feeling of indifference towards little Florence changed into

22) 나중에 이디쓰에 대한 돔비의 비정한 태도를 보고 플로런스가 하는 다음과 같은 자문은 이 사실을 좀 더 분명히 해주고 있다: "Could it be, she asked herself with starting tears, that her own dear mother had been made unhappy by such treatment, and had pined away and died?"(693)

> an uneasiness of an extraordinary kind. ...he almost felt as if...she held the clue to something secret in his breast, of the nature of which he was hardly informed himself. As if she had an innate knowledge of one jarring and discordant string within him, and her very breath could sound it.
>
> ... She had never been a positively disagreeable object to him. But now he was ill at ease about her. She troubled his peace. He would have preferred to put her idea aside altogether, if he had known how. ...he was afraid that he might come to hate her.(83-84)

플로런스는 그가 억눌러 회피해버린 고통스러운 자기인식의 기억, 감으로만 얼핏 잡히려다 은폐되고 만 진실의 실마리를 끌어당기는 존재이다. 그런데 돔비의 의식으로부터 거부되고 있는 또 하나의 사실은 자신이 받은 적이 없는 아내의 진실한 사랑을 플로런스가 받은 것에 대하여 그가 통렬한 시기심을 느꼈다는 점이다. 거들떠보지도 않던 딸 때문에 자기가 무시되었다는 것 자체가 그의 오만한 자존심을 상하게 하지만, 그보다는 그런 딸에 대해 자신이 시기심을 느낀다는 것이 더욱 그에게는 용납될 수 없는 일이다. 하지만 이 시기심 역시, 그가 지금 모든 기대와 희망을 걸고 있는 아들 폴과의 관계에서도 똑같은 일이 일어날지 모른다는 본능적인 예감이 겹쳐지면서, 그의 내면의식에 '어렴풋하게 도사린 비밀'로서 '혐오스럽게 울릴 심금의 가닥'으로 엮어지고 만다.

따라서 돔비에게 플로런스는 이처럼 두렵고 혐오스러운 자신의 감춰진 진실된 모습을 상기시키며 나아가 그것을 간파하고 있는 듯한 존재로 두려울 수밖에 없다. 그리고 이 두려움이 증오심으로 발전하는 것은 당연한 과정이다. 다만 위에서 아직 그는 자신이 그녀를 미워할까 두려워하고 있는 것으로 진술되는데, 우리는 이제까지 본 그의 심리의 추이로써 그 진정한 동기를 어렵지 않게 파악할 수 있다. 즉 그의 강고한 자존심이 증오라는 관심의 대상으로조차 플로런스를 인정하고 싶지 않게 하는 한편 그녀에 대한 증오가 그 바탕으로서 동반하게 될 분명한 의식의 떠오름, 즉 자신이 딸을 라이벌로 여기고 시기한다는 자기인식과의 더욱 굴욕적인 대면을 그는 두려워하는 것이다. 그가 돔비 부인의 사망 이후 플로런스를 보지 않은 것은 과거와 같은 무관심 때문이 아니라 바로 이 두려움으로 인한 회피 때문이었으며, 아들 폴의 유모 폴리 투들(Polly Toodle)이 폴을 구실로 플로런스를 불러오도록 요구했을 때 갑자기 안색이 변하는 이유도 이러한 억압된 심리적 갈등에 있다.

그러나 이러한 거리낌과 동요에도 불구하고 돔비는 폴리의 제안을 아무 이의 없이 받아들인다. 사실 그는 그럴 수밖에 없다. 플로런스를 거부함으로써 그녀에 대한 두려움과 갈등을 스스로에게 인정하는 것 또한 그의 자존심이 허락하지 않기 때문이다. 결국 그의 선택은 예의 무관심과 냉정함을 유지함으로써 그의 흐트러진 의식을 물리치고 잠재울 수 있으리라는 자기기만에 의존하는 것뿐이다. 물론 당연히 플로런스와의 대면은 그가 회피하고 부정하려던 시기와 증오의 의식과 그로 인해 꺾인 자존심의 상처를 확실하게 그의 마음에 각인하는 결과만을 가져온다. 더욱이 그가 홀로 소유하고 독점하고자 하는 아들 폴이 그녀를 필요로 하고 또 마침내 그녀에게 애정을 쏟는다는 사실은 돔비에게 더더욱 "광적인 질투"와 "위축된 자존심"(328)이라는 내적 쓰라림을 겪게 한다. 돔비가 치르는 투쟁의 승산 없는 성격은 바로 이러한 아이러니만을 낳는 궁지의 연속에 있다.

이제 돔비가 벌이는 것은 그의 마음속에 깊이 뿌리를 내리고 나날이 커져가는 플로런스에 대한 시기와 증오를 상대로 하는 싸움이다. 플로런스가 순수하고 다정한 심성으로 폴의 사랑을 차지함으로써 그가 지닌 가장으로서의 절대적 권력과 지위를 무력화시키는 것을 본 그는 이미 상처받은 "자존심을 쥐어 비트는 고통"(214)을 더욱 크게 느끼면서 그만큼 더 플로런스를 시기하고 증오하게 된다. 그러나 그의 이러한 마음은 겉으로 드러날 수 없는 것이다. 우선 객관적으로 플로런스의 행동거지가 탓할 구실을 보이기는커녕 순종의 모범이나 다름없을 뿐 아니라, 가부장질서의 우두머리로서 위엄과 체면의 허위의식에 젖은 그는 직접적이거나 노골적인 감정표현에 자신을 굴복시키지 않음으로써 허울뿐이지만 아직 견고하게 버티고 있는 자존심의 벽을 끝까지 최대한 지켜보려고 하기 때문이다. 따라서 돔비에게 남은 대처의 수단은 플로런스의 순진무구함에 의해 매순간 그의 오만이 패배당하는 것을 속수무책으로 바라보면서 그의 마음을 쥐어뜯는 시기와 증오가 겉으로 표출되지 않도록 완강한 의지로써 안간힘을 기울이는 것일 뿐이다. 즉 로마노(Romano)의 말대로 "우리는 그것들을 억제하고 은폐하는 일에 강박관념적으로 사로잡혀 있는 돔비를 도처에서 보게 되는 것이다"(We see him everywhere obsessed with their suppression and concealment)(Romano 161). 그가 자신에게 허용할 수 있는 최대한의 심정표출은 단지 냉정한 태도로 플로런스를 무시하고 외면하는 소극적 방식에 불과하다.

사실 작품 속에서 돔비의 이러한 심리적 갈등은 작가인 디킨즈에 의해서도 주의 깊은 억제와 압축으로 전달되고 있다. 예컨대 앞에서 언급한 돔비 부인이 사망하는 장면에서 돔비가 받은 충격은 시일이 한참 지난 후 플로런스를 불러달라는 폴리의 요청을 받는 순간에야 언급되며, 이때도 그의 플로런스에 대한 미묘한 갈등이 그녀와 실제 대면하였을 때 발전되는 구체적--물론 위에서 본 것처럼 우리가 충분히 알아챌 수 있는--내용을 디킨즈는 전혀 묘사하지 않고 있다. 또한 돔비에게 가장 통렬한 패배감과 시기심을 느끼게 했을 장면, 즉 플로런스가 폴을 안고 노래해주면서 계단을 올라가는 모습을 그가 몰래 바라보는 장면도 다음과 같이 심리묘사의 절제를 통하여 더욱 큰 극적 효과로 전달되고 있다.

> 그녀는 그를 팔에 안고서 커다랗고 넓고 텅빈 계단을 힘들게 올라가고 있었다. 한쪽 팔을 그녀 목에 아무렇게나 감은 채로 그의 머리가 그녀의 어깨 위에 늘어뜨

려져 있었다. 그렇게 그들은 천천히 올라갔다. 그동안 그녀가 내내 노래를 해주고 폴이 이따끔 가느다랗게 따라 흥얼거리면서. 돔비씨는 그들의 뒤를 바라보고 있었다. 그들이--도중에 잠깐 멈춰 쉬기도 하면서--계단 끝에 다다르고 곧 보이지 않게 될 때까지. 그 때에도 그는 계속 위를 올려다보면서 한참동안 서 있은 다음에야 비로소 어슴프레한 밤하늘을 우울하게 비추고 있는 흐릿한 달빛을 받으면서 그의 방으로 돌아갔다.

She was toiling up the great, wide, vacant staircase, with him in her arms; his head was lying on her shoulder, one of his arms thrown negligently round her neck. So they went, toiling up; she singing all the way, and Paul somtimes crooning out a feeble accompanyment. Mr Dombey looked after them until they reached the top of the staircase--not without halting to rest by the way--and passed out of his sight; and then he still stood gazing upwards, until the dull rays of the moon, glimmering in a melancholy manner through the dim skylight, sent him back to his room.(155)

물론 이렇게 작가가 표현을 억제하는 것은 바로 돔비 자신이 권위와 무관심의 표면 아래 그의 증오를 억눌러놓는 것에 상응하는 서술기법이지만 이는 결국 돔비의 증오가 그럴수록 더욱 안으로 사무쳐 들어감을 달리 보여주는 수단이기도 하다. 돔비의 이 사무친 반감은 특히, 플로런스에게 철모르는 애착을 갖지만 자라나면서 결국은 자신과 '돔비 부자'라는 섭리적 일체로 맺어지리라고 믿었던 아들 폴이 허망하게 죽어버림으로써 그 절정의 한 순간을 맞는다. 플로런스의 존재는 이제 폴 대신 그녀가 죽어 없어지지 않은 것을 통탄해(356) 할 만큼 그의 의식을 따라다니면서 '광적인 질투'와 '위축된 자존심' 그리고 패배의 쓰라림을 통렬하게 만든다. 이때에도 그의 이러한 증오심은 폴의 사망 직후 그가 자기 방에 칩거할 때가 아니라 충격에서 벗어나고자 백스톡 소령(Major Bagstock)을 동반하여 리밍튼(Leamington)으로 기차를 타고 갈 때서야 비로소 복잡한 상념을 통하여 부분적이지만 직접적으로 묘사된다.

그러나 이에 앞서 우리에게 그리고 플로런스에게 일순간 자기의 뒤틀린 심리를 돔비가 교묘하지만 극명하게 드러내는 한 장면이 있다. 그것은 플로런스가 폴을 잃은 데 대한 돔비의 슬픔을 위로해주고 싶은 간절한 욕망에 사로잡혀 밤마다 몰래 돔비의 방문 앞에 웅크리고 있던 어느 날 밤 우연히 열려진 문을 보고 혹시나 하는 마음으로 들어가 돔비에게 말을 건넸던 때이다. 돔비의 상심한 모습을 본 순간 이제까지의 그 모든 두려움도 잊은 채 플로런스는 "아빠 아빠 나한테 말하세요, 사랑하는 아빠!"(328) 하고 외친다. 그러나 플로런스의 이 호소에 그는 곧 여느 때와 같이 냉정하고 엄한 태도로 무슨 일이냐고 물어볼 뿐, 그녀를 본 순간 그에게 휘몰아쳤을 "그의 성공적인 경쟁자"(328)에 대한 격정의 내색을 하지 않는다. 이어 그는 플로런스가 왜 그에게 왔는지를 직감적으로 알면서도 그녀가 꿈을 꾸고 있다는 말과 함께 돌아가라고 문 밖으로 그녀를 이끌고 간다. 그리고는 다음과 같이 덧붙인다.

> '내 여기 서서 네가 계단을 올라가도록 불을 비춰주겠다. **저 위 집 전체는 다 네 것이다.**' 그녀의 아버지는 천천히 말했다. **'네가 이제 그 주인이야.** 잘 자거라!'
>
> 'I will remain here to light you up the stairs. **The whole house is yours above there,**' said her father, **slowly**. **'You are its mistress now**. Good-night!'(329)(필자 강조)

그의 기만적인 자존심은 그가 증오심 때문에 아버지로서의 형식적인 배려를 이행하지 않는 것까지 허락하지는 않는다. 비록 그의 증오가 깊숙히 서려 있는 냉정한 태도이지만, 그래서 겨우 자기 방문 밖까지만 플로런스를 바래줄 뿐이지만, 그는 그녀가 올라가도록 불을 밝혀주는 '친절'을 잊지 않는다. 그러나 이처럼 강요된 자제에 의해 분출되지 못한 증오는 돔비의 내면에 일순간 뒤틀린 악의와 비꼬인 심사를 형성하게 되고, 결국 억제된 형태로나마 그의 마지막 덧붙이는 말로 표현되고 만다. 그가 플로런스를 승리자로서, 즉 '가장'(master)인 자기를 정복하여 '이제' 새로운 '가장'(mistress)이 된 존재인 듯이 지칭하는 것은 곧 순수성과 무력함을 가장하여 감춰진 힘으로 그에 맞서 싸워온 '의식적' 상대로서 그녀를 자기 나름대로 규정하여 부르는 것이다.

물론 플로런스가 전혀 그렇지 않다는 것은 그도 너무 잘 알고 있다. 그러나 그녀의 이 무의식을 짐짓 부인해 봄으로써 그는 자신의 공허하고 일방적인 투쟁과 패배에 실체성을 부여하는 한편 플로런스가 감추고 있다고 그가 스스로 믿어 보는 정체를 폭로하여 조롱하는 허구적 보상과 만족을 얻고 있는 것이다. 그리고 플로런스가 이제 집안의 주인이라는 선언의 아이러니는 바로 돔비의 그녀에 대한 증오와 악의 섞인 감정을 강렬하게 압축하여 드러내고 있는 것이기도 하다. 또한 여기에는 돔비 자신을 향한 통렬한 자조 역시 그 심리적 바탕을 이루고 있다. 돔비의 말이 지닌 이 모든 의미는 물론 플로런스에게 이해되기 위한 것이기보다는 오히려 그녀가 그 진의를 알아채지 못하도록 간단하고 돌연하게 던져진 두 문장으로 압축되어 있다. 사실 플로런스가 이해 못하는 것이 돔비가 이렇게라도 자신의 억누른 심리를 드러내게 하는 한 배경인 셈이기도 하다. 요컨대 돔비는 그가 이제까지 플로런스를 상대로 벌여온 싸움에서 자신이 참담한 패배를 당했다는 굴욕감과 그에 대한 분노를, 아무것도 모르는 플로런스에게 악의적이고 기만적인 아이러니를 던짐으로써, 교묘하게 해소하고 있는 것이다.

플로런스에 대한 돔비의 내면적 투쟁과 패배는 이디쓰와의 관계를 통하여 새롭게 재연되면서 결정적 국면으로 진전된다. 돔비가 이디쓰를 만나는 때부터 작품의 주된 초점이 플로런스와 돔비의 갈등보다는 이디쓰와 돔비의 투쟁적 관계에 주어지고 돔비 자신도 오만한 이디쓰를 굴복시키는 일을 당면한 관심사로 여기게 되지만, 플로런스는 여전히 돔비의 이디쓰와의 관계에서도 불가항력적 영향력으로 개입하여 들어오고 만다. 결혼식을 앞둔 시기에 이미, 이디쓰와 만나자마자 친밀한 관계를 맺음으로써 플로런스는 "그의 길을 가로막았고 또다시 그릴지도 모를 경쟁자"로서 돔비의 온 생각을 다시 사로잡는다(510).

그러나 돔비가 플로런스에게 또 한 번 패배하고 그로 인해 절실한 증오를 확인하게 되는 것은 자신의 권위와 지배 아래 당연히 굴종하리라 믿었던 이디쓰로부터 뜻밖의 반항을 받았을 때이다. 그의 자존심과 위대성에 새롭게 사무치는 상처를 입힌 이디쓰의 반기는 돔비로 하여금 "항상 오만하고 강력하면서도 그가 가장 강력해야 할 지점에서 항상 굴욕당하고 무력하게 되는 것이 그의 운명인 듯 보였다"(648)는 인식을 갖게 하는데, 이것은 곧이어 다음과 같은 통한의 질문을 던지게 한다.

> 누구였는가? 그의 아들을 끌어당겼듯이 그의 아내를 끌어당길 수 있었던 것이 누구였는가? 그가 어두운 구석에 앉아 있을 때, 그 새롭게 얻은 승리를 그에게 드러내보였던 게 누구였는가? 그가 최대한의 수단을 부려서도 이룰 수 없는 것을 최소한의 말로 성취할 수 있었던 게 누구였는가? 그의 사랑, 배려, 관심 등의 도움을 전혀 받지 않고서도 그런 도움을 받은 사람들이 죽어 없어질 때 오히려 튼튼히 자라 아름다운 모습을 하고 있는 게 누구란 말인가? 그가 증오하게 될까봐 두려워하면서 어머니 없는 어린 모습을 불편한 심기로 건네보곤 했던 그 아이, 결국 그의 가슴으로 정말 증오하게 되어 그 예감이 실현되어버린, 바로 그 아이가 아니고 누구일 수 있단 말인가?
>
> Who? Who was it who could win his wife as she had won his boy? Who was it who had shown him that new victory, as he sat in the dark corner? Who was it whose least word did what his utmost means could not? Who was it who, unaided by his love, regard or notice, thrived and grew beautiful when those so aided died? Who could it be, but the same child at whom he had often glanced uneasily in her motherless infancy, with a kind of dread, lest he might come to hate her; and of whom his foreboding was fulfilled, for he DID hate her in his heart?(648)

이에 덧붙여 돔비는 의도적으로 "그녀[플로런스]가 매사 도처에서 그를 거슬러 왔으며 이제 그에 반항하여 [이디쓰와] 한통속이 되었다"(649)는 결론으로 그의 증오를 더욱 뒷받침하기도 한다. 이런 그에게 플로런스의 미모조차 "패역무도한 승리"(unnatural triumph)로서 그를 모욕하는 것으로 여겨진다(649). 돔비의 이러한 의식은 이제 더 이상 그가 플로런스를 향한 증오에 대하여 자신을 기만할 수 없는 상태에 이르러 있음을 의미한다. 그리고 이는 곧 어떤 계기만 주어지면 언제라도 터질 만큼 그의 내면에 그동안 억눌러놓은 악감이 쌓였다는 것이기도 하다.

하지만 그에게는 당장 노골적으로 거역하고 나오는 이디쓰를 꺾어놓는 일이 긴급하고 또 플로런스의 절대적인 순종은 여전히 흠잡아 상대할 무슨 뚜렷한 구실을 그녀로부터 발견하는 것을 불가능하게 만든다. 따라서 그는 우선 강경하고 적극적으로 그리고 비열한 방식을 써가면서까지 이디쓰를 굴복시키고자 하는 데 모든 생각과 힘을 쏟을 수밖에 없다. 여기에는 바로 플로런스에게 분출할 수 없는 증오가 가시적 상대인 이디쓰에 대한 공격으로 전이(轉移), 집중되어 가해지는 심리적 역학이 작용하기도 한다. 물론 그럴수록 그에게 돌아오는 것은 오직, 이디쓰와 마지막 격렬한 담판을 벌이던 때처럼, "그가 무력할 뿐인 곳에서 강력하고 그가 아무것도 아닌 지점에서 오히려 모든 것을 의미하는 존재"(748)로서의 플로런스의 승리를 뼈저리게 확인하는 것일 뿐이다.

그러나 이러한 쓰라린 인식이 아물기도 전에 이디쓰가 카커와 함께 달아났다는 소식은 마침내 돔비의 억제된 감정의 폭발을 일으키고 만다. 그로서는 전혀 예기치 못한 이디쓰의 무모한 반란행위에 격분한 상황에서, 연민에 넘쳐 그를 부르며 달려오는 플로런스를 보는 순간 그는 그녀를 후려치면서 너도 이디쓰의 패륜을 따르라는 저주를 퍼붓는 것이다. 돔비의 이 악의에 찬 가격(加擊)은 그동안 그 모든 냉대와 외면에도 불구하고 한결같이 간직해오던 플로런스의 헛된 희망을 일거에 산산조각내고, 그 결과 그녀는 이제 "도대체 이 세상에 아버지라는 존재가 없다는 것"(no father upon earth)을 깨닫고 고아가 되어 집을 뛰쳐나가고 만다(757). 그런데 플로런스가 이렇게 쫓겨나는 것은 일단 그녀에게 무참한 좌절의 순간이지만, 동시에 돔비에게도 그가 완강히 저항해온 증오의 저열한 충동에 결국 굴복하고 말았다는 궁극적 패배의 순간을 의미한다. 요컨대 돔비의 플로런스에 대한 긴 투쟁은 그의 패배가 또 한번 확인되면서 그리고 부녀관계의 극렬한 단절이라는 파국을 맞으면서 그 한 종결에 이르는 셈인 것이다.

이디쓰와 카커의 반란이 그 여파로 몰고 온 '돔비 부자 상사'의 파산은 돔비에게 극적인 변화를 일으킨다. 그의 오만과 권세를 받쳐주던 부(富)의 상실은 카커의 말대로 "자기는 위대하다는 의식의 노예"(the slave of his own greatness)(717)였던 돔비로 하여금 통렬한 자기성찰에 이르게 하는 것이다. 그리고 경제적 몰락이라는 충격적 현실과 플로런스의 진정한 가치를 뒤늦게 깨달은 회오가 겹쳐진 한계상황 속에서 그는 자살을 시도하려고까지 하는데, 플로런스의 극적인 귀환으로 용서와 화해가 이루어지면서 돔비는 완전히 개변한 인간으로 다시 태어난다. 돔비의 이 변모는 얼핏 돌연하고 너무 극적인 것이어서 개연성이 없는 듯이 보일 수 있다. 디킨즈가 1867년 판의 서문에서 다음과 같은 말을 끼워 넣고 있는 것도 그러한 비판을 의식하고 이를 불식하려는 의도에서 비롯한다.

> 이 책에서나 실제 삶에서나 돔비씨는 아무런 격렬한 변화도 겪지 않는다. 자신의 부당성에 대한 의식은 항상 그의 내면에 자리잡고 있다. 그것을 억누르면 누를수록 그는 그만큼 더 부당하게 될 수밖에 없다. 내면적 수치감과 외적 상황이 그러한 투쟁을 일주일 혹은 하루만에 종결시킬 수 있을지 모르지만, 그것은 [돔비에게 있어서] 수년동안에 걸친 투쟁이었고, 그가 오래동안 승리를 누리고 나서야 비로소 끝날 수 있는 싸움이다.
>
> Mr Dombey undergoes no violent change, in this book, or in real life. A sense of his injustice is within him, all along. The more he represses it, the more unjust he necessarily is. Internal shame and external circumstances

> may bring the contest to a close in a week, or a day; but, it has been a contest for years, and is only fought out after a long balance of victory.

물론 디킨즈의 이러한 변론에도 불구하고 돔비가 '자신의 부당함'에 대한 억압된 의식과 싸우는 모습이 그의 종국적 변화를 '격렬한' 것으로 보이지 않도록 할 만큼 플롯의 전개과정 속에서 실감 있는 묘사로 설득력 있게 제시되고 있다고 하기는 어렵다. 하지만 디킨즈의 이 주장이 적어도 억지만은 아니라는 근거 또한 어느 정도 분명하게 주어지고 있기도 하다. 그리고 이것은 곧 돔비의 자존심이 플로런스에 대한 증오 이외에도 그의 '도덕의식'을 상대로 하여 보다 근원적이고 드러나지 않은 투쟁을 동시에 벌이고 있다는 사실을 의미한다. 앞에서 보았던 바, 돔비 부인이 플로런스에게 안겨 숨을 거두는 장면을 돔비가 '계시'이자 '책망'으로 느끼는 것은 바로 그러한 사실을 처음부터 일찌감치 압축하여 보여주는 예이다. 폴의 장례식 후 상심에서 벗어나고자 리밍튼에 가는 동안 기차 안에서 그의 상념을 계속 따라다니는 플로런스의 원망과도 같은 간절한 표정으로 인해 그의 심경이 동요되는 것도 역시 그의 보이지 않는 도덕적 갈등을 강하게 암시하고 있다(355-356).

자신의 도덕적 부당성에 대한 돔비의 숨겨진 인식은 플로런스와 다주치거나 그녀를 생각하게 될 때마다, 의식의 표면에서는 자존심에 대항하는 증오심만을 증대시킬 뿐이지만, 그 억눌린 저변에서는 물리치기 힘든 힘으로 치열한 갈등의 과정을 심화시킨다. 그가 이디쓰와 신혼여행에서 돌아온 날 저녁 처음으로 플로런스와 한 방에 단둘이서 남아 있을 때의 장면은 바로 그렇게 깊숙한 데서 진행되어온 투쟁이 극명하게 드러나는 대목이다. 어색함을 감추기 위해 잠깐 방안을 거닐다가 돔비는 한 구석에 가서 의자에 앉아 손수건으로 머리를 덮은 채 자는 척 하는데, 그의 주의와 시선은 온전히 플로런스에게로 쏠리고 만다. 낮에 막 집에 도착하여 플로런스를 맞이하는 순간 이미 "뭔가 이제껏 보였던 것 이상의 관심"과 "일종의 희미한 놀라움"(582) 같은 것을 보인 바 있던 그는 이제, 조용히 기대감에 떨리는 마음으로 바느질을 하고 있는 플로런스를 은밀하게 바라보는 동안, 자신도 모르게 그녀에게 끌리면서 마침내 거의 자신의 오만을 꺾고 그의 진실된 인식과 욕구에 굴복하기에 이른다.

> 가장 완고하고 가혹한 사람의 삶에 있어서도 누그러지는 순간들이 있는 법이다. 비록 그런 사람들은 대개 그들의 비밀을 잘 감추고 있지만. 그가 모르는 사이 성숙한 여자로 변한 그녀의 아름다운 모습이 그의 오만한 삶에 있어서조차 뭔가 그러한 순간들을 이끌어내었는지 모른다. 행복한 가정이 손을 뻗으면 닿을 만큼 가까운 곳에 있었는데--그의 발아래 고개를 숙이고 있는 가정의 정령(精靈)이 있었는데--그가 뻣뻣하고 비뚤어진 오만으로 그것을 무시해버리고 다른 길로 떨어져 나가 길을 잃고 말았다는, 어떤 스치는 생각이 그러한 순간들을 일으켰는지도 모른다. ... 그녀를 바라보면서, 그는 그녀에게 점점 감정을 누그러뜨리게 되었다. 그가 바라보고 있을 때, 그녀는 그가 사랑했던 아이와 겹쳐져서 그가 그 둘을 거의 구분할 수 없을 정도가 되었다. 그녀를 바라보면서, 그는 한순간 보다 맑고 환해진 관점으로 그녀를 보게 되어, 그녀는--어처구니없는 생각인--경쟁자로서가 아니라 그의 가정의 정령으로서 그 아이의 베개 위에 고개를 숙이고 있는 모습으로, 그리고 그가 작은 침대 발치에서 손등에 머리를 떨구고 다시 한 번 앉아 있을 때 마찬가지로 그를 돌보아주는 모습으로 떠올랐다. 그는 그녀에게 말을 걸어 자기에게로 불러오고 싶어졌다. '플로런스야, 이리오렴'이란 말이 그의 입술까지--그 말이 너무 낯설었기 때문에 느리게 그리고 가까스로--올라오고 있었다. 그런데 그 순간 계단에서의 발자국 소리가 그 말들을 눌러버리고 말았다.
>
> There are yielding moments in the lives of the sternest and harshest men, though such men often keep their secret well. The sight of her in her beauty, almost changed into a woman without his knowledge, may have struck out some such moments even in his life of pride. Some passing thought that he had had a happy home within his reach--had had a household spirit bending at his feet--had overlooked it in his stiff-necked sullen arrogance,

and wandered away and lost himself, may have engendered them. ... As he looked, he softened to her, more and more. As he looked, she became blended with the child he had loved, and he could hardly separate the two. As he looked, he saw her for an instant by a clearer and a brighter light, not bending over that child's pillow as his rival--monstrous thought--but as the spirit of his home, and in the action tending himself no less, as he sat once more with his bowed-down head upon his hand at the foot of the little bed. He felt inclined to speak to her, and call her to him. The words 'Florence, come here!' were rising to his lips--but slowly and with difficulty, they were so very strange--when they were checked and stifled by a footstep on the stair.(586-587)

그러나 이디쓰의 공교로운 등장과 더불어 그녀가 플로런스에게 보이는 애정어린 모습은 단숨에 형세를 뒤집어버리고 만다. 즉 도덕적 각성에 몰려 거의 패색이 짙던 그의 자존심이 자신에게와는 전혀 다른 태도의 이디쓰로 인해 새로운 상처와 자극을 받으면서 순식간에 불붙은 힘으로 돔비를 압도하게 되고 깨달음의 자리에는 곧 시기와 증오만이 가득 차는 것이다.[23] 그리고 이렇게 그의 내면에 일시적으로나마 강렬한 의식적 힘으로 떠오르던 자기인식과 "그의 전 생애를 통하여 거부해 온 것에 대한 희미한 갈망"(649)은 이디쓰와의 투쟁이 격화되는 과정에서 결국 힘없이 잠재워지는 한편, 그 반대급부로 배가된 증오심만이 그의 의식을 괴롭힐 뿐이다.

이 모든 것에 있어서 일깨워진 느낌의 나직한 울림들이 그의 가슴 속에 있었을지도 모른다.... 그러나 그는 오만의 바다를 밀어붙여 그 멀리 들리는 우레 소리를 잠재워버렸다. 그는 오만 외에 어떤 것도 용납하지 않고자 했다. 그리고 모순 덩어리

23) 물론 "돔비의 얼굴을 덮는 어두운 기색"(a darkness gathered on his face)(588)이 암시하는 바, 이때 그를 사로잡는 것은 상처받은 자존심과 시기와 증오만이 아니라 소외와 갈망 등도 함께 뒤섞인 복잡한 심경이라고 할 것이다. 한편 이 장면에서도 디킨즈는 돔비의 심리묘사를 하지 않음으로써 자연스러운 극적 효과를 훌륭하게 올리고 있다.

인 오만과 비참과 스스로 가한 고뇌 가운데서 그는 그녀[플로런스]를 증오했다.

> It may have been that in all this there were mutterings of an awakened feeling in his breast.... But he silenced the distant thunder with the rolling of his sea of pride. He would bear nothing but his pride. And in his pride, a heap of inconsistency, and misery, and self-inflicted torment, he hated her. (649)

사실 돔비의 이 자존심은 그가 나중에 홀로 남아 자신의 과오와 플로런스의 사랑을 깨닫는 순간까지도 완전히 굴복하지 않는 강고함을 보인다. "몰락해서도 그는 아직 오만하여...옆방에서 그녀의 음성을 들을 수 있었을지라도 그녀에게 가지 않았을 것"(936)이기 때문이다. 물론 이 마지막까지 버티고 있는 자존심은 오히려 용서를 빌며 나타나는 플로런스와 상면하는 순간 일거에 허물어지고 만다. 어쨌든 돔비의 오만이 벌이는 도덕의식과의 투쟁은, 위와 같이 은밀하게 진행되고 또 은근히 드러나는 과정을 통해, 아내와 부하에게 보복을 받고 파산까지 당하여 삶의 모든 것에서 실패한 그가 플로런스의 사랑을 깨달으면서 궁극적으로 맞이하는 극적인 변모가 어느 정도의 개연성을 띠도록 미리 준비해주고 있는 것이다.

4

이렇게 하여 디킨즈의 작품에서 가부장으로서 유달리 억압적이고 절대적인 권력과 지위를 지녔던 돔비는 디킨즈의 전형적인 딸이라 할 수 있는 플로런스의 순종과 사랑의 힘에 의해 그의 오만이 정복됨으로써 광기와 자살로부터 구원되고 도덕적 재생을 얻는다. 그러나 비록 정신적 구원을 받기는 하지만 돔비는 그 댓가로 그의 경제적, 사회적 권력과 지위를 모두 상실하고 영락한 실패자가 된다. 심지어 그는 육체적 정신적으로도 사실상 폐인이나 다름없는 존재로서 아들처럼 플로런스의 보살핌을 받아야 하는 처지이다. 말하자면 돔비와 플로런스 역시 종국에 가서는 디킨즈 소설의 특징적 부녀관계인 전도된 위계질서에 도달하고 있는 셈이다.

그런데 비평가 쯔빙거(Lynda Zwinger)는 플로런스의 귀환 장면을 전통적 고백 형식에 대조해 보면서, 용서를 해주어야 할 플로런스가 오히려 엎드려 간절히 용서를 비는 한편 돔비는 플로런스에게는 아무런 말을 하지 않고 보다 높은 권위자인 신에게 용서를 구하는 고백 형식을 통해, 결국 깨어졌던 본래의 가정 위계질서가 회복된다고 주장한다(Zwinger 437-9 참조). 그러나 일견 설득력이 있는 듯한 쯔빙거의 이 해석은 이 장면이 지닌 극적 형식만을 염두에 두고 지나치게 도식적인 의미만을 끌어낸 것이다. 플로런스의 고백이 표면상 기존의 가부장 질서체제에 무조건적으로 순종하여 들어감을 의미하는 셈이긴 하지만, 사실은 이 무조건적인 순종의 선언이 바로 돔비를 굴복시키는 결정타이다. 또한 플로런스가 먼저 용서를 빌고 나섬으로써 돔비에게는 능동적 고백을 통해 한 가닥 도덕적 면목이나마 세울 수 있는 여지조차 선점당하는 완전한 패배만이 남겨지는 것이며, 결국 그가 할 수 있는 행위는 오직 신에게 용서를 구하는 한마디 말뿐인 것이다. 따라서 변화된 존재이긴 하지만, 새롭게 삶을 추구하는 건강한 모습이 아니라 플로런스에게 의지하여 돌봄을 받으면서 사는 돔비의 초라하고 무기력한 모습은 이와 같은 사실의 필연적인 귀결이라 할 수 있다.

한편 돔비의 이러한 굴복과 패배를 두고 평자들은 종종 그에 대한 동정에서 비롯된 거부감을 표시하면서 플로런스가 병적일 정도로 집요한 사랑의 제물로 그를 희생시킨다고 비판하기도 한다. 예컨대 다이슨(A. E. Dyson)은 돔비가 "요구가 많은 여성"(demanding females)인 플로런스와 이디쓰에게 불행하게 희생당한 아버지요 남편이라고 말하며(Dyson 123-34) 씰비에 모너드(Sylvere Monod)는 플로런스가 "정감적 협박"(sentimental blackmail)을 돔비에게 가한다고 주장한다(Monod 265).[24] 니나 아우어바흐(Nina Auerbach)의 경우는 돔비의 오만과 권위가 "생명력을 공공연하게 고갈시키는"(overtly life-withering) 데 반해 플로런스의 집착적인 사랑은 "은밀하게 치명적인"(secretly lethal) 것으로 심지어 흡혈귀와도 같다고 비유한다(Auerbach 101-2). 물론 돔비의 사랑을 받고자 하는 플로런스의 굶주린 갈망이 그녀의 자기 부정적 태도에도 불구하고 때로는--몰래 돔비의 방문 앞에 밤마다 웅크려 있는 행동처럼--지나치게 보이기도 하는 동시에 돔비의 의식을 계속 따라다니면서 마침내 그를 굴복시키는 힘으로 작용하기도 한다. 또 그녀가 의도하지는 않지만 그녀의 애정이 결과적으로 돔비에게 향할 수 있었을 돔비 부인, 폴 그리고 이디쓰의 애정을 남김없이 가로채기도 한다. 따라서 이런 점으로부터 위와 같은 비판의 단서가 혹 찾아질지 모른다.

그러나 이러한 관점의 색다른 이동은 작품의 전체를 통하여 전개되면서 드러나는 돔비와 플로런스의 관계의 실상과 그 의미를 고의적으로 무시하고 평자 개인의 구미에 맞춰 부분적 사항들을 왜곡한 것 이상으로 보기 힘들다. 돔비의 몰락과 플로런스의 승리, 즉 돔비와 아들이 "결국 딸"(a daughter...after all)(941)이 되고 마는[25] 관계의 귀추는 요컨대 빅토리아조 "사회의 한 축도"(an epitome of the society)(Romano 143)로서 중산계급의 가부장적 가치체제를 극단적으로 대변하는 돔비의 사회적 성격을 염두에 둘 때에만 그 의미가 올바로 파악될 수 있다. 즉 『돔비 부자』는 물질적 부와 권력에 바탕한 독선과 자기중심, 그리고 가부장적 남성지배 이데올로기에 사로잡힌 채 삶의 모든 것을 소유와 지배의 대상으로 보며 시장가치에 따라 처분하는 돔비가 모든 것에서 패배를 자초하고 몰락하는 한편, 쓸모없는 '화폐'로 거부당하

24) 이밖에 Julian Moynahan도 돔비를 옹호하는 입장(Moynahan 121-131)이며, Roth H. Dabney와 Zwinger 등은 플로런스를 비판하지는 않으나 돔비에게 공감할 수 있다는 점을 지적한다. Dabney의 글 64면과 Zwinger의 글 430면 각각 참조.

25) Miss Tox는 이와 거의 똑같은 말을 298면에서도 이미 한 바 있다.

고 내버려진 플로런스가 진정한 인간적 가치의 실천을 통하여 그를 구원하고 새로운 '돔비 부자 상사'를 일으키는 원천이 되는(974) 이야기이다. 그런데 이러한 이야기는 바로 돔비가 상징하는 당대 사회의 타락하고 억압적 문화체제와 질서가 전혀 새로운 가치체계의 창조와 수긍을 통하여 근원적 전환과 재생이 절실하게 요구된다는 디킨즈의 상상적 통찰을 진지하게 구현하고 있다. 따라서 플로런스와 돔비가 보이는 갈등과 그 관계의 재편은 앞서 언급한 평자들처럼 감상적 병리현상으로 식상한 듯이 물리칠 것도 아니요, 부녀관계에 대한 당대의 가부장제 이데올로기적 전형의 또 다른 변형을 보여주는 것과도 거리가 멀다고 하지 않을 수 없다. 오히려 그들의 이야기는 『돔비 부자』를 디킨즈의 상상력이 창조한 "시대를 위한 우화"(a fable for its time)(Adrian 107)로 만드는 강력한 근거가 된다고 해야 할 것이다.

2. 돔비 부인의 항거

1

빅토리아조 삶에 대한 창조적 통찰과 예술적 형상화를 누구보다도 탁월하게 이룬 리얼리스트 작가로서 확고한 문학사적 지위에도 불구하고 디킨즈(Dickens)는 궁극적으로 빅토리아조의 남성 작가로서 당대의 남성지배적 가치관과 태도를 온전히 뛰어넘지 못했다는 한계를 지닌다. 그 한 예로 그의 소설에서 여성을 중심으로 한 화목한 가정이나 성스러운 처소로서의 가정의 이상에 대한 찬미가 쉽게 발견되는데, 이는 곧 지배자인 남성이 험난한 외부세상으로부터 돌아와 착하고 순종적인 아내로부터 안식과 정화를 얻는 성소로서의 가정에 대한 빅토리아 시대의 가부장제적 이상을 전형적으로 구현하고 있는 것이라 할 수 있다. 또한 디킨즈의 작품에는 가정을 떠나 사회적 활동을 하는 여성이나 성질 드센 여성에 대한 풍자가 심심찮게 나타나곤 하는데, 이러한 사실들로부터 디킨즈는 빅토리아조 지배계급의 남성 중심적 가정이데올로기를 적극적으로 받든 작가라는 혐의까지도 모면하기가 그리 쉽지 않은 듯이 보인다.

그러나 디킨즈의 작품이 단순히 당대의 가부장적 성이데올로기에 봉사하는 사례들만 보여주고 있는 것은 아니다. 디킨즈 작품의 구체적 내용을 보면 우리는 오히려 남성중심적 가치관이나 지배질서에 포용되지 않거나 상치되는 요소들을 자주 발견하게 된다. 가령 그의 작품이 행복한 결혼으로 끝나곤 하는 사실에도 불구하고 그가 묘사하는 결혼생활이나 남녀관계의 실제에 있어서는 남성 중심의 위계질서나 조화의 내용보다는 오히려 남녀가 서로 갈등하고 대립하거나 아니면 남녀간의 주도권이 역전된 양상을 띠는 경우가 비일비재하다. 물론 이러한 남녀관계의 파행성이 표면적으로 남성상위의 원칙에 근거한 조화로운 남녀관계의 질서를 역으로 부각시키기 위한 증거로서 기능하기도 하지만, 이러한 표면적 의미는 디킨즈의 남녀관계 창조가 구현하고 있는 비판적 진실성에 의해 거의 압도된다. 즉 남성중심의 빅토리아조 가정이데올로기의 문화적 이상은 디킨즈의 작품에서 지지되거나 대변되기보다는 의심받고 폭로되며 해체당하는 측면이 더 많은 것이다.

요컨대 디킨즈의 소설 속에서 우리가 빅토리아조 작가로서 디킨즈가 어쩔 수 없이 지니는 가부장제적 관점의 흔적을 발견하게 되는 것은 분명하지만, 다른 한편으로 그의 소설들은 디킨즈의 상상력이 오히려 그러한 이데올로기적 한계를 넘나들면서 당대의 가부장제적 현실이 지닌 모순과 병폐에 대한 창조적 통찰을 하고 있는 모습 또한 강력하게 보여주고 있다. 이러한 사실은 바로 디킨즈의 여성 인물들이 남성 상대들과 형성하는 여러 유형의 세력관계에 대한 고찰을 통해 분명하게 확인될 수 있는데, 이 글에서는 그 대표적인 경우로 남성의 억압적 권력에 도전하는 여성들에 대한 디킨즈의 묘사를『돔비 부자』(*Dombey and Son*)의 이디쓰 그레인저(Edith Granger)를 중심으로 살펴보고자 한다.

2

남성의 지배와 권력에 분노하고 대항하는 여성들에 대한 묘사는 디킨즈가 창조하는 남녀관계에서 빅토리아조시대의 가부장제도에 대한 그의 비판적 상상력이 가장 강력하게 구현되고 있는 부분이다. 이러한 여성들에 대한 디킨즈의 상상적 관심은 그의 소설세계를 통하여 점차 강력하고 심화되는 형태로 나타나고 있다. 디킨즈의 초기 작품에서 여성은 간혹 묘사되는 남성의 잔인한 학대와 폭력에 대하여 거의 아무런 대책이나 항거의 능력이 없이 당하고 있기만 하는 모습으로 그려지곤 한다. 가령 디킨즈의 첫 장편소설인 『피퀵 보고서』(*The Pickwick Papers*)의 삽입된 이야기들은 남성에 의해 희생당하는 여성들의 모습을 단편적이지만 다양하게 보여주고 있으며, 이러한 여성상은 이후 『올리버 트위스트』(*Oliver Twist*)의 낸시(Nancy), 『골동품 가게』(*The Old Curiosity Shop*)의 퀼프 부인(Mrs Quilp), 그리고 『마틴 처즐윗』(*Martin Chuzzlewit*)의 머시 펙스니프(Mercy Pecksniff)를 통해 보다 구체적으로 묘사되고 있다. 그러나 후기 소설에 오면 디킨즈는 『리틀 도릿』(*Little Dorrit*)의 미쓰 웨이드(Miss Wade)나 『위대한 유산』(*Great Expectations*)에서의 미쓰 해비셤(Miss Havisham) 등처럼, 무기력한 희생자로 남아 있기를 거부하고 억압된 감정과 에너지를 자기 목소리에 담아 터뜨리며 나아가 분노의 행동을 취하기까지 하는 여성의 모습을 빈번히 묘사한다.

말하자면 초기의 디킨즈가 묘사하는 남녀관계에서 여성은 부당한 지배권을 행사하는 남성에 대하여 아무런 반항적 행동을 하지 않은 채 희생자로서만 남아 있을 뿐이며 오직 작가만이 도덕적 응징을 가하고 있지만, 후기로 가면 남성에게 억압당하고 희생당하는 여성들이 직접 남성의 권위와 지배에 대항하여 일어서거나 복수를 시도하기까지 함으로써 전래의 남성지배질서를 위협하고 있는 것이다. 물론 이렇게 부각되는 여성의 반란은 대체로 뒤틀린 증오나 파괴적 세력을 동반하고 있는 것으로 그려진다는 점에서 디킨즈에 의해 전적으로 긍정되지는 않는 것으로 나타난다. 하지만 디킨즈의 의식 표면에 자리잡은 부정적 관점에도 불구하고 이러한 여성들의 이야기는 독자의 공감을 완전히 잃지 않도록 형상화되고 있다. 오히려 이들의 창조는 당대 사회의 가부장제 질서가 지닌 모순적 실상과 부당성을 디킨즈의 상상력이 깊이 통찰하고 있다는 증거로서 궁극적 의미가 부여될 수 있는 것이기도 하다.

그런데 디킨즈의 작품세계를 통해 여성이 이처럼 무기력한 희생자의 이미지로부터 반항하고 복수하는 존재의 이미지로 변화해가는 과정에서 일종의 획기적 전환점을 마련하고 있는 인물은 바로 『돔비 부자』의 이디쓰 그레인저이다. 이디쓰는 "복잡한 성격의 여성을 창조하는 디킨즈의 첫 시도"(Yelin 310)라고 할 인물로서 여성에 대하여 진지하고 깊어진 디킨즈의 작가적 인식을 보이는 결정적 증거이다. 그녀의 이용 당하는 삶, 억눌린 채 끓어오르는 정열과 에너지, 분명한 자기인식과 의지 그리고 굴복을 강요하는 남성의 힘에 대항하고 복수까지 하는 행동 등은 그때까지 디킨즈의 여주인공들에게서 전혀 볼 수 없었던 새로운 모습이다. 그리고 이것은 곧 여성을 남성과 마찬가지로 독립된 인격을 지닌 '타자적 존재'(otherness)로 대면하고 이해하려는 디킨즈의 "공감적 상상력을 향한 첫걸음"(Garis 242)이라고 할 수 있다.

게다가 이디쓰가 작품에서 차지하는 주제적 비중은 디킨즈의 혁신적 여주인공으로서 이디쓰의 의미를 더욱 강화해주고 있다. 돔비가 대변하는 빅토리아조의 상업자본주의 가치체제와 남성지배 질서의 희생자이자 동시에 도전자로 형상화된 그녀의 성격은 『돔비 부자』를 관통하는 사회비판의 주제와 도덕률에 있어서 돔비나 플로런스(Florence)보다도 오히려 핵심적인 역할을 하고 있다. 이디쓰의 등장은 작품의 전반부를 통하여 돔비가 플로런스와 폴(Paul)과 맺는 관계를 중심으로 전개되는 다소 소극적인 이야기의 흐름에 극적 갈등과 긴장을 새롭게 부과하는 한편, 사회적 함의에 있어서도 그 복잡성과 진실성을 강화하며 첨예화한다. 특히 돔비와의 알력이 진행되는 과정에서 표출되는 그녀의 적극적 반응과 항거는 이제껏 플로런스에 의한 무저항적 걸림돌 외에는 도전받은 적이 없던 돔비의 사고와 행동에 최초의 시련을 가하면서 그 부당성과 모순, 맹점과 허위성, 나아가 파렴치한 본성까지 폭로한다. 그리고 종국적으로 그녀의 항거는 돔비주의의 붕괴를 가져오는 결정적 계기가 되는데, 이 모든 역할들을 통해 이디쓰는 작품의 도덕적 관점을 부각시키는 중심축으로 작용하는 것이다. 즉 이디쓰는 디킨즈 작품세계에서 가부장 체제의 남성 지배권력에 정면으로 대항하여 그 억압적 질서를 깨뜨리고 나서는 선구적 여성인 동시에 작품의 주제를 구현함에 있어서 핵심적 주체가 되는 주인공의 지위까지 차지하는 셈이다.

물론 이디쓰의 인물창조에 있어서 그 예술적 형상화에 결함이 없는 것은 아니다. 많은 평자들이 지적하듯이 그녀의 행동과 성격 묘사에 두드러지는 극적 요소는 일견 그녀로 하여금 구체적 실감을 일으키기보다는 멜로드라마적 호소에 의지하는 인물로 보이게 한다. 돔비와의 매매결혼 및 그 이후의 갈등 그리고 보복 등으로 이루어지는 그녀의 이야기도 그 자체만을 가지고 볼 때 관습적 도덕에 바탕을 둔 감상적 플롯 구성에 불과하다고 할 수 있다. 그러나 이러한 기법상의 일면적 관점에 근거하여 그녀를 "인조 판지 같은 인물"(a pasteboard creature)(Slater(1983) 261) 혹은 행동에 있어서 전혀 "개연성이 없는"(implausible)(Welsh(1987) 82) 인물로 규정하는 것은 잘못이다. 이러한 오류는 작품의 주제적 구도 속에서 이디쓰가 구현하는 성격의 실체를 올바로 파악하지 못하고 나아가 디킨즈의 형상화 수법을 모순되게 적용하고 있는 데서 비롯되는 것이다. 특히 F. R. 리비스(F. R. Leavis)의 경우 『돔비 부자』에서 디킨즈의 예술적 탁월성을 규명하는 그의 적극적 평가에도 불구하고 이디쓰의 창조에 대해서만은 디킨즈가 "아무것도 모르는 영역"에 손대어 극적 상투어와 감상적 진부성으로 가득찬 내용을 그려내고 말았다(Leavis 48)는 식으로 간단히 단정하고 넘어간다. 그러나 이는 이디쓰에 대한 단면적 인상에 근거하여 성급한 판단을 내리고는 곧바로 디킨즈의 어느 등장인물들에게나 마찬가지로 발견되는 극적 과장, 상투적 묘사 또는 감상적 요소 등을 이디쓰에게서만 지나치게 끄집어 낸 소치로서 형평을 잃은 비판이다. 감상성과 진부성으로만 치자면 오히려 버림받은 자식의 눈물겨운 사랑을 대변하는--그리고 리비스의 긍정적 평가를 받는--플로런스의 경우가 훨씬 더하다고 하겠으며, 극적 과장이나 수사적 요소도 약간의 질적 차이가 있을 뿐 돔비나 그밖의 대부분의 인물들에게서 두드러진 특징으로 쉽게 찾아볼 수 있다.

요컨대 우리는 이런 부분적이고 형식적 문제에 잘못 집착하기보다는 이디쓰의 이야기를 작품이 구현하는 문제의식의 진상에 견주면서 그 구체적 관련성에 진지하게 접근하고자 할 필요가 있다. 그럴 때 이디쓰의 성격창조는 작품의 핵심적 요소로서 『돔비 부자』를 중산계급의 삶에 대한 디킨즈의 비전이 가장 탁월하게 표현되고 있는 작품(Romano 146)으로 만드는 데 결정적 역할을 하는 것으로 보일 것이다. 그리고 그러한 접근의 과정에서 그녀가 보이는 멜로드라마적 행동이나 수사는 오히려 인물의 복잡하고 정열적인 심리와 내적 갈등을 효과적으로 전달하는 '극적 제시'의 일환으로서 긍정적 의미를 띠게 된다. 그리고 그녀의 이야기가 지닌 외형상의 상투성도 진지하고 급진적이기까지 한 사회비판의 내용을 보다 자연스럽게 담아내고 부각시키는 틀로서 인식될 수 있다.

이제 이디쓰의 삶을 구체적으로 들여다본다면, 빅토리아조 남성지배 이데올로기의 "집단적 초자아의 화신"(Hartog 46)이라고 할 수 있는 돔비를 만나기 전에 이미 이디쓰의 삶은 자본주의적 가치관이 지배하는 가부장제 사회에서 여성이 처하게 되는 굴욕적 지위의 한 극단에 도달해 있었다. 몰락한 귀족 가문의 후손인 그녀는 어렸을 때부터 어머니 스큐튼 부인(Mrs Skewton)에 의해 투자가치를 지닌 하나의 상품으로 고안되고 제조되어 전시와 판매 그리고 소유의 유통과정을 거친 존재이다. 그녀의 어린시절은 인간적 가치와 진실된 감정이 박탈당한 채 오로지 결혼시장에서 상품가치를 올리기 위한 치장과 술수의 연마에 바쳐졌으며, 이후 그녀는 예정된 절차에 따라 결혼시장에 전시되어 그레인저 집안에 팔리기도 한다. 그러나 뜻밖에도 재산을 상속받기 전에 남편이 사망함으로써 그녀는 다시금 더욱 어려워진 판매조건을 안고 시장에 나오게 된다. 그러나 이기심과 탐욕으로 가득찬 그녀의 어머니로 인하여 10년 동안이나 흥정이 이루어지지 못한 채 그녀는 이리저리 끌려다니던 중, 이제 우연히 나타난 돔비를 상대로 하여 다시금 흥정되는 지경에 이르는 것이다.

스큐튼 부인이 이렇게 딸 이디쓰를 소유물로 삼고 영리추구의 도구로 이용하는 것은 폴과 플로런스에 대한 돔비의 태도와 더불어 자본주의적 인간관계의 왜곡된 실상을 보여주는 한 전형이다. 다만 그녀의 이러한 상행위는 경제적--그리고 나아가 정치적--헤게모니를 상실한 귀족계급이 살아남기 위하여 신흥 부르즈아 계급에게 내미는 자구적(自救的) 방편이라는 점에서 돔비의 공격적이고 자기확장적 입장과는 대극적인 성격을 띤다. 물론 여기에는 여성에 대한 차별과 여성의 사물화를 당연시하는 가부장제도의 전통이 강력한 이데올로기적 바탕으로서 그러한 추구를 정당화해주고 또 그것이 용이해지도록 뒷받침하고 있다. 말하자면 스큐튼 부인은 이러한 역사적 상황과 문화적 풍토 아래 자식매매를 아무런 도덕적 갈등이 없이 수행하고 있으며, 흥정의 주도권을 장악하고 있는 메이져 백스턱(Major Bagstock)과 돔비가 그녀의 반대편에서 그 행위를 더욱 자연스러운 것으로 적극 조장하고 있는 것이다.

그러나 거래의 대상으로서 진작 사물화되어 순종해야 마땅할 이디쓰는 스큐튼 부인의 의도와는 달리 주체적 자아와 분별력 그리고 강렬한 감정을 지니고 있는 존재이다. 제임스 카커(James Carker)에게 처음 우연히 목격되는 그녀의 모습(458)에서 이미 억압된 분노와 정열이 분명하게 엿보이고 있지만, 돔비가 정식 청혼을 하기 전날 그녀의 어머니와 언쟁하는 장면은 특히 그녀의 주체성을 보다 여실하게 보여주고 있다. 여기에서 이디쓰는 자신의 과거를 되짚어 보면서 그것에 대한 분노를 터뜨리는데, 다소 긴 듯하나 이 장면을 인용해 보기로 한다.

> '어린아이라구요!' [스큐튼 부인을] 바라보면서 이디쓰는 말했다. '내가 언제 어린아이였던 적이 있나요? 어떤 어린시절을 어머니는 나에게 허용했지요? 난, 내 자신이나 어머니에 대한 인식을 하기도 전에, 심지어 내가 배운 모든 새 자랑거리의 그 비열하고 파렴치한 의도를 이해하기도 전에, 이미--교활하고 수를 부리며 돈맛을 알고 남자를 호리는--여인이었어요. 어머닌 성숙한 여인을 낳았던 것이죠....'

…

'절 보세요,' 그녀는 말했다. '진실한 마음을 가지고 사랑하는 것이 무엇인지를 결코 안 적이 없는 저를. 저를 보세요. 다른 아이들이 뛰어놀 때 수를 꾸미고 꾀를 쓰는 법을 배웠으며, 내가 무관심 외에 아무 감정도 느끼지 못했던 남자와...어린 나이에 결혼하게 되었던 저를요. 그 사람이 유산을 상속 받기 전에 죽어버려 과부로 남겨진--당신한테 마땅한 심판이었죠!--저를 보세요. 그리고 그 이후 10년 동안 내 인생이 어떤 것이었는지 말해 보세요.'

…

'어머니, 시장의 그 어떤 노예나 저자거리의 그 어떤 말도, 지난 10년 동안 내가 그랬던 것처럼 상품으로 내 놓아 호가(呼價)되고 검사되고 전시되지는 않았지요.' 타오르는 표정을 지으며 이디쓰는 큰소리로 말했다... '그렇지 않아요? 나는 뭇 남자들의 웃음거리가 되었지요? ... 내 안에 자존심의 마지막 잔재까지 죽어 없어지고 내 자신을 혐오할 지경이 되도록, 난 여기저기 팔리기 위해 호객하며 끌려 다녔지요? ...'

'A child!' said Edith, looking at [Mrs Skewton], 'when was I a child? What childhood did you leave to me? I was a woman--artful, designing, mercenary, laying snares for men--before I knew myself, or you, or even understood the base and wretched aim of every new display I learnt. You gave birth to a woman....'

…

'Look at me,' she said, 'who have never known what it is to have an honest heart, and love. Look at me, taught to scheme and plot when children play; and married in my youth...to one for whom I had no feeling but indifference. Look at me, whom he left a widow, dying before his inheritance descended to him--a judgment on you! well deserved!--and tell me what has been my life for ten years since.'

…

'There is no slave in a market: there is no horse in a fair: so shown and offered and examined and paraded, Mother, as I have been, for ten shameful years,' cried Edith, with a burning brow... 'Is it not so? Have I been made the bye-word of all kinds of men? ... Have I been hawked and vended here and there, until the last grain of self-respect is dead within me, and I loathe myself? ...'(472-3)

이디쓰의 이 질타는 의심할 여지 없이, 그녀의 삶이 부당하게 희생되었으며 그녀가 인간적 가치와 존귀함을 박탈당한 채 하나의 상품으로 취급되어 왔을 뿐이라는 자기인식에서 비롯하는 것이다. 하지만 보다 중요한 사실은 본래적 도덕의식이 그녀에게 가해진 비인간화와 심성의 왜곡에도 불구하고 살아남아 그녀의 비판력과 자기인식의 바탕에 단단히 자리잡고 있다는 점이다. 특히 그녀가 고통스럽게 드러내는 자신에 대한 수치감과 혐오는 모든 해악을 타인의 탓으로만 돌리지 않고 자신의 공범적 책임도 함께 인정하는 도덕적 공정성까지 그녀의 의식에 갖춰져 있다는 사실을 보여준다.

그런데 이처럼 사태의 실상을 꿰뚫어 볼 수 있는 지적 능력과 파괴되지 않고 있는 도덕성은 역설적이게도 바로 이디쓰가 처하는 비극적 딜레마의 한 근원이 된다. 19세기 영국사회 구조 속에서 몰락한 귀족계급의 후손이라는 신분에다가 경제적으로 여의치 못한 미망인의 처지에서 그녀는 주어진 상황에 현실적으로 순응하는 것 외에 달리 어떤 자립적이고 창조적인 선택이나 실행을 할 수 없는 형편이다. 그러나 스큐튼 부인과는 달리 현실의 이기적이고 타락한 가치관에 완전히 장악되지 않은 그녀는 현실의 부당성에 대한 의식적 각성을 한편에 지니고 있는 존재이다. 따라서 이러한 그녀에게는 필연적으로 심각한 도덕적 갈등이 일어날 수밖에 없고 그 결과 그녀는 파괴적인 자기학대의 심리로까지 빠져들게 되는 것이다. 그리고 억눌린 채 간직되어 있는 그녀의 예술적 재능이나 예리한 감수성 그리고 강렬한 정열 등은 이러한 자기분열적 갈등을 더욱 심화시킬 것임에 틀림없다.

한편 자본주의적 가부장제 사회의 희생자로서 이디쓰의 성격은 그녀에게 강요된 사물화의 정도와 상품적 지위를 또 다른 희생자인 플로런스의 경우와 비교할 때 분명하게 드러난다(Montaut 142-3). 앞에서 언급한대로, 플로런스와 이디쓰는 그들의 부모들에 의해 인격적 존재가 아니라 소유물로서 인식되고 자본주의적 가치기준에 따라 평가되어 투자나 거래 혹은 폐기처분의 대상으로 취급당한다는 점에서 공통점을 지닌다. 그러나 이디쓰는 플로런스에 비해 훨씬 심각한 상품화의 해악을 입고 있는 희생자이다. 물론 강렬한 개성을 지니며 공격적 행동을 보이는 이디쓰와는 대조적으로 항상 순하기만 하고 자기희생적이면서도 돔비의 냉대만을 받는 플로런스가 우리에게는 보다 불행한 희생자로 보일 수 있다. 하지만 플로런스는, 물질적 부를 지속 · 팽창시킬 실질적 도구로서 아들이라는 적극적 가치를 필요로 하는 자본가 돔비에 의해 일찌감치 "투자가치 없는 한낱 저질동전 조각"(51)으로 판정되어 내버려짐으로써, 사실상 이디쓰나 폴이 처하는 비인간적 사물화의 지속적 과정으로부터 면제받는 행운을 누리는 셈이다. 즉 돔비의 방기(放棄)와 무시는 플로런스로 하여금 그가 폴에게 강요했던 속성가공의 상품화라는 생명파괴적 해악을 당하지 않고 오히려 그녀 자신의 본성적 감성과 욕구에 따라 자발적인 생장을 할 수 있도록 했다는 역설적 효과를 낳은 셈이다.

반면에 이디쓰는 자본주의적 현실에서 경제적 안정을 꾀하고자 하는 몰락한 귀부인 스큐튼 부인에 의해 일찍부터 '투자가치가 톡톡한 상품'으로 기획되고, 제조 · 가공 · 포장 · 전시 · 흥정 · 판매 등의 철저한 사물화 과정을 거치면서 모든 인간적 본성을 훼손당하는 인물이다. 더우기 이미 한 차례 거래를 거쳤지만 지불미완으로 되돌려진 그녀는 다시금 가격이 조정된 상품으로 시장의 유통과정에 출하되는데, 오랜 기간 거듭되는 흥정만을 겪으면서 그녀는 더욱 악화된 비인간화 과정을 겪는다. 물론 그녀의 사물성이 성공적 거래를 통해 종식되는 것은 결코 아니다. 오히려 그녀 앞에 기다리고 있는 것은 유망한 구매자 돔비에게 넘겨진 뒤 그에 의해 더욱 철저히 무인격적 소유물로서 주장되고 지배당하면서 지불된 가격만큼 또는 그 이상의 가치를 수행하도록 강요당하는 굴욕적 전략일 뿐이다. 따라서 돔비로부터 잔인한 억압을 똑같이 당하지만, 거부와 외면이라는 소극적 방식으로 당하는 플로런스에 비해 이디쓰는 공격적이고 비열한 방식으로 짓밟히며 플로런스에게 표출되지 못한 돔비의 증오까지 전가받는 등 훨씬 열악한 처지에 놓이게 된다. 요컨대 이디쓰가 19세기 영국의 자본주의적 가부장제 사회에서 여성으로서 당하는 희생은 플로런스의 경우와 대조적일 만큼 깊은 중첩성과 심각성을 지니고 있으며, 이를 통하여 디킨즈의 상상력은 스큐튼 부인의 이기적이고 착취적인 '양육과 보살핌'이 돔비의 비정한 '직무유기'보다 더 치명적인 해악과 불행한 결과를 가져왔다는 또 하나의 더욱 궁극적인 역설을 우리에게 보여주고 있는 것이다.

이제껏 본 바와 같은 이디쓰의 처지에서 돔비와의 결혼은 결국 불가피한 선택으로 주어지는 것이다. 그러나 이 선택의 불가피성은 이중적인 의미를 지닌다. 먼저 자기 삶의 왜곡성에 대한 인식과 분노에도 불구하고 현실적으로 이디쓰가 무력한 존재에 불과하며 따라서 그녀에게 가능한 것은 부여된 상품의 역할을 계속 수행하는 것뿐이라는 점에서, 그녀는 마땅한 구매자로 나선 돔비의 구혼에 응하는 수밖에 없다. 사실 그녀의 삶을 지배해 온 타락한 환경과 그로 인한 피폐성의 정도를 생각할 때 그녀가 달리 주체적으로 어떤 의지를 가지고 행동하기를 기대하는 것은 무리이다. 그녀가 자기에게 강요된 이 타락한 역할을 거부하기 위해서는 자신의 사회적 존재를 얽어매고 있는 모든 물리적, 이데올로기적 구속을 뿌리칠 수 있는 진정한 용기와 결단이 필요하다. 그러나 그녀에게 남아 있는 도덕의식과 자각은 그러한 용기와 결단을 불러일으키기에는 너무 미약하다. 그만큼 현실의 타락한 이데올로기는 그녀의 의식과 삶에 이미 구석구석 뿌리를 내리고 강력한 힘으로 그녀를 지배하고 있는 것이다. 어쩌면 그녀로서는 다른 선택의 가능성에 대해 진지하게 생각하는 것조차 불가능했을지 모른다. 따라서 이디쓰가 그 부당성과 타락성을 인식하고 혐오하면서도 자신을 스큐튼 부인이 도모하는 정략과 흥정에 내맡긴 채 돔비와의 결혼에 저항 없이 따르고 그 물질적 혜택을 받아들이는 모순은 바로 그녀에게 주어진 삶의 성격을 본질적으로 드러내는 사항이자 그 필연적 산물이다.

그러나 이디쓰의 돔비와의 결혼은 한편 불가피한 한계 내에서나마 그녀의 도덕의식이 작용하여 나온 일종의 의지적 선택이기도 하다. 이것은 디죵(Dijon)의 호텔에서 카커를 만났을 때 그녀가 하는 말 가운데서 드러난다.

> 나를 이렇게 만든 사람들이 매일 획책하는 것에 대해 너무 무관심해졌을 뿐 어떤 대항도 하지 않게 된 데다가, 내 결혼이 적어도 그들이 나를 팔려고 이리저리 끌고 다니는 것을 더이상 못하게 하리라는 사실을 알고 있었기에, **나는 고삐에 목을 매인 어떤 여자가 그 어느 시장에서 팔리는 것만큼이나 치욕스럽게 내 자신이 팔리도록 내버려두었소.**
>
> Grown too indifferent for any opposition but indifference, to the daily working of the hands that had moulded me to this; and **knowing that my marriage would at least prevent their hawking of me up and down; I suffered myself to be sold, as infamously as any woman with a halter round her neck is sold in any market-place.**(857)(필자 강조)

즉 이디쓰가 돔비와의 인신매매적 결혼에 응한 데에는 타락한 현실의 덫에 저항할 힘을 갖지 못한 채 자신을 내맡길 수밖에 없는 지경의 탓도 있지만, 동시에 흥정의 대상으로 계속 남아 시장에서 이리저리 유통되는 치욕스러운 고통이라도 그만 벗어나려는 필사적인 방편으로서 결혼을 결심한 측면도 있는 것이다. 물론 이 결심은 다른 선택이 가능한 상황에서 내려진 것이 아니라 그밖의 다른 도리가 없는 가운데 조금이라도 자기 처지의 치욕스러움을 덜기 위한 것으로서 일종의 허세적 적극성의 발휘와 크게 다를 바 없다. 그러나 돔비가 그녀의 상품가치를 시험하고 확인하고자 요구하는 행위들--하아프 타기, 그림그리기, 피아노 연주와 노래 등--을 그녀가 내심으로는 극도의 거부감을 지니고 있으면서도 곧바로 준비된 듯한 태도로 수행하여 보여 주는 데서 나타나듯이, 그녀의 결혼이 성립하게 된 경위에는 도덕의식에 바탕한 결단이 미미하게나마 '의지'적 동기로서 작용하고 있는 것은 틀림없다.

그런데 이렇게 어느 정도 적극적 동기에서 비롯된 이디쓰의 결심은 그 실질적인 내용에 있어서는 오히려 최대한의 소극적 행위만을 낳을 뿐이다. 왜냐하면 자신의 상품성을 모면할 수 없는 상황에서 일단 돔비와 스큐튼 부인의 흥정감으로 자신을 순순히 내맡기긴 하지만, 그녀는 그 이상의 어떠한 역할, 즉 자기를 선전하거나 돔비의 접근을 권장하는 따위의 자발적 행위를 전혀 하지 않기로 작정하고 있기 때문이다. 스큐튼 부인에게 하는 다음의 말은 이 점을 명시해준다.

> '나를 취하는 사람은...' 그녀는...대답했다. '이사람[돔비]처럼 그를 유혹하려는 나의 어떤 술책도 없는 가운데 나를 취해야 할 거예요. 그가 경매에서 나를 발견하고 나를 사는 게 좋겠다 생각하는 것이죠. 그렇게 하라지요! 나를 살펴보러--아마 값을 매겨보러--왔을 때, 그는 내 재예(才藝)의 목록을 보고자 했고, 난 그걸 제시했을 뿐이지요. 그가 그중 하나를 보이게 하여 아랫사람들에게 자기 구매의 적절함을 과시하고자 할 때, 난 그에게 어느걸 원하는지 말하라고 요구한 다음 그저 그걸 전시해 주는 거죠. 난 그 이상은 하지 않을 거예요. 그는 자신의 의지에 따라 스스로 값을 판단하고 자신의 돈으로 구매를 하는 것이지요. 그것이 그를 실망시키지 않게 되기를 바랄 뿐예요. **내가** 흥정을 떠벌리거나 밀어붙이거나 한 것은 없으니까요....'
>
> 'Who takes me...,' she answered...'shall take me, as this man [Dombey] does, with no art of mine put forth to lure him. He sees me at the auction, and he thinks it well to buy me. Let him! When he came to view me--perhaps to bid--he required to see the roll of my accomplishments. I gave it to him. When he would have me show one of them, to justify his purchase

> to his men, I require of him to say which he demands, and I exhibit it. I will do no more. He makes the purchase of his own will, and with his own sense of its worth, and the power of his money; and I hope it may never disappoint him. I have not vaunted and pressed the bargain ….'(473-4)

나중에 돔비와 담판을 벌일 때 그녀는 다시한번 이와 비슷한 내용을 피력하거니와, 이디쓰의 이 말에는 그녀가 처한 상황의 본질과 그것에 대한 그녀의 분명한 인식이 요약되어 있다. 그러나 이 말의 핵심에 담겨있는 것은 곧 자신을 대상으로 한 거래의 부당한 과정에서 가능한 한 소극적 역할을 함으로써 자신의 도덕적 책임과 공범성을 극소화하여 조금이라도 자신의 추한 모습을 덜어보고자 하는 이디쓰의 필사적인 의지이다. 사실 그녀가 이런저런 상품적 전시를 원하는 돔비의 요구에 순응할 때, 그 순종적 태도는 어차피 치러야 할 것인데 쓸데없이 끌어서 무엇하겠느냐는 식의--증오감이 깊이 깔린--마지못함의 막다른 기세에 다름아니다. 따라서 그녀는 오직 그가 요구하는 만큼만의 행위를 어떠한 능동적 요소도 가미함이 없이 순전히 기계적이고 수동적인 태도로 보여줄 뿐이다. 즉 그녀의 행동은 외형상으로 즉각적이고 자발적인 듯이 보이지만 내용적으로는 최소화되고 피동의 극치에 이르고 있는 것이다.

다만 여기서 한 가지 흥미로운 사실은 이디쓰가 이렇게 소극적인 자세로 돔비의 구혼에 반응하는 것에는, 옐린도 지적하고 있듯이(Yelin 312-313), 일종의 은근한 저항 또는 공격적 태도가 내재되어 있다는 점이다. 그녀는 자신의 행동에 있어서 한편으로 기계성과 수동성을 의식적으로 부각시킴으로써 자신의 순종이 거래상의 행위로서 자신에게 강요된 것이라는 사실을 강하게 드러낸다. 그런데 그녀의 이 고의적 솔직성은 바로 돔비가 나름대로 지켜나가고자 하는 구혼행위의 점잖고 자연스러운 격식과 스큐튼 부인이 유지하는 세련된 귀족적 외양과 두드러진 부조화와 대립을 이룸으로써 그들이 위장하려 하는 결혼 흥정과 매매의 추악한 본질을 폭로하기도 한다. 예컨대 다음의 묘사에서는 자신에게 요구되는 범상한 순종행위조차 의도적인 자기강제로 뒤틀어 보임으로써, 감추어져야 할 흥정의 '흥정성' 특히 거래에서 구매자에 의해 지배되는 권력관계의 실상을 거의 노골적으로 드러내는 이디쓰의 모습을 볼 수 있다.

이디쓰는 처음 돔비가 그녀에게 말을 걸었을 때 그에게로 얼굴을 돌렸었는데, 자기 어머니에게 말을 하는 동안 그리고 그녀의 어머니가 자기에게 말을 하는 동안에도, 그녀는 마치 그가 뭔가 더 할 말이 있는지 하고 그에게 주의를 기울이고 있는 듯이 그 자세를 계속 유지하고 있었다. 이 단순한 예의바른 태도에는 거의 도전적이며, 강제로 부과된 것으로서 혹은 마음 내키지 않게 당사자가 된 거래로서 행하는 것이라는 성격을 그 동작에 부여하는, 그 무엇이 담겨 있었다.

Edith had turned her face towards Mr Dombey when he first addressed her, and had remained in that attitude, while speaking to her mother, and while her mother spoke to her, as though offering him her attention, if he had anything more to say. There was something in the manner of this simple courtesy: almost defiant, and giving it the character of being rendered on complusion, or as a matter of traffic to which she was a reluctant party....(464)

물론 자신의 권력과 지배를 당연시하는 돔비는 이디쓰의 이러한 공격성을 전혀 의식하지 못할 뿐 아니라 오히려 그녀의 자발적 복종의 표시로 받아들이고 있다. 그리고 이런 점에서 이디쓰의 행위는 돔비를 향해 겨누어진 것이라기 보다는 자학적 자기해소의 방편으로 행해진 측면이 크다. 어쨌든 이디쓰는 결국 그녀 스스로 말한대로 자신을 돔비에게 팔아 넘기는 셈이다. 그 결과 미약하지만 아직 도덕의식이 남아있는 그녀는 추악한 거래에 대한 공범적 책임을 느끼며 죄의식에 시달리게 된다. 카커와의 도주행위를 두고 돔비가 그녀를 부정한 여자로 규정하기 이전에, 이미 이디쓰는 돔비와 결혼한 자신을 본질에 있어서 창녀나 마찬가지의 타락한 존재로 여긴다. 결국 이런 상태에서 그녀의 자신에 대한 혐오와 학대도 더욱 악화될 뿐이다. 따라서 이디쓰에게는 이처럼 매 순간 자신의 내면을 갉아먹는 자학적 고통에 대항하여 그것을 억누르고 삶을 어떻게든 지탱해 나가게 할 만한 모종의 대응전략이 필요할 수밖에 없다. 그런데 이 생존전략으로 취해지는 것은 다름아니라 바로 돔비의 오만과 맞먹을 정도의 강고한 오만이다. 이디쓰의 오만이 중요한 의미를 갖는 것은 바로 이러한 사실에 있다.

사실 일찍이 그녀의 도덕의식이 왜곡된 삶과 충돌하기 시작할 때부터 그녀는 필사적으로 이 오만에 의지해 왔다. 작품에 처음 등장할 때부터 오만은 이미 그녀의 온 존재와 행동을 지배하는 특성으로 묘사된다. 돔비의 흉정이 구체화하기 시작할 무렵 새로이 치솟는 자기혐오와 분노와 파괴적인 정열 등을 억누를 수 있게 하며, 카커의 교활한 간파에 노출된 치부를 견뎌내게 하는 것도 그녀의 이 강고한 오만이다. 물론 이 오만이 지탱해주는 것은 그녀의 삶의 외형에 불과하다. 내적 삶에 있어서 그녀는 도덕적 갈등과 자기혐오에 사로잡힌 채 이미 그 의미있는 자존(自尊)의 바탕을 상실한 지 오래다. 오히려 그녀의 내적 갈등과 고통은 이 오만 때문에 더욱 증대되기도 한다. 그러나 그녀에게 현실의 타락에 굴복한 자신의 치욕스러움을 이겨내고 매일의 삶을 영위하도록 해 주는 유일한 정신적 지주 또한 바로 이 오만이라는 자존심이다. 다음의 말은 이러한 점을 잘 요약하고 있다.

> ...그녀는 오만 이외에는 자기주장의 어떠한 밑천이나 기력도 지니지 못했으며, 밤낮으로 그녀의 마음을 고문하는 이 오만을 가지고서 그녀는 자기의 운명과 싸워 나갔으며 그것에 맞서고 저항해 나갔다.

> ...she had no resource or power of self-assertion but in pride: and with this pride, which tortured her own heart night and day, she fought her fate out, braved it, and defied it.(503-4).

이디쓰가 이렇게 오만을 수단으로 자기의 굴욕을 감추고 세상의 시선을 물리치는 것은『블리크 하우스』(*Bleak House*)의 레이디 데들록(Lady Dedlock)의 경우와 여러가지로 비슷한 전략이다. 하지만 레이디 데들록의 경우 사랑하지 않으면서 부귀를 좇아 노귀족과 결혼한 것은 강요된 희생이 아니라 거의 그녀 자신의 선택에 의한 것이었으며 적어도 그녀는 레스터 데들록 경(卿)(Sir Leicester Dedlock)으로부터 정중하고 진정한 사랑을 받는다. 반면 이디쓰는 타락한 사회적 환경의 희생물로서 금권에 팔릴 수밖에 없고, 귀족에게 가능했던 문화적 바탕이나 정서적 여유가 없이 오직 탐욕적이고 비정한 지배욕만을 행사하려 드는 신흥 부르즈아 계층의 돔비로부터 소유물적 지위와 굴종만을 강요받는다. 이런 점에서, 이디쓰의 오만은 훨씬 열악하고 부당한 처지를 견뎌내기 위해 요구되는 필사적 방편이기도 하다.

그런데 이디쓰의 이 오만은 당연히 돔비의 오만과 충돌할 수밖에 없다. 돔비의 오만은 "유아독존적이고 굽을 줄 모르며 뻣뻣하고 준엄한" 오만으로서 모든 것을 지배하고자 한다. 반면 이디쓰의 오만은 도도하고 경멸과 혐오에 차 있으며 "자신이나 돔비나 주변의 모든 것을 전혀 안중에 두지 않는" 오만이다(466). 따라서 이와 같은 두 오만의 만남은 시초부터 "자연의 섭리를 어긴 결합"(466)으로서 공존을 기대하기 어려운 것이다. 실제로 돔비와 그녀가 결혼한 지 얼마 안되어 일찌감치 충돌하는 직접적인 계기는 바로 이디쓰의 오만이다. 결혼을 기념하는 파티에서 돔비의 손님들에게 이디쓰가 보인 오만한 태도는 돔비로 하여금 그가 구매한 상품이 마땅한 제값을 하지 않는다는 불만을 갖게 하고, 그 결과 파티가 끝난 직후 돔비는 이디쓰의 소유자로서 그리고 지배자로서 자신의 권리를 주장하고 나선다(603). 스큐튼 부인과 카커가 있는 자리에서 이디쓰의 의무태만을 지적하는 돔비의 이 행동은 이디쓰에게서 발견되는 불순종의 요소를 일찌감치 꺾어놓음과 동시에 공개적으로 이디쓰의 굴종을 받아내어 자신의 지배력을 과시하고자 하는 욕구에서 나온 것이다.

그러나 돔비의 아내로서의 역할이 나날이 악화시키는 굴욕감과 자기 혐오를 강고한 오만을 통해서만 겨우 이겨내 왔던 이디쓰가 돔비의 그러한 주권행사와 복종의 강요를 받아들일 리 만무하다. 신혼여행에서 돌아왔을 때 화려하게 치장한 집안을 보이며 자신의 막강한 부와 그에서 비롯되는 권력을 과시하는 돔비에게 이미 강렬한 경멸의 표정을 보인 바(584) 있는 이디쓰는 다시금 더욱 노골적으로 돔비를 향해 극도의 경멸적인 시선을 던질 뿐이다.

그의 잘생긴 아내가 그를 힐난했거나 안색을 바꾸었거나 아니면 한 마디 말로써 그녀가 지키던 침묵을 깨뜨리기라도 했더라면...돔비 씨는 그녀를 상대로 어느정도 강력히 자기의 주장을 밀어붙일 수 있었으리라. 그러나 그녀가 그를 올려다본 후, 마치 그가 너무 하찮고 볼 것없는 존재라 한 마디 반박할 가치도 없다는 듯이 눈을 내리깔 때의 그 강렬하고 형언하기 어려우며 상대를 움츠리게 하는 조소--그의 앞에 앉아 있는 그녀의 모습이 띠고 있는 그 말로 표현할 수 없는 경멸과 도도함--그녀의 모든 자태가 그를 깔아뭉개고 무시하는 것 같은 그 차갑고 단호한 불굴의 태도--바로 이런 것들에 맞설만한 밑천이 그에게는 전혀 없었다. 그래서 그녀의 위압적인 미모가 온통 그에 대한 경멸에 집중되어 있는 가운데, 그는 그녀를 떠나고 말았다.

If his handsome wife had reproached him, or even changed countenance, or broken the silence in which she remained, by one word...Mr Dombey would have have been equal to some assertion of his case against her. But the intense, unutterable,withering scorn, with which, after looking upon him, she dropped her eyes, as if he were too worthless and indifferent to her to be challenged with a syllable--the ineffable disdain and haughtiness in which she sat before him--the cold inflexible resolve with which her every feature seemed to bear him down, put him by--these, he had no resource against; and he left her, with her whole overbearing beauty concentrating on despising him.(605)

이디쓰의 이 오만에 찬 노골적 경멸은 그 어떤 적극적 반항의 행위도 아니지만 돔비로서는 전혀 예상치 못하고 당혹스럽기까지 한 반응이다. 뿐만 아니라 이제껏 자기의 위대성에 대해 추호의 의심이 없이 절대적 권력을 행사해 온 그에게 이것은 처음으로 가해지는 공개적 도전이기도 하다. 따라서 그는 일순간 이디쓰의 경멸에 대처할 방도를 찾지 못한 채 그저 방을 떠나고 마는데, 이 첫 대결 이후에도 여전히 도도한 이디쓰의 태도는 돔비로 하여금 그녀의 오만의 실체를 깨닫게 하는 동시에 그의 자존심에 심각한 상처를 입히기까지 한다.

이디쓰에 대한 돔비의 구체적 관심은 "미모와 혈통, 재능"(453) 그리고 무엇보다 또 다른 폴 돔비의 소출을 기대하게 하는 생식능력 등에 의해 촉진되었던 것이 분명하다(Dabney 55). 그러나 동시에 그녀의 오만과 냉정 또한 그의 호감을 일으키는 큰 요인으로 작용했었다. 구혼과정에서 견지되는 이디쓰의 오만하고 냉정한 태도는 순전히 자기중심적인 관점에서만 모든 것을 해석하는 돔비에게 오히려 자기 권력과 위대함의 증거로만 여겨진다. 그는 그녀의 이러한 성격을 자기의 위대성을 강화해 줄 훌륭한 첨가물이 되리라 기대하면서 이것을 은근히 카커에게 과시하기도 한다(509, 648). 그러나 이제 그의 첫 권위 행사부터 거부하고 나오는 이디쓰의 태도는 그의 이러한 확신이 완전한 착각이었음을 깨닫게 하며, 이 충격적인 사태는 곧 그의 오만하기만 하던 "자애(自愛)에 깊은 상처"(deep stabs in the self-love)를 가하여 "고문하는 듯한 쓰라림"(torturing festers)(648)이 사무치게 한다. 더우기 그의 치열한 투쟁 대상인 플로런스에게 보이는 이디쓰의 부드러운 태도는 그의 상처를 더욱 쓰라리게 하는 요인으로 작용한다.

물론 철저한 남성중심적 사고와 자존의식에 젖어 있는 돔비에게 이디쓰의 이러한 태도는 도무지 용납될 수 없는 것이다. 따라서 그는 당연히 도전과 상처를 받은 즉시 배가된 힘으로 그의 오만과 지배 의지를 새롭게 구축하면서, 이디쓰의 오만을 꺾고 자신의 절대적 주권을 확립하고자 애쓴다. 그리고 이디쓰가 여전히 조금도 굴복하려 들지 않고 끝까지 대항하려는 태세만을 보이자 그는 마침내 보다 적극적으로 "자신이 최고 지위에 있음을 그녀에게 보이"고 "자기의 위대하고 당당한 의지 앞에 그녀를 굴복시키고자 마음먹"기에 이른다(650).

그의 이 결심은 곧 어느날 밤 이디쓰의 방에 직접 찾아가 그녀에게 경고섞인 통첩을 하는 것으로 실행된다. "당신은 자기의 처지를 잘못 알고 있소" 그리고 "내가 누구며 어떤 존재인지 당신은 제대로 알아보지 못하고 있소"(650)라는 등의 비판으로 시작되는 이 장면은 돔비가 지닌 남성지배 이데올로기의 본색이 잘 드러나는 대목이다. 우선 그는 이디쓰에게 '행동이 마음에 안 드니 고치라'는 식의 하명을 분명히 하며, '그'가 '그녀'를 아내로 삼은 이상 '그'의 명령에 '그녀'가 복종하는 것이 당연하다는 주장을 한다(651). 이어 그는 이디쓰가 플로런스를 위해 간신히 참고 있는 것을 굴종의 표시로 오해하면서 위압적인 어조로 다짐하듯 그녀의 복종의 당위성을 다음처럼 피력한다.

> 당신은...내가 존경과 복종을 받아야 한다는 것을 분명히 알아야 할 것이오. 만인 앞에서 나는 확실한 존경의 표명과 고백을 받아야 한다는 것을 말이요, 부인. 난 그것에 익숙해져 있는 사람이오. 난 그것을 내 권리로서 요구하는 바이오. 요컨대 나는 그것을 받아야겠소. 그것이 당신에게 주어진 세상에서의 출세에 대해 요구되는 보답으로서 터무니없는 것은 아니라 생각하오. 내가 당신에게 존경과 복종을 요구한다고 해서, 또는 당신이 내게 존경과 복종을 표한다고 해서 놀랄 사람은 없을 것이라 믿소. 나에게, 바로 나에게 존경과 복종을 표시하는 것이니 말이요!

> You will...understand distinctly, that I am to be defered to and obeyed. That I must have a positive show and confession of deference before the world, Madam. I am used to this. I require it as my right. In short I will have it. I consider it no unreasonable return for the worldly advancement that has befallen you; and I believe nobody will be surprised, either at its being required from you, or at your making it.--To Me--To Me!(652)

그리고 돔비는 더 이상 그녀와 다툴 가치가 없다고 하면서 그녀가 싫어하는 카커를 앞으로 자기의 대행자로 삼겠다는 통고를 덧붙인다. 이렇게 하여 돔비의 절대적인 지배의지는 감정과 사고를 지닌 인격적 주체로서의 이디쓰의 존재를 완전히 무시함은 물론 악의적이고 비열한 협박까지 하는 데 이른다. 그러나 돔비는 오히려 이로써 자신의 의지와 우월한 지위 그리고 권력의 위용을 과시하였다고 믿을 뿐이다. 말을 마치면서 스스로 흡족해하는 그의 다음과 같은 모습은 남성지배논리의 이러한 자기만족성을 간결하지만 명료하게 폭로하고 있는 일종의 극적 아이러니이다.

'자 이제,' 자신의 도덕적 위엄 속에서 우쭐해지고 전보다 한층 더 뻣뻣하고 완고한 사람이 되어 몸을 일으키면서 그는 생각했다. '그녀는 내 존재와 내 결의를 알아 모시겠지.'

'And now,' he thought, rising in his moral magnificence, and rising a stiffer and more impenetrable man than ever, 'she knows me and my resolution.'(653)

돔비의 이러한 가부장제적 자기중심주의와 권위의식은 그가 나중 카커에게 이디쓰에 대한 지시를 내릴 때도 그가 구사하는 언어를 통해 다시 한번 극명하게 표출된다(683-689). 그런데 이것을 더욱 억압적이고 왜곡된 이데올로기로 만드는 것은 바로 그것이 새롭게 사회의 지배이데올로기로 자리잡은 자본주의적 가치관에 의해 강화되어 나타난다는 사실이다. 돔비가 위에서 이디쓰에게 복종을 강요할 때, 그 밑바탕에는 결혼시장에서 흥정을 통해 구입한 이디쓰에게 그가 상품의 가치로서 기대했던 당연한 복종을 요구하는 권리의식이 강하게 작용하고 있다. 즉 돔비는 남성의 지배와 여성의 복종을 당연시하는 전래의 가부장적 권리에다가 소유물에 대하여 절대적 사용권을 행사하고자 하는 상품구매자의 권리를 결합하여 주장하고 있는 것이다. 사실 이디쓰를 대함에 있어서 돔비의 의식을 보다 강력한 힘으로 지배하는 사고방식은 이 자본주의적 지배논리이다. 예컨대 이디쓰에게 "당신은 너무 돈이 많이 드오"(You are too expensive)(652)라고 구차하게 지적하고 나서는 그의 행위는 단순히 그녀의 사치에 대한 불만을 넘어 그녀가 순종하지 않음으로써 자기가 지불하는 만큼의 가치를 구현하지 못하는 '비싼' 상품이 되고 말았다는 의식이 심리 저변에 도사려 있지 않고는 나올 수 없는 것이다. 물론 돔비의 이러한 언행이 지니는 근본적 문제성은 그가 인간관계의 자본주의적 거래를 아무런 도덕적 갈등 없이 현실의 당연한 논리로서 체화하고 있다는 사실이다. 돔비에게는 이디쓰가 하나의 상품적 존재 이상의 어떤 인격체로 간주되는 것이 불가능하며 오직 소유하고 지배할 대상으로만 여겨질 뿐이다. 따라서 이러한 인식의 틀을 벗어나거나 그것에 도전하는 그녀의 오만이나 거부의 태도는 그에게 실로 도리를 파괴하고 현실의 법칙을 범하는 부당한 행위나 다름없이 보인다. 다시 말해 자본주의적 상품논리와 가부장제 이념의 억압성과 부당성에 대해 체험적인 인식을 지니며 오만이라는 마지막 남은 수단으로 그것에 저항하는 이디쓰는 돔비가 구현하는 이념 체계상 마땅히 굴복시키지 않으면 안되는 존재인 것이다(이런 맥락에서 돔비식 사고는 새롭게 중산계급에 의해 지배되는 사회질서가 여성에게 오히려 레스터 경 같은 귀족의 신사적 가부장 치하보다 훨씬 악화된 현실을 의미할 수 있다는 한 증거라고 할 수 있다).

그러나 돔비의 결의와 주장에 이디쓰가 굴복하는 것은 불가능하다. 왜냐하면 돔비와의 결혼에 대한 굴욕감으로 이미 극도의 자기혐오와 자기학대에 빠져 있는 그녀로서는, 그의 명령에 따르는 것은 곧 그녀가 가까스로 유지하고 있는 자존의 허울조차 짓밟히는 것을 의미하기 때문이다. 그녀는 돔비가 자신을 구매한 댓가로 그의 아내로서 최소한의 형식적 의무를 수행하는 것 외에 다른 어떠한 봉사의 의무를 갖지 않고자, 돔비의 구혼과정에서 아무런 능동적 태도를 보이지 않았으며 결국 그러한 조건 위에서만 그와의 결혼을 받아들인 셈이었다. 따라서 이 조건의 고수는 그녀에게 자기 삶의 완전한 추락과 피폐성을 저지하는 한편 나아가 외형으로나마 독립된 존재의 틀을 세워 보는 유일한 방편이라는 의미를 갖는다. 그러므로 돔비가 주장하는 지배논리에 대한 그녀의 일차적 항변은 위와 같은 계약조건을 분명히 밝히고 그의 요구가 부당하고 근거 없으며 실현 불가능함을 인식시키는 것이다(654). 다만 이에 덧붙여 그녀는 플로런스에 대한 사랑에 걸고 있는 도덕적 구원의 희망을 지키기 위하여 그에게 서로의 차별을 인정하는 선에서 현상을 유지하면서 공존해 나갈 것을 호소한다(655-656). 물론 돔비가 그 제의를 용납할 리 없다. 오히려 최후의 통첩을 선언하고 떠난 그는 이후 카커로 하여금 이디쓰를 굴종시키기 위한 공작을 하도록 지시하는 한편 그녀가 결혼 2주년 기념 파티 참석명령을 거부할 때는 플로런스에게 해가 가해질 것이라는 협박까지 하면서 그녀를 복종시키고자 한다. 따라서 돔비의 이 비열한 박해와 카커의 교활한 공작에 의해 이디쓰는 점점 버티기 힘든 궁지에 몰리게 되고 급기야는 "자포자기적인 보복"(a desperate revenge)(856)의 행동을 감행하게 된다.

돔비에 대한 복수의 수단으로 이디쓰는 카커와의 도주를 택한다. 그녀의 이 행동은 어쩔 수 없이 감행한 일종의 "자살 전술"(suicide tactics)(Welsh(1987) 82)인 셈이지만, 한편으로 그녀가 처한 부당한 억압과 굴욕을 되갚고 나아가 그녀를 끊임없이 괴롭혀 온 내적 갈등으로부터 자신을 해방하는 긍정적 의미를 지니기도 한다. 특히 도주 후 그녀가 디죵의 호텔에 나타나 카커의 계획 또한 통렬하게 좌절시킴으로써 자신의 도덕적 결백을 지키고 그에 대한 보복까지 동시에 성취하는 장면(856-860)은 그녀의 당당한 모습을 보여주고 있다. 이 때 이디쓰는 자기 삶의 드러나지 않은 실상과 행동의 동기를 정열적인 웅변으로 토로하는데, 이러한 그녀의 모습은--비록 당대의 도덕률에 의거하여 부정한 여자로 낙인찍히고 사회로부터 추방당하는 어두운 삶만이 그녀 앞에 기다리고 있지만 적어도 그 순간은--이제껏 억압되어 온 분노와 증오를 분출하고 정당한 복수의 실현을 맛보는 일종의 승리자의 모습으로 보인다. 예컨대 그녀의 웅변이 절정을 지날 때, "그를 깔아뭉개는 듯 도도한 자태를 세우면서" 그녀가 카커에게 던지는 다음의 말은 그 어조에 서린 신랄한 경멸과 증오감에도 불구하고 독자의 공감을 확보할 뿐 아니라, 나아가 그 압도하는 기세와 논리로 인해 독자의 기억에 당당한 인상을 심어 놓는다.

> '당신이 자랑할 때마다,' 그녀는 말했다. '나는 승리를 얻는 셈이오. 나는 당신에게서 내가 아는 가장 비열한 인간, 오만한 폭군의 기생물이자 그 도구인 인간을 집어내는 셈인데, 그것은 바로 그 사람의 상처가 더욱 깊이 파고들고 한층 사무치게 하기 위함이오. 자랑하시오, 그리하여 그에게 내 앙갚음을 하시오! 당신은 자신이 오늘 밤 어떻게 여기에 왔는지 알고 있지. 당신은 자신이 어떻게 움츠린 채 거기 서 있는지 알고 있지. 당신은 내가 당신을 바라보는 것과 마찬가지로, 혐오스럽게는 아니라도, 경멸스럽게 자신을 여기고 있지. 그러니 자, 자랑해 보시오, 그래서 당신 자신에게 내 복수를 하시오.'
>
> 'In every vaunt you make,' she said, 'I have my triumph. I single out in you the meanest man I know, the parasite and tool of the proud tyrant, that his wound may go the deeper, and may rankle more. Boast, and revenge me on him! You know how you came here tonight; you know how you stand cowering there; you see yourself in colours quite as despicable, if not as odious, as those in which I see you. Boast, then, and revenge me on yourself.'(859)

따라서 그녀가 돔비와 카커에 대해 의도했던 복수를 완성하기 위해 자신에게 주어질 부당한 오명까지 감수하고자 하는 것도 그들에 대한 사무친 증오감이 낳은 자포자기적 태도에 그치지 않는다. 오히려 그것은 이제 그녀가 세상의 타락한 가치와 그것에 동조한 자기의 한계를 완전히 뿌리쳐버리고 홀로 의연하게 삶을 견뎌낼 각오에 이르렀다는 증거로서 의미가 더 크다고 할 수 있다.

물론 그녀가 속한 시대와 사회에서 그녀와 같이 오명을 지닌 여성이 새롭게 자기 삶을 개척하여 정상적인 사회주체로서 자립하는 것은 거의 불가능하다. 그러한 시도는 당대 사회의 도덕률을 온전히 거부하고 나서는 혁명적 신념과 용기를 필요로 하는데, 이디쓰는 그 정도의 선진성에 이른 여성이 아니며 작가 디킨즈의 의식 역시 그런 여성의 창조까지 나갈 만큼 시대적 한계를 뛰어넘지는 못하고 있기 때문이다. 따라서 그녀의 당당함은 자기 행위의 결과, 즉 사회로부터 추방되어 "무덤 속에서"(969)처럼 좌절과 암울로 덮인 삶을 살아야 하는 운명을 의연히 감내하는 데 그치는, 금욕적이고 소극적인 것을 넘지 못한다. 사실 이디쓰의 이 추방된 삶은 현실적으로는 그녀를 물질적 궁핍과 정신적 고독에 대항하여 지난한 생존투쟁을 해야 되는 처지에까지 빠뜨릴 수 있는 것이다. 그런데 디킨즈는 그녀의 귀족 친척 피닉스(Feenix)를 각성시켜 그녀의 관대한 보호자로 만들어 줌으로써 고통스러운 생존투쟁의 필요성이나 현실개척을 위한 일체의 시련으로부터 그녀를 쉽게 면제해주고 있다. 하지만 다른 한편 디킨즈는 돔비의 뉘우침과 그녀의 결백이 궁극적으로 가능하게 했을 그들의 재결합이라는 보다 감상적이고 안온한 결말의 처리 또한 거부하고 있다. 이 사실은 곧 디킨즈의 상상력이 용감한 항거와 복수를 거치면서 이디쓰가 획득한 비극적 위엄과 자존을 적어도 안이한 감상적 마무리에 의해서만은 손상시키고자 하지 않았음을 의미하는 것이다. 그녀의 보복행위에 대해서도, 일단 그것은 그녀 자신의 삶에 있어서 어떤 의미있는 활로의 계기가 아니라 비극적 좌절만을 가져오고, 따라서 돔비를 마침내 굴복시키는 플로런스의 순종과 헌신에 대조되면서 작품상의 교훈적 표면에 있어 하나의 부정적 본보기로 보이는 듯하다. 하지만 이디쓰의 이 행위는 또한 돔비의 몰락과 각성을 가져오는 근원적이고 필연적인 계기로 작용한다는 점에서 주제 구현상의 유기적 요체가 되는 사건으로서 적극적 의미를 지닌다고 할 수 있다.

어쨌든 돔비의 강고한 권위와 세도--그리고 그의 하수인인 카커의 교활한 지배와 농락--에 맞서 항거하며 그것을 깨뜨리고 보복까지 감행하는 이디쓰의 행동은 곧 당대의 자본주의적 가치관에 의해 강화되고 왜곡된 남성 지배질서에 대한 격렬한 도전이다. 그리고 디킨즈는 돔비의 몰락과 카커의 횡사를 통하여 이 항거와 투쟁의 정당성과 그 성취된 결과를 보여 주고 있다. 이디쓰를 통하여 이렇게 치열한 전형으로 구현되는 디킨즈의 가부장제도에 대한 상상적 통찰은 한편 이디쓰의 사촌인 앨리스 마우드(Alice Marwood)의 이야기에 의해 다시금 확인되기도 한다. 이디쓰처럼 그녀의 어머니의 이기적 착취와 이용에 희생당하여 창녀가 되고 유형수의 고난을 치른 앨리스가 자신을 농락하다가 무자비하게 버린 카커에게 증오에 찬 복수를 가하고자 하는 이야기는 이디쓰의 이야기 못지않게, 부당하게 희생당하지만 복수의 강렬한 정열을 지닌 여성의 본보기를 보여준다. 돔비에게 돈보다 더 강대한 것이 "여자의 분노"라고 강조해 말하는 데(819)서 나타나듯이, 그녀는 사실 이디쓰보다 더 깊은 증오와 복수욕에 사로잡혀 있는 존재라고 할 수 있다. 더우기 그녀의 이 증오는 계급적 문제까지 복합된 것으로서 더욱 심각한 주제적 의미의 가능성을 지니고 있는 것이기도 하다. 다만 작품의 촛점이 주어지는 이디쓰의 이야기에 가려 그녀의 이야기는 별로 구체적 전개가 이루어지지 않고, 특히 작품의 후반부에 와서 그녀의 돌연한 심경변화와 회개 그리고 감상적 최후 등에 의해 그 자체 독립된 이야기로서 개연성과 호소력을 크게 상실하고 만다.

그러나 남성의 또 다른 희생자로서 분노와 보복을 터뜨리는 앨리스의 삶과 그 비극성은 이디쓰 못지 않게 독자의 공감을 받는다. 따라서 독자는 그녀의 뉘우침에도 불구하고 카커의 비참한 죽음을 마땅한 응보로 여기며 그녀에게 도덕적 책임을 전혀 묻지 않는다. 이런 의미에서 앨리스의 이야기는 이디쓰의 중심 줄거리를 도와 『돔비 부자』가 "일찍이 쓰여진 여성의 법률적 사회적 지위에 대한 가장 강력하고 명쾌한 고발의 하나"(Montaut 148)로 평가받게 하는 데 분명 적지 않은 기여를 하고 있다. 그리고 이디쓰와 앨리스 같은 인물의 창조는 결국 1830

년대와 1840년대를 걸쳐 당대 영국사회에서 상당한 열기로 이루어졌던 "여성문제 논쟁에 대한 디킨즈의 기여 내지는 반영"(Yelin 297)으로서 역사적 의미를 갖는다고 할 수 있다.

3

이디쓰 돔비를 통하여 남성지배 질서에 대하여 강력한 분노와 반항을 감행하는 여성을 창조했던 디킨즈는 바로 다음 작품인 『데이빗 코퍼필드』(*David Copperfield*)에서도 로우저 다아틀(Rosa Dartle)을 통하여 다시한번 새로운 유형의 분노하는 여성을 묘사하고 있다. 로우저의 분노와 정열은 이디쓰의 성격을 계승하는 면이 크다. 그러나 자신에게 평생의 상처로 남는 신체적 폭력 및 감정적 농락을 범한 스티어포스(Steerforth)에 대하여 분노와 정열적인 사랑을 함께 내면에 억누르고 있다는 점에서 그녀는 이디쓰보다 깊은 감정적 굴곡과 심리적 복잡성을 지닌다. 그리고 그녀는, Q. D. 리비스가 지적(Leavis 120)한 대로, 이디쓰에게서 발견되는 멜로드라마적 요소가 거의 없이 섬세한 이해와 공감적 상상력을 통해 개연성 있고 강렬한 인물로 창조되고 있다. 물론 그녀의 은밀하고 뒤틀린 태도나 특히 에밀리(Emily)에 대한 가학과 비난 등은 그녀를 혐오스러운 인물로 보이게 하지만, 동시에 그녀는 데이비드가 느꼈던 것처럼 묘한 매력을 지니고 있다. 뿐만 아니라 그녀의 뒤틀린 행동과 격렬한 분노도 작품 속에서 이디쓰와 마찬가지로 상당 부분 정당화되고 이해될 수 있도록 제시되고 있다. 사실 로우저의 성격에 나타나는 미묘함과 매력은 이러한 이중성에서 비롯되는 것이라고 할 수 있다. 이러한 복합성과 문제성을 통하여 부각되는 로우저의 분노하는 여성으로서의 면모는 곧 『리틀 도릿』에서 한층 파격적이면서 적극적인 여성으로 나타나는 미쓰 웨이드를 예고하는 것이기도 하다.

사실 『리틀 도릿』 이전에도 로우저를 계승하는 인물들이 없는 것은 아니다. 가령 『블리크 하우스』의 레이디 데들록이나 『어려운 시절』(*Hard Times*)의 루이저 그랫그라인드(Louisa Gradgrind) 등과 같은 인물들을 통하여 디킨즈는 격정적이고 남성의 지배에 눌리지 않는 여성의 창조를 계속하고 있다. 그러나 이디쓰 돔비와 로우저 다아틀을 잇는 여성의 분노와 항거가 구체적으로 다시 나타나는 것은 역시 미쓰 웨이드에게서이다. 디킨즈는 미쓰 웨이드를 통하여 한층 더 도전적이고 위협적인 여성의 이미지를 부각시키고 있다. 그녀는 "억누를 수 없는 열정"(377)과 확고한 주체적 판단력을 지니고 남성중심의 가부장제 사회에 대한 전면적인 도전과 복수를 도모하고 실천하는데, 가부장제의 의식에 사로잡혀 왜곡된 형태의 증오를 발산하는 데 그친 로우저에 비하면 가히 급진적인 위협성을 지닌 여성이라 할 수 있다. 팽크스(Pancks)가 아써 클레넘(Arthur Clennam)에게 그녀보다 "더 분노를 띠고 격정적이고 무모하고 복수에 찬 여자는 이 세상에 없었다"(595)고 언급할 때, 이 말은 바로 그녀와 같은 여성에 대한 사회의 두려움을 요약하여 표현하고 있는 것이기도 하다.

물론 미쓰 웨이드의 과격성이나 반사회적 요소가 디킨즈에 의해 그대로 긍정되고 있는 것은 아니다. 그녀의 자서전적 서술의 제목이 "자기 가해자의 이야기"(The History of a Self-Tormentor)(725)라고 붙여진 것에서도 나타나듯이, 디킨즈의 작가적 '의식'의 한편에는 로우저의 경우와 마찬가지로 미쓰 웨이드에게 파괴적 증오나 왜곡된 심리 등을 부여함으로써 부정적인 이미지를 보여주고자 하는 의도가 분명히 있다. 그리고 실제 우리는 "그녀 자신의 가슴을 집어삼키는"(719) 자기파괴적 면모를 미쓰 웨이드로부터 쉽게 찾아낼 수 있다. 따라서 이를 근거로 평자들도 흔히 부정적인 관점에서 그녀를 편집증적 질투나 자학 또는 신경증적 광기 등, 도착된 심리의 소유자로 이해하곤 한다(가령 E. Wilson 47, Heatley 125, Scott 137 등). 하지만 디킨즈의 '상상력'이 우리에게 보여주는 미쓰 웨이드는 작가에 의해 의식적으로 부여된 부정적 성격을 넘어서는 호소력과 문제성을 지니고 있으며, 따라서 엇나간 심리를 가진 개인으로 단순하게 평가하고 넘어갈 수 없게 하는 복잡성과 사회적 의미를 지닌 존재로 나타난다. 사실 디킨즈 자신에게도 그녀에 대한 "내밀한 공감의 유대가 있는 것처럼" 보이며, 특히 "그녀의 서술의 팽팽하게 통제된 풍자적 산문의 힘"은 "격렬하게 독립적인 영혼과 강렬한 정열 그리고 예리한 정신을 지닌 여성"에게 당대의 기만적 가부장제 이데올로기가 어떻게 포착되고 있는 것인가를 우리로 하여금 깨닫게 만든다(Slater(1983) 269). 이런 점에서 미쓰 웨이드의 인생사는 겉으로 드러난 '자기 가해자'의 이야기로서뿐만 아니라 그 이면에 드리워진 '가해 당한자'의 이야기로서도 아울러 읽혀져야 하며, 바로 그럴 때 우리는 그녀의 인물창조에 내재하는 리얼리즘적 진실성과 깊이를 좀더 적극적으로 파악할 수 있을 것이다.

이상 보았듯이, 디킨즈 소설에서 억압적 남성지배 질서에 분노하고 항거하는 여성의 이미지는 이디쓰 돔비, 앨리스 마우드, 로우저 다아틀, 미쓰 웨이드 등을 통하여 지속적으로 강화되어 나타나고 있다. 이들은 자신들이 처한 상황의 모순과 부당성을 분명히 인식하고 있으며 남성으로부터 당하는 고통에 대하여 격렬한 정열과 에너지로써 분노를 표출하고 항거하는 모습을 점차 강하게 보여준다. 특히 이들은 작품 속에서 자신들의 분노한 목소리를 단호하게 터뜨림으로써 작품의 서술 표면을 뚫고 나와 작중 화자의 남성적 목소리나 주인공들에게 내면화되어 있는 남성적 관점의 지배나 통제를 거부하며 때로는 그것을 전복하기도 한다. 이디쓰가 카커와 디죵의 여관에서 대면했을 때 웅변적으로 밝히는 복수의 격정이 그러하며, 스티어포스의 사망 소식을 들은 로우저가 마침내 스티어포스 부인(Mrs Steerforth)을 향하여 분노를 터뜨릴 때, "난 그녀에게 말하고 말 거요. 이 세상 무엇도 내 입을 막을 수 없어요"(『데이빗 코퍼필드』 871)라고 하면서 데이빗의 점잖은 언사를 압도하는 것 역시 그렇다. 그리고 미쓰 웨이드의 분노와 증오에 찬 자서전적 서술은 작품의 원만한 진행을 깨뜨리고 침입하면서까지 클레넘이나 작중 화자의 의식에 장악되지 않는 진실성을 구축한다.

후기소설에서 이처럼 여성들의 목소리가 직접적으로 강하게 드러나면서 그들의 억눌린 에너지가 "화산적 성질"(volcanic quality)(Darby 9)을 띠고 터져나오는 경향은 이밖에 다른 여성인물들을 통해서도 뒷받침되고 있다. 우선『블리크 하우스』에서 에스더 써머슨(Esther Summerson)은 디킨즈의 작품세계에서 처음이자 유일하게 여성 일인칭 화자의 지위를 차지하고 있다. 비록 열정이나 분노를 지닌 인물은 아니지만 그녀는 일인칭 화자로서의 이점을 소극적으로나마 은근히 활용해 가면서 자신의 목소리와 주관을 드러낼 줄 아는 모습을 보인다. 그리고『어려운 시절』의 루이저 그랫그라인드는 보다 상징적으로 여성에게 잠재된 열정과 에너지의 폭발적 가능성을 진술한다. 천박하고 기만적인 바운더비(Bounderby)와의 마음에 없는 결혼을 권고받는 중에 한참 동안 말없이 밖의 공장굴뚝을 바라보던 그녀로부터 돌연 다음과 같은 의미심장한 토로가 터져나오는 것이다.

> 저기엔 맥빠지고 단조로운 연기 외에는 아무것도 없는 듯이 보이는군요. 하지만, 아버지, 밤이 되면 불길이 터져 나오지요!
>
> There seems to be nothing there but languid and monotonous smoke. Yet when the night comes, Fire bursts out, father!(135)

따라서 이러한 분별력과 에너지를 간직하고 있는 루이저가 바운더비의 권위적 지배에 순순히 복종하기를 완강히 거부하다가 결국 뛰쳐나오는 것은 필연적이며, 이로써 루이저의 결혼은 '산업의 선봉'과 '집안의 천사'로 엮어지는 당대의 가정 이데올로기의 허구적 이상을 극명하게 폭로하는 의미를 지닌다.

한편『위대한 유산』은 미쓰 해비셤을 통해 여성의 분노와 복수를 가장 구체적 행위로 계승한 인물을 보여준다. 남성에게 가혹하게 대하는 양녀를 길러 냄으로써 남성에 대한 자신의 원한을 풀고자 하는 미쓰 해비셤의 시도는 이전의 여성들보다 한층 더 악의적으로 강화된 복수의 행위이다. 물론 그녀가 자기 유폐라는 자학적인 방식을 통하여 자신이 당한 배반의 고통을 극단화하고 그 대신 에스텔러(Estella)를 복수의 도구로 사용하는 것은 적극성과 직접성이 미약한 행위로 보일 수 있다. 그러나 그녀의 자기 유폐는 미쓰 웨이드의 자기고립을 훨씬 넘어서 거의 '광기'에 이른 것으로서 그만큼 남성에 대한 그녀의 원한과 증오가 참혹하게 심화되었다는 사실을 증명한다. 그리고 이런 광기의 상황에서 에스텔러의 이용은 남성이 범한 가해를 똑같은 가혹함으로 앙갚음하고자 하는 미쓰 해비셤의 복수심이 찾아낸 가장 현실적이고 악의적인 실천수단이다. 따라서 미쓰 해비셤은 디킨즈에 있어서 '다락방의 광녀'(the madwoman in the attic)에 해당되는 셈이지만, 그녀의 광기와 유폐는 억눌린 분노의 상징이기보다는 자발적이고 공격적인 분노의 상징이라고 할 수 있다. 한편 이밖에 『우리 서로의 친구』(*Our Mutual Friend*)의 조지애너 포드스냅(Georgiana Podsnap)이나 래믈 부인(Mrs Lammle), 『에드윈 드루드의 미스터리』(*The Mystery of Edwin Drood*)의 로우저 버드(Rosa Bud) 등도 무기력하거나 순종적이기만 한 듯하다가 예기치 않게 반항적 행위나 주체적 행동을 보임으로써 디킨즈의 후기소설에 나타나는 여성들의 강화되는 이미지를 측면적으로 지원하고 있는 단편적인 예들이다.

물론 이미 언급했듯이 디킨즈는 남성의 억압과 부당한 행위에 분노하고 복수하고자 하는 여성들에 대해 전적인 공감을 보내고 있지 않다. 대부분 이들은 작품 속에서 성격적으로 부정적인 면을 강하게 드러내고 있다. 그들의 정열은 너무 지나치게 강하여 뒤틀린 증오와 복수심을 낳고, 그 결과 그들의 삶과 주변사람들의 삶에 파괴적인 악영향을 끼치곤 한다. 그러나 이러한 부정적 성격의 표면 아래 이들의 삶은 남성으로부터 당한 피해와 고통의 경험을 간직하고 있으며 결국 분노와 증오로 항거할 수밖에 없는 정당한 동기를 지니고 있는 것으로 드러난다. 따라서 독자는 이들에 대하여 비난이나 혐오보다는 공감과 이해를 하게 되거나 아니면 적어도 강한 관심을 가지고 대하지 않을 수 없다. 요컨대 이러한 여성들의 창조에서 디킨즈의 상상력은 분노의 파괴성과 왜곡된 복수심에 대한 그의 비판적 의식에도 불구하고 당대 사회의 부당한 성이데올로기의 실상과 그 필연적인 결과를 진실된 통찰로써 포착하여 형상화하고 있는 것이며, 따라서 "디킨즈는 자주 그의 불쾌한 여성들을 불행한 이성관계의 측면에서 설명하기는 하지만...여성의 실망이나 곤욕이 남성의 부당한 행동의 결과가 아니라 그녀의 현재의 성격적 결함의 직접적인 결과로 보이게 하는 방식으로 설명한다"는 캐스린 써덜런드(Kathryn Sutherland)의 주장(Sutherland 18)이 어떻게 시각교정을 받아야 마땅할지는 자명할 것이다.

Ⅵ.『리틀 도릿』
구원과 도덕적 재생의 비전

Little Dorrit

1. 리틀 도릿: 창조적 주체로서의 구원자

1

디킨즈(Dickens) 작품에서 우리는 남성에 대해 구원자적 역할을 하는 여주인공들을 자주 만나게 된다. 이들은 작품 속에서 자신들과 관계하는 남성에게 깊은 영향력을 행사하고 삶의 의미와 가치를 제공해 주면서 남성을 인도하고 나아가 그 남성에 대해 일종의 지배적 지위에까지 올라서기도 한다. 이러한 구원자적 존재로서 여성의 이미지는 우선 순수하고 희생적이며 사랑으로 모든 고난을 이겨내는 존재로서의 여성상에 기초하고 있는 것인데, 디킨즈의 초기작품은 바로 그러한 여성의 이미지를 빈번하게 묘사하고 있다. 가령 그의 첫 소설『피퀵 보고서』(*The Pickwick Papers*)의 한 삽화(揷話)의 주인공은 다음처럼 여성의 고귀한 가치를 깨닫는다.

> 그는 모든 신의 창조물 중 가장 연약하고 다치기 쉬운 여성이 슬픔, 역경, 고통 등을 가장 잘 이겨낸다는 것을 알았다. 그리고 그는 그 이유가 여성이 그들의 가슴

에 사랑과 헌신의 마르지 않는 원천을 지니고 있기 때문이라는 것을 알았다.

He saw that women, the tenderest and most fragile of all God's creatures, were the oftenest superior to sorrow, adversity, and distress; and he saw that it was because they bore, in their own hearts, an inexhaustible well-spring of affection and devotion.(489)

여성은 가장 부드럽고 연약하면서도 삶의 고통을 이겨냄에 있어 가장 강한 존재라는 생각이 여기에 나타나 있다. 이러한 여성에게는 곧잘 타락한 세상의 때가 묻지 않은 성스러운 성격이 부여되곤 한다. 따라서 타락한 가치와 탐욕적 경쟁으로 지배되어 있는 현실사회에 대하여 여성은 구원적 가치를 구현하고 있는 존재가 된다. 이러한 가치는 어린아이의 성격이 이에 결합되면서 더욱 강화된다. 『골동품 가게』(*The Old Curiosity Shop*)의 리틀 넬(Little Nell)은 그 대표적인 경우이다. 그녀는 열네 살에 가까운 소녀이지만 작품 속에서 항상 어린아이의 이미지로 강조되어 나타나곤 한다. 특히 늙은 할아버지의 손을 이끌고 속세의 악을 헤치고 일종의 '천로역정'을 걷는 그녀의 모습은 여성과 어린아이의 순수하고 고결한 이미지가 감상적 극치와 알레고리의 경지에 이를 만큼 깊이 결합되어 있다. 그리고 이런 바탕에서 그녀의 구원자적 성격은 다음과 같이 여성 고유의 본성에 대한 일종의 신화적 이해에 근거하는 것으로 요약되고 있다.

당신이 어느 옛 가문의 화랑이든지 구경한 적이 있다면, 여러 다른 세대에 걸쳐 똑같은 얼굴과 형상--흔히 그들 모두 중 가장 아름답고 자그마한 인물--이 눈에 띄게 되는 것을 기억할 것입니다. 그리고 당신이 초상화의 긴 열을 따라 가면서 그 똑같은 예쁜 소녀, 즉 결코 늙거나 변하지 않으며, 그 종족의 선한 천사로서, 모든 역경에 있어서 그들 곁에 있어주고, 그들의 모든 죄를 구속(救贖)해주는 그 소녀의 존재를 알아보게 된다는 것을 당신은 기억할 것입니다.

If you have seen the picture-gallery of any one old family, you will remember how the same face and figure--often the fairest and slightest of them all--come upon you in different generations; and how you trace the same sweet girl through a long line of portraits--never growing old or changing--the Good Angel of the race--abiding by them in all reverses--redeeming all their sins--(637)

그런데 이처럼 일찌감치부터 디킨즈의 상상력을 강하게 사로잡고 있었던 구원자적 여성상은 후기작품에 가면서 새롭게 강화된다. 디킨즈의 초기작품에서는, 넬이 증명하고 있듯이, 여성의 구원자적 역할이 아버지에 대한 딸의 헌신적 노력의 형태로만 실천된다. 그러나 딸로서만 실천되던 여성의 구원자적 역할은 『돔비 부자』(*Dombey and Son*)의 플로런스 돔비(Florence Dombey)를 끝으로 그 후의 작품에서는 성숙한 여성으로서 상대 남성과의 관계를 통해서도 수행되는 것으로 나타난다. 그리고 이 변화와 함께 한 가지 두드러지는 사항은 구원의 성취에 있어서 딸로서 이루는 것과 아내로서 이루는 것이 대조적인 차이를 보인다는 점이다. 즉 딸로부터 아내에게로 구원의 주체가 확장되는 한편, 이전에 아버지를 향해 간절하게 시도되지만 번번이 실패로 돌아가곤 하던 딸의 노력은 더욱 깊은 좌절로 귀결되어가고, 그 반면 남편을 향해 추구되는 여성의 구원의 노력은 점차 실천적 가치를 지니며 결실을 맺어 가는 것이다. 여성의 남편에 대한 이러한 구원적 역할은 『귀신 들린 사람』(*The Haunted Man*)의 밀리 스윗저(Milly Swidger)에게서 시작되고 있기는 하지만, 주로 『데이빗 코퍼필드』(*David Copperfield*)의 애그니스 윅필드(Agnes Wickfield)와 『리틀 도릿』(*Little Dorrit*)의 에이미 도릿(Amy Dorrit), 그리고 『우리 서로의 친구』(*Our Mutual Friend*)의 리지 헥삼(Lizzie Hexam) 등을 통하여 구체적으로 묘사되고 있다.

그러나 구원적 존재로서의 여성에 대한 디킨즈의 비전은 그를 빅토리아조 가부장제 이데올로기의 무비판적인 추종자로 보는 유력한 근거로 삼아질 수 있다. 왜냐하면 디킨즈의 여성묘사는 남성 지배질서를 공고히 하려는 빅토리아조 성이데올로기의 기만적 담론으로서 '집안의 천사'라는 개념으로 대변되는 여성의 이상화와 사뭇 일치하는 것으로 보이기 때문이다. 특히 여성론적 관점에서 보면 디킨즈는 그러한 여성의 창조를 통하여 오히려 당대의 상투적 이데올로기를 더욱 퍼뜨리고 조장하는 역할을 했다는 비난을 받기 쉽다. 사실 디킨즈에게 궁극적으로 이러한 점이 없다고 한다면 그것은 억지일 것이다. 디킨즈의 의식은 분명 당대의 남성중심적 성이데올로기로부터 자유롭지 못한 것이었으며, 따라서 여성에 대한 그의 비전도 그것에 직접, 간접적으로 적지 않은 영향을 받았을 것이 당연하다. 하지만 애그니스 윅필드로부터 리지 헥삼에 이르기까지 그의 구원적 여성들이 수행하는 역할과 실천을 보다 주의 깊게 살펴볼 때, 우리는 디킨즈가 이들의 창조를 통하여 추구하는 것이 19세기 성이데올로기의 기만적 이중담론 이상의 의미를 지니고 있다는 사실을 발견하게 된다.

실제로 디킨즈의 여성묘사에서 당대의 상투적 이상화에 정말 부합된다고 할 수 있는 것은 초기작품의 여성들의 경우에 한한다. 가령 매들린 브레이(Madeline Bray)나 리틀 넬 등 아버지에 대하여 구원의 노력을 수행하는 딸들에게 그러한 면이 쉽게 발견된다. 그러나 이들보다는 다른 순종적이고 개성 없이 착하기만 한 여주인공들이 특히 초기 디킨즈의 여성에 대한 한계를 두드러지게 보인다. 즉 『올리버 트위스트』(*Oliver Twist*)의 로우즈 메일리(Rose Maylie), 『니컬러스 니클비』(*Nicholas Nickleby*)의 케이트 니클비(Kate Nickleby), 『바너비 럿쥐』(*Barnaby Rudge*)의 에머 헤어데일(Emma Haredale), 그리고 『마틴 처즐윗』(*Martin Chuzzlewit*)의 루쓰 핀치(Ruth Pinch)와 메어리 그레이엄(Mary Graham) 등의 초기 여주인공들은 특징 없는 성격묘사와 상투적인 미화로 일색을 이루면서 감상적인 여성 이상화의 경향을 강하게 드러내고 있다. 그러나 후기의 여주인공들에 대한 묘사에 오면 적어도 이러한 무조건적이고 의식없는 이상화가 지양되면서 디들의 미덕이 지니는 주체적인 면모와 실천적 가치에 좀 더 진지한 상상적 관심이 기울여진다. 다시 말해 애그니스 윅필드 이후의 구원자적 여성인물의 창조에서 디킨즈는 단순히 감상적 미화의 수준이나 개인적 경험의 반영[26] 차원을 넘어 여성에 대한 비전의 강화를 통하여 좀 더 적극적인 주제의식을 구현해 나가는 것이다. 이 글은 디킨즈의 바로 그러한 발전적이고 적극적인 여성관을 후기작품의 대표적 여주인공이라고 할 리틀 도릿의 구원자적 실천에 대한 분석을 통해 구체적으로 확인해 보고자 한다.

2

에이미 도릿은 표면상 디킨즈의 낯익은 여주인공의 유형, 즉 온순하고 인내심 있고 순수하며 헌신적으로 의무와 사랑을 실천하는 여성으로만 보이기 쉽다. 그녀가 이기적인 아버지와 언니, 오빠를 위해 아무 불평 없이 순종하며 자기를 희생하는 모습이나 무심한 아써 클레넘(Arthur Clennam)에 대해 숨겨진 사랑의 고통을 참아 나가며 헌신하는 모습 등은 분명 그녀의 선하고 양순한 성격을 드러내고 있다. 작품의 끝부분에서 회개하여 돌아온 태티코럼(Tattycoram)에게 미글즈(Meagles)도 에이미의 그러한 면모를 다음과 같이 찬미한다.

> '그녀가 항상 자신에 대해서만 생각했다면...그녀는 짜증잘내고 아마 쓸모없는 존재가 되었을 것이야. 그러나 난 들어왔단다, 태티코럼아, 그녀의 어린시절의 삶은 적극적인 체념, 선량함, 그리고 고결한 봉사의 삶이었다는 것을. 금방 여기 있었던 그녀의 그 눈이 그러한 표정을 지니기 위해 항상 무엇을 바라보아 왔는지 내 생각

26) 디킨즈의 여성 이상화가 어린 나이에 급작스럽게 사망한 그의 처제 메어리 호가쓰(Mary Horgarth)가 남긴 지울 수 없는 이미지에서 비롯된 것이라는 점은 전기적인 측면에서는 여전히 근거 있는 추론으로 남는다.

을 말해 볼까?'

'예, 말씀해주세요. 나리.'

'의무란다, 태티코럼아.'

'If she had constantly thought of herself...she would have led an irritable and probably an useless existence. Yet I have heard tell, Tattycoram, that her youg life has been one of active resignation, goodness, and noble service. Shall I tell you what I consider those eyes of hers, that were here just now, to have always looked at, to get that expression?'

'Yes, if you please, sir.'

'Duty, Tattycoram.'(881-2)

따라서 작품의 총체적 구조 속에서 그녀가 지니는 주제상의 핵심적 지위를 고려하지 않고 여주인공으로서의 성격 자체만 본다면 에이미는 리틀 넬, 루쓰 핀치, 플로런스 돔비, 그리고 『블리크 하우스』(*Bleak House*)의 에스더 써머슨(Esther Summerson) 등을 상기시키는 인물에 불과하다는 로스 대브니(Ross H. Dabney)의 지적(Dabney 113)은 충분히 옳은 듯이 보인다. 그리고 이러한 입장에서 좀 더 나아가면 에이미는 결국 "빅토리아조의 가정적, 사회적 덕목의 완벽한 구현"(the complete embodiment of the Victorian domestic and social virtues)(Garis 183)에 다름없거나, 가부장제 가족에 봉사하여 순종과 자기희생이라는 "보이지 않는 노동"(shadow labour)을 실천하도록 당대 여성들에게 권장되는 "이상적 본보기"(ideal example)(Winter 249)에 불과하게 된다.

그러나 에이미 도릿을 빅토리아 시대의 순종적 여성의 이상적 구현으로만 규정하는 것은 미글즈와 같이 그녀의 실제 삶의 내용을 보지 못한 채 피상적 이해에 근거하여 필요에 따라 그녀의 성격을 자기만족적으로 단언하는 오류를 범하는 꼴이 될 것이다. 왜냐하면 작품의 구체적 내용을 좀 더 주의 깊게 들여다볼 때, 우리는 곧 에이미가 드러나지는 않지만 창조적이고 적극적인 행동들을 실천함으로써 하나의 성숙한 인격체로서 주체적인 여성상을 구현하고 있는 모습을 발견할 수 있기 때문이다. 리비스(Leavis)가 리틀 넬과 비교하여 두드러진 '현실성'을 주목하면서 그녀를 삶의 창조성과 자발성을 실천하는 인물로 높이 사는 것(Leavis 298, 311-2 등 참조)은 바로 에이미의 그러한 진면목을 제대로 인정한 데서 나온 평가이다. 마이클 슬레이터(Michael Slater) 역시 에이미를 이전의 디킨즈 여주인공들에 비해 확고한 주체성과 적극적 실천력을 지니는 인물로 보면서 "딱 한 번 디킨즈가 여성적 이상에 생명을 불어넣어 그것이 믿을만한 자리에 서도록 하는 데 성공한다"(Dickens for once manages to breathe life into his feminine ideal and give it a credible place....)고 결론지어 말한다(Slater(1983) 257-8).

작은 체구와 순종적인 외양 아래 감추어진 에이미의 적극적이고 성숙한 성격은 어린아이였을 때부터 이미 나타난다. 일찍이 자기 가족이 처한 현실을 직시하여, 무위도식하고 무능하기만 한 아버지를 부양하며 언니와 오빠를 공부시키고 일자리를 얻어주는 등 가장과 같은 일을 스스로 떠맡고 실행해 나가는 그녀의 모습은 선하거나 헌신적이기에 앞서 당돌하고 야무지다. 그녀는 가족에게 착취당하고 희생되는 것처럼 보이지만, 사실은 그녀가 주도적으로 그러한 관계를 유지시켜 나가는 것이지 순진하게 당하거나 따르기만 하는 것은 결코 아니다. 이것은 그녀가 윌리엄 도릿의 품위와 자존심을 지켜주기 위해 그로부터 자신과 패니(Fanny)의 옥외(獄外) 노동 사실 그리고 팁(Tip)의 죄수 신분 등을 감추도록 '통제'하고 '조정'하며 '술수'를 쓰기까지 하는 점에서 알 수 있다. 항상 "뭔가 바라는 듯하고 궁금해하는"(wistful and wondering)(109) 그녀는 맘씨 좋게 그녀를 보살펴주는 간수에게 여러 가지 질문을 던져 "정치적, 사회적 또는 신학적 궁지"(a political, social or theological corner)(110)로 몰아넣곤 하는데, 이것도 단순히 어린아이의 천진한 호기심을 과장한 것만은 아니다. 즉 그녀의 이러한 모습에는 나중에 윌리엄 도릿의 채무이행과 관련하여 당대의 도덕률에 전면적으로 도전하는 질문[27]을 던지는 데서 드러나는 급진적 비판성의 씨앗이 이미 함축적으로 암시되어 있는 것이다. 따라서 마셜씨(Marshalsea) 감옥과 그곳에 들어오는 사람들에 대한 가장 정확한 도덕적 인식이 바로 그녀의 입을 통해 표현되는 것(113면, 138면 등)은 당연하다. 또한 자신이 어리게 보이며 체구가 왜소함에 대해 "저는 정말 너무 작은 것 같아요"(113)라고 탄식하며 흐느낄 때의 그녀의 깊은 좌절감은 한편으로 그녀의 자기의지 실현욕구가 얼마나 강렬한가에 대한 간접적 증거이기도 하다.

이처럼 온순하고 연약한 외양 뒤에 깊고 단단한 심성을 간직하며 자라난 그녀를 아써 클레넘이 처음 만나는 것은 그녀가 22세 때이며 그들의 결혼으로 작품이 끝날 때 그녀의 나이는 25세 정도이다. 이 과정에서도 그녀는 여전히 어린아이로 오해될 만큼 작은 체구에 더 깊어진 "그녀의 본래적인 소심함"(her original timidity)(118)을 지니고 있는 것으로 묘사되곤 한다. 그러나 그녀의 행동과 언사의 곳곳에서 우리는 그녀가 실상은 강한 의지력과 적극적 성격 그리고 성숙한 "여성적 의식"(womanly consciousness)(118)까지 지니고 있는 존재임을 쉽게 발견할 수 있다. 아써와의 다음과 같은 대화는 그러한 사실을 섬세한 묘사로 전달해주는 한 예이다.

> '다른 것을 말씀드리기에 앞서,' 리틀 도릿은 말을 시작했다… '제가 뭘 좀 여쭈어도 될까요, 선생님!'
>
> '그래, 얘야.'
>
> 그가 그렇게 자주 그녀를 아이라고 부르는 것에 약간의 고통스런 그늘이 그녀의 얼굴 위에 드리워졌다. 그녀는 그가 그것을 알아채거나 그러한 사소한 것에 마음을 써주는 것에 놀랐는데, 그는 즉시 덧붙였던 것이다.

27) "It seems to me hard that he should have lost so many years and suffered so much, and at last pay all the debts as well. It seems to me hard that he should pay in life and money both."(472)

'나는 상냥한 말로 부르고 싶었는데, 다른 이름을 떠올릴 수 없었단다. 네가 방금 네 자신을 우리 어머니 집에서 불리우는 이름으로 불렀고 또 그 이름으로 내가 항상 너를 생각하고 있으니까, 너를 리틀 도릿이라고 부르도록 하마.'

'고맙습니다, 선생님. 어떤 이름보다 좋아할 거예요.'

'리틀 도릿.'

'리틀 엄마야,' (잠에 빠져 있던) 매기가 고쳐주듯이 끼여들었다.

'Before I say anything else,' Little Dorrit began... 'may I tell you something sir?'

'Yes, my child.'

A slight shade of distress fell upon her, at his so often calling her a child. She was surprised that he should see it, or think of such a slight thing; he said directly:

'I wanted a tender word, and could think of no other. As you just now gave yourself the name they give you at my mother's, and as that is the name by which I always think of you, let me call you Little Dorrit.'

'Thank you, sir, I should like it better than any name.'

'Little Dorrit.'

'Little mother,' Maggy (who had been falling asleep) put in, as a correction.(209-210)

이 대화는 아써와 리틀 도릿에게 있어서 상당히 깊은 상징적 의미를 지니는 장면의 후속 부분이다. 바로 직전의 장면에서 아써는 지친 모습으로 홀로 자기 방에 앉아서 그날 낮에 있었던 옛 연인 플로러 캐스비(Flora Casby)와의 실망스런 재회 등을 떠올리면서 자기 삶의 실패성을 통감한다. 그리고 그는 곧 탄식하듯 이날 이때까지 자기가 삶에서 "찾아낸 게 무엇이란 말인가?"(what have I found?)(207) 하고 자문하는데, 이 순간 이에 대한 대답이라도 하는 듯이 "리틀 도릿"이라고 말하며 에이미가 들어온다. 말하자면 여기서 에이미의 아써에 대한 구원자적 존재와 의미가 계시적으로 드러나고 있는 것이다. 그런데 아써는 이를 인식하지 못한 채 자기가 돌보아줄 어린아이로서만 그녀를 대하고 또 그렇게 그녀를 계속 호칭한다. 물론 리틀 도릿 역시 아써를 아직 다다르지 못할 존재로 우러러보기만 할 뿐 의식적인 사모의 감정을 품고 있는 것은 아니다. 하지만 자기를 계속 어린아이로만 취급하는 아써의 부권적(父權的) 태도는 그녀에게 본능적인 거부감을 일으키며 그것은 순간적으로 그녀의 표정에 떠오른다. 아써가 즉시 이를 알아채는 것은 그의 사려깊음의 증거이지만, 동시에 그녀의 몸에 천성이나 다름없이 배어 있는 자기감정의 억제조차 감출 수 없을 정도로 에이미의 내적 거부감이 깊고 강렬하여 쉽게 눈에 띈 탓이기도 하다. 어쨌든 이리하여 아써는 일종의 타협안으로 '리틀 도릿'이라고 부르기를 제안하고, 그 호칭에 익숙해 있고 또 그녀 스스로 이미 이 이름을 사용했던 에이미도 이에 기꺼이 호응한다. 더구나, 비록 여전히 '리틀'이라는 경칭(輕稱)이 앞에 붙지만, '도릿'이라는 고유명이 채택됨으로써 그녀의 인격적 주체는 아써에 의해 최소한 어느정도 인정되는 셈이다. 따라서 이러한 타협의 과정을 통해 결국 에이미는 자기주장의 의지를 보이고 또 이를 최대한 실현하고 있는 것이다.

그러나 이 장면의 상징적 깊이를 절정에 올려놓는 것은 바로 매기가 우스꽝스러운 잠꼬대로 불쑥 덧붙이는 한 마디이다. 저능아로서 할머니로부터 학대받던 매기가 자신을 구해내어 살아남게 돌봐 주고 가르치는 에이미를 '어린(리틀) 엄마'라고 부르는 것은 당연하다. 하지만 아써가 에이미의 호칭에 대해 타협하는 순간 이를 '고쳐주듯이' 그렇게 외치고 나설 때, 이것은 곧 에이미가 동의한 그 타협조차 올바른 것이 아니라는 강력한 반박의 의미를 갖는다. 즉 매기에게와 마찬가지로 아써에게도 에이미는 딸처럼 보살펴 줄 피동적 대상이 아니라 오히려 그를 돌봐주고 생명의 원천으로 작용할 어머니의 위치에 있는 적극적 존재이며 따라서 그렇게 불러야 마땅하다는 통찰과 주장을 매기의 잠꼬대는 희극적 효과로 교묘하게 드러내고 있다. 매기의 이 주장은 두 사람이 궁극적으로 도달할 관계의 본질을 예고하고 있다. 그러나 나중에 아써가 삶의 나날에서 리틀 도릿이 그에게 알지 못하게 끼쳐 온 역할과 의미를 뒤늦게 깨닫는다는 사실을 통하여 그 현재적 타당성도 입증되고 있다. 한편 육체적으로는 성인이지만 정신적으로 어린이인 매기가 에이미를 '어린'(리틀)이라는 형용어로 부르는 것은 곧 에이미에게 별명으로 따라다니는 '리틀'이란 칭호로 하여금, 에이미가 실천하는 '어른'스럽고 '성숙한' 면모를 부각시키는 아이러니로 들리게 하는 결과를 낳기도 한다.[28] 이러한 점에서 결국 에이미 도릿의 외형적 양순성과 '작음' 또는 '어린이같음'이 실은 그녀의 성숙한 여성적 인격을 보지 못하게 오도하는 특징으로 의도되었다는 윌리엄 마이어즈(William Myers)의 지적(Myers 101)은 전혀 지나친 것이 아니다.

주어진 환경을 정확히 인식하고 그 안에서 가능한 창조적 대응과 모색을 통하여 의미와 가치를 실현하는 "현실의 창안자"(the generator of reality)(Leavis 311)로서의 에이미의 적극적이고 어른스러운 모습은 그녀가 마셜씨 감옥에서 가족을 이끌어 가는 모습에서 이미 충분히 드러나고 있다. 하지만 아써와의 자기희생적 사랑을 성취해 나가는 그녀의 모습에서도 우리는 그녀가 지니는 적극적 행동성을 발견한다. 우선 리틀 도릿의 아써에 대한 사랑은 위에서 언급한 방문 장면에서 그의 얼굴을 흠모하는 심정으로 바라보는 그녀의 모습(209)을 통하여 그 초기적 단계가 이미 어느 정도 암시되어 있다. 그리고 그녀가 아버지에게 돈을 주지 말아 달라고 아써에게 요청하면서 다음처럼 울먹일 때도 보다 분명하게 그녀의 특별한 감정이 드러나고 있다.

> 전 **어떤 사람보다도 당신의 눈에** 그가 더 좋게 보이기를 원합니다. 그러므로 저는...**세상 모든 사람 중에서 하필** 당신이 그의 영락의 순간에 그의 모습을 보게 된

28) 이밖에 일레인 쇼월터(Elaine Showalter)처럼 이 작품의 두드러진 한 특징인 'double characterization'에 관련하여 매기를 "리틀 도릿의 육체적, 공격적 그리고 억압되지 않은 자아"(Little Dorrit's physical, aggressive, and uninhibited self)를 구현하는 분신으로 본다면, 매기의 반박은 곧 아써의 제안에 대한 에이미의 진정한 대답이나 다름없다고 할 수 있다(Showalter 35).

다는 것을 생각하면 견딜 수 없습니다.

I want him to be better **in your eyes than in anybody's**. And I cannot bear to think...that **you of all the world** should see him in his only moments of degradation.(214)(필자 강조)

이후 작품이 진행되면서 그녀의 깊어지는 사랑은 점차 분명하게 드러나는데, 아써의 무심함과 극적 대조를 이루면서 묘사되곤 한다. 물론 에이미가 자신의 사랑을 내면에 간직하려는 모습을 보이는 것은 사실이다. 따라서 그녀의 이런 감정처리는 얼핏 이전 소설의 여주인공들이 행하는 자기억제의 미덕과 소극적 태도와 크게 다르지 않은 듯이 보인다. 하지만 자세히 들여다볼 때 우리는 가령 애그니스 워필드의 순결한 희생적 태도나 에스더 써머슨의 자기기만적 수동성과는 차원이 다른 확고한 주체의식과 실천적 의지 그리고 때로는 과감한 자기표현의 적극적 태도를 그녀에게서 발견하게 된다. 바로 앞에서 언급한 그녀의 방문과 '요구' 자체가 이미 아써에 대한 관계를 주도적으로 도모하고자 하는 의지를 바탕으로 하고 있는 것이다. 그리고 그 요구의 이유로서 제시되는 그녀의 말 역시 자신의 감정을 어떻게든 감추거나 억제해버리려 하기보다 오히려 솔직하게 표현하고 있는 측면이 강하다.

두 사람이 그녀가 잘 가는 아이언 브리쥐(Iron Bridge)에서 만나는 장면은 아써의 무심함과 함께 에이미의 강렬한 사랑과 과감한 자기표현의 면모를 훌륭히 압축해서 섬세하게 보여주는 또 다른 예이다. 바로 전에 존 취버리(John Chivery)의 에이미에 대한 상사병을 알게 된 아써는 그녀와 존의 사랑이 어울리지 않음에 약간 실망하는 심정으로 거닐다가 문득 다리에 서 있는 그녀를 발견하고는 다가간다.

그는 발걸음을 빨리했다. 하지만 그가 그녀에게 다다르기 전에 그녀는 머리를 돌렸다.

'내가 널 놀라게 했니?' 그는 물었다.

'누구 발자국 소리인지 알 것 같았어요.' 그녀는 망설이는 듯 대답했다.

'그래, 그랬니, 리틀 도리트야? 너는 내가 오리라고 기대하지는 못했을 텐데.'

'어느 누구도 기다리지는 않았어요. 하지만 발자국 소리를 들었을 때, 저는 그것이--선생님 것처럼 들린다고 생각했지요.'

'어디 더 멀리 가는 중이니?'

'아닙니다, 선생님. 기분전환 좀 하고자 이곳을 거닐고 있을 뿐이예요.'

He quickened his pace; but before he reached her, she turned head.

'Have I startled you?' he asked.

'I thought I knew the step,' she answered, hesitating.

'And did you know it, Little Dorrit? You could hardly have expected mine.'

'I did not expect any. But when I heard a step, I thought it--sounded like yours.'

'Are you going further?'

'No sir, I am only walking here for a little change.'(305-6)

에이미의 사랑은 발자국 소리만으로도 아써라는 것을 미리 알아챌 정도로 깊고 강렬한 것이다. 물론 그녀의 말대로 아써가 그곳에 자기를 찾아오리라고 기대하지는 않았겠지만, 리틀 도릿이 그 순간 그를 생각하고 있었던 것은 틀림이 없다. 따라서 그녀가 놀란 듯이 돌아보게 된 것은 바로 그러한 일치로 인한 것인데, 여기서 놓치지 않아야 할 사항은 아써의 평범한 질문에 대한 그녀의 대답이 지닌 직접성과 대담성이다. 즉 애그니스 윅필드나 에스더 써머슨였다면 이유야 무엇이건 먼저 놀라지 않았다고 자기를 부인하고 들어갔을 상황에서, 에이미는 사실을 부정하지도 않는 동시에 나아가 당돌하게도 바로 상대에 대한 자기의 깊은 의식을 드러내는 대답까지 하고 있는 것이다. 따라서 그녀의 순간적인 망설임도 본질적으로 자기 감정의 일단을 드러내는 과정에서의 조심스러움에 가까운 것으로서, 과거의 여주인공의 경우처럼 이미 충분히 감추어진 자기 감정을 더욱 단속하려는 소극적인 것과는 차원이 다른 망설임이다. 물론 그녀의 두번째 대답은 좀 더 조심스러움을 보이면서 표현의 직접성을 완화하고 있다. 그러나 여전히 그녀는 발자국 소리로 그를 알았다는 사실을 다시 한번 확인하듯 말함으로써 굳이 자신을 감추려 들기보다는 오히려 솔직하고 대담한 자기표현을 하고 있다. 다만 에이미에 대한 각별한 관심을 지니게 되었으면서도 그것을 단지 부성적(父性的) 보호의 감정으로만 적치(積置)하고 있는 아써는 그녀의 이러한 내적 실상을 전혀 의식하지 못한 채 그저 의례적 질문으로 대화를 돌리고 있을 뿐이다. 그리고 그 결과 두 사람의 관계가 보다 빨리 발전되도록 기여했을 미묘한 한 순간이 무심하게 지나가고 마는 것이다.

에이미 도릿은 한 때 매기에게 자신의 사랑을 비유하여 '왕녀와 실잣는 소녀'의 이야기를 들려준다. 그런데 이 이야기에서조차도 그녀의 자기표현적 적극성의 일단을 찾아볼 수 있다. 이 이야기는 분명히 그녀가 아써를 감히 올려다보지 못할 대상으로 두고 자신의 순수한 사랑을 혼자 고이 간직하며 살다가 죽으리라는 식의 체념적이고 극도로 소극적인 태도를 담고 있다. 따라서 이는 재니스 칼라일(Janice Carlisle)이 말한대로 아써가 자신을 나이들고 '볼것없는 존재'(Nobody)로 치부함으로써 펫 미글즈(Pet Meagles)에 대한 연정을 자기연민에 가까운 체념으로 포기하는 것에 상응(Carlisle 202)하는 감정처리 방식이다. 그럼에도 불구하고 그녀의 이 이야기 행위는 이전 작품들에서 이미 애그니스 윅필드의 극기적 침묵이나 에스더 써머슨의 허위적이고 내숭섞인 둘러댐을 겪은 바 있는 독자에게는 보다 적극적인 의미를 띠는 것이다. 왜냐하면 '자신의 목소리로' 내면을 이렇게 비유적으로나마 명확하게 드러내어 말할 수 있다는 사실은 애그니스 윅필드나 에스더 써머슨의 경우에 비할 때 솔직한 자기인식과 명료한 감정정리에 도달해 있는 견고한 주체로서 에이미를 돋보이게 하기 때문이다. 이런 의미에서 그녀의 이야기는 표면적 소극성의 한편으로 자신이나 타인--독자를 포함하여--에게 상황의 본질을 적시해 보이는 표현적 직접성과 대담성마저 지니는 것이라고 할 수 있다.

에이미가 이탈리아에서 아써에게 보내는 편지들은 그녀의 자기표현의 복합적 면모를 보다 두드러지게 나타내준다. 펫의 결혼생활에 관한 보고서로서 이 편지들을 그녀가 쓰는 일차적인 동기는 펫에 대한 짝사랑을 진실되고 승화된 기억으로 계속 보존하려는 아써의 바램을 만족시켜주는 데 있다. 따라서 이 편지들 역시 아써에 대한 그녀의 자기희생적 사랑을 극단적으로 증명하는 예라고 할 수 있다. 그러나 헌신적으로 자신을 부정하는 듯이 보이는 이 편지에는 아써에 대한 자신의 사랑을 은근히 표현함으로써 그의 감정적 통로를 자신에게로 기울어지게 하고 있는 에이미의 야무진 모습이 드러나기도 한다. 즉 이 편지들이 다분히 '연애편지'나 다름없이 의도되고 실제로 거의 그렇게 쓰여진 것이라는 혐의를 부정하기 힘들 만큼 여러 군데에서 에이미는 '과감한' 고백적 표현을 적어 보내고 있다. 예컨대 첫번째 편지를 시작하는 부분에는 다음과 같은 구절이 있다.

> ...선생님은—아주 잠깐 동안 그나마 아주 드물게 저를 그리워하는 것을 빼고는--아무것도 그리워하지 않으시겠지요. 하지만...저는 정말 많은 것을 그리워한답니다.
>
> ...you miss nothing--unless it should be me, which can only be for a very little while together and very seldom--while...I miss so much.(520-1)

여기에서 에이미는 자신의 그리움을 간접적으로 표현하고 있는 동시에 아써가 자신을 남달리 여겼던 사실을 주저함 없이 인식의 바탕에 깔면서 그에게 자신에 대한 그리움을 갖도록 반어적으로 은근하지만 강하게 촉구하고 있는 셈이다. 또 후반부로 넘어가는 데서는 옛날 매기와 함께 그의 거처를 방문했던 일을 떠올리면서 그날 밤 바래다주던 그를 따돌린 뒤 자기들이 길거리에서 밤을 새워야 했던 사실을 그녀는 '슬쩍' 밝힌다. 그런데 이것 역시 아써가 깨닫지 못한 진실의 한 편린을 그녀 '스스로' 드러냄으로써 그의 감정적 흐름을 자연스럽게 그녀에게 향하도록 보이지 않게 유도하고 있다. 특히 편지의 말미에 이르러 그녀는 다음과 같은 바람을 적고 있는데, 이 구절은 겸손과 소심의 외양 아래 은밀히 드러나는 그녀의 당차고 과감한 면모를 다시금 확인해주고 있다.

> ...이 모든 상념들에는 **거의 항상--결코--마음을 떠나지 않는 한 가지 생각이 있는데, 그것은 바로 선생님이 때때로 조용한 순간에 저를 생각해 주시기를 바란다는 것입니다.** 이것에 대해서는, 제가 떠나 온 이래 항상, 아주 간절히 덜어내고 싶은 걱정이 하나 제 마음에 걸려 있었다는 것을 말씀드리고 싶습니다. 염려컨대, 선생님은 혹 저를 새로운 관점에서 또는 새로운 사람으로 바라보실지 모르겠습니다. **그러지 말아 주십시요**. ... 선생님이 저에게 그토록 잘해주시던 때보다 저를 선생님에게 멀어지게 만들 어떤 방식으로 선생님이 저를 생각하신다고 믿게 된다면 저는 정말 슬플 거예요.
>
> ...in all these thoughts, **there is one thought scarcely ever--never--out of memory, and that is that I hope you sometimes, in a quiet moment, have a thought for me.** I must tell you that as to this, I have felt, ever since I have been away, an anxiety which I am very anxious to relieve. I have been afraid that you may think of me in a new light, or a new character. **Don't do that**. ... It would break my heart to believe that you thought of me in any way that would make me stranger to you than I was when you were so good to me.(523-4)(필자 강조)

요컨대 여느 때처럼 자기를 감추고 아써로 하여금 부성적 애정을 계속 지니도록 조장하고 있는 듯하지만, 동시에 그녀는 여기서 그에게 '적극적' 요구를 함으로써 그의 감정을 유도하고 환기하는 한편 그의 각별한 관심의 대상으로 남아 있고자 하는 강한 의지를 표명하고 있다. 그리고 이를 통하여 그녀는 그에 대한 자신의 애착이 얼마나 간절한가

하는 것까지도 실질적으로 드러내고 있는 것이다.

두 번째 편지에서도 역시 그녀의 깊은 사랑은 은근하지만 대담하게 표현되고 있다. 편지의 중간쯤까지 헨리 가원(Henry Gowan) 등에 대한 상세하고 분석적 설명을 하다가 그녀는 문득 다음의 변론을 끼워 넣는다.

> 마지막 마침표를 찍었을 때 저는 이 모두를 다시 읽어 보았습니다. 처음엔 제가 너무 나서서 많은 것을 추측하고 설명하는 듯이 보여서, 저는 이 편지를 보내지 말까 하는 생각도 들었습니다. 그러나 좀 더 생각해 보았을 때, **오직 선생님을 위해서 제가 주의 깊게 살펴보았고, 또 제가 유의해 보았다고 여기는 것을 유의해 본 것은 오직 선생님이 관심이 있으리라는 생각에 제가 고무되었기 때문이라는 사실을 선생님께서 즉시 알아챌 것이라고 보다 희망적으로 느끼게 되었습니다. 정말, 그것은 진실이라 여기셔도 틀림이 없습니다.**
>
> I stopped at the last full stop to read all this over. It looked at first as if I was taking on myself to understand and explain so much, that I was half inclined not to send it. But when I thought it over a little, **I felt more hopeful for your knowing at once that I had only been watchful for you, and had only noticed what I think I have noticed, because I was quickened by your interest in it. Indeed, you may be sure that is the truth.**(608)(필자 강조)

자기도 모르게 드러난 주관과 분별력의 깊이를 한 겹 접어놓기 위한 구실로서 하는 말이 분명하지만, 여기에는 그녀가 얼마나 아써를 깊이 생각하고 있는가와 그녀의 모든 행동이 오직 그에 대한 사랑에서 비롯된 것이라는 사실이 강하게 암시되고 있다. 그녀가 덧붙여 강조하는 '진실'은 바로 이러한 의미까지 내포하고 있는 것이며, 따라서 위의 진술은 단순한 소극적 변명을 넘어서 사랑의 강력한 선언 내지 다짐 섞인 확인의 성격을 띠는 것이기도 하다. 또한 조금 뒤에 그녀는 패니의 애인을 언급하면서 지나치듯이 "저는 물론 연인이 없지요"(I have no lover, of course)라고 간단히 덧붙여 문단을 매듭하는데, 이것도 위와 같은 정황에 비춰 볼 때 '당신을 제외하면'이란 말이 간신히 감추어져 있는 사랑의 직접적 표현이나 다름없다. 이밖에 그녀는 편지의 말미에 접어들면서 아써에 대한 그리움을 간절한 향수에 담아 표시하고 있으며(610), 다음처럼 하찮은 듯한 언급을 통하여 다시금 은근하게 파고드는 힘으로 자기의 모든 삶이 그를 향한 일념으로 지탱되며 추구되고 있다는 사실을 확인하면서 편지를 끝맺는다. 물론 자기를 잊지 말라는 당돌한 '다짐'까지 잊지 않으면서 말이다.

> 저는 말씀드렸던 그 어려운 언어들을 거의 쉽게 말하고 이해하기 시작했습니다. 지난번 편지를 쓸 때, 저는 선생님이 두 언어 모두 알고 계신다는 것을 기억하지 못했었습니다. 그러나 나중에 전 그것을 기억해내었고, 그것은 이후 저에게 도움이 되었습니다. 그럼 존경하는 클레넘씨, 당신께 하나님의 축복이 내리길 빌겠습니다. 당신이 잊지 말아 주시기를 바라고, 당신에게 항상 감사드리며 다정한
>
> 리틀 도릿 올림

> I have begun to speak and understand, almost easily, the hard languages I told you about. I did not remember, at the moment when I wrote last, that you knew them both; but I remembered it afterwards, and it helped me on. God bless you, dear Mr Clennam. Do not forget your ever grateful and affectionate
>
> Little Dorrit.(610)

이렇게 표면적으로는 기약 없는 사랑의 대상을 향해 자기희생과 헌신만을 담아 쓰여진 듯하지만 사실은 과감하고 적극적인 자기의 감정 표현들을 담고 있는 편지들에서, 에이미는 궁극적으로 아써로 하여금 펫에 대한 연정의 미진한 잔재를 해소하게 하는 한편 그의 감정적 흐

름을 교묘하게 주도하여 자기에게로 끌어들이고 있다.[29] 물론 아써는 여전히 그녀의 진정을 깨닫지 못하다가 감옥에 들어간 뒤에야 존 취버리에 의해 비로소 일깨워진다. 그리고 그는 이때 그녀의 사랑뿐만 아니라 자기 내면의 깊은 무의식에 이전부터 자리잡아온 그녀에 대한 사랑[30]에 대해서도 눈을 뜨게 된다. 이 깨달음은 바로 에이미의 위와 같이 드러나지 않은 주도적 역할과 지속적 영향력이 그 근원에서 작용하고 있었기에 가능했던 것이라고 할 수 있다. 그런데 이렇게 서로의 사랑을 인식한 두 사람이 결혼에 이르는 마지막 과정에서도 우리는 이전의 여주인공들과 대조적이며 인습적인 빅토리아적 여성상을 넘어서는 에이미의 파격적 면모를 또 한번 목격하게 된다. 미리 말하건대 이제 상호간의 사랑이 확인된 두 사람의 관계가 결혼이라는 궁극적 단계로 나아감에 있어 남성의 전통적 특권으로 주어져 온 '구혼' 행위가 아써가 아닌 바로 에이미에 의해 주도되고 있는 것이다.

아써가 병들어 신음하고 있는 마셜씨 감옥에 "뭔가 좀더 여인다움"(something more womanly)(826)을 지닌 자태를 하고 홀연 나타나던 날 저녁에 바로 에이미는 결연한 태도로 말문을 연다. 그녀는 먼저 떠나기 전에 꼭 할 말이 있다고 한 뒤 아버지로부터 기대되는 유산을 언급하며 다음과 같이 제안한다.

> 저에겐 돈이 소용 없어요.... 그것은 당신을 위해서가 아니라면 저에게 아무런 가치도 없을 거예요. 제가 부자이면서 당신이 여기에 계시는 일은 있을 수 없어요. 당신이 고통당하고 계시면, 저는 가난한 것보다 훨씬 더 비참한 지경이 될 수밖에 없어요. 제가 가진 모든 것을 당신께 빌려드리게 해주세요. ... 클레넘씨, '그래'라고 말씀하심으로써 저를 이 세상에서 가장 행복하게 해주세요. 오늘밤은 아무말도 마

29) 에이브럼 플레이쉬먼(Avrom Fleishman)도 비슷한 주장을 하고 있다. 그는 에이미가 펫의 결혼생활을 보고하는 것을 통해 아써의 "감정적 의존"(emotional dependence)을 유도하고 있다면서 다음처럼 그녀의 편지에 대해 결론을 짓는다. "Thus Amy can portray herself as a devoted friend serving Clennam, while actually manipulating his feelings in her own behalf"(Fleishman(1974) 581).

30) 아써는 다음처럼 자문한다. "...was there no suppressed something on his own side that he had hushed as it rose?"(799)

> 시고, 당신이 그것을 기껍게 여기실 것이라는...희망으로 제가 방을 나서도록 해주셔서, 당신을 이곳에 두고 떠날 때 제가 더없는 행복을 느끼게 해주세요. ... 하고 싶은 말을 제대로 할 수가 없군요. 하지만 제발, 제발, 제발, 지금 고통당하고 계실 때 당신의 리틀 도리트를 거절하지 말아 주세요! 제발, 제발, 제발, 간청하오니...제가 가진 모두를 받아주세요. 그래서 그것이 저에게 축복이 되게 해주세요!
>
> I have no use for money.... It would be of no value at all to me but for your sake. I could not be rich, and you here. I must always be much worse than poor, with you distressed. Will you let me lend you all I have? ... Dear Mr Clennam , make me of all the world the happiest, by saying Yes. Make me as happy as I can be in leaving you here, by saying nothing tonight, and letting me go away with the hope that you will think of it kindly.... ... I can't say what I wish to say. But pray, pray, pray, do not turn from your Little Dorrit, now, in your affliction! Pray, pray, pray, I beg you...take all I have, make it a Blessing to me!(828)

옛날의 은혜를 갚고 싶다는 자연스러운 구실을 빌어, 그리고 여성적 정숙함에 어긋나지 않는 수사적 형식으로 진술되고 있지만, 여기서 에이미가 아써에게 강력하게 요구하는 것은 바로 그녀와의 결혼이다. 그런데 이때가 아직 아써가 그녀에게 뒤늦게 깨달은 사랑을 고백하기도 전이라는 점을 염두에 두면 그녀의 이 구혼은 실로 과감하다고 하지 않을 수 없다. 더구나 그녀는 아써에게 당장의 대답을 강요하지 않고 시간적 여유까지 주고 있음으로써 그의 반응의 방식을 예측하고 선점하여 유도하기까지 한다. 특히 아써가 자신을 "그대와는 거리가 먼 파산자"(a ruined man far removed from you)(829)로서 언급하며 자기의 그녀에 대한 사랑이 이미 이루어질 수 없는 것이라고 할 때, 두 사람의 관계는 일종의 역전 현상을 보이면서 그녀의 주도적 위치를 더욱 보강해주고 있다. 즉 과거에는 아써가 에이미로서 감히 바라볼 수 없는 높은 위치에 있었는데 이제는 에이미가 아써에게 그런 존재로 여겨지게 된 것이다.

어쨌든 아써가 에이미의 청혼을 일단 거절하는 셈인데, 에이미의 반응은 순종이나 체념이 아니다. 그녀는 오히려 계속 감옥으로 그를 찾아와 진정한 사랑을 보이고 실천하면서 그의 심경 변화를 도모한다. 여기에 마침 머들(Merdle)의 죽음이 윌리엄 도릿의 재산을 깡그리 삼켜버림으로써 그녀의 경제적 우월이라는 장애를 없애준다. 그런데 이렇게 뒷받침이 된 두번째 청혼 시도에서 에이미는 이전보다 여유 있게 아써를 설득한다. 그녀는 그의 반응을 교묘히 유도하면서 그로 하여금 꼼짝없이 그녀의 제안에 동의하게 하는 능란한 설득의 솜씨를 보여주기까지 하는 것이다. 병에서 회복한 아써가 곧 헤어져야 한다고 말할 때 에이미는 '행운'(fortune)이란 단어의 이중의미를 재치 있게 사용하면서 다음처럼 대화를 이끌어간다.

> '제가 얼마나 큰 <행운>을 얻었는지 알아도 될 만큼 충분히 당신은 건강해졌다고 생각하시나요?'
>
> '이야길 들으면 아주 기쁠 거야. 그 어떤 <행운>도 리틀 도릿에게는 너무 과하거나 좋을 수 없지.'
>
> '당신께 말씀드리게 되기를 간절히 기다려 왔어요. 당신께 말하기를 고대하고 고대해 왔지요. 당신은 분명 제 <행운>을 취하지 않을 작정이시지요.'
>
> '결코 안 취할 거야!'
>
> '정말 그것의 반절도 취하지 않을 작정이신가요?'

> 'Do you feel quite strong enough to know what a great fortune I have got?'
>
> 'I shall be very glad to be told. No fortune can be too great or good for Little Dorrit.'
>
> 'I have been anxiously waiting to tell you. I have been longing and longing to tell you. You are sure you will not take it.'
>
> 'Never!'

'You are quite sure you will not take half of it?'(885)

"결코 취하지 않겠다"라고 다시금 확언하는 아써를 에이미는 잠깐 침묵하며 바라본 뒤 자랑스러운 듯한 표정으로 유산상실의 과정을 간단히 언급한다. 그리고는 다음처럼 확신에 찬 어조로 재차 짓궂게 물음으로써 그녀는 아써의 말문을 완전히 막아버린다.

> 저는 이 세상에서 가진 게 아무것도 없어요. 저는 이곳에 살던 때나 마찬가지로 가난해요. ...아직 정말 제 행운을 저와 함께 나누지 않을 작정이세요?
>
> I have nothing in the world. I am as poor as when I lived here. ...are you quite sure you will not share my fortune with me now?

따라서 이 장면의 마지막을 사랑의 성취에 대한 감격적인 환희와 다짐 등을 정열적으로 토로하는 에이미의 긴 대사가 장식하고 있는 것도 이처럼 주도적 역할이 뒤바뀐--따라서 애그니스 윅필드나 에스더 써머슨의 경우와 질적으로 다른—구혼 과정의 전개에 비추어 볼 때 '결코' 의미없이 우연한 사항이 아니다.[31)]

한편 이처럼 구혼과정에 나타나는 에이미와 아써 사이의 위계 전도는 에이미가 수행하는 구원자적 역할에 의해 다시금 증명되고 있다. 아써는 삶의 의미와 보람을 뒤늦게나마 이루어 보고자 시도했던 모든 노력에서 실패하고 결국 마셜씨 감옥의 죄수로 전락하여 자포자기한 상태로 병들어 죽어가는 지경에 놓인다. 이런 그를 에이미의 보살핌과 사랑이 소생시키는데, 에이미의 이 구원자적 역할은 작품의 초반부터 이미 예고되고 진행되어 온 것이다. 앞에서 본 바, 그가 삶의 무의미성을 탄식하는 순간 에이미가 나타나는 장면(207)은 일찌감치 그녀를 그

31) 루쓰 이젤(Ruth Bernard Yeazell)도 아써의 수동성에 대비하여 에이미 도릿의 "행동파"(Do It)적인 적극성을 밝히면서 주도권이 바뀐 구혼과정의 성격을 지적하고 있다. 그러나 그녀는 에이미가 아써에 대해 보이는 이 역할 전도의 의미를 너무 심각하게 해석해서는 안 된다고 주장하면서 에이미의 적극성은 결국 헌신적 자기희생의 다른 이면일 뿐이라고 원점으로 돌아가고 마는 결론을 내린다(Yeazell 46-8).

에게 새로운 삶의 의미를 가져다줄 존재로 강하게 암시하여 보이지만, 가령 그 후의 다음과 같은 두 사람의 대화 중에서도 그러한 예언적 진술이 발견된다.

'저는 때때로 이곳을 거니는 것이 거의 무정한 행동인 것처럼 느끼곤 해요.'

'무정하다니?'

'저 강, 저렇게 넓은 하늘, 저렇게 무수한 사물들, 저토록 많은 변화와 감정 등을 볼 수 있는 것, 그리곤, 아시다시피, 돌아가서 그 항상 똑같고 갑갑하게 막힌 곳에 계신 아버지를 보게 되는 것 말입니다.'

'아, 그래! 하지만 네가 돌아갈 때, 그러한 것들의 활기와 영향력을 함께 가져가서 아버지를 즐겁게 해드린다는 것을 기억해야지.'

'제가요? 그렇길 바래요! 하지만 선생님은 상상이 좀 지나치셔서 저를 너무 힘 있는 존재로 보시는 것 같군요. **만약 선생님이 감옥에 갇혀 계신다면, 제가 그런 위안을 가져다드릴 수 있을까요?'**

'그럼, 리틀 도릿아, 난 확신한다.'

'I sometimes have a sensation as if it was almost unfeeling to walk here.'

'Unfeeling?'

'To see the river, and so much sky, and so many objects, and such change and emotion. Then to go back, you know, and find him [William Dorrit] in the same cramped place.'

'Ah, yes! But going back, you must remember that you take with you the spirit and influence of such things to cheer him.'

'Do I? I hope I may! I am afraid you fancy too much, sir, and make me out too powerful. **If you are in prison, could I bring such comfort to you?'**

'Yes, Little Dorrit, I am sure of it!'(306)(필자 강조)

한편 이로부터 얼마 뒤 아써가 펫에 대한 사랑을 극복하는 과정에서 겪은 내적 고통으로 인해 수척해진 모습으로 에이미 앞에 나타났을 때, 아팠느냐는 그녀의 물음에 그는 이렇게 대답한다.

사실은, 난 조금 괴로웠단다. 하지만 다 끝났다. 내가 그것을 그토록 두드러지게 비쳐 보이고 있니? 좀 더 꿋꿋함과 극기력을 지녀야 하는데. ... 나는 너에게서 그것들을 배워야 해. 그걸 너보다 더 잘 가르쳐줄 수 있는 사람이 누가 있겠니!

To speak the truth, I have been a little troubled, but it is over. Do I show it so plainly? I ought to have more fortitude and self-command than that. ... I must learn them of you. Who could teach me better!(432)

이 말은 곧 그가 은연중에 에이미를 그의 정신적 지주로 여기게 되었다는 사실을 드러낸다. 즉 어려운 삶의 조건 아래에서 연약하고 왜소한 듯하지만 굳센 의지로 지키고 실천하는 그녀의 고결한 심성과 창조적 삶의 태도[32] 는 이미 아써에게 영향력을 끼치기 시작한 것이다. 물론 여기서 아써는 위와 같이 말하면서도 에이미의 사랑을 깨닫지 못하듯이 아직 자기 삶에 대한 그녀의 구원적 힘을 제대로 인식하지 못한다. 따라서 바로 이어지는 대화에서 그는 사랑을 하기에 이미 늙어버린 자신의 주제를 마침내 깨달았노라는--자기연민과 자기기만이 담긴--'체념'을 보임으로써 에이미로 하여금 통절한 고통을 느끼게 한다. 그리고는 왜 나이먹은 자신이 딸 같은 리틀 도릿에게 이런 말을 하고 이런 모습을 보이는가 하고 그저 무심하게 자탄하고 있을 뿐이다(432-433).

결국 감옥에 가서야 아써는 에이미가 과거 그의 일상에서 항상 활력과 진리의 원천으로 작용해 왔음을 깨닫는다. 그의 뼈아픈 이 각성은 "항상 그녀!"(Always She!)라는 머리 제목이 붙은 면(面)(787)에서 긴 탄식으로 서술되기도 하는데, 서술자의 공감이 깊이 배인 다음의 내면 묘사는 아써의 삶에 있어서 에이미가 차지하는 의미가 존재론적 구원에 해당하는 것이라는 사실을 보다 분명하게 드러내준다.

32) 리비스는 이를 "distinctive paradoxical strength"라고 표현하고 있다(Leavis 323).

그 자신의 불행한 인생 내력을 돌이켜 볼 때, 그녀는 그것의 소멸점이었다. 그 시야 속에 들어오는 모든 것은 그녀의 순진한 형상으로 통하고 있었다. 그는 그 형상을 향해 수천 마일을 여행했던 것이며, 과거의 불안한 희망과 의심들도 그 모습 앞에서 자아내어졌던 것이다. 그것은 그의 삶에 있어 관심의 중심이었으며, 좋고 즐거운 모든 것의 귀착점이었다. 그 너머에는, 그저 황량하고 어두운 하늘만이 있을 따름이었다.

Looking back upon his own poor story, she was its own vanishing point. Every thing in its perspective led to her innocent figure. He had travelled thousands of miles towards it; previous unquiet hopes and doubts had worked themselves out before it; it was the centre of the interest of his life; it was the termination of everything that was good and pleasant; beyond, there was nothing but mere waste and darkened sky. (801-802)

아써의 에이미에 대한 이 인식은 여기서 그것이 뒤늦은 것이라는 사실로 인해 더욱 비감스럽게 경험된다. 그러나 이렇게 에이미에게 지속적으로 부여되어온 구원자적 상징으로서의 이미지가 그 온전한 의미를 완성하기 위해서는 절망에 빠진 아써를 다시 생명으로 끌어올리지 않으면 안 된다. 과연 에이미는 자살적 욕구[33]에 굴복한 것이나 다름없이 혼수상태에 빠져 생의 불꽃을 잃어가고 있는 아써 앞에 꽃을 들고 나타나 소진한 생명의 기운을 새롭게 일으켜준다. 이 재생과 구원의 장면은 시적 상징과 신화적 이미지를 통해 다음처럼 묘사되고 있다.

졸음과 꿈 사이로..뭔가 정원과 같은 인상이 그를 계속 뒤덮고 있었다.... 그는...주위를 둘러보았다. 그때 그는 탁자 위의 찻잔 옆에 만발한 꽃다발이, 가장 잘 골라 모으고 가장 사랑스러운, 멋진 한 웅큼의 꽃다발이 놓여 있는 것을 보았다.

... 그는 그것을 집어 들고서 향기를 들이마셨다. 그리고 그것을 뜨거운 이마에게

33) 아써가 상실과 좌절의 경험 앞에서 삶에 대한 의지를 포기하듯 소위 '죽음에의 소망'(death-wish)에 빠지는 경향은 펫에 대한 사랑을 체념할 때 강물을 바라보는 심경의 묘사(244면)에서 이미 암시되고 있다. 그가 마셜씨 감옥에 감금되기를 자청하고 또 고집하도록 하는 무의식적 동기도 바로 이러한 자포자기적 충동에 있음은 어렵지 않은 추론이다.

로 들어 올렸다. 그리고는 그것을 내려놓더니, 불의 따뜻한 기운을 쬐려고 얼어붙은 손을 열어 펴듯이, 그 꽃들을 향해 그의 말라붙은 손을 내밀어 폈다.

...

그는 몸을 일으켰다. 그리고는 외쳤다. 다음 순간 그는 그 사랑과 연민과 슬픔에 가득 차고 다정한 얼굴에서 마치 거울을 보듯이 자신이 얼마나 변했는가를 보았다. 그녀는 그에게로 다가왔다. 그리고 그가 의자에 그대로 있도록 자기의 손을 그의 가슴에 누르고, 그의 발치의 바닥에 무릎을 꿇고, 그에게 입맞춰 주고자 입술을 들어 올린 채, 하늘에서 빗물이 꽃들 위에 떨어지듯 그에게로 눈물을 떨어뜨리면서, 바로 리틀 도릿이 살아 있는 실체로 나타나 그의 이름을 불러주었다.

Dozing and dreaming...some abiding impression of a garden stole over him.... ...he looked around. Beside the tea-cup on his table he saw, then, a blooming nosegay: a wonderful handful of the choicest and most lovely flowers.

... He took them up and inhaled their fragrance, and he lifted them to his hot head, and he put them down and opened his parched hands to them, as cold hands are opened to receive the cheering of a fire.

...

He roused himself, and cried out. And then he saw, in the loving, pitying, sorrowing, dear face, as in a mirror, how changed he was; and she came towards him; and her hands laid on his breast to keep him in his chair, and with her knees upon the floor at his feet, and with her lips raised up to kiss him, and with her tears dropping in him as the rain from Heaven had dropped upon the flowers, Little Dorrit, a living presence, called him by his name.(824-825)

여기서 아써는 일종의 제의(祭儀)적 재생 과정을 거치는 셈인데, 이 장면과 이어지는 이야기를 통해 묘사되는 에이미의 구원자로서의 이미지는 단테(Dante)의 베아트리체(Beatrice)나 "여성의 모습으로 나타난 성령"(the Paraclete in female form)(Trilling 157), 또는 "갈릴리의 치유자"(the Galilean healer of the sick) 즉 그리스도(Christ)(Heatley 162, Darby 130 각각 참조)[34]로 비유되곤 한다. 그러나 아써에게 생명을 공급해주는 존재로서 에이미가 실천하는 이미지 중 가장 강하게 부각되는 것은 오히려 '어머니'의 이미지이다. 위의 장면 바로 다음에 아써를 안아주고 있는 그녀는 그 옛날 그녀의 아버지에게 하던 모습에 비교되어 묘사되면서 어머니의 이미지를 불러일으키고 있거니와, 감정적 흥분이 가라앉은 뒤 곧이어 그녀가 행하는 것도 어머니처럼 아써에게 먹을 것을 마련해주는 일이다. 또한 그녀가 그의 곁에서 책을 읽어주는 한 장면에서는 그녀의 목소리가 그의 내면에 일으키는 감정들이 '어머니 대자연'(Mother Nature)에 의해 일으켜지는 원초적이고 본원적인 것들로 묘사됨으로써, 그녀는 대지 또는 자연과 같은 모성적 원형을 상징하는 존재로서 비견되기도 한다(883-884).

물론 에이미의 구원적 능력이 지닌 이러한 모성적 성격은 온전한 삶을 이루고자 하는 아써의 모든 추구에 본질적 장애로 작용하는 것이 바로 결핍된 모성애라는 점에서 그 필연적 의미가 분명하게 드러난다. 아써가 에이미의 첫 구혼을 받아들일 수 없다고 말하는 순간 매기는 에이미에게 닭고기를 찬장에 넣어두지 말고 꺼내 아써에게 주라고 엉뚱한 재촉을 한다(830). 이 말에 담긴 숨은 의미는 아써의 구혼 거절에도 불구하고 그가 진정 '구원의 양식'을 필요로 하고 있으며, 따라서 이제 그녀가 그 구원의 양식을 더 이상 묻어두려 들지 말고 스스로 나서서 적극 베풀어 주지 않으면 안 된다는 촉구이다. 그런데 여기서 구원의 양식이란 바로 아써가 결핍하고 있는 사랑, 즉 에이미에게 간직되어 있는 생명창조적 모성애[35]이다. 이밖에 클레넘 부인(Mrs

---

34) 특히 히틀리는 다음과 같이 덧붙여 요약한다. "Throughout this episode we see in evidence Dickens' unfailing feeling for the archetypal rebirth through the feminine healer. It is an archetypal ritual, superbly celebrated in the language of myth, and having the life-giving potency of the sacred act"(Heatley 162).

35) 한편 개리스(Garis)는 아써를 구원할 수 있는 에이미의 사랑이 "an adult, personal, wilful, sexual,

Clennam)이 파기하려던 길버트 클레넘(Gilbert Clennam)의 유언 보충서에 아써의 친모를 대신하여 유산을 받을 수 있도록 지정되어 있는 사람이 바로 리틀 도릿이라는 우연찮은 사실 역시 에이미의 이러한 '대리모'적 성격과 지위를 더욱 뒷받침하는 상징적 증거의 하나이다. 말하자면 에이미는 계모인 클레넘 부인에 의해 말살된 생명의 원천을 아써에게 되돌려 주는 제2의 어머니로서 그를 구원하는 역할을 하고 있는 것이다. 작품의 마지막에서 유언 보충서를 태우게 하는 그녀의 행동은 곧 아써의 불행의 원천, 그의 삶을 억눌러온 죄의식과 비밀, 보상의 의무 등 모든 것을 탕감하고 제거하며 달성하는 상징적 의미를 띠는 것으로서, 아써에 대한 에이미의 모성적 구원자의 이미지를 궁극적으로 완성하는 행위이다.[36)]

이제까지 본 바 에이미와 아써의 관계는 결국 남녀관계에서의 일상적 질서와 위상을 상당히 역전시켜 보여주고 있다. 그런데 이러한 양상을 일종의 아이러니로서 강화하고 있는 한가지 흥미로운 사실이 있다. 그것은 아써와 에이미의 관계가 애초부터 부녀관계의 성격을 띠고 출발하며 궁극적으로도 그녀의 아버지가 그녀와 맺었던 관계를 대체하고 반복하는 외형에 이른다는 점이다. 연령상으로 에이미의 아버지뻘이 될 만한 아써는 처음부터 에이미를 "그의 수양딸로서"(231) 여기며 돌봐 주고자 애쓴다. 아써의 그러한 취급에 거부감을 보이는 에이미조차도 자기의 아버지에 대한 무의식적 욕구불만으로 인해 일시적으로 아써가 얼마나 좋은 아버지감인가(210) 하고 생각하기도 한다[37)]. 이러한 관계설정은 특히 아써에 의해 계속 유지되면서 서로 간의 진정한 감정을 깨

---

sharing and mutually knowing love"로 발전해야 하는데 디킨즈가 이러한 '성숙한' 사랑의 묘사를 회피해버렸다고 비판한다(Garis 184-186). 그러나 에이미의 사랑의 진정한 성숙성은 그러한 현실적 사랑보다는 이미 그것을 바탕으로 가지면서 구원의 힘으로 작용할 모성애적 사랑까지 포괄하고 있다는 데서 찾아야 하며, 따라서 개리스가 지적한 위와 같은 요소들은 디킨즈에게 구태여 드러내 필요가 없는 당연한 전제들이었던 것으로 보아야 할 것이다

36) 에이미의 대리모적 성격을 지적하는 예로는 Splitter, 129-130과 Yeazell, 46 참조.

37) 알렉산더 웰쉬(Alexander Welsh)는 아써가 에이미에게 아버지의 유산 상속의 소식을 전하는 순간 그녀가 "아버지"라고 연거푸 외치며 아써에게 안겨 실신할 때 "an involuntary identification of the hero with the father"가 일어난다고까지 말한다(Welsh(1971) 172-3). 하지만 이것은 지나친 추정으로서 에이미가 아써에게서 믿고 의지할 권위로운 아버지상을 찾는다는, 실상과 정반대의 결론으로 이끄는 위험을 지닌다.

닫는 데 커다란 장애로 작용한다. 그리고 역설적이게도 두 사람은 서로 간의 사랑을 깨닫고 결합함으로써 이 부녀관계적 외양을 탈피하기보다는 오히려 그것을 완성하는 듯이 보인다. 즉 아써는 윌리엄 도릿이 갇혔던 마셜씨 감옥의 바로 그 감방에 들어가게 되며, 에이미는 옛날의 허름한 옷차림으로 그녀의 고향인 감옥에 돌아와 아버지를 봉양하듯이 아써를 보살펴 섬긴다. 이로써 아써는 결국 에이미의 삶에 있어서 윌리엄 도릿의 아버지로서의 자리를 대신 차지하는 셈이다. 이런 점에서 윌리엄 도릿의 권위를 지켜주기 위하여 진실을 감추듯이, 에이미가 아써의 자존을 상하지 않도록 하고자 유언보충서의 비밀을 감춘 채 소각시키는 것도 의미 있는 일치이다. 그러나 이렇게 표면에 드러나는 부녀관계의 재현이야말로 사실은 아써와 에이미가 도달하는 관계의 전도성을 다시금 증거해주는 것이다. 왜냐하면 아써가 윌리엄 도릿을 대신하여 들어서는 자리의 본질적 의미는 바로 그가 윌리엄 도릿과 똑같이 명목상의 공허한 권위 아래 실제로는 에이미에게 어머니처럼 의지하고 돌봄을 받는 종속된 지위에 놓이게 된다는 것이기 때문이다. 과거의 그들의 관계는 아써가 돌보고 보호해주는 역할을 하던 어느 정도 실속 있는 부녀적 관계였다. 그런데 이것이 이제 에이미가 주관하고 이끄는 허울만의 부녀관계로 뒤바뀜으로써 정교한 아이러니를 자아내고 있는 것이다.

감옥에서 두 사람이 다시 만나는 장면에서 에이미 도릿을 절묘한 아이러니의 궁극적인 구현자로 만드는 것은 바로 위와 같은 아이러니를 구사하는 디킨즈 상상력의 창조성이다. 이미 그녀의 진정한 가치와 우월성을 깨달은 아써는 이 장면에서 더 이상 그녀를 옛날 이름으로 부르는 데 망설이는 모습을 보인다. 이런 그에게 에이미는 "선생님에게 맞는 내 이름이 무엇인지 알고 계시잖아요"(You know what my right name is with you)(826)라고 말함으로써 그로 하여금 자신을 이전처럼 '리틀 도릿'으로 부르게 한다. 말하자면 앞에서 보았던바, 그녀의 이름에 대한 두 사람 사이의 갈등이 다시금 연출되는 셈이다. 그런데 비록 똑같은 명칭으로 결정이 되지만 여기에서는 이전과는 전혀 다른 양상과 깊은 아이러니가 펼쳐지고 있다. 우선 이번에 이 이름을 제의하는 쪽은 바로 자신의 '작음'을 한탄하였고 어린아이로 취급받기를 거부하던 에이미 자신이며 아써는 이를 수용하는 쪽에 서 있다. 즉 두 사람의 역전된 관계가 이를 통해 증명되는 것이다. 한편 에이미의 이 과거 명칭의 환기는 표면적으로 오랫만에 만난 아써에 대해 과거의 가까운 관계를 회복하기 위한 자기 부정적인 태도를 의미하지만 뜻밖의 아이러니를 동반한다. 왜냐하면 아써가 그녀의 구원적 능력과 가치를 깨닫고 있는 지금, 과거에 그녀를 어린아이 취급하면서 그가 사용하던 명칭을 그녀가 고집하는 것은 곧 그에 대한 통렬한 아이러니가 되지 않을 수 없기 때문이다. 게다가 이렇게 구현된 아이러니는 다시 이 명칭이 작품의 제목으로 사용되고 있다는 사실로 이어져 결국 '리틀 도릿'이라는 작품 제목에 바로 그녀가 실천하여 보여주는 적극적 자기실현과 창조적 성취의 인간상을 강조하는 아이러니의 의미를 부여하기까지 한다.

3

구원자로서의 에이미 도릿의 성격을 다시 생각할 때, 현실을 개척해 나가는 그녀의 강인한 주체성을 차치하고서도 아써에게 있어 육체적으로나 정신적으로 동시에 구원자의 역할을 하고 있다는 사실만으로 이미 그녀는 데이빗에게 정신적 구원만을 끼치는 데 그치는 애그니스 윅필드의 낭만적 이미지보다 한걸음 진전된 구원자적 여성의 모습을 보인다. 게다가 그녀에게 부여된 신화적 이미지와 모성적 상징 역시 디킨즈가 이 작품에서 여성에게 구원의 역할과 능력을 보다 진지하고 깊은 의식으로 부여하고 있음을 말해준다. 이러한 점들은 결국 에이미와 아써의 창조가 빅토리아조의 성이데올로기의 한 전형, 즉 남성지배 질서의 억압성을 은폐하거나 치장하는 수단으로서 여성을 가정에서의 구원의 천사로 미화하는 담론을 재현하거나 강화하는 것과는 거리가 멀다는 사실을 의미한다.

디킨즈가 작품 안에서 에이미와 아써에게 부여하는 사회적 상징성의 깊이를 생각해 보면 이것은 더욱 분명하게 확인된다. 아써는 브라운(James Brown)이 지적하듯이 타락한 세계에서 삶의 의미를 찾는 루카치(Lukács)적 '문제적 주인공'(Brown 87)[38]으로서, 작품 안에서 빅토리아조 영국 사회의 정치 · 경제 · 종교 제도의 모순과 타락 그리고 억압성을 거의 한 몸에 집중하여 받으면서 그것에 맞서 대항하다가 결국 패배하고 마는 대표적 희생자이다. 그런데 이런 사회적 상징의 존재를 구원하는 인물인 에이미는 곧 세파에 시달리다 돌아온 남성을 정화하고 위로하는 한낱 집안의 천사로서가 아니라, 그 '세파' 자체, 즉 "클레넘이 속한 세계의 사악과 타락으로 만연된 경제 · 사회 조직에 대응해야 하는 막중한 무게"(a tremendous weight, which must counterbalance the largely evil and corrupt economic and social organization of Clennam's world)(Dabney 112)를 지니는 가치이자 힘으로 제시되고 있는 것이다.

물론 평자들이 종종 지적하는바, 에이미의 이 구원은 사회의 전면적 변혁이나 재생을 약속하는 희망찬 비전이 아니라 기존의 사회악, 타락한 제도, 억압적 이데올로기 등이 여전히 "통상적 아우성"(usual uproar)(895)으로 살아 지배하는 가운데 미약하게 모색되는 실천으로 주어지는 것이 사실이다. 하지만 그렇다고 해서 에이미의 아써에 대한 구원이 지니는 사회적 구원으로서의 상징적 의미와 진지성이 감소되는 것은 아니다. 그녀의 구원은 세상을 내버려 둔 채 또는 세상과 격리된 채 가정이라는 폐쇄된 영역에서 이루어지는 개인적 구원이 아니

38) Fleishman도 아써의 "평범성"을 들면서 비슷한 취지의 논평을 하고 있다. Fleishman(1974) 582-583 참조.

라 세상을 향하여 조용하지만 담대하게 실천적 도전으로 지속되고 힘을 넓혀 나갈 사회적 구원이기 때문이다. "한 몸으로 결합하여 축복을 받으며 **그들은 소란스러운 거리로 조용히 걸어 나아갔다**"(They went **quietly down into the roaring streets,** inseparable and blessed)(895)(필자 강조)는 결말의 문장에 함축되어 있는 것은 바로 디킨즈의 그러한 현실적 통찰과 진지한 인식이다. 결국 이 모든 점을 통하여 에이미 도릿은 당대의 이데올로기적 상투형의 외양 아래 적극적이고 창조적 개성의 깊이를 지니며 나아가 도전적 가치와 사회구원의 힘까지 구현하는 '여성'으로서 그 진면목을 입증하고 있는 셈이며, 바로 이러한 에이미 도릿의 인물창조가 바탕이 되어 디킨즈는 이후『우리 서로의 친구』에 이르러 한층 구체적인 현실의 계급적 갈등 속에서 더욱 강력한 구원의 사회적 실천력을 지닌 리지 헥삼의 창조를 통해 빅토리아조 사회의 부패와 부조리에 대해 계급의 문제와 남녀관계의 문제 모두에 걸쳐 한걸음 깊이 반응하고 통찰하는 상상력을 보여주기도 하는 것이다.

2. 팽크스의 반항: 도덕적 재생과 사회적 의미

1

디킨즈(Dickens)의 소설은 피고용자가 고용주의 지배를 거부하고 나서거나 고용주에게 적극적으로 항거하는 모습을 자주 보여준다. 피고용자의 이러한 반항 행위는 디킨즈의 소설에서 흔히 지배와 종속이라는 주종관계의 일반적인 위계질서를 파괴하는 결과를 낳곤 하는데, 이 경우 디킨즈는 말단 사무직 종사자가 고용주에게 대항하는 행위처럼 그 반항이 사회의 계급 질서 자체를 위협하지 않을 때는 그것을 매우 적극적으로 옹호하곤 한다. 디킨즈의 이러한 태도는, 주인에게 대드는 하인의 경우처럼 피고용자의 반항이 계급적 반란의 성격을 띠고 있을 때 나타나는 그의 부정적인 태도와 대조되는 것이다. 물론 하인의 계급적 반란이라고 해서 디킨즈가 절대적으로 비판적인 묘사만을 하는 것은 아니다. 가령 『리틀 도릿』(*Little Dorrit*)에서 태티코럼(Tattycoram)의 경우가 잘 보여주고 있듯이, 계급질서에 대한 파괴성을 지니는 하인의 반란을 부정적으로 묘사하고 있을 때도 디킨즈는 그러한 반란행위를 정당화하는 일종의 단서를 동시에 제시하곤 한다(이인규(2004) 244-8 참조). 하지만 그럼에도 불구하고 디킨즈는 하인 계급의 계급적 반란을 묘사할 때 기본적으로 강한 부정적 태도를 보이고 있는 것은 틀림없다. 그런데 이와는 대조적으로 디킨즈는 피고용자의 반항이 계급적 갈등의 성격을 별로 띠고 있지 않는 경우 상당히 적극적으로 그 도덕적 정당성을 옹호하곤 하는 것이다.

디킨즈가 옹호하는 이러한 반항은 대개 말단 중산계급의 인물들이 부당하게 억압하거나 사악하게 착취하는 고용주에 대하여 항거하고 보복하는 형태로 일어난다. 좀 더 구체적으로 말하면, 이들 피고용자는 대개 사무원이나 경리직 또는 조수 등과 같은 하층 소시민적 인물들로서, 처음에는 악덕 고용주 밑에서 부정한 사업의 앞잡이나 침묵하는 공범자 아니면 착취당하는 희생자의 역할을 하면서 봉사한다. 그러나 그들은 그 과정에서 양심과 본성의 반발로 인한 갈등을 알게 모르게 느끼고 그러다가 결국 어떤 계기를 통해 도덕적 각성이나 결단에 이르게 되어 마침내 사악한 주인에게 그동안의 억눌린 반항과 분노를 터뜨리는 행동을 하게 된다. 그리고 이때 이들의 항거는 단순히 고용관계의 붕괴뿐만 아니라 어떤 형태로든 악덕 주인에 대한 가시적 보복의 결과를 수반하곤 한다. 이들의 이러한 행위는 악덕 지배자에 대한 응징으로서 우선, 작품의 줄거리가 요구하는 권선징악의 실현에 기여한다는 일차적 기능을 하고 있다. 하지만 이들의 행위가 지니는 보다 근본적인 의미는 바로 이들이 그러한 반항적 행위를 통해 자신의 억압되었거나 왜곡된 인간성을 되찾는다는 도덕적 자기구원의 존재론적 차원에 있다고 해야 할 것이다.

그런데 이들의 행위에 계급적 갈등의 성격이 부재하고 도덕적 구원의 개인적 측면이 짙다고 해서 그것이 곧 이들의 행위에 사회비판의 의미가 결여되어 있다는 의미로 이어지는 것은 아니다. 그보다는 오히려, 앞으로 살펴보겠지만, 이러한 인물들의 창조를 통해 디킨즈는 어느 때보다도 통렬하게 부당한 억압자를 통렬하게 응징하며 억눌린 자의 도덕적 승리를 강력히 찬양하고 있다고 해야 옳다. 왜냐하면 디킨즈는 이들에 대한 묘사에서 당대 사회의 지배적 가치와 타락한 권력에 대한 그의 공격을 더욱 가열차게 수행할 뿐만 아니라 나아가 인간적 가치와 실천에 의한 사회적 재생의 가능성까지 암시하고 있기 때문이다. 물론 계급 내의 문제로서 계급질서 자체를 위협하지 않는 항거의 창조이었기에 디킨즈로서는 오히려 좀 더 적극적으로 혹은 공격적으로 사회비판의 목소리를 강화할 수 있지 않았겠는가 하는 역설적 측면도 없지는 않다.

어쨌든 디킨즈는 이러한 유형의 반항을 그의 소설들에서 반복적으로 즐겨 묘사하곤 하는데, 그 예로는 초기작품인 『니컬러스 니클비』(*Nicholas Nickleby*)에서의 니컬러스(Nicholas)와 뉴먼 녹스(Newman Noggs)의 항거로부터 시작하여 『골동품 가게』(*The Old Curiosity Shop*)의 딕 스위블러(Dick Swiveler), 『마틴 처즐위트』(*Martin Chuzzlewit*)의 톰 핀치(Tom Pinch), 『데이빗 코퍼필드』(*David Copperfield*)의 윌킨스 미코버(Wilkins Micawber), 『리틀 도릿』(*Little Dorrit*)의 팽크스(Pancks), 그리고 『우리 서로의 친구』(*Our Mutual Friend*)의 라이어(Riah) 등의 항거를 들 수 있다. 이 글에서는 그중 가장 대표적인 경우로서 인물 형상화가 가장 잘 된 팽크스의 사례를 구체적으로 분석하고 이를 통해 디킨즈가 이러한 의로운 반항을 어떻게 묘사하고 있는지 규명해보고자 한다.

2

팽크스는 디킨즈의 인물 창조 가운데, 억압과 착취의 굴레를 끊고 의로운 반항을 통하여 자기의 본성을 회복하는 피고용자의 모습을 가장 실감 나고 통쾌하게 구현할 뿐만 아니라 사회적 의미까지 성공적으로 담아내고 있는 경우라고 할 수 있다. 팽크스는 특히, 탐욕적 자본주의 사회의 타락한 주종관계 속에 갇힌 인간의 억압된 심리와 본성에 대한 디킨즈의 통찰을 훌륭하게 보여준다. 팽크스의 주인 크리스토퍼 캐스비(Christopher Casby)는 가부장적 가치체계와 '현금거래 관계'(cash nexus)에 의한 고용질서의 표리를 교활하게 이용하여 빈민의 고혈을 쥐어짜는 위선의 화신인데, 팽크스는 이런 주인 아래에서 앞잡이 노릇을 하면서 자신의 참된 자아와 창조적 인간성을 왜곡하다가 마침내 억눌려 온 반항의 욕구를 터뜨린다. 따라서 이런 팽크스의 이야기는 1850년대의 빅토리아조 경제현실에 대한 비판을 담고 있는 작품의 문맥에서 일종의 도덕적 상징으로서 강한 의미를 지니는 것이기도 하다. 즉 팽크스의 삶의 억압성과 왜곡성은, 캐스비로 대변되는 계약적 현금거래 관계에 의한 착취적 고용논리와 머들(Merdle)로 대변되는 탐욕적 영리추구의 투기적 자본주의가 지배하는 당대 현실의 소산이자 반영이다. 그리고 그의 도덕적 각성과 반항은 그러한 현실에 사로잡혀 왜곡된 삶을 영위하는 다수의 영세 소시민들이 실천하지 못한 채 간직하거나 억누르고 있는 도덕성과 양심의 실존을 대변한다고 할 수 있다.[39] 한편 디킨즈의 소설 중 가장 암울한 세계를 그리고 있는 이 작품에서 팽크스는 플로러 핀칭(Flora Finching)과 더불어 디킨즈의 더욱 깊어진 심리적 통찰을 동반하는 희극적 상상력과 에너지를 발현하는 중추의 역할을 하고 있는데, 이 점도 작품에서 팽크스의 창조가 구현하는 적극적 의미를 더욱 강화하고 있다고 하겠다.

팽크스의 캐스비와의 관계는 처음에 일종의 전도된 주종관계라는 외피를 띠고 나타난다. "민첩하고 진지한"(quick and eager) 팽크스는 "힘을 내고 있는 작은 증기기관처럼"(like a little labouring steam-engine) 요란한 에너지를 뿜어대면서, "코끼리같은 체구"(an elephantine build)에 "느리고 둔중한 걸음걸이로"(with a slow, heavy step) 이리저리 "어기적거리는 얼간이"(drifting Booby)처럼 보이는 캐스비를 손아귀에 쥐고 잡아끌며 매사를 주관하는 실권자인 것으로 보인다(189-90). 처음으로 두 사람을 함께 마주한 아써 클레넘(Arthur Clennam)에게 비친 그들의 다음과 같은 모습은 그러한 점을 즉시 확인해준다.

> ...때때로 템즈강의 덩치큰 선박 하나가 뱃전을 돌리고 고물을 앞으로 한 채, 항해의 굉장한 외양을 보일지라도 사실은 제멋대로 그리고 그밖의 모든 것을 방해하면서, 조수를 타고 힘겹게 움직여가고 있을 때, 갑자기 자그맣고 석탄처럼 시커먼

39) 당대의 경제현실에서 팽크스의 이러한 도덕적 상징으로서의 의미를 약간 도식적인 면이 있지만 적극적으로 평가하는 입장으로 Dvorak, 339-347 참조.

증기 예인선이 들이닥쳐서는 그것을 예인하여 부산스럽게 끌고 가는 모습이 목격될 수 있거니와, 이 배와 마찬가지로 그 무겁고 거추장스러운 가부장은 씨근거리는 팽크스에게 예인되어서는 지금 그 거무데데한 작은 선박의 뒤를 좇아 따라가고 있었다.

...much as an unwieldy ship in the Thames river may sometimes be seen heavily driving with the tide, broadside on, stern first, in its own way and in the way of everything else, though making a great show of navigation, when all of a sudden, a little coaly steam-tug will bear down upon it, take it in tow, and bustle off with it; similarly the cumbrous Patriarch had been taken in tow by the snorting Pancks, and was now following in the wake of that dingy little craft.(191)

그리고 이러한 이미지는 과연, 곧이어 그들이 식사할 때 블리딩 하트 야드(Bleeding Heart Yard)의 이야기가 나오자, 팽크스가 즉시 뛰어들어 캐스비가 할 말을 모두 가로채고 나아가 자신이 사업을 주도하고 지휘하는 존재인 듯이 적극적으로 착취논리를 펼쳐 보이는 장면(197-198)에서 재차 확인된다.

물론 작가의 어조에 깔린 풍자와 아이러니를 통해 우리는 그러한 외양이 허위임을 어렵지 않게 간파할 수 있다. 그러나 여기에서 전달되고 있는 보다 중요한 사실은 이러한 위계전도의 위장된 모습이 캐스비에 의해 교묘하게 묵인되며 이용되고 있다는 점이다. 자신은 가부장의 화신같이 점잖은 외양을 하고 현실의 영리문제에 대해 어리숙한 듯이 보이면서 캐스비는 팽크스로 하여금 나서서 블리딩 하트 야드의 궁핍한 빈민에 대한 비정한 착취를 대신 설명하고 정당화하게끔 한다. 즉 캐스비는 이로써 자신이 해야 할 궁색한 변명이나 정당화의 수고를 모면하고 자신의 추악한 정체를 감추는 것은 물론, 나아가서는 팽크스가 정당화를 펼치면서 구사하는 논리적 정교함마저 자신의 것으로 보이게 하는 셈인 것이다. 게다가 이 전략은 다른 한편으로, 정당화의 표면을 뚫고 어쩔 수 없이 드러나는 비정한 착취와 악덕의 책임을 팽크스가 주범으로서 모두 뒤집어쓰게 하는 부수적 효과를 동시에 올리는 것이기도 하다. 다음과 같은 진술에 함축되어 있는 것도 바로 그러한 실상이다.

대부분의 구경꾼들한테는 예인되는 큰 배가 강대한 존재라는 공로를 차지하듯이, 가부장도 늘상 팽크스가 자기를 대신해 말한 것은 무엇이든지 그 자신이 말한 것처럼 보이게 했다.

Just as the big ship in tow gets the credit, with most spectators, of being the powerful object, so the Patriarch usually seemed to have said himself whatever Pancks said for him.(197)

사실 얼마 지나지 않아 캐스비가 자비와 관용의 풍모를 하고 블리딩 하트 야드를 이따금씩 돌아보는 한편 팽크스에게는 가능한 한 고혈을 짜내라고 재촉하는 모습을 보고 우리는 이러한 교활한 책략의 구체적 모습을 분명히 확인하게 된다.

이처럼 음흉한 캐스비의 착취는 팽크스에게 현실적으로 벗어나기 어려운 생존조건으로 주어진 것이라고 할 수 있다. 왜냐하면 바너클(Barnacle) 같은 부패한 관료배와 두들(Doodle)류의 무능한 정치가 그리고 머들 같은 사기 자본가 등의 지배 아래 플로니쉬(Plornish)를 비롯한 블리딩 하트 야드의 빈민들이 신음하는 현실에서, 팽크스 같은 하층 소시민은 계급적 신분을 유지하며 살아남기 위해서 캐스비 같은 부당한 고용주 아래서의 타락한 직무라도 마다할 형편이 못되는 것이기 때문이다. 훗날 팽크스가 털어놓는 다음과 같은 말은 실제로 캐스비가 각박한 경제현실과 비정한 고용관계를 이용하여 그를 가능한 한 착취해왔음을 드러내준다.

내가 10년 만에 혹시 주당 1실링어치씩 소용이 떨어지기라도 한다면, 이 사기군은 나에게 주당 1실링 적게 지급할 거야. 만약 나만큼 유용한 사람을 6펜스 싸게 고용할 수 있다면, 내 대신 그 사람을 즉시 6펜스 싸게 들어앉힐 거야.

> If I was a shilling a week less useful in ten years time, this impostor would give me a shilling a week less; if as useful a man could be got at sixpence cheaper, he would be taken in my place at sixpence cheaper.(871)

이런 상황에서 팽크스의 존재는 결국 "노예같은...로보트적 존재"(a slavish... robot existence)(Brown 94)로 전락하지 않을 수 없다. 그가 자주 비유되는 '증기기관' 등의 기계 이미지나, 자신의 삶이 "지치도록 일하고 갈아대고...돌려라!"(Fag and grind...turn the wheel!)(870)라는 독촉의 연속이었다는 팽크스의 고백은 그러한 사실을 한편으로 암시하고 확인해준다. 캐스비 역시 팽크스에게 "넌 의무를 이행하게 되어 있는 존재야. ... 넌 짜내라고 보수를 받는 거니까 돈을 내도록 짜야 돼"(You are made to do your duty. ... You are paid to squeeze, and you must squeeze to pay)(866)라고 하는 데서 알 수 있듯이, 그를 인격적 주체가 아니라 마음대로 부릴 수 있는 노예나 도구적 존재로서만 취급한다.

그런데 이처럼 캐스비와 머들 등이 지배하는 현실의 탐욕적 물질주의, 비인간적 자본주의 시장경제 그리고 억압적 착취논리 등에 대하여 팽크스는 처음 우리에게--그리고 클레넘에게--가혹한 희생자라기보다는 오히려 적극적 동참자 내지는 실천적 앞잡이로 보인다. 가령 위에서 언급한 식사 장면에서 그가 임대료를 납부하지 못하는 빈민들에 대한 압박의 정당성을 열렬한 논리로 전개할 때, 그것은 캐스비에 의해 배후에서 조종되는 앞잡이의 강요된 말이라기보다는 확실한 주체적 관점과 신념을 지닌 존재의 적극적인 자기주장처럼 들린다. 이후 아써와 함께 캐스비의 집을 떠나 돌아가면서 나누는 다음의 대화에서도 그의 이러한 모습은 그가 역설하는 현실주의적 가치관을 통해 강화된다.

'하지만 난 일을 좋아합니다.' 팽크스는...말했다. '일이 아니라면 사람이 무얼 하라고 만들어졌겠습니까?'

...

'그것이 내가 주불제(週拂制)로 세든 사람들에게 묻는 말이지요,' 팽크스는 말했다. '그들 중 어떤 자들은 시무룩한 얼굴을 보이며 이렇게 말하겠지요, 나리, 보다시피 저흰 가난하지만 눈뜨고 있는 동안 내내 가루가 되도록 끙끙대며 고생스럽게 일하고 있습니다, 라고요. 그럼 난 그들에게 이렇게 말하지요. 그것 말고 다른 무얼 하라고 당신들이 만들어졌겠어? 그럼 그들의 말문은 막혀버리지요. 그들은 한마디 대답할 말도 없게 되는 겁니다. 그것 말고 뭘 하라고 당신들은 만들어졌겠어? 그러면 상황 끝인 겁니다.'

...

'자, 나를 보라구.' 팽크스는 주불제로 세든 사람과의 논쟁을 계속하는 듯이 말했다. '내가 그밖에 무얼 하도록 만들어졌는가 나 자신은 생각하는지 당신 알아? 답은 아무것도 아니라는 거야. 나를 일찍 침대에서 흔들어 깨워 시동을 걸게 하고 식사를 부리나케 먹을 시간을 당신이 원하는 만큼만 짧게 허락하고 계속 일을 시키라구. 나를 항상 일하게 하라구. 그럼 내가 당신을 항상 일하게 할 것이며, 당신은 또 다른 누군가를 항상 일하게 하는 것이지. 그게 바로 당신에게 주어진 상업국가에서의 **국민의 의무 일체**인 거야.'

'But I like business,' said Pancks... 'What's a man made for?'

...

'That's what I ask our weekly tenants,' said Pancks. 'Some of 'em will pull long faces to me, and say, Poor as you see us, master, we're always grinding, drudging, toiling, every minute we're awake. I say to them, What else are you made for? It shuts them up. They haven't a word to answer. What else are you made for? That clinches it.'

...

'Here am I,' said Pancks, pursuing his argument with the weekly tenant. 'What else do you suppose I think I am made for? Nothing. Rattle me out of bed early, set me going, give me as short a time as you like to bolt my meals in, and keep me at it. Keep me always at it, I'll keep you always at it, you keep somebody else always at it. There you are with the Whole Duty of Man in a commercial country.'(201-2)

요컨대 팽크스의 이러한 언사는 그가 결국 캐스비 만큼 탐욕적이고 교활한 이기주의에 지배되어 있지는 않지만 적어도 자본주의적 경제 현실의 탐욕성과 착취논리에 동조하는 현실추수적 가치관과 도덕률에서 있는 인간이라는 것을 의미하는 셈이다.[40] 그리고 이렇게 볼 때, 블리딩 하트 야드를 착취함에 있어 캐스비에 대한 그의 관계는 상당한 정도 합의적이고 공범적 성격을 띠고 있으며, 그의 주도적인 지위와 역할도 순전히 억압적 고용관계의 실상을 은폐하고 있는 허구만이 아니라 그의 능동적 수용과 실천에 의한 것으로 여겨지기까지 한다.

그러나 이것은 팽크스의 진정한 본성이 아니다. 물론 그의 언행과 태도가 물질적 부에 대한 이기적이고 경쟁적인 추구를 지상(至上)으로 삼는 사회와 인간관계에 동조하고 있는 듯이 보이는 것은 사실이다. 하지만 이러한 그의 입장은 그 본질을 따져보면, 생존을 위해 스스로에게 강요한 가치관으로서 일종의 전략적 성격을 띠는 것이며, 이와 동시에 나아가 부당한 직무를 수행하는 자신에 대한 혐오를 억누르고 기만적이나마 자존(自尊)을 유지해보려는 안간힘의 발로이다. 이것은 앞에서 언급한 그의 주장들이 캐스비의 소유권과 징세권 또는 경제체제 일반의 옹호 뒤에 바로 팽크스 자신의 직무와 처지에 대한 도덕적 정당화를 감추고 있다는 사실과, 그리고 그 주장의 공격적이고 열렬함은 기실 그의 도덕적 자의식과 자기 방어적 본능에서 비롯된 필사적인 강변성에 다름없다는 사실을 통하여 드러난다. 즉 착취적이고 억압적 사회구조 속에서 팽크스는 살아남기 위한 방편으로 일단 그 타락한 구조의 말단 집행자 역할을 택할 수밖에 없었다. 그러나 이 강요된 역할

40) 그가 윌리엄 도릿(William Dorrit)의 망각된 유산상속을 어려운 조건에서 집요하게 파헤치는 것의 주된 이유의 하나도 성공의 가능성과 나중에 돌아올 댓가의 면에서 그것이 시간과 노력과 돈을 투자할 가치가 있다는 현실적 계산이 있었기 때문이다.

은 필연적으로 그의 인간적 본성을 억압하고 왜곡하는 고통스러운 결과를 낳았다. 따라서 그는 이러한 고통을 어떤 방식으로든 모면하고 견뎌낼 수 있게 할 또 다른 생존전략이 필요했던 것인데, 그에게 현실적으로 가능한 해결책은 바로 현실을 지배하는 경제논리와 물질주의적 가치관을 능동적으로 수용하여 체화(體化)하고 실천하는 것밖에 없었던 것이다. 다시 말해 그가 적극적인 논리로 자신의 직무와 현실의 경제원리를 정당화할 때, 그것은 곧 착취의 하수인으로 살아가는 자신에 대한 죄의식과 자기혐오[41] 를 억눌러 무마하고 나아가 억지로라도 한 가닥 자존의 근거를 거기에 부여해 보고자 하는 필사적인 시도였던 것이다.[42] 물론 이러한 시도는 자기기만적인 것에 불과하며, 그가 현실의 타락한 가치를 거부하지 못하고 거기에 영합한 삶을 영위하고 있다는 도덕적 책임과 한계는 부인할 수 없다. 하지만 그를 탐욕적 경제 이데올로기의 실천적 공범자로 보이게 하는 행동과 언어는 그의 의식 깊은 곳에 존재하는 도덕적 양심의 흔적을 처음부터 이미 간직하고 있는 셈인 것이다. 윌리엄 마이어즈(William Myers)가 지적한 대로 그의 공격적 논리의 한편에서 우리가 자조 섞인 아이러니와 "그의 혹독한 자기풍자"(his savage self-satire)(Myers 97)의 어조를 발견할 수 있는 것도 바로 이러한 사실에서 연유한다.

반복컨대 팽크스는 결국 경제적 생존을 위해 각박한 사회 현실과 캐스비의 교활한 착취관계에 의도적으로 자신을 적응시킴으로써 그의 인간다운 심성과 도덕의식을 억누르고 있는 존재이다. 그러므로 블리딩 하트 야드의 주민들을 닦달하는 공적 업무의 수행에 있어 그는 오직 기계처럼 사정없이 밀고 나가는 수밖에 없다. 그러나 그의 억눌린 본성은 공적인 삶의 영역 사이사이로 사적 인간관계 등을 통하여 자연발생적으로 드러나곤 한다. 예컨대 정신이상자인 F씨의 숙모(Mr F's

41) 그의 이러한 자기혐오는 나중에 캐스비의 정체를 폭로할 때 "I haven't been agreeable to myself, and I haven't been likely to agreeable to anybody else."(871)라는 말을 통하여 고백된다.

42) 이러한 점에서 플레이쉬먼(Avrom Fleishman)이 팽크스를 "a potentially tragic figure"라고 부른 것은 일리가 있다(Fleishman(1974) 578)

Aunt)에 대한 그의 사무적이고 무심한 듯한 태도의 이면에는 플로러 못지않은 이해력과 자상함이 깃들어 있다. 또 그의 리틀 도릿에 대한 괴팍하고 퉁명스러운 듯한 태도에는 부드러움이 깃들어 있다. 이것은 윌리엄 도릿(William Dorrit)의 유산문제에 대한 그의 끈질긴 추적에 있어서, 실리적인 이해타산이 그 주된 동기이지만 리틀 도릿에 대한 인간적 호의도 한 몫을 하고 있다는 것을 의미한다. 아써 클레넘과의 지속되는 관계 역시 상호간의 사무적 관계 외에 점차 인간적 유대로 변모해 나간다. 한편 그에 대한 묘사는 여러 군데에서--민첩하고 열성적인 태도(189), 증기기관처럼 뿜고 터뜨리고 파열하는 동작(190), 흑옥같이 새카만 눈동자(190), 눈이 분출하는 전기불꽃(437), 머리칼이 작열시키는 폭죽같은 무수한 섬광(437) 등--그가 본성적으로 강렬한 활력의 소유자라는 사실을 암시한다. 그런데 이 본성적 활력도 공적 영역에서는 억압되거나 아니면 기계처럼 사정없이 업무수행을 밀고 나가는 식의 뒤틀린 형태로 발현되지만, 이따금 사적 영역에서 창조적이거나 희극적 언어와 몸짓[43]을 통하여 자연발생적으로 분출되곤 한다.

팽크스의 이러한 모습은 일면 그의 억압된 본성을 해소하는 긍정적 의미를 지니는 것이라고 할 수 있겠지만, 다른 한편 그의 자아가 삶에 있어서 공과 사라는 두 영역으로 분열되어 있다는 심각한 의미를 함축하고 있는 것이기도 하다. 이것은 "내 몸과 영혼은 내 소유자에게 속해 있지요. ... 그러나 난 이따금 다른 방식으로 일을 한다오. 사적으로, 아주 사적으로 말이오"(I belong body and soul to my proprietor. ... But I do a little in the other way, sometimes; privately, very privately)(334)라는 그의 말에서도 확인할 수 있다. 물론 이러

43) 가령 "Pancks the gipsy—fortune-telling"(337)로서 연기를 통하여 그는 창조적 상상력의 면모까지 발휘하고 있다. 한편 클레넘에게 윌리엄 도릿의 유산상속 문제의 성공적 해결을 알릴 때 그는 희열에 겨워 마셜씨(Marshalsea) 감옥의 마당에서 물펌프로 머리를 한바탕 적신 뒤 러그씨(Mr Rugg)를 세워 놓고 돌연 목마넘기를 연출하는데(438), 브라운은 이에 대해 "the first time Pancks breaks out of his straitjacket of mechanical behavior and reveals the energy of natural, spontaneous life"라고까지 말한다(Brown 94).

한 분열된 자아의 모습은 『블리크 하우스』(*Bleak House*)의 형사 버킷 씨(Mr Bucket)에서 이미 그 징후가 발견되는 것이다. 하지만 버킷의 경우, 그가 하는 일이 비록 범죄수사라는 음침한 업무이고 또 그가 병든 조(Jo)를 비정하게 다루기는 하지만, 그의 공적 삶은 현실의 타락에 동참하는 것이 아니라 오히려 공익을 위하는 성격을 띠고 있는 것이므로 그의 삶에서 분열된 공사영역은 어느 정도 안전한 공존이 가능하다.[44] 그러나 팽크스에 있어서는 사정이 다르다. 그의 공사 영역은 도덕적으로 서로 대립한다. 그리고 그의 인간적 심성과 활력은, 분열된 자아의 한 영역에서 억눌러지고 그 대신 다른 영역으로 흡수되어 해소되기에는 너무 강렬하게 그의 본성에 내재되어 있다. 따라서 그것은 그의 의롭지 못한 공적 삶에 대하여 보이지 않는 갈등과 마찰을 계속 일으키며, 결국 그의 내면에 긴장과 저항의 압력이 축적되는 결과를 초래한다. 게다가 캐스비가 외부에서 가하는 끊임없는 억압의 요인은 팽크스의 이러한 분열된 자아의 내적 갈등과 긴장을 더욱 심화시키는 형편이다. 그러므로 팽크스가 자신의 본성을 억압하고 이중적 자아를 '억지로' 유지해 나가지만, 한편으로 그러한 분열과 억압의 직접적 근원지인 캐스비에 대하여 반란의 기운을 쌓아가다가 마침내 그것을 폭발시키게 될 것은 피할 수 없는 과정이고 귀결이다.

팽크스의 반란의 기운은 사실 그의 첫 등장에서부터 이미 암시되어 있다고 할 수 있다. 앞서 언급한바, 그가 캐스비 대신 블리딩 하트 야드의 착취를 정당화할 때, 우리는 일종의 논리적 강변성과 공격성을 통하여 오히려 착취와 악덕의 내용이 은밀히 드러나게 하려는--거의 무의식적인--의도가 그의 말의 배면에 드리워져 있음을 감지하게 된다. 다시 말해 팽크스는 여기에서 자신에 대한 도덕적 정당화를 시도하는 한편, 캐스비의 발언권을 차단하고 자기가 대신 대화를 주도함으

44) 이러한 분열된 인격은 『위대한 유산』(*Great Expectations*)의 웨믹(Wemmick)에게서 더욱 극단적인 형태로 창조되고 있다. 웨믹은 생존의 필연적 조건으로서 이 분열을 당연하게 받아들이고, 오히려 '능동적'으로 확실하고 철저하게 사적 영역의 삶을 분리하여 구축해 놓는다. 즉 그에게는 두 영역 사이의 단절 자체가 그의 존재의 정체성(identity)을 구성하는 본질로 고착되어 있기 때문에, 도덕적 갈등이나 마찰의 여지가 애초부터 배제되어 있다.

로써 그렇지 않았으면 캐스비가 교활하게 미화하거나 감추고 넘어갔을 진상을 교묘하게 폭로하는 아이러니를 연출하고 있는 셈인 것이다. 아이러니에 의한 이러한 간접적 공격은 얼마 후 아써 클레넘이 캐스비에게 리틀 도릿을 자기 어머니의 집에서 일하도록 소개해준 것에 대한 공로를 돌리고자 할 때 팽크스가 다시 끼어들어 실제 과정을 구체적으로 설명하는 데서, 좀 더 노골적으로 드러나기도 한다.

> '당신[캐스비]은 알지요, 당신이 그녀를 추천하지 않았다는 것을.' 팽크스가 말했다. '어떻게 당신이 그렇게 할 수 있었겠습니까? 그녀에 대해 아무것도 모르고 있었는데. 그저 그녀의 이름이 당신한테 말해졌고, 당신은 그걸 전달했을 뿐이죠. 그게 바로 당신이 한 일인 거죠.'
>
> '글쎄요!' 클레넘이 말했다. '그녀가 누구의 추천이든지 저버리지 않았으니 마찬가지인 셈이지요.'
>
> '당신은 그녀가 행실이 좋은 것으로 증명되어 기쁘겠지요.' 팽크스는 말했다. '하지만 그녀가 행실이 나쁜 사람으로 나타났을지라도 그것은 당신 잘못이 아니었을테지요. ... 당신은 아무 보장을 하지 않았지요. 당신은 그녀에 관해 아무것도 몰랐으니까요.'
>
> 'You [Casby] didn't recommend her, you know,' said Pancks; 'how could you? You knew nothing about her, you didn't. The name was mentioned to you, you passed it on. That's what you did.'
>
> "Well!" said Clennam. 'As she justifies any recommendation, it is much the same thing.'
>
> 'You are glad she turns out well,' said Pancks, 'but it wouldn't have been your fault if she had turned out ill. ... You gave no guarantee. You knew nothing about her.'(318-9)

즉 팽크스는 캐스비를 위해 당연히 대신 대답한다는 구실을 이용하여, 캐스비가 리틀 도릿과 아무 관계도 없고 또 아무것도 모르며 그가 한 일은 그저 팽크스 자신을 통해 그녀의 이름을 말해준 것뿐이라는 진실을 밝히고 있다. 그리고 이로써 그는 캐스비가 받게 될 공치사를 저지하고 그의 무지와 허위를 연달아 폭로하고 있는 것이다.

이후 팽크스는 아써 클레넘과 발전되는 인간적인 관계 속에서 점차 더욱 분명하게 캐스비에 대한 반감을 드러내곤 한다. 가령 자신이 윌리엄 도릿의 상속문제 추적을 위해 캐스비에게 고리로 돈을 빌려야 했다는 이야기를 하면서 그는 캐스비를 "고결하신 늙은 놈...너그러운 늙은 자식. 신뢰 깊은 늙은놈. 박애적인 늙은 자식. 자비로운 늙은 놈!"(Noble old boy... Generous old buck. Confiding old boy. Philanthrophic old buck. Benevolent old boy!)(461), "더할 나위 없는 가부장님"(a perfect Patriarch)(462) 등과 같이 계속 강한 야유조로 지칭한다. 또 미쓰 웨이드(Miss Wade)와 캐스비의 관계에 대한 정보를 클레넘에게 알려주던 끝머리에 그는 돌연 다음처럼 덧붙이는데, 이것은 그의 심중에 쌓여온 갈등과 분노가 점차 한계에 달하고 있다는 사실을 나타내준다.

> 우리끼리니까 얘긴데, 난 때때로 내 스스로 그를 죽여 버리고 싶은 유혹에 빠진답니다. ... 그의 목을 잘라버리겠다는 말은 아닙니다만, 맹세컨대, 만약 그가 너무 심하게 나가면, 내 그 작자의 머리카락을 잘라버리고 말 거요!
>
> I may tell you, between ourselves, that I am sometimes tempted to do for him myself. ... I don't mean cut his throat. But by all that's precious, if he goes too far, I'll cut his hair!(595-6)

한편 클레넘이 하고자 하는 올바른 일들에 필요한 재정(財政)을 확보하기 위해서는 머들의 사업에 투자하는 것이 확실하다고 권하면서 그는 그 이유로 다음처럼 말하기도 한다.

> 왜 당신은 모든 이익을 탐욕가들, 악당들, 그리고 사기꾼들 따위가 차지하도록

내버려 두는 것입니까? 왜 당신이 얻을 수 있는 이익을 모두 내 주인과 그런 족속들의 차지로 내버려 두어야 하는 것입니까?

Why should you leave all the gains to the gluttons, knaves, and impostors? Why should you leave all the gains that are to be got to my proprietor and the like of him?(642)

여기서 그는 도이스(Doyce)나 클레넘 같은 선량한 인간들이 어려움을 겪는 반면 캐스비와 머들 같은 존재들이 득세하는 현실의 부조리에 대해 깊은 절망과 분개의 심정을 터뜨리고 있는 것이다.

이처럼 팽크스의 내면에 깊게 쌓여가는 분노와 항거의식이 폭발하는 것은 사실 시간문제이다. 그런데 어느 날 캐스비가 블리딩 하트 야드에 대해 더욱 가혹하게 징수닥달을 하도록 종용하고 그의 딸 플로러의 개인적 문제까지 대신 간섭하여 일을 처리하라고 강요하자, 마침내 팽크스는 반란과 보복의 결단을 내리고 만다. 물론 이에 앞서 머들의 자살로 인한 클레넘의 파산과 감옥행 그리고 그 와중에서 클레넘이 보인 도덕적 용기와 고결성 등에 의해 이미 팽크스는 극단적인 자기혐오와 도덕적 분열의 극한에 도달해 있는 상태였다. 따라서 캐스비의 강요는 단지 여기에 폭발의 도화선을 당긴 것에 불과하다고 할 수 있다. 어쨌든 팽크스는 블리딩 하트 야드의 주민들이 보는 앞에서 "이 달콤한 사기꾼아"(you sugary swindler)(868)라고 외치며 캐스비를 급습하여, 그의 "도덕놀이"(moral game)(869)의 진상을 폭로하는 통쾌한 웅변을 터뜨린다.

'나는 네놈의 고용살이를 이제 그만두었어.' 팽크스는 말했다. '네놈이 어떤 놈인지 말해줄려고 말야. 네놈은 세상에서 만날 수 있는 사기꾼들 중에서도 최악의 사기꾼들이라고 할 만한 무리 중의 한 놈이지. 두 놈 모두에게 당한 피해자로서 말하건대, 네놈의 무리보다는 머들의 무리한테 당하는 것이 차라리 나을 거다. 너는 정체를 숨긴 몰이꾼, 대리인을 시켜 짜먹는 놈, 착취꾼, 압박자, 대리인을 통해 털을

깎아내는 악당이지. 너는 박애의 탈을 쓴 치한이지. 네놈은 졸렬한 사기꾼이야!'

'I have discharged myself from your service,' said Pancks, 'that I may tell you what you are. You're one of a lot of impostors that are the worst lot of all the lots to be met with. Speaking as a sufferer by both, I don't know that I wouldn't as soon have the Merdle lot as your lot. You're a driver in disguise, a screwer by deputy, a wringer, a sqeezer, and shaver by substitute. You're a philanthropic sneak. You're a shabby deceiver!.'(869)[45)]

이렇게 포문을 연 팽크스는 계속하여 캐스비에게 전혀 틈을 주지 않은 채 다양한 수사적 상상력을 발휘하면서 그의 억눌린 분노를 한껏 분출한다. 그리고는 그의 공격이 절정으로 오르는 한 순간 그는 "번개처럼 빠른"(871) 동작으로 캐스비의 위선적 풍채의 상징인 머리카락을 잘라버림으로써 보복과 응징을 통쾌하게 완수한다. 요컨대 팽크스는 이러한 반란의 웅변과 징벌행위를 통해 억압된 본성--인간적 심성과 창조적 활력--을 해방시키는 동시에 분열된 자아를 회복함으로써 바로 그 자신이 '도덕놀이'의 진정한 승리자로서 거듭나는 것이다. 특히 이 장면에서 터져 나오는 그의 언어적 활력과 풍부한 수사적 기교는, 이미 간간이 발휘되었던 것과 더불어, 그가 "위장하고 있는 진짜 시인"(a true poet in disguise)(Dvorak 346)이라는 평가를 받게 하기에 손색이 없다.

한편 캐스비의 삭발은 디킨즈의 작품에서 드물게 직접적으로 가해지는 물리적 공격행위라는 점에서 특별한 의미를 지닌다. 가령 『데이빗 코퍼필드』에서 미코버의 유라이어 히프(Uriah Heep)에 대한 공격은 단순히 분노의 언어적 분출[46)]에 그치고 있는 데 비해, 팽크스는 미코버를 능가하는 언어적 공격 외에 신체적 '가해'까지 입히고 있는 것

45) 팽크스에 의한 캐스비의 정체 폭로는 바로 두 장(章) 앞에서 일어나는 플린트윈치(Flintwinch)에 의한 클레넘 부인의 정체 폭로 장면에 대응하는 사건이다. 플린트윈치도 "That's what you are."(850)와 같이 팽크스와 비슷한 표현을 사용하고 있다.

46) 미코버는 유라이어를 폭로하는 장면에서 잣대를 휘두르는데, 의미 있는 것은 그가 이것을 공격용이 아니라 순전히 방어용으로만 사용한다는 사실이다.

이다. 이것이 비록 실질적 폭력을 행사하는 징벌[47]은 아니지만, 그 상징적 폭력성은 자못 깊고 강렬한 것이다. 평자들이 지적하듯이[48] 팽크스에 의한 캐스비의 삭발은 가부장적 위신을 땅에 떨어뜨리는 희극적 연출을 넘어 '거세'라는 심리적 상징의 충격적 의미를 지니고 있다. 라이오넬 트릴링(Lionell Trilling)이 이것을 "비영국적인 것!"(the un-English!)(Trilling 154)이라고 흥미로운 듯이 언급하는 이유도 여기에 있을 것이다. 그리고 이것은 바로 디킨즈의 사회비판 의식과 그에 따른 분노 그리고 악에 대한 응징의 욕구가 이 즈음에 이르러 더욱 강렬해졌다는 사실과도 무관하지 않을 것이다.

3

다시 말하건대, 팽크스의 반항은 그의 개인에 있어 도덕적 타락으로부터의 해방이고 분열된 자아의 구원이라는 의미를 지닌다. 그런데 이것의 사회적 의미와 효과에 대하여는 평자들이 대개 부정적이거나 회의적 의견을 보인다. 에이브럼 플레이쉬먼(Avrom Fleishman)은 이것이 "사회적 혁명이라기보다는 개인적 속죄의 행위"(less a social revolution than an act of personal redemption)(Fleishman(1974) 578)라고 강조하며, 마이어즈는 "너무 재빠르고 너무 손쉬워서 혐오스러움과 부질없음의 뒷맛을 남기는, 야만스럽게 급진적인 몸짓"(a savagely radical gesture, but too quick, too easy, leaving an after-taste of ugliness and futility)(Myers 98)일 뿐이라고 주장한다. 그리고 제임스 브라운(James Brown)은 팽크스의 반항이 결국 그가 착취적이고

---

47) 『우리 서로의 친구』의 플레쥐비(Fledgby)와 라이어의 관계에서는 정말 노골적인 육체적 징벌이 가해지는 데까지 나간다. 그러나 그것이 반항자 라이어 자신이 아니라 제 삼자에 의해서 대행됨으로써 일종의 상쇄가 일어나고 있다.

48) 예컨대 Myers, 98면 참조. 엥겔(Monroe Engel)의 경우는 "defathered"라는 표현을 쓴다(Engel 129).

이기적인 경제구조 속에서 다시 캐스비같은 악덕 고용주 아래서 일해야 하는 처지로 떨어지기 전의 일시적 유예에 불과한 것인데, 디킨즈가 팽크스를 당대 현실과는 거리가 먼 도이스와 클레넘의 구시대적 회사에 채용되게 하는 플롯상의 조작으로 안이한 해결을 짓고 있다고 비판한다 (Brown 109-10).

그러나 이러한 지적들은 모두 본질적으로, 『리틀 도릿』에 담겨져 있는 전체적으로 어두운 세계상과 사회적 개혁에 대한 희망의 부재를 너무 염두에 두고 혹은 지나치게 강조하여 끌어낸 해석들이다. 물론 디킨즈가 이 작품에서 과거 어느 작품보다 암울한 비젼을 보여주고 있는 것은 사실이다. 하지만 에이미 도릿과 아써 클레넘의 조용한 새 출발이 그렇듯이 작품에는 개별 주체들의 실천을 통한 사회적 갱생의 가능성에 대한 믿음과 그 희구가 담담하지만 분명하게 배어 있다. 가령 에돌림청(Circumlocution Office)은 여전히 타락과 억압을 자행하지만, 클레넘 부인의 집의 붕괴를 통해 그 미래가 암시되고 있다. 새로운 더들이 다시 등장하고 캐스비는 여전히 블리딩 하트 야드를 착취할 것이지만, 머들의 죽음에서 클레넘 등은 교훈을 얻을 것이며 블리딩 하트 야드의 빈민들도 지배계급의 위선에 눈을 뜨는 경험을 하는 셈이다.

따라서 이러한 관점에서 볼 때 팽크스의 항거는 단순이 한 개인의 도덕적 재생에 그치거나 뒷맛 나쁘고 일시적인 도발에 불과한 것이 아니라, 억압과 분열의 구속을 떨치고 에이미 도릿, 아써 클레넘, 도이스 등과 함께 건강한 사회적 주체들의 진영으로 나아가는 진지하고 용기있는 결단이자 실천이라고 할 수 있다. 그리고 나아가 이것은 곧 타락하고 억압적인 현실에 젖어 있거나 그것에 의해 인간성의 왜곡을 강요당하는 다수 소시민 계층의 각성에 대한 상징적 의미를 지니는 것으로 볼 수 있다. 특히 팽크스의 캐스비에 대한 반란과 보복 행위가 억압받는 하층계급과의 연대의식을 창조하면서 일종의 축제적 즐거움이 있는 사건으로 벌어지고 있다는 사실은 바로 그의 행위가 개인적 차원을 넘어 사회적 관계 속에서 의미 있는 파장을 일궈내는 것으로 창조되고 있다는 점을 강력히 뒷받침해준다고 하겠다.

Ⅶ. 『두 도시 이야기』
프랑스 혁명과 디킨즈의 역사적 상상력

A Tale of Two Cities

1

『두 도시 이야기』(*A Tale of Two Cities*)는 디킨즈 당대인 빅토리아조 영국 사회가 아닌 18세기의 영국과 프랑스 사회를 다루는 역사소설이라는 점에서 『바너비 럿쥐』(*Barnaby Rudge*)와 함께 디킨즈 소설 세계에서 예외적인 작품이다. 하지만 『두 도시 이야기』를 디킨즈의 다른 작품과 차별되도록 하는 또 하나의 요인은 이 소설에서 디킨즈가 자신의 이전과는 다른 새로운 창작형식을 시도했다는 점이다. 작품 집필 당시 포스터(John Forster)에게 보낸 편지에서 디킨즈는 이 소설이 인물이나 장면 묘사에 의해 이야기가 전개되는 종전의 작품들과는 달리 "인물들을 절구처럼 으깨고 빻아서 그들로부터 흥미를 자아내는 사건 중심의 이야기"(a story of incident... pounding the characters in its own mortar, and beating their interest out of them.)(Forster vol. 2, 281)임을 밝히고 있다. 실제로 프랑스 혁명을 전후로 긴박하게 전개되는 사건 중심의 치밀한 이야기 구성은 작품을 읽기 시작하는 순간 독자의 상상력을 곧바로 사로잡는 데 성공하고, 그 결과 독자는 다 읽을 때까지 손에서 책을 놓기가 어렵다. 이 소설이 디킨즈 작품들 가운데 대중적으로 가장 성공하고 또 여전히 가장 많이 읽히는 작품 가운데 하나인 것은 바로 이런 특징에서 비롯되는 바 크다.

하지만 『두 도시 이야기』는 대중적 인기에도 불구하고 비평가들에게는 대체로 낮은 평가를 받곤 한다. 특히 초기 디킨즈를 높이 평가하는 비평가들이 이 작품을 외면하는 경우가 많은데, 그 이유는 이 소설이 디킨즈 특유의 다양한 인물 창조와 세부 디테일, 풍성한 희극적 요소 등을 거의 보여주지 않기 때문이다. 그러나 디킨즈의 특징을 토대로 한 『두 도시 이야기』의 이러한 평가는 재고의 여지가 많다. 왜냐하면 앞에서 언급한바, 저평가의 원인인 디킨즈적 특징의 부재가 사실은 이 작품에서 디킨즈가 창조적 능력의 발휘에 실패했기 때문에 발생한 것이 아니라 디킨즈 자신의 의도적인 실험에 의한 결과이기 때문이다. 다시 말해, 『두 도시 이야기』에서 디킨즈는 긴박하게 전개되는 사건으로 하여금 인물들을 이끌고 그들의 성격을 드러내게끔 하는 새로운 창작 스타일을 시도함으로써 다양한 인물창조나 세부 묘사를 바탕으로 풍성한 희극적 세계를 창조해 내던 자신의 특징적 재능을 실험적으로 배제하고 있는 것이다.

따라서 디킨즈의 다른 작품들과 비교할 때 드러나는 『두 도시 이야기』의 의도된—그러므로 당연한—유다름에 근거해 내려진 비평적 폄하와 외면은 사실 객관적 타당성을 지닌 것이라고 하기 어렵다. 다시 말해, 『두 도시 이야기』에 대한 좀 더 객관성 있고 타당한 평가가 가능하기 위해서는, 작품 자체의 구체적 내용, 즉 프랑스 혁명과 관련된 주제의 형상화 문제에 초점을 모으는 한편, 의도된 형식적 예외성이나 소재적 특수성에도 불구하고 이 소설이 디킨즈 작품으로서 그의 전체 작품세계와 어떤 관련성과 의미를 지니는지 등을 구체적으로 밝혀보는 작업이 필요하다고 할 수 있다.

2

『두 도시 이야기』의 플롯을 구성하는 요소들은 디킨즈의 첫 역사소설인『바너비 럿쥐』와 비슷한 점이 상당히 많다(이와 관련해서는 Fleishman(1971) 114-5 참조). 예컨대 남자 주인공 찰스 다네이(Charles Darnay)는 그의 앞세대의 부정과 죄악을 인식하고 그것과 결별한다는 점에서『바너비 럿쥐』의 주인공 에드워드 체스터(Edward Chester)와 비슷한 성격의 인물이며, 다네이의 아버지가 농노 여인에게 가한 성적 해악의 결과 그 가족의 생존자인 드파쥐(Defarge) 부인이 혁명을 통해 복수를 한다는 점은 에드워드의 아버지 체스터와 휴(Hugh) 사이의 사연과 유사하다. 또한 에브레몽드(Evremonde) 후작의 대저택과 바스티유(Bastille) 감옥에 대한 방화 및 파괴는 헤어데일(Haredale)의 저택 워런(Warren)과 뉴게이트(Newgate) 감옥에 대한 폭도의 공격과 대응되는 것이다.

그러나 이러한 비슷한 요소들에도 불구하고 작품의 플롯이 엮어내는 짜임새에 있어서『두 도시 이야기』는『바너비 럿쥐』와 큰 대조를 보인다.『바너비 럿쥐』가 초기 디킨즈 소설 특유의 느슨하고 산만한 구성을 지닌 반면에,『두 도시 이야기』는 이야기의 모든 요소들이 작가의 세밀한 통제하에 서로 간에 긴밀한 관계를 맺으며 빈틈없는 짜임새를 엮어내고 있다. 그리고 이를 통해 궁극적으로 하나의 통일된 소설 구조를 구축하는 데 성공한다. 그리하여 다네이와 마넷(Manette) 박사, 그리고 드파쥐 부부를 중심으로 하는 프랑스 혁명의 이야기는 팽팽한 긴장을 유지하면서 시종 군더더기 없이 진행되어 가는 한편, 그 정점에 이르면 그동안 함께 마련되고 펼쳐져 온 시드니 카튼(Sidney Carton)의 이야기가 파국과 위기에 대한 필연적인 해결책으로 제시되면서 소설 전체의 통합적 구조를 이룩한다. “이야기의 본질적인 부분이 아닌 인물이나, 이야기를 앞으로 진행시키지 않는 장면은 하나도 없으며, 심지어 단락조차도 작품의 강렬한 의도를 앞으로 촉진하도록 쓰여지지 않은 것은 하나도 없다”(There is not a person in the book who is not an essential portion of the story, there is not a scene that does not carry the tale onward, not even a paragraph that is not spent on urging forward the strong purpose of the book)는 포스터의 칭찬(Collins 425에서 재인용)은 바로 『두 도시 이야기』의 구성이 지닌 탄탄하고 치밀한 완성도를 적절히 표현해주고 있다.

그런데 『두 도시 이야기』의 이러한 구성상의 치밀함은 이 작품이 『바너비 럿쥐』처럼 주간 연재 형식으로 창작되었다는 점을 고려할 때 디킨즈 후기 창작기법상의 발전 양상과 일치하는 특징이라고 할 수 있다. 『돔비 부자』 이후 디킨즈의 작품은 상징이나 이미지의 활용에 있어서 미학적으로 통일성을 갖추는 한편 구조적 측면에서도 세밀한 구성력을 나타낸다. 특히 돔비 상사(Dombey House), 대법원(Chancery), 마셜씨(Marshalsea) 감옥, 에돌림청(Circumlocution Office), 쓰레기 더미(Dust Heap) 등과 같이 작품의 중심에서 이야기 전체 분위기와 전개를 통괄하는 이미지의 사용은 디킨즈 후기 소설의 두드러지는 특징이다. 그 결과 초기 작품에서 흔히 보이던 이유 없이 독자를 즐겁게 하는 “불필요한 세부 묘사”(unnecessary detail)(Orwell 59-63)나 “친밀감 주는 메꿔넣기”(the old padding)(Chesterton 131)[49]의 사용은 이제 단순히 불필요하거나 메꿔넣는 것에 그치지 않고 이야기 전체의 의미에 유기적으로 통합된 구조적 상징으로 확장되어 나타난다. 등장인물의 경우에도 “초기 소설에서는 마구잡이로 인물들을 풍성하게 뿌려 놓는 반면 후기 소설에서는 실제로 할 일이 있는 만큼의 인물들만 무대 위에 등장하도록 무한한 노력을 기울인다”(If

49) 오웰은 디킨즈의 가장 특징적인 스타일로 ‘불필요한 세부 묘사’를 언급하는데, 체스터튼이 디킨즈 후기소설에서 사라지는 초기의 특징으로 아쉬워하는, 순전한 수사적 즐김을 위해 디킨즈가 구사하는 ‘친밀감 주는 메꿔넣기’도 오웰의 표현과 동일한 것을 지적한다고 할 수 있다.

in his earlier novels he scattered 'characters' with a reckless profusion, in his later novels he is at infinite pains to being on the stage only just so many characters as have actual work to do)(T. A. Jackson 183). 소설 미학상의 이러한 작가적 발전과 성취는 말하자면 디킨즈가 『바너비 럿쥐』에서처럼 풍성하게 분출하는 자신의 창조적 상상력에 대해 균형 있는 지적 통제력을 구사할 수 있게 되었음을 의미하는 것인데, 디킨즈로서는 어려운 창작 방식이었던 주간연재 집필에도 불구하고 구조적으로 거의 완벽한 스토리 전개를 펼치는 『두 도시 이야기』는 바로 그러한 발전의 확실한 증거를 보여준다고 할 수 있다. 물론 디킨즈로서는 예외적 시도인 사건 중심의 이야기로서 이 소설은 가령 『리틀 도릿』 같은 작품처럼 통합된 의미와 구성 속에서도 훌륭하게 유지되는 인물 창조와 묘사의 풍부함을 결여하고 있는 것은 사실이다. 하지만 치밀하게 이야기 내용과 전개를 조직하고 그에 걸맞게 간결한 문체를 구사하는 점에서는 후기 디킨즈의 어느 소설보다 완벽한 지적 통제력을 보여주고 있다고 할 것이다.

한편 작품의 전체적인 분위기에 있어서도 『두 도시 이야기』는 『바너비 럿쥐』와 대조적인 면모를 보인다. 두 소설은 똑같이 1775년에 시작하여 각각 5년씩의 간격을 두면서 역사적 사건을 향해 나간다. 하지만 『바너비 럿쥐』는 메이폴(Maypole) 주점이나 바든(Varden) 가정이 주도하는 희극적이고 밝은 세계가 작품 전체의 분위기를 주도하고 그 결과 폭동의 소재마저 희화화되곤 하는 반면에, 『두 도시 이야기』는 프랑스 혁명 전후의 불안과 두려움에 찬 현실이 이야기 처음부터 끝까지 계속 묘사되면서 작품 전체를 지배하는 암울한 분위기를 시종 유지한다. 첫 부분의 도버(Dover)로 가는 길에 대한 다음의 묘사는 작품의 그러한 어두운 분위기를 『블리크 하우스』의 런던 안개처럼 미리 지울 수 없는 깊은 인상으로 새겨놓고 있다.

온 골짜기마다 습기한 안개가 퍼져 있었다. 그것은 쉴 데를 구하려다가 아무 곳도 찾지 못한 사악한 악령과도 같이 언덕을 절망스럽게 오르락내리락 하였다. 끈끈하고 지독히도 차가운 안개를 형성한 그것은 불길한 바다의 파도들이 그러듯이 선명한 구비를 이룬 채 서로 뒤따르고 겹쳐 오르며 대기 속을 천천히 헤매었다.

There was a streaming mist in all the hollows, and it had roamed in its forlornness up the hill, like an evil spirit, seeking rest and finding none. A clammy and intensely cold mist, it made its slow way through the air in ripples that visibly followed and overspread one other, as the waves of an unwholesome sea might do.(38)

빗길의 진흙탕 사이로 불안과 의심에 떨면서 파리로 가는 자비스 로리(Jarvis Lorry)를 둘러싼 작품 초두의 이런 불길한 분위기는, 그의 졸음 속에 떠오르는 18년이나 산 채로 매장되었던 유령의 얼굴로부터 시작해, 마넷 박사 부녀가 거처하는 소호(Soho) 거리 주변의 발자국 울림소리, 후작 저택의 고르곤(gorgon) 석상 등을 통해 계속 이어지다가 곧바로 혁명의 극렬한 공포 분위기로 회오리치듯 확대된다. 따라서 텔슨(Tellson) 은행의 문지기 제리 크런처(Jerry Cruncher)나 루시 마넷(Lucy Manette)의 하녀 프로스(Pross) 양, 속물 변호사 스트라이버(Stryver) 등이 지니는 희극적 성격은 작품 속에서 거의 무화(無化)될 정도로 압도되어 나타난다. 다네이가 최후에 구원되었을 때에도 그에 생환에 대한 기쁨보다도 여전히 두려움에 쫓기는 심정만이 묘사된다. "바람이 우리 뒤를 쫓아 휘몰아치고, 구름이 우리 뒤를 쫓아 내달리며달이 우리 뒤를 돌진하듯 쫓아오고, 온 밤이 사납게 우리 뒤를 쫓고 있다"(387)며 두려움에 가득 찬 채 도버를 향해 내달리는 결말의 분위기는 바로 위에서 본 로리가 파리로 가는 출발부의 분위기와 별반 다르지 않은 것이다. 이런 점에서 『두 도시 이야기』는 디킨즈의 후기 소설들이 보이는 어둡고 암울한 성격을 뚜렷하게 보여주는 전형적인 예라고 할 수 있다.

『두 도시 이야기』의 이 암울한 전체 분위기는 물론 디킨즈가 『바너비 럿쥐』와는 달리 프랑스 혁명이라는 역사 현실, 즉 끔찍한 유혈과 격변의 심각한 사태를 작품의 정면에서 좀 더 진지하게 다루고 있는 데서 비롯된 것이다. 가령, 다네이와 그의 백부 에브레몽드 후작, 드파쥐 부부, 마넷 박사 등은 『바너비 럿쥐』의 에드워드와 그의 아버지 존 체스터, 휴, 헤어데일 등이 거의 지니지 못한 전형성을 갖추고 작품 속에서 실체적으로 기능하는 인물들이다. 그들 각각의 개인적 삶의 이야기는 역사상 한 시대의 격변과 위기 상황의 총체적 단면을 작가가 용해해서 드러내기 위한 압축의 통로로서 활용되고 있다. 따라서 그런 인물들이 주인공으로 활동하는 작품이 희극적 색채를 띤다는 것은 어려울 수밖에 없다. 그런데 『두 도시 이야기』의 분위기와 디킨즈의 소재 접근 태도 사이의 이러한 상관성은 본질적으로, 디킨즈 후기소설의 어둡고 암울한 성격이 사실은 디킨즈의 사회의식이 성숙하면서 그가 빅토리아조 사회의 현실문제에 대하여 강력한 비판적 대응을 하기 시작한 필연적 결과라는 점의 확인과 다르지 않다. 특히 디킨즈가 프랑스 혁명을 소설의 중심 소재로 택했다는 사실은 그의 사회비판 의식의 심화와 관련하여 좀 더 의미 있게 살펴볼 만한 사항이다.

빅토리아조 초기 중산층과의 일체감 속에서 풍성한 희극적 세계를 창조하는 한편으로 개인의 단편적인 악덕들을 즐겨 고발했던 디킨즈는 사회에 대한 총체적 인식을 점차 획득하면서 당대 사회의 구조적 병폐와 제도적 모순 등을 꿰뚫어 보고 그것들을 소설의 핵심 주제로 다루어 나간다. 특히 『블리크 하우스』 이후로 그는 전면적이고 급진적인 사회비판을 가하기 시작한다. 『블리크 하우스』에서 톰-올-얼로운즈(Tom-All-Allone's)가 품고 있는 '복수'나 크룩(Krook)의 '자연연소'(spontaneous combustion)를 통해 사회 붕괴의 위기를 상징적으로 경고한 디킨즈는 『어려운 시절』(*Hard Times*)에 오면 산업사회가 가져온 인간파괴의 심연인 석탄갱(coal pit)에 빠져 죽는 스티븐 블랙풀(Stephen Blackpool)을 통해 "모두 엉망이야! 처음부터 끝까지 엉망이야!"(aw a muddle! Fro' first to last, a muddle!)이라고 소리를 드높인다. 그리고 『리틀 도릿』에 이르러서는 마셜씨 감옥과 에돌림청, 머들(Merdle) 등이 지배하는 사회 전체가 인간의 참된 삶을 억압하는 감옥과 다름없다는 절박한 인식을 보인다.

이런 과정에서 디킨즈는 당대 사회 체제에 대해 그 병폐와 부조리의 극심함이 혁명과 같은 국가적 파국을 초래하리라는 판단을 내리기까지 한다. 1854년의 한 편지에서 그는 콜레라를 제대로 막지 못한 정부에 대해 "한 번만 더 그런 일이 심각하게 일어나도록 놔둬라. 그것이... 예방할 수 있는... 병이라는 사실을 사람들은 그동안 알게 될 것이며, 그러면 삼손이 신전을 머리 위로 무너뜨렸던 이래 지상에서 결코 본 적 없는 격변이 이 나라에 일어날 것이다"(Letters vol. 2, 600)라고 경고하고 있다. 또 1855년의 한 편지에서는 "현재 나에게 민중이 그들 자신의 공적인 문제들에서 소외당하고 있다는 일만큼 놀랍고 애가 타는 것은 없다. 나는 이 불만이 밖으로 불살라져 나오지 않고 안에 꽉 막혀 연기만 내고 있다는 점 때문에 더욱 더 위험하다고 믿는다. 이러한 상태는 바로 혁명 발발 직전 프랑스의 전반적 분위기와 너무나도 똑같은 것인바, 천 가지 우연한 사건들 중 어느 하나에 의해서도... 이전엔 전혀 목격하지 못한 엄청난 대화재의 끔찍한 재난으로 터져나올 위험성을 안고 있다"(Letters vol. 2, 651-2)라고 말하고 있다.

이렇게 볼 때 디킨즈가 『리틀 도릿』의 다음 작품인 『두 도시 이야기』에서 프랑스 혁명을 다룬다는 사실은 그 의미가 확실해진다. 즉 『두 도시 이야기』는 빅토리아조 문명에 대한 디킨즈의 점차 짙어져가는 환멸과 막다른 위기감의 산물이자 출구였던 것이다. 물론 혁명 자체에 대한 디킨즈의 태도는, 앞으로 구체적으로 살펴보겠지만, 결코 긍정적이라고 할 수 없다. 그러나 그것은 디킨즈가 사회정의의 궁극적 실현을 혁명이라는 과격한 수단에 의지하지 않고 있음을 뜻할 뿐, 당대 사회의 "전체 상황에 대한 필연적 반응으로서"(as the necessary response to a total condition)(Williams 42)[50] 근본적 사회 변화의 필요성에 대한

---

50) 윌리엄즈(Raymond Williams)는 디킨즈가 사랑과 순수한 마음을 통한 구원을 주장하는 것이, 그것을

디킨즈의 인식을 부정하는 것은 아니다. 요컨대 프랑스 혁명에 대한 디킨즈의 주목과 집중은 그것이 빅토리아조 사회가 지닌 근원적 병폐의 심각성을 경고하는 비판적 작가 의식의 발로라는 점에서 적극적인 동시대적 의미와 함께 디킨즈 후기 작품의 특징적 면모를 강하게 반영하는 것이라고 할 것이다. 다음에서는 작품 속에서 나타나는 프랑스 혁명에 대한 디킨즈의 묘사와 태도를 구체적으로 살펴보기로 하자.

3

혁명 이전의 프랑스 상황은 작품 전반부에서 1775년의 파리 빈민가 생탕투안(Saint Antoine)과 에브레몽드 후작의 주변을 중심으로 묘사된다. 여기에서 디킨즈는 시종 귀족의 압제와 착취로 인한 분노와 고통에 가득 찬 민중을 향해 강한 공감을 표현한다. "커다란 포도주 통이 하나 거리에 떨어져 깨졌다"(A large cask of wine had been dropped and broken, in the street)(59)는 돌연하고도 상징적인 문장으로 시작되는 생탕투안 빈민가에 대한 묘사는, 길바닥에 엎질러진 포도주마저 한 방울 남기지 않고 모두 핥아 마시면서 땅바닥의 진흙 덩어리까지 함께 쓸어 삼키는 민중의 "추위와 더러움과 질명과 무지와 궁핍"(cold, dirt, sickness, ignorance, and want)에 찌든 모습을 압축과 반복을 통해 효과적으로 묘사한다.

> 맷돌 속에서 빻아지고 으깨어지고 실로 끔찍하게 부대껴온 백성들의 표본들이 ... 길가 온 구석마다 떨고 있었고 집집의 문간마다 들랑거리고 있었다. 그들을 바숴내는 맷돌은 젊은이를 늙은이로 만들어내는 맷돌이었다. 그런고로 아이들이란 게

낳은 인식, 즉 사회 전체 상황에 대한 필연적인 반응으로서 전면적 사회 변화의 필요성에 대한 인식에 있어서는 마르크스(Marx)의 혁명에 의한 해결 주장과 동일한 것으로 본다.

모두 곁늙은 얼굴에다 근심에 찬 목소리를 지니고 있었거니와, 그런 아이들의 얼굴과 어른들의 얼굴에 오랜 세월 깊은 주름살로 패여 들어가 있거나 새롭게 속속 그어져 나오는 표적이 있었으니... 그것은 바로 굶주림이었다. 굶주림은 모든 곳에 퍼져 있었다. (...) 굶주림은 연기 없는 굴뚝에서 퀭 하니 내려다보는가 하면, 쓰레기 속에 먹을 만한 찌꺼기 하나 남아 있지 않은 지저분한 거리에서 뛰쳐 오르곤 했다. 굶주림은 빵장수 선반 위의 몇 개 안 되는 맛없는 조그만 저질 빵 덩어리마다 낙인처럼 찍혀 있었고, 쏘시지 가게에서 판매용이라며 내놓은 죽은 개고기첨들에도 빠짐없이 찍혀 있었다.

Samples of a people that had undergone a terrible grinding and regrinding in the mill... shivered at every corner, passed in and out at every doorway.... The mill which had worked them down, was the mill that grinds young people old; the children had ancient faces and grave voices; and upon them, and upon the grown faces, and ploughed into every furrow of age and coming up afresh, was the sign, Hunger. It was prevalent everywhere. (...) Hunger stared down from the smokeless chimneys, and started up from the filthy street that had no offal, among its refuse, of anything to eat. Hunger was the inscription on the baker's shelves, written in every small loaf of his scanty stock of bad bread; at the sausage-shop, in every dead-dog preparation that was offered for sale.(61)

그러나 이러한 극도의 비참함의 한편에는 "막판에 몰린 김에 되돌아서서 달려들까 하는 야수적인 생각"(some wild-beast thought of the possibility of turning at bay)(62)이 도사리고 있음을 디킨즈는 분명히 밝히고 있다. 그리하여 결국 언젠가 "피라는 포도주가 거리의 돌들 위에 엎질러질 것"(61)이며 "가로등의 줄과 도르래가 사람을 매달아 올릴"(62) 때가 올 것임을 천명한다.

이러한 공감과 예언에 상응하여, 민중의 고통과 참상을 외면한 채 권력과 환락을 누리며 군림하는 왕족을 비롯한 지배층에 대한 신랄한 풍자는 다가올 혁명의 필연성을 강하게 부각시킨다. "도회지의 고관"(Monseigneur in Town)이라는 제목이 붙은 장(章)에서 초콜릿을 마시는 일에 네 명의 호사스런 시종을 꼭 필요로 하는 군주에 대하여 다음과 같이 노골적인 풍자를 가한다.

> 각하에게 초콜릿 시중을 들어주는 사람이 치욕스럽게도 세 명밖에 안 된다면 실로 지워지지 않을 오점이 각하의 가문에 생길 것이었다. 그리고 그게 두 명으로 줄기라도 한다면 각하는 차라리 죽어버렸을 것이 틀림없다.
>
> (....)
>
> 각하는 일반 공무에 대해 진정 고귀한 생각을 하나 지니고 계셨는데 그것은 만사가 제 갈길로 가게끔 내버려두어라라는 것이었다. 그리고 특별한 공무에 대해서는 모든 게 각하 자신의 권세와 호주머니에 기여하는 쪽으로 진행해야 한다는, 또 다른 진정 고귀한 생각을 지니고 계셨다. 각하는 또 자신의 환락—그게 일반적인 것이건 특별한 것이건—에 대해서도 진정 고귀한 생각을 또 하나 지니고 계셨으니, 그것은 이 세상 만사가 다 각하 자신의 즐거움을 위해 지어졌다는 믿음이었다.

> Deep would have been the blot upon his escutcheon if his chocolate had been ignobly waited on by only three men; he must have died of two.
>
> (....)
>
> Monseigneur had one truly noble idea of general public business, which was, to let everything go on in ts own way; of particular business, Monseigneur had the other truly noble idea that it must all go his way—tend to his own power and pocket. Of his pleasures, general and particular, Monseigneur had the other truly noble idea, that the world was made for them. (134-5)

즉, 궁핍한 민중이 폭풍 전야의 바람에 누더기를 퍼덕여대는 "여윈 허수아비들"(the gaunt scarecrows)(62)이라면 귀족들은 이들의 실상에 전혀 아랑곳하지 않은 채 그저 "화려한 노래와 깃털이나 자랑하는 새떼들"(the birds, fine of song and feather)(62)이라는 것이다.

그러나 귀족계급의 잘못된 세계관과 그로 인한 가혹한 압제의 면모를 좀 더 직접적으로 보여주는 것은 에브레몽드 후작을 통해서이다. 시골 영지를 향해 파리를 떠나가는 도중 생탕투안 거리에서 자신의 마차에 치여 죽은 가스파르(Gaspard)의 아기를 보고 "네놈들이 내 말들에게 무슨 해를 입혔는지 어찌 알아?"(141)라고만 반문할 뿐인 그는 철저한 귀족주의자로 나타난다. 그에게 민중은 오로지 압제 받고 굴종하기 위한 존재일 뿐이다. 그리고 현시대의 타락상은 오직 "주위의 비천한 것들에 대한 생사의 권리"(153)를 보유했던 바로 이전 조상들의 특권이 상실되어가고 있다는 사실에 있을 뿐이다. 따라서 자기 자신을 이 사라져가는 과거의 영광을 "갱생하기 위한 위대한 수단"(that great means of regeneration)(153)으로서 인식하며, 귀족에 비판적인 조카 다네이에게 "압제만이 영원한 천리야. 두려움과 굴종의 우매한 존경심으로... 개들은 계속해서 채찍에 순종하게 될 것이야, 이 집에... 지붕이 달려 있는 한은."(153)이라고 거침 없이 대답한다. 후작의 이처럼 확고한 귀족적 세계관이 다네이와의 대화에서 노출되는 방식은 그러한 세계관에 기초해 온 당대 체제가 근본적으로 정당성이 없는 것이며, 따라서 필연적으로 붕괴할 수밖에 없는 것이라는 작가의 인식을 선명하게 제시해주고 있다. 그리고 그렇게 폭로되는 후작의 지배를 받는 마을이 다음처럼 혹심한 조세로 신음하는 당대 프랑스 농촌 지역의 전형으로 제시되는 것은 당연한 전개라고 할 것이다.

> 마을 사람 모두가 가난했다. 많은 이들이 문간에 앉아서 저녁거리로 양파조각이나 그 비슷한 나부랭이들을 썰고 있었으며, 우물가에서 나무 잎사귀나 풀잎, 또는 땅에서 나는 그런 형편없는 먹거리들을 구해다 씻고 있는 사람들도 많았다. 무엇이 이들을 가난하게 만드는가를 말해주는 표적들은 부족함이 없었다. 국세 교회세 영주세 지방세 일반세 등등 따위를 이 조그만 마을의 엄숙한 규정에 따라 이곳에다 또는 저곳에다 갖다 바쳐야만 했으니, 실로 몽땅 집어 삼켜져서 결딴나지 않은 마

을이 아직 남아 있다는 사실이 놀라울 지경이었다.

> All its people were poor, and many of them were sitting at their doors, shredding spare onions and the like for supper, while many were at the fountain, washing leaves, and grasses, and any such small yieldings of the earth that could be eaten. Expressive signs of what made them poor, were not wnating; the tax for the state, the tax for the church, the tax for the lord, tax local and tax general, were to be paid here and to be paid there, according to solemn inscription in the little village, until the wonder was, that there was any village left unswallowed. (144)

혁명 이전 프랑스 상황에 대한 디킨즈의 위와 같은 묘사들이 보여주는 민중에 대한 공감과 귀족에 대한 분노의 태도는 작품 후반부 마넷 박사의 옥중기를 통해 후작 형제의 죄악상이 드러나는 대목에서 다시금 확인되어 나타난다. 디킨즈의 이러한 상황 제시는 실제 당대 프랑스 실정보다 과장되었다고 지적되거나 비판을 받기도 한다(가령 Stephen 44-5, Johnson 975 참조). 하지만 이것은 디킨즈가 그만큼 억압과 착취에 시달리는 프랑스 민중에 대하여 강력한 공감을 하고 있음을 보여주는 방증으로서 오히려 그 적극적인 의미가 있을 수도 있다. 실제로 포스터에 의하면 디킨즈는 자신의 그런 과장 가능성을 알면서도 당대 프랑스 민중의 참상이 참을 수 없는 것이었다는 신념에 의해 그렇게 묘사했음을 밝히고 있기도 하다(Forster vol. 2, 281-2).

한편 디킨즈는 혁명을 준비하는 민중 지도자의 한 유형으로서 생탕투안 거리의 술집 주인 드파쥐와 그의 부인을 등장시키면서 혁명 발발의 과정을 구체적으로 형상화하는 데 상당한 주의를 기울인다. 특히 이 두 사람이 혁명을 위해 조직적으로 준비하고 계획하는 모습은 간결하면서도 세심한 필치로 묘사되고 있다. 가령 드파쥐의 경우, 그는 18년이나 바스티유 감옥에 갇혔던 옛 주인 마넷 박사의 비참한 처지를 다른 동지들(Jacques)에게 보여줌으로써 그들의 혁명에 대한 의지를 은근히 자극하는 한편, 후작에게 자기 아이의 원수를 갚고 처형당한 가스파르의 이야기를 동지들에게 전해주기 위해 후작의 마을 도로수선 인부를 일부러 데려온다. 그는 또 정부의 스파이 바사드(Barsad)의 정체를 성문 검문소의 경관으로 있는 동지로부터 미리 알아내기도 한다.

이에 비해 드파쥐 부인은 한층 더 침착하고 냉혹한 인물로 창조되어 있는데, 쉴새없이 이어지는 그녀의 뜨개질은 바로 혁명을 통해 가차없는 복수를 가할 압제자들의 명부를 틀림없도록 치밀하게 기록하고 준비하는 행위이다. 왕족의 행렬을 보고 감동하여 눈물을 흘리는 도로수선 인부를 향해 "당신은 바로 우리가 필요로 하는 동지라오. (...) 당신은 저 바보들로 하여금 이런 환호가 영원히 계속될 것이라고 믿게 만들거든. 그러면 저놈들은 더욱 우쭐해질 터인데, 그럴수록 최후가 가까워지고 있는 셈이지"(204)라고 말한 뒤 그를 의식화시키는 장면 같은 데서는 그녀의 투철한 의식과 용의주도한 조직력이 실감있게 제시되어 있다.

이러한 것들은 결국 혁명에 대한 디킨즈의 접근과 묘사가 상당히 세밀하고 주의 깊게 수행되고 있음을 보여주는 증거라고 할 수 있는데, 드파쥐 부부의 다음과 같은 대화도 혁명에 대한 디킨즈의 이해와 처리가 결코 피상적이지 않음을 잘 드러내주는 한 예이다.

> '당신께 한마디 드리겠는데요.' 부인은 오른 손을 내밀어 강조하면서 말을 이었다. '그날은, 비록 오는 데 오랜 시간이 걸릴지라도, 지금 분명히 오고 있고 또 반드시 올 것이에요. 그날은 결코 되돌아가는 법이 없고, 또 결코 멈추는 법이 없어요. 항상 앞으로 다가오고 있어요. 주위를 둘러보고 세상 사람들이 사는 그 모든 꼴을 한번 살펴봐요.....'
>
> '꿋꿋하기도 하구려, 당신은.' 드파쥐는 ... 대답했다. '물론 그 점을 내가 의심하는 건 아냐. 하지만 그게 너무 오랜 시간 지체되어서 말이야, 그래서 어쩌면—물론 이건 어디까지 가정일 뿐이지만—그날이 우리 일생 동안에는 오지 않을 수도 있다 이거야.'

'뭐, 그럴 수 있지요! 그런데 그게 어째서요?'

'그럴 수 있지요라니!' 드파쥐는 반불평 반변명의 태도로 어깨를 으쓱해 보이며 말했다. '그럼 우린 승리를 보지 못할 거 아냐.'

'하지만 승리를 도와주는 거잖아요.' 부인은 대답했다. '우리가 하는 어떤 일도 헛된 것은 없어요. 물론 난 진심으로 우리가 승리의 그 날을 볼 거라고 믿어요. 하지만 설령 그렇지 않을지라도—그런 일은 없으리라고 믿지만—설령 그렇다 하더라도, 나한테 귀족과 폭군의 목을 보여주기만 하면 난 여전히--'

여기에서 부인은 입을 꽉 다문 채 정말 대단한 매듭을 하나 묶어냈다.

'I tell thee,' said madame, extending her right hand, for emphasis, 'that although it is a long time on the road, it is on the road and coming. I tell thee it never retreats, and never stops. I tell thee it is always advancing. Look around and consider the lives of all the world....'

'My brave wife,' returned Defarge..., 'I do not question all this. But it has lasted a long time, and it is possible—you know well, my wife, it is possible—that it may not come, during our lives.'

'Eh, well! How then?' demanded madame....

'Well!' said Defarge, with a half-complaining and half-apologetic shrug. 'We shall not see the triumph.'

'We shall have helped it.' returned madame.... 'Nothing that we do, is done in vain. I believe, with all my soul, that we shall see the triumph. But even if not, even if I knew certainly not, show me the neck of an aristocrat and tyrant, and still I would—'

Then madame, with her teeth set, tied a very terrible knot indeed. (208)

물론 디킨즈는 이 두 인물에 대해 전적으로 지지를 보내고 있지는 않다. 혁명이 일어나기 직전까지의 이들에 대한 묘사에서 디킨즈는 거의 어떠한 찬반의 입장을 밝힘이 없이 내내 객관적인 거리를 유지한다. 하지만 앞에서 보았듯이 억압받는 프랑스 민중에 대한 디킨즈의 분명한 공감에 비추어 볼 때, 최소한 이 두 사람이 준비하고 주도하는 혁명이 압제의 필연적인 결과로서 어느 정도 충분한 정당성을 지닌다는 인식을 디킨즈가 하고 있음은 분명하다고 할 수 있다.

그러나 작품의 중반 이후 혁명의 실제 진행 현장을 다루는 장면들에 이르면 디킨즈의 그런 인식은 혁명의 파괴성과 잔인함에 대한 공포에 의해 거의 압도되고 만다. 바스티유 감옥 함락이나 늙은 풀롱(Foulon)의 처형 장면 등을 통해 부각되는 혁명의 잔혹한 보복 행위는 다네이와 루시 가족이 그 속에 휩쓸려 들면서 더욱 강조된다. 드파쥐 부부와 벵장스(Vengeance) 등을 통해 묘사되는 프랑스 민중의 모습은 그야말로 광적인 복수심에 사로잡혀 무섭게 날뛰는 폭도들일 뿐인 것으로 나타난다. 루시와 마넷 박사가 파리에 도착하던 날 밤 보여지는 다음의 장면에서 그러한 공포감은 절정에 다다른다.

> 회전숫돌에는 양쪽으로 난 손잡이가 있었는데 두 명의 사내가 거기에 달라붙어 미친 듯이 돌려대고 있었다. 숫돌을 맹렬히 돌리느라 얼굴이 위로 쳐들려져 긴 머리칼이 뒤로 처지며 너풀거렸는데, 그러면서 드러난 그 얼굴들은 세상에서 가장 야만스러운 분장을 한 가장 흉악한 야만인의 얼굴보다도 더 끔찍스러웠고 더 잔인무도하게 보였다. 덧붙인 가짜 눈썹과 수염 따위가 마구잡이로 솟아 있었고, 흉측한 얼굴은 온통 피와 땀으로 범벅이 된 채 고함과 괴성을 지르느라 온통 일그러져 있으며, 맹수 같은 흥분과 수면 부족으로 눈을 온통 부릅뜬 채 이글거리는 눈빛으로 노려보고 있었다. ... 뚝뚝 떨어지는 핏방울이나 포도주, 또는 숫돌에서 튀겨져 나오는 불꽃의 흐름 등이 한 데 엉켜 그들 주위의 끔찍한 풍경은 온통 핏덩이와 불꽃 뿐인 듯이 보였다. 무리들 중 피투성이가 되지 않은 자는 한 사람도 찾아볼 수 없었다. 다음번에 숫돌을 돌리려고 서로 어깨를 들이대고 있는 사내들은 허리통까지 완전히 벌거숭인 상태였으며 사지와 몸뚱어리에는 온통 피얼룩을 묻히고 있었다. 오만 잡것의 넝마에 피얼룩을 묻혀 입고 있는 사내들이 있는가 하면, 부인네들의 레이스나 비단, 리본을 강탈해서는 온통 피로 물들인 채로 입고 악마 같이 드러내 보이는 자들도 있었다. 손도끼, 손칼, 총검, 장검 등 날을 갈기 위해 가져온 모든 것들 역시 온통 시뻘겋게 물들어 있었다. ... 이런 무기들을 번쩍이는 불꽃의 흐름으로부터 낚아채가지고는 미친 듯이 휘둘러대며 거리거리로 뛰쳐나가는 무리들의 광분한 눈알

들에도 똑같이 시뻘건 색깔이 가득 배어 있었다.

> The grindstone had a double handle, and, turning it madly were two men, whose faces, as their long hair flapped back when the whirlings of the grindstone brought their face up, were more horrible and cruel than the visages of the wildest savagest in their most barbarous disguise. False eyebrows and false moustaches were stuck upon them, and their hideous countenances were all bloody and sweaty, and all awry with howling, and all staring and glaring with beastly excitement and want of sleep. ...and what with dropping blood, and what with dropping wine, and what with the stream of sparks struck out of the stone, all their wicked atmosphere seemed gore and fire. The eye could not detect one creature in the group free from the smear of blood. Shouldering one another to get next at the sharpening-stone, were men stripped to the waist, with the stain all over their limbs and bodies; men in all sorts of rags, with the stain on those rags; men devillishly set off with spoils of women's lace and silk and ribbon, with the stain dyeing those trifles through and through. Hatchets, knives, bayonets, swords, all brought to be sharpened, were all red with it. (...) And as the frantic wielders of these weapons snatched them from the stream of sparks and tore away into the streets, the same red hue was in their frenzied eyes.... (291-2)

이것은 오웰의 표현대로 "괴물"(monster)이 되어버린 혁명 현장의 "악몽"(nightmare)'(Orwell 14)에 대한 디킨즈의 두려움의 극치를 보여주는 장면이다. 이와 비슷한 공포감은 이후 폭도들이 다네이가 갇혀있는 라 포르스(La Force) 감옥 앞에서 축제를 즐기며 추는 혁명의 춤 카르마뇰(Carmagnole)에 대한 묘사에서도 다시 한번 표현되고 있다. 그리고 이런 공포감은 이따금—가령 다네이의 재판 장면이나 단두대 처형을 구경하러 나온 군중에 대한 묘사에서처럼—노골적인 혐오감으로 나타나기도 한다. 이것은 특히 벵장스와, 배심원으로 행동하는 제3의 동지(Jacques), 그리고 제5의 동지가 된 도로수선 인부 등에 대한 경멸적인 묘사에서 두드러지는데, 이에 비해 라 포르스 감옥에 갇힌 귀족들이나 단두대에 처형 당하러 끌려가는 귀족들에 대한 묘사는 오히려 동정적인 어조를 띤다. 이런 점에서 디킨즈는 마치 "폭동과 혁명을 압제와 착취보다 더 큰 악으로 여기기 때문에 폭력의 포기를 설교"(하우저 128)하고 있는 것처럼 보이기까지 한다.

그러나 디킨즈가 보이는 공포를 그렇게 단순하게 해석할 수는 없다. 디킨즈가 묘사하는 혁명의 잔인성은 단순히 "그가 후세대 독자들에게 전하는 데 성공한 (혁명의) 사악한 비전"(sinister vision which he has succeeded in passing on to generations of readers)(Orwell 16))을 제시하여 혁명의 포기를 설교하기 위한 것이 아니다. 그것은 오히려 그토록 무서운 인간 비극을 낳은 억압과 폭정에 대한 확고한 인식을 심어주려는 의도의 표현이며 따라서 바로 그 억압과 폭정의 포기에 대한 단호한 주장을 목표로 하고 있다. 그리고 만약 그렇지 않을 경우에는 혁명이라는 끔찍한 파괴와 유혈의 비극이 필연적으로 일어날 수밖에 없다는 강력한 경고를 던지고 있는 것이다. 디킨즈가 『두 도시 이야기』를 통해 빅토리아조 사회에 전하고자 한 메시지의 핵심은 바로 여기에 있다.

디킨즈에게 프랑스 혁명은 의심할 여지 없이 구제도의 압제와 착취에 짓눌린 민중의 정당한 항거였다. 물론 그 민중의 정당한 항거가 격렬한 파괴와 복수로만 치달을 때 그는 즉시 비판적 태도를 취한다. 그러나 그는 폭력과 살상의 책임이 근본적으로는 바로 억압과 착취를 자행해온 과거 지배자들에게 있다는 확고한 인식을 결코 잃지 않는다. 그의 이러한 인식은 혁명의 유혈성에 대한 묘사와 함께 작품 곳곳에 분명하게 새겨져 있다. 가령, 바스티유 감옥의 함락 장면에서 그 잔인성은 "갑자기 생기를 띠면서, (이미 죽어 쓰러진) 교도소장의 머리 위에 한 발을 올려놓고—오랫동안 준비해 놓았던—그녀의 무자비한 칼로 소장의 머리를 싹둑 잘라버렸다"(249)고 묘사되는 드파쥐 부인의 모습을 통해 극단적으로 제시된다. 하지만 그 몇 줄 뒤에 디킨즈는 민중의 이처럼 잔인한 얼굴들이 바로 "동정의 기미가 조금도 자리잡을 수 없을 때까지 고난의 도가니 속에서 단단히 굳어버린 얼굴들"(249)임을 잊지 않고 밝혀 놓는다. 풀롱을 잔혹하게 목매달아 죽인 후 밤이 되어 집으로 돌아간 민중의 전혀 다른 모습을 대조적으로 보여주는 다음의 묘사 역시 민중의 본성이 무엇이고 그들의 폭력이 어디에서 비롯된 것인가에 대한 디킨즈의 인식을 뚜렷하게 드러내주는 좋은 예이다.

> ...그리고는 윗 창마다 희미한 불빛이 가물거리기 시작했고 거리에는 가느다란 장작불들이 지펴졌다. 그리고 그 불에다가 이웃들이 함께 음식을 요리해서는 각각 자기 집 앞으로 가져다가 저녁으로 먹었다.
>
> 보잘것없고 부족한 저녁거리였다. 고깃점이라는 게 물론 있을 리 없지만 형편없는 빵에다 바를 쏘스마저 없었다. 그러나 인간적 친애가 그 가난한 밥상에 스며들어 양분 구실을 해서는 그 음식물로부터 얼마간 활기의 불꽃을 내주었다. 그날의 가장 끔찍스러웠던 일에 한껏 활약했던 아버지 어머니들은 이제 자신들의 여윈 자식들과 다정히 놀아주고 있었고, 사랑하는 연인들은 그런 세상을 곁에 둔 채, 그리고 닥쳐올 세상을 기다리며 사랑에 열중하거나 희망을 품었다.

> ... and then poor lights began to shine in high windows, and slender fires were made in the streets, at which neighbours cooked in common, afterwards supping at their doors.
>
> Scanty and insufficient suppers those, and innocent of meat, as of most other sauce to wretched bread. Yet human fellowship infused some nourishment into the flinty viands, and struck some sparks of cheerfulness out of them. Fathers and mothers who had had their full share in the worst of the day, played gently with their meagre children; and lovers, with such a world around them and before them, loved and hoped. (254-6)

즉, 디킨즈는 여기에서, 서로 돕는 이웃이요 화목한 가정의 다정한 부모들이며 소박한 연인들이어야 하는 이들 민중을 잔악한 복수의 화신들로 만든 것은 바로 "굶어 죽어가는 그들에게 풀이나 뜯어 먹으라고 지껄였던 풀롱"(252) 같은 지배자들의 압제와 착취라는 사실을 엄연한 증거로 역설하고 있는 것이다.

이와 관련해 마넷 박사의 옥중기가 소설의 끝부분에 와서 밝혀진다는 점 또한 유의할 사항이다. 다네이의 억울한 투옥과 그를 구하기 위한 마넷 박사와 루시의 지극한 노력은 그것이 묘사되는 과정에서 혁명세력의 냉혹함과 잔인함과 대조되면서 후자를 더욱 두드러져 보이도록 하는데, 앞에서 본 숫돌 장면과 카르마뇰 춤 장면도 그동안에 일어나는 것들이다. 그러나 이런 상황의 말미에 나온 마넷 박사의 옥중기는 한 농노 일가에 대한 귀족계급의 잔악한 범죄와 박사 자신에 대한 탄압의 은폐된 사실을 백일하에 밝힘으로써, 그때까지 부각되어 온 프랑스 민중의 극렬한 보복행위가 사실은 부인할 수 없을 만큼 '이유 있는' 것임을 재확인시켜준다. 다시 말해, 디킨즈는 마넷 박사의 옥중기를 통해 어쨌든 민중의 그러한 잔인성에 대한 근본 원인과 책임은 바로 구제도의 압제와 폭정에 있다는 인식을 독자의 뇌리에 한 번 더 쐐기처럼 깊이 박아놓고 있는 것이다.

더구나 후작 형제에게 유린당한 농노가족의 유일한 생존자가 바르드파쥐 부인이라는 발견 또한 디킨즈의 그러한 주장을 더욱 강화해즈고 있다. 혁명 발발 이후 묘사되는 그녀의 냉혹하고 잔인한 행위는 작품 속에서 그녀를 혁명에 대한 공포 분위기를 자아내는 장본인이나 다름없게 만드는데, 실제로 그녀의 복수심은 다네이의 전가족, 즉 마넷 박사와 루시 그리고 그들의 어린 딸에게까지 뻗쳐 그들 모두를 단두대에 처형시켜버릴 계획을 낳는다. 그러나 이렇게 도무지 용서를 모르는 그녀의 극렬한 복수심도 작품의 거의 끝부분에 가서 밝혀지는 그녀의 불행한 과거와 사연에 의해 조명될 때, 일정 부분 공감과 이해의 여지를 부여받게 된다. 즉, 그녀는, 디킨즈의 작중 표현을 그대로 빌다면, "시대가 그 끔찍스럽게 일그러뜨리는 손을 댄 당대의 많은 여성들"(390) 가운데 하나로, "부당한 일을 당한 데 대한 깊은 의식과 지배계급에 대한 뿌리 깊은 증오심이 어렸을 때부터 파고든 그녀를 (혁명이라는) 기회가 한 마리의 암펌으로 길러냈던 것이다. 그래서 그녀에겐 연민이란 게 완전히 없어졌으며 예전에 혹시 지니고 있었을지 모르는 덕성 같은 것도 모두 그녀에게서 사라져버리고 말았던 것이다"(391). 그녀의 이러한 성격을 통해 드러내는 디킨즈의 태도는 잭슨의 다음과 같은 해석을 충분히 뒷받침해준다고 하겠다.

> 드파쥐 부부와 그들을 따르는 무리가 끔찍하고 무자비한 측면에서 비쳐지고 있는 것은 사실이다. 그러나 누그러질 줄 모르는 이 복수의 욕구를 직접적으로 낳은 것은 바로 귀족들의 오만과 이기심, 독선이라는 점을 보여주기 위해 모든 주의가 기울여지고 있으므로, 이 사실은 귀족들의 지배로 인해 예바르고 상냥한 민중이 드파쥐 부부와 같은 복수의 화신으로 변화될 수밖에 없었다는 귀족들에 대한 고발사항을 하나 더 추가할 뿐이다.
>
> True, the Defarges and their train are shown in a terrible and implacable light. But since every care is taken to show that this implacable lust of vengeance is the direct product of aristocratic pride, selfishness and insolence, it merely adds an extra count to the indictment against the aristocracy that their rule should convert decent and kindly people into avenging furies like the Defarges. (T. A. Jackson 184)

요컨대, 디킨즈는 자신이 그토록 두렵게 여기는 혁명의 파괴와 살상의 책임이 기실은 그것을 필연적 결과로 초래한 압제와 착취에 있음을 끊임없이 강조하고 있다. 따라서 그가 이 작품에서 혁명의 공포와 잔혹함을 극명하게 묘사하는 궁극적 의도는 혁명에 대한 비판과 거부보다는 혁명을 낳은 압제와 착취의 포기를 역설하는 데 있다고 해야 할 것이다. 그리고 이를 통해 디킨즈는 빅토리아조 사회의 지배계급 역시 그런 포기가 절실히 필요하다는, 만약 그렇지 않을 경우 프랑스 혁명과 같은 참극을 맞이할 수밖에 없다는 강력한 경고를 전하고자 하는 것이다. 작품 마지막 장(章)에서 디킨즈가 던지는 다음과 같은 다짐의 말은 그러한 의도를 다시 한번 확인해주고 있다.

> 한 번 더 똑같은 망치로 인간성을 내리쳐 으깨어보라. 그러면 그것은 역시 지금과 똑같이 흉측한 모양으로 일그러지고 말 것이다. 다시 한번 똑같이 무도한 탐욕과 억압의 씨앗을 뿌려보라. 그러면 그것은 뿌린 그대로 똑같은 열매를 어김없이 맺을 것이다.
>
> Crush humanity out of shape once more, under similar hammers, and it will twist itself into the same tortured forms. Show the same seed of rapacious licence and oppression over again, and it will surely yield the same fruit according to its kind. (399)

물론 이 경고를 낳은 것은 빅토리아조 사회의 심각한 병폐와 모순에 대해 디킨즈의 점차 깊어진 "못견딤과 분노"(impatience and anger)(House 214)이다. 디킨즈의 이 '못견딤과 분노'는 잭슨의 주장처럼 "희망과 정의, 평화와 전체 행복을 실현하는 유일한 길로서 혁명을 선언"(a positive assertion of revolution as the only road to hope, to justice, to peace and to general happiness)(T. A. Jackson 173)하는 데까지는 결코 나아가지 않는다. 하지만 "디킨즈는 (프랑스) 군중들과 함께 춤추고, 함께 학살을 감행했다"(He danced and slaughtered with the crowd)는 하우스의 진술(House 214)을 완전히 부당한 것으로만 볼 수 없을 만큼 디킨즈의 이 '못견딤과 분노'는 깊고 절실한 것이었다고 할 수 있다.

4

이제까지 디킨즈의 역사적 상상력이 프랑스 혁명을 어떻게 소설로 형상화하고 있는지, 그리고 이를 통해 디킨즈의 의도가 어떻게 나타나 있는지를 구체적으로 살펴보았다. 그런데 이러한 구체적 고찰의 한 가지 전제가 되었던 것은 앞에서 언급한바 디킨즈가 작품의 본격적 소재로서 역사적 사건을 『바너비 럿쥐』의 경우와는 달리 『두 도시 이야기』에서는 한층 진지하게 정면으로 다루고 있다는 점이다. 이것은 가령 주인공 찰스 다네이를 『바너비 럿쥐』의 주인공 에드워드 체스터와 비교할 때도 쉽게 확인된다. 귀족의 후손으로 자신이 속한 지배계급의 부당성을 비판하고 나서는 양심적인 지식인인 다네이는 시대의 문제를 핵심적으로 드러내줄 전형성을 지녔다는 점에서 에드워드 체스터와 그 인물로서의 성격이 상당히 유사하다. 그러나 일찌감치 이야기에서 사라졌다가 결말부에 와서야 다시 나타나는 에드워드 체스터와는 달리, 다네이는 작품의 플롯 한가운데 자리 잡은 채 주인공으로서의 역할을 비중 있게 수행함으로써 그 인물적 전형성을 실제로 구현하고 있다.

그는 후작이 신봉하는, 지배계급만을 위해 "영원히 지속되는 유일한 철학"(the only lasting philosophy)(153)에 맞서는 "새로운 철학"(155)을 주장하면서 개혁을 위해 노력하다가 신변의 위험 때문에 영국으로 피신한다. 그리고 혁명이 발발한 후 영국에서의 자신의 안주와 도피에 대해 괴로워하다가, 옛 하인 가벨(Gabelle)의 구원 요청을 받자 마침내 "너무 거칠고 난폭해져서 무섭게 날뛰는 혁명을 제 길로 이끌겠다는"(to guide this raging Revolution that was running to fearfully wild)(270) 충정을 한편에 품고 가족까지 버린 채 귀국길에 오른다. 그러나 파리에 도착하기도 전에 그는 체포되어 투옥되고 만다. 그의 이런 행적과 활동 내용에 비추어 볼 때, 다네이는 말하자면 루카치가 말한 역사소설의 합당한 주인공, 즉 귀족과 민중 사이의 "계급적 중간 위치"(the between-the-classes position)에 서 있음으로써 시대의 역사적 위기 상황을 총체적으로 제시하기에 적합한 "스코트(Walter Scott)적 중도자적 인물"(the middle-of-the road heroes of Scott)(Lukács 292)이라고 하기에 손색이 없다. 따라서 그의 아버지 형제가 잔악한 압제와 착취를 범하는 한편 드파쥐 부인의 일가와 그의 장인 마넷 박사에게 용서못할 해악을 입혔다는 사실 때문에 그가 피할 수 없이 사형 언도를 받게 된다는 이야기 전개는 그 자체로서 충분히 프랑스 혁명의 한 단면을 전형적으로 보여주는 내용이라고 할 수 있다. 즉, 다네이와 그의 가족을 둘러싼 혁명의 이야기는 복잡하게 얽힌 혁명의 비극적 상황을 압축해서 보여주고 있고, 이를 통해 그 비극과 참상의 필연적 책임이 구시대의 억압과 폭정에 있다는 작품의 주제와 의도를 효과적으로 형상화하는 역할을 성공적으로 수행하고 있는 것이다.

그러나 『두 도시 이야기』는 다네이와 마넷 박사, 그리고 드파쥐 부부 등을 통해서 포착되고 구현되는 역사적 시대상만으로 구성되어 있지 않다. 디킨즈는 그들의 역사적 삶과 사건의 이야기에 순전히 개인적인 멜로드라마적 사랑 이야기를 병합시킨다. 즉 시드니 카튼의 루시에 대한 이루어질 수 없는 감상적 사랑과 자기 희생의 플롯이 프랑스 혁명 속에 휘말리는 다네이와 마넷 박사의 이야기 아래 짜여 들어가는 것이다. 물론 카튼의 이야기는 작품 속에서 치밀하게 마련되고 적절한 방식으로 조직되어 얽힘으로써 카튼이 종국적으로 다네이를 대신해 단두대의 희생자가 되면서 두 플롯은 하나로 통합되고 완결되는 듯이 보인다. 하지만 카튼의 자기희생을 통한 영웅적 행위는 시대적 위기에 의해, 그리고 시대적 위기를 통해 발현되는 '인간 자질의 잠재적 숭고함'이라는 역사적 성격을 전혀 지니고 있지 않다.[51] 그의 죽음이 표면

51) 루카치는 훌륭한 역사소설에서 보여주는 인간적 행위의 위대함의 성격을 "those vast, human potentialities which are always latently present in the people and which, on each big occasion, with every deep disturbance of the social or even the more personal life, emerge 'suddenly', with

적으로 프랑스 혁명의 소용돌이 속에서 일어나고 있기는 하지만, 본질적으로 그는 다네이나 마넷처럼 혁명이라는 역사적 상황과 유기적인 관계 속에서 운명이 형성되고 결정되는 인물이 아니다. 따라서 그의 희생은 아무리 감동적이라 할지라도 순전한 개인적 의미를 갖는 데 그친다.

이것은 물론 그가 영국인이라는 점과도 무관하지 않은데, 그보다는 그의 성격 자체가 워낙 시대적인 분위기나 사회적 갈등 상황과의 관계성을 결여하고 있다는 점이 더 결정적인 요인이라고 할 것이다. 삶에 있어서 그의 좌절과 방탕은 완전히 개인적인 성격상의 결함으로만 제시되고 있을 뿐더러 그 구체적 내용도 전혀 드러나 있지 않다. "내 비참한 마음의 비밀 속에서 (나 자신을) 내가 더 잘 알고 있다"(180)는 그 자신의 말처럼 실로 그의 성격이나 생활의 구체적 면모는 작중 인물에게나 독자에게나 거의 감추어져 있을 뿐이다. 그가 일종의 바이런(Byron)적 고독한 낭만주의자의 아류로서 혼자만의 고뇌와 우울에 사로잡힌 현실감 없는 인물처럼 보이는 것은 바로 이 때문이다.

따라서 이렇게 낭만적 개인주의자로서 사회와 유리된 채 자포자기와 자학에만 빠져 있는 카튼이 작품 말미에 극적으로 자신을 희생해서 다네이와 루시의 가족을 죽음에서 구원해낼 때, 그 해결은 아무래도 멜로드라마적 차원의 손쉬운 해결처럼 보일 수밖에 없다. 그리고 이것은 결국 다네이 등이 전형성 있게 구축해 놓은 작품의 역사소설적 성격을 크게 손상시키는 요소로 작용한다. 디킨즈 역시 이 위험성을 인식하고 마지막 장면에서 카튼으로 하여금 "나는 이 심연으로부터 아름다운 도시와 훌륭한 사람들이 솟아나는 것을 봅니다. 그리고 그들이 다가올 오랜 세월을 통해 승리와 패배를 거듭하며 진정한 자유를 얻고자 투쟁하는 과정 속에서 이 시대의 죄악이, 그리고 이 시대를 필연적으로 낳은 이전 시대의 죄악이 모두 스스로를 속죄하고 소멸되어 가는 것을 봅니다"(404)라고 역사적 색채를 띤 비전을 말하게 하고 있다. 하지

colossal force, to the surface"라고 설명한다(Lukács 56).

만 역사적 상황이나 사회적 관계로부터 유리된 카튼의 순전히 개인적인 희생과 행동은 이 돌연한 비전의 선포 행위를 오히려 어색한 것으로 만들고 있으며, 나아가 그 갑작스러운 인위적 조작성 때문에 비전의 내용 자체마저 뚜렷한 역사적 방향성 없이 얼버무리고 마는 것처럼 보이게 한다.

물론 카튼의 순수한 희생을 통한 절망과 위기의 해결은 한편으로 그것이 지닌 고결한 감상성으로 인해 작품의 대중성을 확보하고 유지하는 결정적 역할을 하기도 한다. 그러나 디킨즈의 성공적인 소설들의 경우, 멜로드라마적 플롯과 인물들은 그 자체로 그치지 않고 작품 전체의 주제 내지는 "통합된 도덕적 비전의 필수적 부분"(Lane 5)으로 유기적 조화를 이루는 "예술적 품격을 지닌 장치"(the devices of artistic dignity)(E. Wilson 31)로 활용됨으로써 작품의 대중성과 예술성이 동시에 성취되는 데 크게 기여한다. 이에 비해 카튼의 멜로드라마적 플롯은, 비록 주의깊은 조작에 의해 작품 속에 치밀하게 엮여 들어가 있지만, 주제적 차원에서 작품이 구현해내고자 하는 역사적 삶과 사건들의 내용과 유기적인 융화를 이루지 못하고 있다. 따라서 이러한 안이한 형식적 결합과 유기적 구성의 실패는『두 도시 이야기』의 예술적 성취에 있어서 무시 못할 하나의 결함으로 작용하는 동시에 디킨즈의 역사적 상상력이 지닌 한계를 드러내주는 항목으로 남는다.

한편 프랑스 혁명이라는 역사적 상황과 유리된 카튼의 인물로서의 성격이 그가 영국인이라는 사실과도 무관하지 않다고 했는데, 이것은 좀 더 생각할 때 디킨즈가『두 도시 이야기』에서 프랑스 혁명의 경험을 두 도시 중의 하나인 파리에만 한정하여 제시하고 있다는 점과 연결되는 사항이다. 디킨즈가 자신이 속한 빅토리아조 영국 사회에 대한 경고적 체험으로서 프랑스 혁명을 이 작품 속에서 진지하게 형상화하고는 있지만, 그가 주목하는 역사적 상황은 단지 그 시대의 프랑스 내부 현실에만 국한되어 있다. 이는 곧 혁명기 프랑스 상황과 관련하여 동시대의 이웃 나라인 영국이 갖는 역사적 위치를 좀 더 포괄적이고 객관적으로 함께 바라볼 거시적 안목이 디킨즈에게 결여되어 있음을 의미한다. 영국의 텔슨 은행과 그 사원 로리에 대한 디킨즈의 처리는 이 점을 단적으로 보여준다.

텔슨 은행은 그 낡고 불편함 때문에 디킨즈의 가벼운 풍자의 대상이 되긴 하지만 그보다는 그 신뢰성 있는 전통으로 인해 디킨즈의 애정어린 묘사를 더 짙게 받는다. 로리 역시 150년 이상 프랑스와 영국 양 쪽에서 거래를 유지해온 이 믿음직한 은행의 충직한 노(老)행원으로, 그는 파리와 런던 두 도시를 왕래하면서 마넷 박사의 가족과 깊은 인연을 맺고 그들의 진실한 친구로서 위기에 처한 그들을 돕는 중심인물 중 하나이다. 혁명이 소용돌이치는 와중에 그는 파리로 파견되는데, 그것은 은행 고객의 재산을 안전하게 지키는 임무를 경험 많고 충직한 그만이 해낼 수 있기 때문이다. 그리고 실제로 다음과 같이 성실하게 업무를 수행하는 것으로 묘사된다.

> 몰수되거나 국유화된 재산 문제로 그가 장부를 들고 불려가는 일은 빈번했다. 그는 원(原)소유자들을 위해 구할 수 있는 것은 모두 구해냈다. 텔슨 은행에 보관된 재산을 로리 씨보다 더 단단히 붙들고서 침묵을 지킬 수 있는 사람은 아마 아무도 없을 것이다.
>
> He and his books were in frequent requisition as to property confiscated and made national. What he could save for the owners, he saved. No better man living to hold fast by what Tellson's had in keeping, and to hold his peace. (309)

그러나 조금만 들여다보면 로리가 이토록 충실하게 구해내는 고객의 재산이란 것의 정작은 바로 프랑스 귀족계급이 프랑스 민중의 피땀을 쥐어짜 얻어낸 착취물의 결과이자 축적이라는 사실을 어렵잖게 알 수 있다. 실제로 런던의 텔슨 은행은 도망친 프랑스 귀족들의 재산도피처이자 사교장 역할을 하는 곳으로 언급되어 있다. 그러나 디킨즈는 그런 귀족들에 대해 가벼운 풍자를 가하는 데 만족할 뿐, 텔슨 은행이나 로리가 프랑스 혁명과 관련하여 처할 수 있는 불편한 정치적 입지나 도덕적 갈등 같은 문제에는 전혀 관심을 보이지 않는다. 즉 디킨즈는 오직 텔슨 은행의 건실함이나 로리의 충직함 그 자체만을 개별적 내지 개인적 미덕으로 주목하면서 높이 평가해주고 있을 뿐이다. 이것은 좀 더 확대해석하면 곧 프랑스의 불안한 상황에서도 동요없이 수행되는 영국인의 투철한 업무능력과 자세에 대한 은근한 자부심의 표출이라고까지 할 수 있다. 그런데 프로스 양이 드파쥐 부인과 대결하면서 사용하는 영국 우월주의적 말투와 그 싸움에 대한 디킨즈의 묘사 태도 등과 함께 결부해서 생각해볼 때, 디킨즈의 위와 같은 점은, 당대에 비추어 놀랍게도 "속된 민족주의"(vulgar nationalism)이 없다고 칭찬한 오웰의 견해(Orwell 29)와는 달리, 디킨즈에게 오히려 그런 한계로 비판받을 여지가 있음을 예시해주는 것이다. 물론 이런 결함은 공공연한 드러남보다는 좀 더 통찰력 있는 시야와 안목의 부족에서 비롯된 '무심함'에 해당된다고 하겠으나, 『블리크 하우스』나 『돔비 부자』에 나타나는 유색인종에 대한 우월감 깃든 태도(House 91)와 함께 짚고 넘어가야 할 하나의 한계로 남는다고 할 것이다.

어쨌든 로리와 텔슨 은행, 그리고 그들이 대표하는 런던이 프랑스 혁명과 관련해서 지닐 수 있는 역사적 성격에 대한 디킨즈의 무관심 내지 간과는 작품 속에서 분명히 드러나 있으며, 이것은 카튼의 무역사성과 함께, 『두 도시 이야기』의 역사적 사건 묘사를 정말로 두 도시를 다 포함한 총체적인 형상화의 수준으로 올라서지 못하게 하는 중대한 요인으로 작용한다. 요컨대 『두 도시 이야기』에서 디킨즈의 역사적 상상력은 치밀한 작품 구성을 바탕으로 다네이와 마넷 박사, 드파쥐 부부 등을 통해 프랑스 혁명의 단면을 어느 정도 전형성 있게 포착하여 보여주고 있다. 그리고 이를 통해 빅토리아조 영국 사회의 심각한 병폐에 대해 경고를 던지고자 하는 그의 의도를 성공적으로 구현하고 있다. 하지만 카튼의 멜로드라마적 줄거리를 유기적으로 병합하지 못하고, 두 도시 중 나머지 한 도시에 대해 균형 있고 구체적인 역사적 조명을 하지 못함으로써, 『두 도시 이야기』를 뛰어난 역사소설적 성취물로 구축하는 데는 실패했다고 할 수 있다.

Ⅷ. 『위대한 유산』
‘신사’와 ‘고결한 인간’의 간격

Great Expectations

1. 『위대한 유산』의 ‘신사’ 주제 재론

1

주지하다시피 『위대한 유산』(*Great Expectations*)[52]에 대한 비평적 논의에서 ‘신사’의 주제는 빠질 수 없는 핵심적인 사안이다. “나는 신사가 되고 싶다”(I want to be a gentleman)(154)고 선언하는 주인공 핍(Pip)의 성장 이야기는 신사를 향한 그의 욕망이 실현되는 과정과 그렇게 실현된 욕망이 어떤 결과를 낳는가 하는 문제를 중심으로 펼쳐진다. 그리고 핍의 이러한 이야기는 빅토리아 시대의 신사상과 이념에 대한 작가 디킨즈(Charles Dickens)의 강력한 비판으로서 사회적 의미를 강하게 띤다. 이처럼 ‘신사’와 관련된 작품의 내용과 주제의식이 매우 분명하기 때문에 이 작품에 대한 비평이나 분석에서 신사의 문제는 작품 전체를 관통하는 핵심 주제로서 마땅히 구체적으로 다뤄

52) 작품 제목의 우리말 번역으로 근래에는 『막대한 유산』이라는 명칭이 주로 사용되고 있으나 필자는 몇 가지 이유에서 『위대한 유산』이라는 기존의 제목을 그대로 쓰고자 한다. 이와 관련해서는 이인규, 「『위대한 유산』인가 『막대한 유산』인가?」 『안과 밖』 31 (2011 하반기) 314-38면 참조.

져야 하는 부분일 것이다.

그런데 『위대한 유산』에 대한 기왕의 비평을 들여다보면 뜻밖에도 사정은 그렇지 않은 것으로 나타난다. 물론 『위대한 유산』이 빅토리아조 '신사'의 이념을 본질적인 차원에서 검토하며 비판하는 작품이라는 점은 비평가들 모두 쉽게 동의한다. 그리고 "역사적인 깊이와 사회적 넓이 그리고 심리적 통찰에 있어서 『위대한 유산』은 빅토리아 시대의 신사 개념에 대한 가장 복합적이고 만족스러운 소설적 탐색이다"는 길모어(Robin Gilmour)의 결론(143)에 이의를 제기할 평자도 아마 없을 것이다. 하지만 문제는 작품을 관통하는 핵심 주제로서 '신사' 문제가 실제 작품 비평에서는 바로 그 '자명성' 때문에 아이러니컬하게도 구체적인 관심과 분석의 대상이 되지 못한 채 그저 당연한 전제나 사실로 간단히 언급되거나 아니면 작품 외적인 논증의 자료 정도로 이용되곤 한다는 점이다. 다시 말해 『위대한 유산』의 비평 가운데 정작 '신사' 주제가 작품 속에서 얼마나 복합적이고 만족스럽게 소설적으로 탐색되는지 구체적으로 분석하며 추적해나가는 경우를 찾기 어렵다는 말이다.

이는 가령 『위대한 유산』에 대해 권위 있고 설득력 있는 비평을 제시하고 있는 리비스(Q. D. Leavis)의 글을 봐도 쉽게 알 수 있다. 상당히 구체적이고 충실한 작품 분석을 통해 『위대한 유산』의 위대성을 추적해 나가는 이 글에서 리비스는 『위대한 유산』을 주인공 핍이 사회가 부과하는 죄의식과 계급적 열등감 그리고 그로 인해 발생된 개인적 이기심 등을 극복하고 마침내 "정신적 자유를 향해 성공적으로 나아가는 이야기"(the history of a successful progress towards spiritual freedom)(373)로 규정한 다음 디킨즈가 이 과정을 상징성과 사실성의 자연스러운 구사를 통해 얼마나 치밀하고 호소력 있게 소설적으로 형상화하고 있는가를 설득력 있게 주장한다. 하지만 핍의 개인적 성장과정에 대한 구체적이고 전반적인 논의에도 불구하고 리비스는 이 글에서 정작 '신사'의 주제에 대해서는 별다른 비평적 관심거리가 아닌 듯이 그저 두어 차례 지나가듯이 언급하고만 있을 뿐이다.

위에서 언급한 길모어의 경우도 사정은 크게 다르지 않다. '빅토리아 시대 소설에 나타난 신사 개념'이라는 제목을 달고 있는 그의 저서에서 길모어는 제목에 걸맞게 '신사 개념'을 키워드로 쌔커리(Thackerary), 디킨즈, 그리고 트롤롭(Trollope) 등과 같은 빅토리아조 소설가들의 작품을 통해 당대 신사 이념의 담론을 구체적으로 추적하고 있다. 특히 디킨즈를다루는 장(章)에서는 『위대한 유산』만을 따로 논의의 대상으로 선택해 상당히 길게 언급한다. 하지만 길모어는 이 글에서 작품 자체에 대한 구체적인 분석보다는 작품 외적인 요소들과 갖는 연관성을 밝히는 데 더 치중하고 있다. 즉, 그는 자수성가한 작가로서 디킨즈가 개인적으로 '신사' 계급에 대해 보이는 양면적 태도와 작품이 맺는 관련성에서 논의를 출발하여 『위대한 유산』이 빅토리아조 이전 시대와 빅토리아조 당대에 존재했던 '신사'의 이념이나 담론과 어떠한 관련을 맺고 있는지를 밝히는 데 주력을 기울인다. 글의 후반부에 작품에 대해 좀더 구체적으로 언급하는 경우가 있긴 하지만, 이때에도 길모어는 신사 계급과 하층 내지는 범죄 세계 사이의 상호 의존성을 설명한 뒤 위에 인용한 신사 주제에 대한 일반적인 결론을 내리는 것 이상으로 작품을 깊이 분석해 들어가지는 않고 있다.

『위대한 유산』에 대해 종합적인 고찰과 연구를 수행하여 이를 단행본으로 낸 새드린(Anny Sadrin)의 역저 역시 기대와는 달리 '신사' 주제에 대한 구체적인 작품 분석을 보여주지 못하고 있다. 이 책을 구성하는 총 16개의 장 중 4개가 '신사'와 관련되어 있는데, 이 중 대부분이 신사의 주제 자체보다는 작품 속에서 나타나는 신사와 죄수의 대립구도 양상, 그리고 죄수와 관련된 역사적 문맥과 상황을 설명하는 데 할애되어 있다. 이 중 마지막 장은 그래도 "진정한 신사"라는 제목을 달고 있는 만큼 새드린은 여기서 비로소 신사 주제에 대한 본격적 논의를 시도한다. 하지만 새드린 역시 길모어와 마찬가지로 타고난 신사와 자수성가한 신사 사이에서 갈등하는 디킨즈의 이중성에서 논의를 출발하여 『위대한 유산』이 이전 작품들과 달리 후자로 기울어진 모습을 보인다는 점을 설명하는 데 치중한다. 그리곤 비교적 간략한 작품 내용 언급과 논의를 통해 주인공 핍이 결국 도덕성을 갖춘 근대적 신사상에 이른다는 일반적인 결론을 제시하는 데 그친다.

한편 비교적 최근의 주목할 만한 디킨즈 비평으로 들 수 있는 뉴이(Vincent Newey)의 2004년 저서는 60쪽이라는 긴 분량을 들여 『위대한 유산』을 심도 있게 분석한 글을 포함하고 있다. 텍스트의 표면 아래 숨어 있는 전복적 이면을 읽어내고자 하는 다분히 포스트모더니즘 성향의 이 글에서 뉴이는 『위대한 유산』의 내용을 전체적으로 꼼꼼히 짚어가며 인물과 사건의 심리적 차원을 중심으로 자기 나름의 분석을 가하고 있다. 하지만 뉴이의 이 긴 글에서도 '신사'에 대한 논의는 글의 전반부에서 한 차례 몇 줄의 언급과 후반부 초입에서 두어 쪽 정도 설명이 거의 전부라고 해도 과언이 아닐 만큼 극히 미미하다. 사실 뉴이의 글이 보여주는 '신사' 논의의 부재는 1990년대 이후 현재까지 포스트모더니즘 이론의 영향을 받은 디킨즈 비평계의 전형적인 양상이기도 하다. 페미니즘과 신역사주의 등 다양한 이론이 적용되는 디킨즈 비평에서 '신사'의 주제는 더 이상 논의의 대상이 되지 못하거나 아니면 논의가 종결된 것으로 간단히 언급되고 지나가는 미미한 사안처럼 여겨지고 있는 것이다. 특히 신역사주의의 영향 아래 하나의 작품에 집중하기보다는 역사적 담론의 맥락에서 여러 텍스트를 대상으로 텍스트 이면에 억압되거나 소외된 문제를 비교하고 규명하는 근래의 디킨즈 비평 추세에서 『위대한 유산』의 '신사' 주제에 대한 집중적이고 구체적인 분석과 논의는 더더욱 불가능할 수밖에 없는 상황이다.[53)]

요컨대 『위대한 유산』에서 '신사'의 주제는 비평가들 누구나 동의하는 핵심 주제임에도 불구하고 정작 그것이 작품 속에서 어떻게 다뤄지

---

53) 『위대한 유산』에 대한 국내의 논의에서도 '신사'의 주제를 본격적으로 탐구한 논문은 찾기 어렵다. 백낙청의 1981년 글 「디킨즈 소설 속의 빅토리아조 신사」는 『위대한 유산』만이 아닌 디킨즈 소설 전반에 나타난 신사 주제를 다루고 있고, 이밖에 성은애와 장남수의 글이 그나마 신사 문제를 다루는 글들인데, 성은애의 경우 '길잡이' 성격의 글이라서 작품에 대한 구체적이고 깊이 있는 분석까지는 들어가지 못하고 있으며 장남수의 글은 신사로서 핍이 도달하는 최종적 성격에 주로 논의를 집중하고 있다. 한편 김현숙의 글도 신사 문제를 다루고는 있으나 핍의 인간적 성장과 그 의미를 추적하는 논의의 일부로만 언급될 뿐이다.

는지 구체적으로 추적하는 작업은 국내외를 막론하고 의외로 찾아보기 힘들다. 이 글은 이처럼 '신사' 주제에 대한 구체적 작품 분석이 부족하다는, 즉 '신사' 주제를 좀 더 세밀히 검토할 필요가 있다는 문제의식에서 출발한다. 따라서 다음에서는 먼저 '신사'의 주제가 작품 속에서 구체적으로 어떻게 다뤄지는지 살펴보고, 이어서 '신사'의 주제가 이 작품에서 어떤 결론에 도달하고 있는지를 규명해볼 것이다. 그리고 이를 통해 '신사' 주제를 재론하는 이 글의 의의를 좀 더 분명히 밝혀볼 터인데, 비평가들의 통상적인 생각과 달리 『위대한 유산』에서 '신사' 주제를 통해 디킨즈가 제시하고자 하는 것이 '진정한 신사'란 어떤 존재인가 하는 새로운 정의가 아니라 바로 '신사' 이상 자체에 대한 해체와 파기라는 좀 더 근원적이고 역설적인 결론이라는 게 이 논문의 핵심 요지이기 때문이다.

2

『위대한 유산』의 '신사' 주제를 언급할 때 모든 비평가들의 출발점은 위에서 언급한 핍의 선언, 즉 17장에서 도제가 된 뒤 불만에 찬 생활을 하던 핍이 비디(Biddy)와 함께 습지로 산책을 나가서 '신사가 되고 싶다'고 고백하는 부분이다. 핍의 이 선언에서 출발한 비평가들은 즉시 핍의 런던 생활로 훌쩍 건너 뛰어, 그가 신사 교육을 받으면서 보여주는 타락한 모습과 그 이후 매그위치(Magwitch)의 귀환으로 도덕적으로 변화해가는 과정을 거론하는 데로 나아간다. 하지만 『위대한 유산』의 '신사' 주제 논의는 이보다 훨씬 앞에서 출발해야 한다. 왜냐하면 디킨즈는 작품의 초반부에서 이미 '신사'의 주제를 서사의 표면에 분명하게 돌출시켜놓고 있기 때문이다.

이는 핍의 자서전적 서술의 시발점이자 최초의 결정적 계기가 되는 경험, 즉 습지에서 만난 죄수들 이야기가 아직 끝나기 전인 5장에서 일어난다. 감옥선을 탈출했던 매그위치는 콤피슨(Compeyson)과 습지에서 싸우다가 수색대에게 잡힌다. 그런데 이때 매그위치는 자신이 콤피슨을 도망가지 못하게 잡았다고 주장하며 다음과 같이 말한다.

> 이놈은 말이오, 놀랍게도 신사라오. 이 악당 놈은 말이오. 그러니까 감옥선은 이제, 내 덕분에 이 신사 놈을 다시금 모시게 된 것이오.
>
> "He's a gentleman, if you please, this villain. Now, the Hulks has got its gentleman again, through me."(67)

매그위치의 이 말은 물론 나중에 밝혀질 그와 콤피슨과의 원한관계에 대한 단서로서 일차적인 의미가 있다. 하지만 아직 두 사람의 관계에 대한 아무런 구체적 정보가 없는 상황에서 갑자기 신사를 들먹이는 매그위치의 이 말은 그 '뜬금없음'으로 인해 독자의 뇌리에 강한 인상을 남긴다. 특히 여기서 매그위치는 콤피슨을 "이 악당"이라고 부르는 동시에 "그가 신사"라고 말하고 있다. '악당'이 '신사'라니, 얼핏 당치 않은 이 등치에 독자의 인식은 순간적인 관심 발생을 넘어 교란당하는 상태까지 이른다. '신사'라는 명칭이 그야말로 '뜬금없이' 튀어나와서는 '당치 않게도', 정반대되는 '악당'과 동일시될 뿐만 아니라 그 '신사'는 감옥선으로 돌아가야 마땅하다는 듯이 선언되고 있는 것이다. 이것은 곧 '신사'의 통상적인 개념에 대한 파괴와 전복에 다름 아니다. 말하자면 디킨즈는 작품의 핵심 주제가 될 '신사' 개념에 대한 전면적인 도전과 문제제기를 이렇게 일찌감치 매그위치의 입을 통해 독자 앞에 정면으로 던져놓고 있는 것이다.

악당을 신사와 등치시키는 매그위치의 말이 순간적인 파격으로 독자의 인식을 교란할 수 있는 것은 물론 우리가 지닌 신사에 대한 긍정적인 이미지 때문이다. '신사'라고 하면 흔히, 기본적으로 노동할 필요가 없을 만큼 일정 수준 이상의 수입이나 재산이 있는 사람으로서 적당한 교육을 받고 세련된 교양과 예의범절을 갖추고 있으며 명예를 소중히 여기는 한편 존경할 만한 도덕성과 인격을 지니고 있는 사람을 지칭한다. 이것은 빅토리아조 중산계급이 지향하는 계급적 이상에서 비롯된 이미지인데, 여기에서 도덕성과 인격은 특히 중요하고 필수적인 요소이다. 따라서 이런 신사의 이미지는 도덕적인 측면에서 볼 때 일종의 보편적인 이상적 인간상에 가까운 이미지라고 할 수 있다. 우리가 신사라고 할 때 대개 '점잖고 예의바른 인격자,' 즉 존경할 만한 덕성을 갖춘 거의 '군자'에 가까운 이미지를 떠올리곤 하는 것은 바로 이 때문이다. 그러므로 이런 이상적 인간상에 가까운 신사의 이미지와 악당은 서로 양립할 수 없는 조합이며, 이런 점에서 매그위치의 말은 그 비상식성으로 인해 우리의 통념적 인식을 교란하기에 충분하다.

하지만 이 인식의 교란은 일시적이다. 왜냐하면 우리는 다음 순간 매그위치의 말을 별다른 거부감 없이 받아들여 그 의미를 이해하고 있기 때문이다. 그리고 콤피슨의 이미지를 신사인 악당으로서 어렵지 않게 머릿속에 형성한다. 이것은 곧 매그위치의 말이 성립 불가능한 것에서 성립 가능한 어떤 것으로 우리 인식 체계 안에서 전환되어 받아들여진다는 것을 의미한다. 어떻게 이것이 가능한가? 그 답은 신사의 호칭이 이상적인 인간상을 지칭하는 도덕적 개념이 아닌 사회적 신분을 지칭하는 계급적 개념으로 사용될 수 있다는 점에서 얻어진다. 즉 도덕적인 인격자를 지칭하는 개념으로 신사를 이해할 때 '신사-악당'의 등치는 의미 성립이 불가능해지지만, 도적적인 요소를 배제한 신븐의 개념으로 신사를 이해하는 순간 매그위치의 등치는 의미 성립이 즉시 가능해지는 동시에 우리의 인식 체계에 자연스럽게 수용될 수 있도록 전환되는 것이다.

도덕적 요소가 배제된 사회적 신분 개념으로서 신사는 어떤 존재인가? 바로 재산이나 교육수준, 예의범절과 차림새 등 '외적'인 자격기준을 갖추고 있는 사람, 즉 노동할 필요가 없을 만큼 일정 수준 이상의 수입이나 재산이 있는 사람으로 그런 경제력에 의거해 적당한 교육을 받고 적당히 세련된 예절과 점잖은 행실을 보여주는 사람을 뜻한다. 이것은 곧 혈통이 좋은 귀족이 아니라도 어느 정도 재산이 있고 교육만 받으면 누구든 사회적으로 신사 행세를 할 수 있다는 것을 의미한다. 디킨즈는 이런 신사의 개념을 허버트 포킷(Herbert Pocket)이 핍에게 양조업자인 미스 해비셤(Miss Havisham)의 아버지에 대한 설명을 하는 다음 장면에서 확실하게 제시하고 있다.

"…. 그녀의 아버지는 네가 살던 고장의 시골 신사였는데 양조업자였어. 양조업자인 것이 왜 존경받는 직업이 되는지 나는 잘 모르겠어. 하지만 점잖은 신사면서 빵 굽는 일은 절대 할 수 없는 반면에 그 누구 못지않게 점잖은 신사면서 양조업을 할 수 있다는 것은 반박할 수 없는 사실이란다. 그런 건 매일 볼 수 있는 일이야."

"하지만 신사가 술집을 운영해서는 안 되는 것이겠지, 그렇지?" 나는 말했다.

"그럼, 결코 안 될 일이지." 허버트는 대답했다. "하지만 술집이 신사를 먹여 살리는 것은 가능하지. …."

"…. Her father was a country gentleman down in your part of the world, and was a brewer. I don't know why it should be a crack thing to be a brewer; but it is indisputable that while your cannot possibly be genteel and bake, you may be as genteel as never was and brew. You see it every day."

"Yet a gentleman may not keep a public-house; may he" I said I.

"Not on any account," returned Herbert; "but a public-house may keep a gentleman. …."(203)

허버트의 말은 양조업자가 빵장수나 술집주인과는 달리 사회적으로 '신사'로 인정을 받는다는 것을 의미한다. 그 이유는 명백하다. 역사적으로 빵장수나 술집주인과는 달리 양조업자는 가게에서 직접 빵을 굽거나 술손님을 상대하는 것 같은 육체노동을 할 필요가 없을 뿐만 아니라 전문 경영을 통해 훨씬 큰 경제적 부를 축적할 수 있는 존재였기 때문이다. 즉 양조업자는 명문가의 혈통이나 토지 재산이 없는 것은 빵장수나 술집주인과 마찬가지지만 일정 수준 이상의 부와 재산 축적, 그리고 그것이 가능케 한 교육을 통해 신사라는 계급적 지위의 외적 조건을 충족시킬 수 있었고, 이를 통해 신사로 인정받고 행세할 수 있었던 것이다.[54)]

그러나 이렇게 누구든 부와 재산과 교육을 통해 획득할 수 있는 신분으로서 신사의 개념은 다른 한편으로 '신사'라는 호칭을 받은 사람이 도덕적인 자질의 유무에 따라서 군자나 인격자가 될 수도 있고 아니면 반대로 악당이나 위선자 또는 속물이 될 수도 있다는 사실을 의미하는 것이기도 하다. 말하자면, 사회적 신분 개념으로서 신사는 도덕적으로 군자든 악당이든 어느 쪽으로도 언제나 가능성이 열려 있는 존재인 것이다. 앞에서 인용한 매그위치의 말은 콤피슨을 통해 바로 이 후자의 경우를, 그리고 좀 더 확대해석한다면 디킨즈 당대 영국사회에서의 신사상의 실상이 '신사–군자'보다는 '신사–악당'에 가깝다는 암시를 우리에게 환기시켜주고 있는 것이고, 우리는 그런 신사 의미에 기초하여 매그위치의 일견 전복적인 등치를 우리의 인식체계에 자연스럽게 수용하게 되는 것이다.

신사와 악당을 등치시킨 매그위치의 말은 결국 신사라는 명칭과 의미의 스펙트럼을 세 가지 유형으로 우리에게 정리하여 확인시켜주고 있다. 그 첫 번째는 악당과 등치될 수 없는, 즉 이상적 인간형으로서의 신사 유형이고, 두 번째는 악당이나 군자와 등치되기 이전의, 즉 경우에 따라 악당도 될 수 있고 인격자도 될 수도 있는 사회적 신분 개념으로서의 신사이며, 마지막은 악당으로 등치될 수 있는 신사, 즉 콤피슨처럼 감옥선에 가는 것이 마땅한 '악당–신사'(또는 '신사–악당')의 유형이다. 이 세 가지 유형은 신사라는 개념의 양극단과 중심을 나타내는 세 지점에 해당된다고 하겠는데, 『위대한 유산』에서 핍의 성장 과정을 통해 우리에게 전달되는 신사의 주제와 의미와 궁극적으로는 이 세

54) 역사적으로 영국에서 양조업은 꾸준히 번창해 나갔던 업종으로 18–19세기에 오면 양조업자 출신 국회의원도 다수 나올 만큼 사회적으로 부와 지위를 획득했다. 이에 대한 설명으로는 David Paroissien, 198–199 참조.

가지 점 안에서 제시된다고 할 수 있다. 이런 점에서 디킨즈는 매그위치의 이 두 문장을 통해 일찌감치, 핍의 궤적을 중심으로 추구되는『위대한 유산』의 신사 주제를 전부 압축하여 제시하고 있는 셈이다.

매그위치를 통해 응축된 맹아로 던져진 '신사' 주제는 물론 핍이 "신사가 되고 싶다"는 욕망을 선언함으로써 작품 전면에 명시된다. 그러나 디킨즈는 핍의 이 명시적 선언이 나오기까지 그 욕망의 발생 계기와 형성 과정을 자연스럽게 형상화해 놓고 있다. 작품의 또 다른 "맹아적 장면"(germinal scene)(Stange 77)인 해비셤 집에의 첫 방문 때 핍은 에스텔러(Estella)에게서 거친 손과 구두 그리고 말씨에 대한 경멸과 함께 "천한 노동자 소년"(a common labouring-boy)(89)이라는 모욕을 받는다. 이로 인해 핍은 계급적 열등감과 자의식을 느끼는 동시에 에스텔러에 대한 흠모와 동경의 감정을 품게 되는데, 바로 여기에서 "자신을 천하지 않게 만드는 것을 향한"(towards making myself uncommon)(101) 욕망이 그의 마음속에 싹트게 된다. 막연하게 형성되었던 이 욕망은 해비셤 집에 대한 방문이 거듭되면서, 한편으로는 현실에 대한 불만 의식과 다른 한편으로는 공부를 통한 실천적 모색이 쌓이면서 점점 분명한 의지로 자리를 잡는다. 그리곤 이것은 점차 '신사'라는 명확한 이상으로 핍의 마음속에 확고한 뿌리를 내리고 마침내 그의 입을 통해 선언되기에 이르는 것이다.

그런데 이때 핍이 추구하고 또 받아들이는 신사는 위에서 매그위치가 환기한 신사 유형 중 두 번째 의미의 신사에 해당된다. 즉 핍은 인격적 이상적 인간상으로서의 신사가 아니라 사회적 신분 개념으로서 신사가 되기를 바라는 것인데, 왜냐하면 그의 신사 추구 욕망은 에스텔러의 경멸을 극복할 수 있는 조건, 즉 좋은 옷차림과 세련된 말씨와 예절 등을 갖춘 신분으로 올라서고자 하는 욕망에 다름 아니고, 이것은 곧 신사의 도덕적 요소와는 아무런 관계가 없는 것이기 때문이다.

사회적 신분을 나타내는 개념으로서 이러한 신사의 의미는 사실『위대한 유산』에서 사용되는 '신사'(gentleman) 호칭의 일반적인 의미이다. 위에서 언급한 미스 해비셤의 아버지에 대한 허버트의 호칭이 그 대표적인 경우지만, 11장에서 핍이 미스 해비셤의 집에 두 번째 갔던 날 만나는 사람들에 대한 호칭을 통해서 분명하게 드러난다. 여기서 핍은 해비셤의 별채에 들어갔다가 그녀의 친척 몇 명을 만나는데 그 중 한사람인 커밀러(Camila)의 남편을 그는 '신사'라고 지칭한다. 그리고 얼마 후 그는 해비셤의 방으로 올라가다는 계단에서 또 한 사람을 만나는데, 나중에 변호사 재거스(Jaggers)로 밝혀지는 이 사람도 핍은 곧바로 '신사'라고 언급한다. 핍은 또한 해비셤을 만난 뒤 마당을 돌아다니다가 싸우게 되는 한 소년, 나중에 허버트로 밝혀지는 이 소년도 즉시 '창백한 어린 신사'라고 일컫는다. 이렇게 처음 등장하는 인물들 모두에게, 그것도 그들의 인간됨이 전혀 알려지지 않은 상황에서, 곧바로 '신사'라는 명칭이 부여되는데, 이때 '신사'라는 공통된 명칭은 말하자면 도덕적 인격의 유무와는 전혀 상관없이 오직 그들이 입고 있는 점잖은 옷차림을 통해 표상되는 사회적 신분과 계급적 지위를 나타낸다. 그리고 이런 '신사'들과의 '집중적인' 만남은 외모와 말투에 대한 에스텔러의 멸시로 인해 지울 수 없는 계급적 열등감을 경험한 핍의 뇌리에 강한 인상을 주었을 게 틀림없고, 그 결과 핍은 그럴 듯한 옷차림과 예절과 말씨를 갖춘 계급적 존재로서의 '신사'의 이미지를 강렬한 동경의 대상으로 마음속에 뚜렷하게 새겨놓게 되는 것이다.

물론 신사라는 사회적 신분과 명칭을 얻기 위해 필요한 것은 경제력과 그것에 기초한 교육이다. 경제력은 핍의 거친 손을 노동에서 해방시켜 하얀 손으로 만들고 그의 투박한 구두도 근사한 구두로 교체해주며, 나아가 점잖은 말씨를 배울 수 있는 교육의 기회를 핍에게 가져다 줄 수 있기 때문이다. 핍이 스스로 고백하고 있는바, 그의 소년시절을 사로잡았던 "돈과 점잖음을 향한 갈망"(hankering after money and gentility)(257)의 본질은 바로 여기에 있다. 하지만 미천한 대장장이 도제로서 핍에게 이것은 쉽게 얻을 수 없는 것이다. 비록 '주경야독'을 통해 자신의 지적인 수준을 높이고자 애써 보지만, '주경'을 면제해줄 수 있는 경제력이 주어지지 않는 한 그의 노력은 별 효과가 없을 뿐이고 그가 바라는 신사가 되는 일은 사실상 요원한 일이다. 따라서 그는 뭔가 외부적인 행운의 가능성을 기대하게 되고, 이것은 자연히 해비셤이 자신에게 뭔가 해줄지 모른다는 허황된, 하지만 끈질긴 기대로 이어진다.

핍의 이 기대는 그가 믿는 내용으로는 아니지만 어쨌든 어느 날 전혀 예상치 못한 순간에 실현된다. 그는 막대한 유산을 상속받을 행운아가 되어 시골의 미천한 대장장이 도제의 신분에서 단번에 벗어난다. 그리고 그가 그토록 갈망하던 신사가, 그것도 "부유한 신사"(a gentleman of fortune)(170)가 되어 그야말로 급격한 신분 상승을 얻는다. 행운을 통해 이른바 팔자를 고치는 핍의 이런 여정은 신데렐라 같은 동화적 성격을 강하게 띠고 있는데, 신분 상승 내지는 팔자 고침에 대한 인간의 본질적 욕망의 반영인 동시에, 상업적 성공을 통해 과거 그 어느 때보다도 급속도로 그리고 수월하게 사회적 신분의 상승을 획득한 빅토리아조 영국 중산 계급의 역사적 현실에 대한 반영이기도 하다.[55)]

사회적 신분 상승의 욕망으로서 추구되는 신사의 위치와 성격은 앞에서 말했듯이 핍의 행동 여하에 따라 악당과의 등치가 언제든지 가능해질 수 있는 위치와 성격이다. 즉 핍은 신사로서 인격적 이상형으로 상승할 가능성도 있고 반대로 악당으로 미끄러질 가능성도 있다. 하지만 매그위치의 등치가 이미 암시하고 있듯이, 본질적으로 상승은 힘들고 미끄러짐은 쉽다. 다시 말해 상승은 힘겨운 이상이고 하락은 손쉬운 현실이다. 인간에게 비루함의 본성이 남아 있는 한 그것은 어쩔 수 없는 현실의 단면이다. 핍이 신사가 되고난 뒤 보여주는 행적은 바로 인격자가 아닌 악당과의 등치가 가능한 신사 유형, 즉 악당-신사를 향한 미끄러짐의 과정이라고 할 수 있다. 다만 핍의 미끄러짐은 콤피슨

55) 물질적 성공과 신분 상승에 대한 "커다란 기대의 신화에 전국가적으로 빠져든"(of national enchantment with the myth of great expectations)(Morris 108) 빅토리아조의 이런 현실은 런던의 회계사무소에 매일 출근해 '자본'과 '기회'가 횡재처럼 굴러떨어지기를 기대하는 허버트의 허황된 꿈을 통해서도 더욱 분명하게 반영되어 있다.

과 같은 악당-신사의 극단 지점까지 완전히 떨어지는 것이 아니라 그 전 단계의 지점, 즉 '속물-신사'의 상태까지만 나아간다.

신사로서 핍이 런던에서 보여주는 미끄러진 신사상, 즉 "속물의 행로"(a snob's progress)(House 156)는 그가 실제로 신사가 되어 런던에 가기 전부터 이미 드러난다. 커다란 재산을 물려받을 거라는 행운의 소식을 재거스에게서 듣는 순간부터 핍은 이미 "부유한 신사"로서 자기 자신을 높이 생각하는 한편 가난하게 살다간 마을 사람들을 불쌍하게 동정하면서 그들을 자신과는 거리가 먼 열등한 존재들로 경멸스럽게 여기기 시작한다. 그리고 평소에 자신을 짐승이나 다름없이 취급하던 읍내의 펌블추크(Pumblechook)나 트랩(Trabb)의 아첨에 우쭐해 하며 그들을 호의적으로 생각하기까지 한다. 핍의 이런 행태는 바로 사회적 신분 상승을 곧바로 인간적 가치와 인격의 상승으로 착각하는 속물적 태도의 전형이다.

핍이 신사 생활 초기에는 그의 이런 속물로의 하강 경향을 지적하고 견제하는 일종의 경고가 비디와 허버트를 통해 주어지기도 한다. 유산을 상속하게 되었다는 소식을 전해 받은 직후 핍은 비디와의 대화에서 조에 대한 핍의 속물적 태도를 지적하는 그녀에게 자기를 시기한다며 적반하장격인 비난을 퍼붓는다. 그녀가 "인간성의 나쁜 측면"(a bad side of human nature)을 보였다며 흥분하는 핍에게 비디는 "신사라면 남을 부당하게 대해서는 안 된다"(a gentleman should not be unjust)(176)고 조용히 대꾸한다. 비디의 이 말은 곧 '신사'라는 존재가 물질과 교양 같은 외적 자격만을 갖춘 계급적 존재가 아니라 정의로움 같은 도덕적인 자질까지 갖춘 인격적 존재이어야 한다는 것을 의미한다. 다시 말해 비디는 '신사'라는 명칭을 신분적 개념을 넘어선 인격적 개념으로 사용하고 있는 것이며, 그 결과 사회적 신분으로만 '신사'를 이해하고 추구하는 핍에게 신사다움의 의미를 새롭게 인식하도록 요구하는 셈이다. 그리고 나아가 이를 통해 핍이 정의롭지 못하다면 '신사'로서 그의 진로는 도덕적 자질까지 갖춘 인격적 존재로의 상승이 아니라 속물이나 악당으로의 전락일 수밖에 없다는 경고를 하는 셈이기도 하다.

한편 허버트는 핍에게 해비셤의 과거와 관련하여 콤피슨을 설명하는 도중에 그의 아버지 매슈 포킷(Matthew Pocket)이 내린 신사다움의 정의를 다음과 같이 언급한다. “이 세상이 시작된 이래, 마음에 있어서 진정한 신사가 아닌 사람은 누구도 결코 행동에 있어서 진정한 신사가 되지 못했다”(no man who was not a true gentleman at heart, ever was, since the world began, a true gentleman in manner) (204). 매슈 포킷의 이 말은 곧 마음이 정말 신사인 사람이야말로 ‘진정한’ 신사이고 그렇지 않은 사람은 ‘신사’로 행세할 수 있어도 ‘가짜’ 신사일 뿐이라는 것이다. 이것은 결국 진정한 신사가 되기 위해 가장 필수적이고 중요한 것은 신사다운 마음, 즉 존경할 만한 도덕성과 바람직한 인격이라는 의미이다. 이것이 없이는 아무리 신사다운 예절과 행동을 지니고 있어도 그것은 껍데기 또는 왁스칠에 불과하고 그 불순한 실체가 드러나게 마련이다. 따라서 매슈 포킷에게 콤피슨은 당연히 겉모습만 신사처럼 보일 뿐 진짜 ‘신사’라고 할 수 없는, 아니 악당에 불과한 존재이다.

그런데 허버트가 전하는 이런 신사다움의 정의는 비록 콤피슨을 설명하는 말로서 제시된 것이었지만, 사실상 핍에게 던져진 지침이기도 하다. 왜냐하면 ‘신사’에 대한 이 정의를 듣는 그 순간의 핍은 바로 ‘신사’ 교육을 받으러 런던에 막 올라온 처지인바, 앞으로 과연 ‘신사’로서 어떻게 살 것인가 하는 것을 당면 과제로 안고 있는 청년이기 때문이다. 따라서 허버트의 이 언급은 비디의 말과 마찬가지로, 막 신사가 된 핍에게 이제 앞으로 신사로서 과연 어떤 존재가 될 것인가 하는 문제를 의식하도록 요구하는 한편 이미 속물적 기미를 보이기 시작한 그에게 콤피슨과 같은 ‘가짜’ 신사 또는 ‘악당-신사’로 떨어질 위험을 지적하는 경고인 셈이다.

하지만 이런 경고에도 불구하고 핍은 속물로 떨어진다. ‘신사’라는 꿈의 실현에 도취되어 있는 그에게 비디의 지적이나 허버트의 간접적인 경고는 아무런 영향을 끼치지 못한다. 런던에서 그는 런던에서 신사의 사회적 요건인 매너와 교양을 위해 매슈 포킷의 지도 아래 신사교육을 받지만 곧 뚜렷한 삶의 지향이나 목표가 없이 그저 사교계나 하릴없이 드나들며 낭비와 사치와 허영심과 무절제 등을 일삼을 뿐이다. 그는 런던에 찾아온 조(Joe)를 부끄러워하면서 냉대하는 한편, 그 직후 고향에 내려갔을 때도 조의 집에 머물거나 방문하지 않는다. 즉 그는 과거 소년시절의 소박함과 순수함, 그리고 진실성을 상실한 채 물질과 외양만을 중시하는 세련된 속물로 급속하게 전락하고 마는 것이다. 다시 나타난 매그위치에 대해 핍이 품는 강한 혐오감의 한 이유도 바로 사람을 신분과 외모로 판단하는 그의 속물 의식에서 비롯된 바 크다.

신사로서 핍의 이런 속물적 의식과 행태는 작품 속에서 가령 펌블추크나 트랩 같은 사람이 핍에게 보이는 돌연한 태도변화나 아첨 등을 통해 사회적으로 조장되고 촉진된다. 게다가 콤피슨이나 드러믈(Drummle) 같이 '악당' 또는 악당이나 다름없는 인간들이 신사의 외적 조건을 갖췄다는 것만으로 사회적으로 행세하고 인정받고 이득을 얻는 현실에 비추어 볼 때 핍과 같은 속물적 가치관은 핍 개인의 문제라기보다 사회 전체에 널리 퍼진 도덕적 현상이라고 할 수 있다. 즉 핍이 살고 있는 사회는 신사의 자격이 물질이나 그럴듯한 외양으로 결정되고 따라서 그것만 갖추고 있으면 누구나 언제든지 신사로 인정받고 행세할 수 있는 사회인 것이다. 이런 사회에서 신사는 곧 속물에 다름 아니며 속물이 곧 신사이다. 그리고 핍은 바로 이러한 사회의 가치관에 부합하여 그 자신 속물-신사로 점차 변해가는 것이다. 이런 점에서 『위대한 유산』은 신사라는 개념이 거기에 포함된 긍정적 가치와 요소가 배제된 채 오직 물질과 외양에만 바탕을 둔 편협한 속물적 신분개념으로 전락하거나 왜곡되어버린 빅토리아 "시대에 대한 도덕적 우화"(moral fable for his time)(Stange 74)로서 디킨즈의 통렬한 현실 비판인 셈이다.

하지만 핍의 전략은 속물의 지점까지만 나아가고 콤피슨 같은 악당의 지점까지는 이르지 않는다. 그는 매그위치와의 재회를 계기로 자신의 속물성과 잘못을 깨닫고 그 동안의 하강에서 상승으로 방향을 튼다. 그의 이 상승은 도덕적 각성과 성장을 통해 점진적으로 진행되는데, 그가 매그위치의 탈출을 도와주는 과정과 탈출에 실패한 매그위치가 재판을 받고 병으로 사망할 때까지 곁을 지켜주는 모습을 통해 그 과정이 섬세하면서 감동적으로 묘사된다. 이 과정에서 핍은 무엇보다도 자신이 조에게 얼마나 배은망덕하게 행동했던가를 진정으로 깨달을 뿐만 아니라 그 동안 혐오스럽게만 여겼던 죄수 매그위치까지도 사실은 속물에 불과한 자신보다 오히려 나은 인간이라는 각성에 이르게 된다. 이 각성은 다음의 고백을 통해 요약된다.

> …이제 그에 대한 나의 그 모든 혐오감은 완전히 녹아 없어졌으며, 내 손을 꼭 쥐고 있는, 쫓기고 부상당하고 족쇄에 묶인 이 사람에게서 나는 오직, 내 은인이 되고자 했던 사람, 그리고 나에 대한 깊은 애정과 감사와 관대함의 감정을 기나긴 세월 동안 조금도 변함없이 간직해온, 그런 사람의 모습만을 보았기 때문이다. 그에게서 나는 오직, 조에게 배은망덕하게 행동했던 내 자신보다 훨씬 훌륭한 인간의 모습만을 발견했던 것이다.

> …my repugnance to him had all melted away, and in the hunted wounded shackled creature who held my hand in his, I only saw a man who had meant to be my benefactor, and who had felt affectionately, gratefully, and generously, towards me with great constancy through a series of years. I only saw in him a much better man than I had been to Joe.(456-7)

핍의 이러한 자기 인식과 타인에 대한 깨달음은 특히 나중에 법정에서 '흉악범'으로 낙인찍힌 매그위치의 손을 잡고 만인이 보는 앞에서 거리낌 없이 서 있는 용기 있는 모습을 통해 그 진정성이 증명된다. 여기서 핍은 비록 피고석 밖이긴 하지만 판사 앞에--그리고 법정 창문으로 비쳐드는 햇빛으로 표상되는 절대자의 심판 앞에--앉아 있지 않고 다른 죄수들과 함께 '서' 있다. 반면 선고 대상인 매그위치는 의자에 앉아 있다(466). 그런데 이렇게 죄수인 매그위치 대신 판사 앞에 겸손히 '서 있는'--평자들이 흔히 간과하는--핍의 이 자세는 곧, 속물로 타락한 신사인 그 자신이 바로 사회의 부당한 계급 이데올로기, 즉 콤피슨 같은 악당과 펌블추크 같은 위선자를 신사로 존중해주고 매그위치 같은 불쌍한 하층민은 억압하고 범죄자로 몰아가는 잘못된 사회체제의 공범자로서 그러한 억압과 차별을 강화하고 조장한 죄인이라는 인식, 따라서 오히려 핍 자신이야말로 정말 심판을 받아 마땅한 존재라는 통렬한 자기인식의 강렬한 극적 형상화이다.

속물로의 하강을 조장하는 사회적 환경에서 핍이 콤피슨이나 펌블추크 같은 가짜 신사들과 달리 각성과 성장을 향한 상승의 궤적을 그릴 수 있었던 것은 그에게 "도덕적 감수성"(moral sensibility)(Leavis 388)이 죽지 않고 살아 있었기 때문이다. 어린 시절 상사와 펌블추크 등이 습지에서 떨고 있는 도망 죄수를 안주 삼아 떠들어대며 즐거워할 때 홀로 그 죄수를 동정했던, 그리고 선량하고 진실한 조에 대해 감사와 존경의 마음을 간직했던 핍의 선한 심성은 신사가 된 뒤 속물로 타락해가는 동안에도 그의 마음 한 구석에 여전히 남아 일종의 도덕적 양심으로 작용한다. 그리고 이 양심은 그가 속물 의식에 빠져들고 잘못된 행위를 할 때마다 마음 한편에 늘 죄의식을 일으키는 한편, 이따금 올바른 분별력이나 의로운 실천을 행하도록 좀 더 적극적으로 작용하기도 한다.

가령, 행운이 찾아온 첫날과 다음 날 저녁에 핍은 이상하게도 기쁘기보다는 오히려 우울한 기분에 사로잡히는데, 이것은 바로 그의 살아 있는 도덕적 감수성 때문이다. 즉 그의 도덕성은 그로 하여금 자신의 이 행운이 자신의 정당한 노력의 대가가 아니라 거저 주어진 것이라는 찜찜함과, 자신의 진정한 은인인 조를 그렇게 기꺼이 떠나고자 했던 것에 대한 죄의식, 그리고 자신도 모르게 이미 보이기 시작한 자신의 속물적 인간성에 대한 무의식적인 불만 등을 마음 한 구석에 분명히 느끼게끔 만들고, 이것은 바로 우울한 기분으로 이어지게 되었던 것이다. 특히 조에 대한 핍의 죄의식은 그가 런던으로 간 뒤 점점 짙게 표출되는 그의 속물성과 항상 대조적으로 맞물려 나타나면서 그의 도덕적 감수성의 존재를 소극적이지만 지속적으로 상기시킨다.

물론 핍의 도덕적 감수성이 가장 적극적으로 발현된 것은 허버트가 사업을 시작할 수 있도록 몰래 도와준 행위일 것이다. 하지만 이외에도 포킷 부인이나 드러믈 같은 속물적인 인간들의 정체를 간파하는 동시에 매쓔 포킷이나 웨믹(Wemmick) 같은 사람들의 신사다움과 선한 심성을 알아보는 분별력, 자기 자신과 에스텔러가 결혼하도록 미리 예정되어 있다는 생각 때문에 오히려 에스텔러에게 자신의 사랑을 강요하지 않고 고통스럽게 기다리는 진실성, 그리고 그를 복수의 도구로 삼아 기만하고 이용한 해비셤을 용서해주는 겸손과 관용 등을 통해서 핍의 도덕적 감수성의 존재는 분명하게 증거되고 있다. 아마 바로 이러한 도덕적 감수성이 없었다면 핍은 필경 매그위치에 대한 극도의 혐오감을 누르지 못한 채 그의 첫 충동대로 매그위치를 버리고 어디론가 도망쳐버리고 말았을 것이다.

도덕적 감수성이 핍의 인간적인 구원을 가능하게 해줬지만, 핍의 이 인간적인 구원은 손쉽게 이루어지지는 않는다. 그의 깨달음과 정신적 성장은 세 차례나 죽을 고비를 넘기는 고통스러운 시련과 뼈저린 각성 과정을 거치고 난 뒤에야 비로소 얻어진다. 그는 먼저 올릭(Orlick)에게 사로잡혀 죽음의 문턱까지 가서 자신의 모든 과거의 잘못을 하나하나 돌이켜보며 뉘우치는 순간을 경험한다. 그런 다음 매그위치와 함께 강물에 빠져 다시 한 번 죽을 고비를 겪으면서 더러운 죄를 씻고 새롭게 태어나는 재생의 상징적 의례를 거친다. 그리고 마지막으로 매그위치가 사망한 다음 열병에 걸려 사경을 헤매다가 오염된 심신의 불순물과 찌꺼기를 모두 소진한 뒤 마침내 정화된 육체와 정신으로 다시 깨어나는 극한적인 단련의 과정을 거친다. 게다가 자신의 진정한 사랑과 존경을 바칠 대상으로 마침내 깨닫고 구혼하려 달려갔던 비디에게 구혼의 말은커녕 오히려 조와의 결혼을 축복해주고 떠나와야만 하기까지 한다.

이러한 일련의 시련과 고통의 과정을 통해 핍은 인간다움의 진정한 가치를 깨닫는 한편 과거의 잘못과 타락에 대한 용서를 받는다. 그리고 성실과 근면을 통해 빚을 다 갚은 뒤 마침내 계급적으로 '신사'의 신분을 다시 회복하기에 이른다. 그런데 "좋은 평판"(a good name)(489)을 지닌 무역회사 중역인 핍이 신사로서 보여주는 이 마지막 모습은 물질과 외양 같은 계급적 조건만을 갖춘 신분적 존재가 아니라 도덕적 인격적 자격까지 갖춘 온전한 의미의 신사상에 가깝다. 그는 이제 더 이상 속물의식, 계급적 가식과 허영, 그리고 자기기만이나 부질없는 욕망 등에 사로잡혀 있지 않으며, 겸손과 의로움, 솔직함, 관용과 분별, 그리고 성실과 근면의 미덕을 실천해 나가는 인물이다. 즉 그는 비디가 제기했던 신사의 자격과 매쓔 포킷이 정의했던 진정한 신사의 요건을 모두 충족한 바람직한 인물상에 해당된다고 할 만하다. 그리고 이처럼 한 개인으로서 바람직한 인격과 품성을 갖춘 존경스러운 인간형으로서 핍의 신사상은 스마일즈(Samuel Smiles)가 『자조』(*Self-Help*)에서 내린 진정한 신사의 정의(Smiles 326-333)에 상당히 근접하는 것이기도 하다.

3

위에서 언급했듯이 작품 말미에 이르러 핍이 이른바 '진정한 신사'의 경지에 어느 정도 이르렀다고 말할 수 있는 것은 사실이다. 하지만 여기서 우리가 주의해야 할 사항이 있다. 그것은 바로 『위대한 유산』에서

'신사' 주제의 궁극적 의미는 핍이 '진정한 신사'가 되었다는 사실 그 자체에 있는 것이 아니라는 점이다. 다시 말해, 이 작품에서 주인공 핍의 이야기를 통해 작가가 최종적으로 전달하고자 하는 것은 핍이 신사가 되었느냐 아니냐, 또는 그가 신사로서 도달한 최종적인 경지가 무엇이냐 하는 문제가 아니라, 바로 한 인간으로서 그가 이른바 진정한 신사로 성숙해나가는 과정에서 깨달은 것이 무엇인가 하는 데 있다는 것이다. 왜냐하면 이 작품 속에서 핍은 '신사'라는 어떤 모범적이고 이상적인 인간형의 구현자로서가 우리가 궁극적으로 지향해야 할 어떤 소중한 가치의 전달자로서 주인공의 역할을 하고 있기 때문이다.

이것은 작품의 해석과 관련하여 상당히 중요한 사항이다. 왜냐하면 신사의 주제와 관련하여 작품을 논할 때 평자들은 종종 주인공 핍의 신사로서의 최종적 성취나 성격에 너무 지나친 관심을 기울인 결과 작가의 의도와 작품의 의미를 진정한 신사의 자격을 정의하는 문제로 한정해버리는 오류에 빠지곤 하기 때문이다. 그리고 이 오류는 다시 핍의 신사로서의 계급적 성격과 한계를 따지면서 그가 과연 얼마나 진정한 신사에 해당되는가를 파고든다든가, 핍을 이상적 인간형으로 제시하는 작가의 계급적 한계를 지적한다든가 하는 불필요하고 빗나간 논의(가령 J. M. Brown 138-141)로 이어지곤 한다.

앞에서 보았듯이 신사가 되고 싶다고 선언한 주인공 핍은 속물 신사로 전락했다가 도덕적인 각성을 거쳐 인간적인 성장을 획득한다. 그리고 그 과정에서 핍은 신사로의 계급적 상승을 하는 순간 인격적인 하강을 겪고, 다시 신사에서 무일푼으로 계급적인 전락을 하는 순간 인격적으로 상승하는 모습을 보인다. 성장소설로서 『위대한 유산』이 지니는 도덕적 주제의 요체는 바로 이것이다. 즉 신사가 되고자 했던 주인공 핍의 이야기에서 핵심이 되는 것은 그가 궁극적으로 신사가 되었느냐 안 되었느냐, 또는 어떤 신사가 되었느냐가 아니라 바로 그의 성장 과정에서 일어나는 인간성의 상실과 회복의 문제인 것이다. 말하자면 신사의 주제는 인간성의 문제를 드러내기 위한 하나의 수단이지 '신사다움'의 정의 자체가 작품의 목적이 아닌 것이다. 물론 핍은 종국에 가서 인격적 성숙 외에도 계급적 상승까지 성취한다. 하지만 그가 다시 '신사'가 된 것은 인간성 회복과 정신적 성장 후 근면하고 성실하게 산 결과로 '다행히' 얻어진 것일 뿐, 그 이상의 깊은 의미는 없다. 그가 조와 비디를 만난 후 영국을 떠나 사업가로서 성공하는 내용이 작품 말미에서 일종의 후일담처럼 아주 짧게 겨우 한 문단으로 요약되어 있을 뿐이라는 사실은 이 점을 분명히 말해준다. 따라서 '신사'라는 핍의 최종적 지위를 '신사다움'에 대한 디킨즈의 정의이자 작품의 궁극적 결론으로 간주하는 것은 꼬리를 몸통으로 보는 잘못된 오해에 지나지 않는다.

신사가 됨으로써 오히려 인간성을 상실하고, 반면에 신사의 지위를 잃음으로써 거꾸로 인간성을 회복하는 핍의 역설적인 이야기는 곧 신사에 대한 동경과 신사라는 지위 자체가 타락한 현실 세계에서는 악당 내지는 속물을 양산할 뿐이고 따라서 그것은 결국 한 인간에게 오히려 해로움밖에 끼치지 않는다는 인식과 통한다. 핍이 열병에서 회복한 후 신사로서의 자신의 과거를 완전히 청산하고 비디와 결혼하여 대장장이로 살고자 결심하는 것은 바로 이런 인식의 소산이다. 물론 그렇다고 핍이 대장장이의 삶 자체를 곧 신사의 삶보다 우월하게 보고 동경하는 것은 아닐 것이다. 하지만 적어도 이 순간 핍에게는 신사에 대한 미련이 조금도 없는 상태로, 신사를 향한 그의 이상과 동경 즉 "돈과 점잖음을 향한 갈망"은 폐기처분을 받은 셈이다. 그가 이제 진정으로 중요하게 생각하는 것은 바로 한 인간으로서 진실한 인간성을 지니느냐 하는 것으로, 이런 진정한 인간성을 회복하고 인간다움을 유지하며 살 수 있는 한 대장장이로 사느냐 신사로 사느냐 하는 것은 중요하지 않은 문제이다. 이것은 곧 '신사' 개념의 무의미성 또는 무가치성에 대한 인식이자 '신사' 이상의 거부이며 나아가 '신사' 개념의 파기선언이라고 할 수 있다. 이런 점에서 『위대한 유산』에서 '신사'의 주제는 바로 '신사' 이상과 개념의 거부와 파기라는 역설적인 결론을 제시하고 있다고 할 수 있는데, 핍의 도덕적 재생의 절정에 해당되는 장면, 즉 열병에서 깨어난 그가 조를 알아보고 이야기하는 다음의 장면은 바로 그러한 결론을 극적으로 증언해준다.

> "오, 조, 매부는 제 가슴을 찢어지게 하는군요! 제발 화난 얼굴로 저를 봐주세요, 조. 저를 때려주세요, 조. 제 배은망덕함을 꾸짖어주세요. 제발 저를 이렇게 잘 대해주지 말아주세요!"
>
> 조는 실제로, 내가 자기를 알아보았다는 기쁨에, 베개를 베고 내 옆에 누워 팔로 내 목을 감싸며 나를 꼭 안아줬던 것이다.
>
> …
>
> 그런 뒤 조는 창가로 걸어갔다. 그리곤 나에게 등을 돌린 채 눈물을 닦으며 서 있었다. 몸이 극도로 허약한 상태였으므로 침대에서 일어나 그에게로 갈 수 없었던 나는 그 자리에 그대로 누운 채 참회의 목소리로 속삭이듯 말했다. "오 하느님, 그를 축복하소서! 오 하느님, 참 그리스도인다운 이 고결한 사람을 축복하소서!"

> "O Joe, you break my heart! Look angry at me, Joe. Strike me, Joe. Tell me of my ingratitude. Don't be so good to me!"
>
> For, Joe had actually laid his head down on the pillow at my side and put his arm round my neck, in his joy that I knew him.
>
> …
>
> After which, Joe withdrew to the window, and stood with his back towards me, wiping his eyes. And as my extreme weakness prevented me from getting up and going to him, I lay there, penitently whispering, "O God bless him! O God bless this gentle Christian man!"(472)

핍은 배은망덕했던 자신을 간호해준 조에 대해 "참 그리스도인다운 고결한 인간"(gentle Christian man)이라고 칭하면서 하느님의 축복을 빌고 있다. 조에 대한 이 호칭에서 우리가 주목해야 할 것은 바로 축복과 감사와 존경이 담긴 이 호칭이 '신사'(gentleman)라는 단어를 구성하는 'gentle'과 'man'을 의도적으로 서로 떨어뜨려 놓고 있다는 사실이다. '신사'라는 단어를 "무계급적인 구성 요소"(its classless elements)(Gilmour 143)로 쪼개고 해체한 핍의 이 호칭은 무엇을 의미하는가? 결론부터 먼저 말하자면 그것은 바로 '신사' 이상의 파기와 '고결한 인간'의 이상의 수용에 대한 극적인 선언이라고 할 수 있다.

조는 매슈 포킷이 말한 "마음에 있어서의 진정한 신사"에 부합하는 인물로 이 작품에서 스마일즈나 디킨즈적인 이상에 부합하는 '진정한 신사'의 호칭을 부여하기에 누구보다도 자격을 갖춘 사람이다. 하지만 핍은--그리고 디킨즈는--여기서 조를 진정한 '신사'라고 부르지 않고 그리스도의 가르침을 실천한 '고결한 인간'이라는 어원적 호칭을 사용하고 있다. 핍의 어조에 담긴 강렬한 찬사와 감격의 감정을 생각할 때 '신사' 명칭의 이 형태적 해체는 새드린의 해석과는 달리 조가 물질과 외양의 사회적 기준에서 '신사'계급이 아니기 때문에 어쩔 수 없이 택한 소극적인 분리가 결코 아니다(Sadrin 95). 그것은 바로 삶에서 가장 중요한 것은 '신사'나 '신사다움'이 아니라 '고결한' 인간성 즉 '인간다움'의 문제라는 근원적인 성찰과 가치관의 확고한 표현과 주장이다. 그리고 이것은 의도적이고 적극적인 해체이자 본질적 요소로의 회귀이다. 즉 핍은 여기서 무한한 존경과 찬사를 담은--'신사'를 해체하고 근원으로 돌아간--새로운 호칭을 통해 바로 조처럼 진실한 마음을 지니고 인간적 사랑을 실천하는 '고결한 인간'(gentle man)이야말로 바로 우리가 진정한 인간상으로 추구하고 열망해야 할 대상이라는 것을, 그리고 이를 위해서는 '신사'(gentleman)라는 헛된 이상과 오염된 개념은 깨지고 해체되고 파기되어야 한다는 것을 절묘한 함축과 극적인 감동으로 선언하고 있는 것이다.[56)]

신사를 포기하고 고결한 인간에의 지향을 선언하는 핍의 이 표현은

56) 이와 관련해 Newey도 "Indeed, in driving a wedge between the two elements in the summarizing phrase 'gentle Christian man' he[Dickens] unpacks the whole concepts of the gentleman, and the presuppositions about hierarchies of birth and wealth that cling to it."(211)라고 말하고는 있지만, 그는 길모어와 마찬가지로 이런 언급에서 그칠 뿐 신사 개념의 파기라는 결론까지는 논의를 진행시키지 못하고 있다.

결국『위대한 유산』에서 디킨즈가 전달하고자 하는 궁극적인 인간관을 압축하고 있는 말이기도 하다. 왜냐하면 조에 대한 핍의 존경어린 호칭은 "진정으로 디킨즈적인 찬탄"(truly Dickensian admiration) (Sadrin 95)을 담고 있는데, 이것은 곧 이 작품에서 가장 이상적인 인간상으로 우리에게 제시되고 있는 인물이 바로 조라는 것을 의미하기 때문이다. 많은 지식인 평자들이 그저 '선량하지만 무식한 시골 호인' 정도로만 그 가치를 인정하고 있으나(가령 Leavis 421-423, Vewey 209, Garis 219), 사실 이 작품에서 가장 성공적인 삶을 살고 있는, 따라서 우리의 존경과 찬사를 받기에 가장 합당한 인물은 바로 조라고 할 수 있다. 비록 핍이 작품의 주인공이지만, 그리고 그가 인간적인 성장을 통해 이른바 진정한 신사라고 할 만한 경지에 이르긴 하지만, 핍은 소설 속에서 우리가 진정 존경하고 본받을 만한 인물로 다가오지는 않는다. 핍의 서술이 지닌 체념적이고 씁쓸한 회고조도 암시하듯이, 그는 인생의 성공자보다는 오히려 실패자에 더 가까우며 기껏해야 "인생에 대한 무덤덤한 만족감만 지닐 뿐 아무런 큰 행복"(no great happiness, only a neutral contentment with life) (Newton 187)도 느끼지 못하는 중년의 외로운 남자이다. 다만 그는 '만인'(Everyman), 즉 성장이라는 삶의 보편적인 문제를 대변하고 구현하는 보통의 인간(Ghent 133)이기 때문에, 우리의 공감과 관심과 존중을 받는 주인공의 역할을 적절히 수행하고 있는 것이다.

반면 조는 대장장이로서 이 작품에서 가장 낮은 하층계급에 속한 인물이고 또 주연이 아닌 조연이지만, 도덕적으로 그리고 인간적으로 볼 때 작품의 등장인물들 가운데 가장 바람직하고 이상적인 품성과 행동을 보여주는 인물이다. 그는 "상냥하고 정직하며 성실한 인간"(amiable honest-hearted duty-doing man)(135)으로서 작품 곳곳에서 "소박한 믿음과 명료한 생활의 지혜"(simple faith and clear home-wisdom)(486)을 창조적으로 실천하는 모습을 보여준다. 따라서 그는 희극적 외피에도 불구하고 작품에서 가장 존경할만한 인간적 위엄을 지닌 존재인데, 이런 모습을 통해 그는 비디와 함께 작품 속에서 도덕성과 인간성의 이상적인 구현자로서 핍의 모든 행동에 대한 윤리적 판단과 평가의 최종적 기준점이자 인생의 "인도자"(guiding spirit)(486) 역할을 수행한다. 그런데 인물로서 조--그리고 비디--가 지니는 이러한 계급적 위치와 인간적 우월성은 바로 어떤 사람의 계급이 하층민이든 신사든 부자든 귀족이든 상관없이 조와 비디처럼 고결한 마음을 지닌 인간이 되는 것이 가장 중요하다는 작가의 인식에서 나온 것이다. 그리고 이것은 다시 궁극적으로 바로 조와 비디 같은 고결한 인간이 사실상 신사나 부자나 귀족, 심지어 왕보다도 더 우월한 존재라는 디킨즈의 민중적인 인간관을 증거하는 것이다. 신사다움의 핵심적 가치로 인격의 덕목을 강조했지만 여전히 신사의 중산계급적 이상을 지향했던 스마일즈 같은 당대의 지식인보다 디킨즈가 더 근원적이고 급진적인 작가가 될 수 있는 것은 바로 계급과 상관없이, 아니 계급보다 우월한 진정한 가치로서 고결한 심성과 인간다움을 강조하는 그의 이러한 세계관 덕분이라고 할 수 있을 것이다.

2. 『위대한 유산』의 결말 해석

1

『위대한 유산』(*Great Expectations*)의 원래 결말은 오늘날 우리가 알고 있는 결말과 다르다. 1861년 6월 당시, 이 소설을 연재하던 주간잡지 『일 년 내내』(*All the Year Round*)에 마지막 연재분으로 디킨즈가 애초에 써서 넘겼던 작품의 결말에는 그해 8월 실제로 출판되어 오늘날까지 전해져 오는 작품의 마지막 장인 59장이 따로 없다. 그 대신 핍(Pip)이 외국에서 돌아와 조(Joe)의 집을 방문하는 장면이 58장의 뒷부분에 계속 이어지는데, 이 장면은 비디(Biddy)와 대화를 나누는 대목까지 우리가 알고 있는 것과 똑같이 서술된다. 그러다가 핍은 에스텔러(Estella)에 대한 부질없는 환상 같은 것은 모두 사라졌다고 비디에게 대답하고 난 뒤 바로 이어서, 2년 후 런던의 피카딜리(Picadilly) 거리에서 에스텔러와 우연히 만났다가 헤어졌다는 사실을 짤막하게 덧붙이듯 언급하면서 자신의 기나긴 자서전 서술을 마감한다.

『위대한 유산』에 이처럼 다른 내용을 지닌 본래의 결말이 존재한다는 사실은 디킨즈의 친구였던 존 포스터(John Forster)에 의해 세상에 처음 알려졌는데, 포스터는 1874년에 출간한 디킨즈의 전기에서 우리가 아는 『위대한 유산』의 결말은 디킨즈가 동료 소설가 불워 리튼(Bulwer Lytton)의 충고를 받고 새로 쓴 것이라는 사실을 밝힌다. 그러면서 그는 디킨즈가 쓴 원래의 결말 전문을 주석에다 따로 적어 놓는 한편, "결말 변경으로 인해 작품이 더욱 만족스러워질 것으로 확신한다"는 디킨즈의 말에도 불구하고 "첫 번째 쓴 결말이 이야기의 자연스러운 귀결은 물론이고 그 취지와도 일치하는 것처럼 보인다"는 불평을 덧붙인다(Forster vol. 2, 288-9).

포스터의 이 기록은 비록 『위대한 유산』의 창작과 관련된 새로운 사실을 밝히는 것이었지만 당시의 일반 독자들에게는 별 영향을 주는 것이 아니었다. 그의 폭로 이후에도 『위대한 유산』은 디킨즈가 바꿔 쓴 마지막 결말만을 지닌 채 계속 출판되었고, 그 결과 독자들은 주어진 이 결말을 자연스럽고 당연한 결말로 의심 없이 받아들였기 때문이다. 사실 포스터의 발언 자체도, 디킨즈의 전(全) 생애에 대한 방대한 전기적 서술 가운데 극히 미미한 일부 내용인데다 간단히 지나가듯 언급된 것이기 때문에, 그 당시로서는 흥미로운 사실의 일회적인 폭로 이상으로 어떤 쟁점적 의미를 갖거나 주목을 끄는 것이 전혀 아니었다.

하지만 세월이 흐르면서 전문적인 디킨즈의 독자들 사이에서는 포스터의 기록에 주목하고 또 그의 불평에 동의하는 사람들이 생겨나기 시작한다. 초기 디킨즈 비평가 중의 하나인 조지 기씽(George Gissing)은 바로 그 대표적인 예이다. 기씽은 1903년에 나온 저서에서 "디킨즈가 행복한 결말을 원하는 동료 소설가의 바람에 설득되어 작품을 망치고 말았다"면서 이것만 없었다면 『위대한 유산』은 거의 완벽한 작품이었을 것이라고 못내 아쉬워한다(Gissing 66). 두 번째 결말에 대한 기씽의 이런 부정적 입장은 1930년대에 와서 T. A. 잭슨(T. A. Jackson)과 버너드 쇼(Bernard Shaw) 같은 비평가들에 의해 한층 구체화되어 나타나는데, 특히 쇼의 경우 적극적이고 과감한 방식으로 자신의 입장을 표명한다. 그는 1937년에 자신이 편집해 간행한 『위대한 유산』의 한 판본에서, 그때까지의 출판 관행을 깨고 디킨즈가 쓴 최초의 결말을 합당한 결말로 본문 텍스트의 끝에 제시한다. 그리곤 종래의 두 번째 결말은 "모든 이야기가 결혼식 제단 앞에서 끝나는 것을 여전히 좋아하는 감상적인 독자들"이나 읽으라며 후기로 옮겨 놓아 그 지위를 형편없이 깎아내린다(Sadrin 167 재인용).

『위대한 유산』의 두 결말 사이에 일종의 하극상을 일으킨 쇼의 이 선언과 실행은 그 갑작스럽고 도발적인 성격으로 인해, 그리고 쇼의 작가적 권위에 힘입어, 『위대한 유산』의 결말 문제를 비중 있는 비평적 관심 대상으로 올려놓는 결정적인 역할을 한다. 특히 쇼가 두 개의 결말을 함께 수록한 이후로 『위대한 유산』의 출판 관행이--비록 쇼의 주장과는 달리 수정된 결말을 본문에 싣고 원래의 결말을 후기에 덧붙이는 형식이긴 하지만 어쨌든--두 결말을 함께 수록하는 것으로 굳어지면서, 평자들은 이 작품을 논의할 때 자연스럽게 결말 문제를 거론하지 않고 넘어가기가 힘들어지게 된다(Rosenberg 505-6). 그 결과 1940년대 이후로 에드거 존슨(Edgar Johnson), 험프리 하우스(Humphry House), Q. D. 리비스(Q. D. Leavis), 힐리스 밀러(Hillis Miller) 등을 비롯한 유력한 디킨즈 평자들이 나름대로의 근거를 대며 결말에 대한 대립적인 입장을 각기 표명했고, 이런 과정을 거쳐 『위대한 유산』의 결말 문제는 20세기 후반의 디킨즈 비평에서 단골 쟁점의 하나로 자리를 잡게 된다.

2

포스터가 촉발하고 쇼가 쟁점화한 『위대한 유산』의 결말 논의는 디킨즈가 쓴 두 개의 결말 가운데 과연 어느 것을 더 나은 결말로 볼 것이냐 하는 것이 그 핵심 사안이다. 따라서 평자들의 입장은 기본적으로 포스터나 쇼처럼 원래의 결말이 제대로 된 결말이며 디킨즈가 결말을 바꿔 쓴 것은 잘못이라고 보는 쪽(T. A. Jackson, Johnson, House, Lucas, Brown 등)과 이에 맞서 디킨즈가 다시 쓴 결말이 더 훌륭하고 바람직한 결말이라고 주장하는 쪽(Leavis, Miller, Grant, Thomas, Meckier 등)으로 나뉜다. 물론 명확한 선택을 보류하거나(Sadrin, Rosenberg) 디킨즈의 두 결말 모두 바람직한 결말이 아니라며 에스텔러를 만나는 부분이 없이 작품을 끝냈어야 하든지 아니면 다른 방식으로 결말을 썼어야 하는 식으로 제3의 대안을 제시하는 경우(Brooks-

Davies, Millhouser)도 없지 않다. 하지만 대체적으로 볼 때, 20세기 초반에 쇼와 같이 원래의 결말을 지지하는 평자들의 목소리가 우세했다가, 후반으로 넘어가면서 반대로 최종 결말을 옹호하는 평자들이 이런저런 근거를 제시하며 전면에 나서는 식으로 그 대립 양상이 뚜렷하게 그려진다(Sadrin 256-7).

두 결말을 둘러싼 대립의 실제 내용을 들여다보면, 비록 그 관점과 접근 방식이 다르고 또 주장하는 바도 조금씩 차이가 나지만, 평자들이 역점을 두고 자주 다루는 쟁점은 크게 보아 다음과 같이 네 가지로 요약될 수 있다. 첫째, 두 개의 결말 중 어느 것이 작품의 전체적인 주제와 방향에 더 잘 부합하는가? 둘째, 디킨즈가 리튼의 충고를 받고 결말을 변경할 때 과연 그 변경 과정과 사유는 정확히 어떤 것이었나? 셋째, 변경된 결말에서 핍과 에스텔러의 마지막 만남과 퇴장은 과연 행복한 결합을 의미하는가 아니면 이별이나 어떤 다른 것을 암시하는가? 그리고 마지막으로, 변경된 결말이 최종적으로 확립되기까지 '그림자(shadow)'라는 단어를 포함한 마지막 문장의 표현이 몇 차례 조금씩 바뀌는데 이것을 어떻게 볼 것인가?[57)]

물론 위의 네 가지 중에서 가장 핵심적인 쟁점 사항은 첫 번째 것이다. 나머지 것들은 모두 첫 번째 것을 논증하는 과정에서 추가로 삽입되거나 거론되는 이차적인 문제들이다. 특히 두 번째, 동료작가의 충고를 따른 디킨즈의 행위와 관련된 문제는 첫 번째 쟁점에 대한 평자의 입장에 따라 그 설명이 긍정과 부정으로 나뉘는 사안인데, 평자들의 공들인 관심과 노력에도 불구하고 대부분의 주장이 허구적 상상이나 추측에 의지하는 탓에 그 어느 쪽 입장이든 설득력이 결여되는바, 결국 쟁점으로서의 문제성이 떨어진다.[58)] 그리고 세 번째와 네 번째

57) 바꿔 쓴 결말의 최초 원고에서 디킨즈는 "I saw the shadow of no parting from her, but one."이라고 썼다. 이것을 디킨즈는 마지막 연재본 인쇄를 위한 교정 과정에서 "I saw the shadow of no parting from her."로 바꾼다. 그러다 그는 다시 이것을 그 이듬해 단행본으로 출판하면서 "I saw no shadow of another parting from her."로 수정한다. 그리고 그 이후의 출판본에서는 더 이상 바꾸지 않는다. Rosenberg 500-2 참조.

58) 가령 메키어는 디킨즈가 리튼과 상의하기 전에 이미 결말을 바꿀 생각을 하고 있었다고 추정(Meckier 37-41)하는 한편, 로젠버그는 디킨즈가 리튼의 말을 듣고 고친 것은 "피로감의 산물"일 가능성이 크다

문제는 주로 변경된 결말을 옹호하는 입장에서 구체적으로 거론하는 사항들인데, 세 번째 문제는 궁극적으로 첫 번째 쟁점과 연결지어 논의될 수밖에 없는 문제이고, '그림자'와 관련된 네 번째, 교정상의 문제는 대개 세 번째 것과 관련하여 평자의 주장을 좀더 뒷받침하기 위해 도입되는 지엽적인 쟁점의 성격을 띤다. 따라서 『위대한 유산』의 결말 논의에서 가장 결정적인 쟁점은 결국 첫 번째 사안, 즉 두 개의 결말 가운데 어느 것을 작품의 전체적인 주제와 방향에 제대로 부합하는 나은 결말로 볼 것인가 하는 문제라고 할 수 있다. 그리고 이것은 곧, 만약 어느 한 쪽 입장에서 이 문제에 대해 좀더 설득력 있는 근거를 제시한다면 그 만큼 논쟁의 저울을 한쪽으로 깊숙이 기울어지게 할 수 있음을 의미하는 것이기도 하다.

그렇다면 첫 번째 쟁점에 대한 각각의 입장은 구체적으로 어떻게 대립되고 있는가? 원래의 결말을 선호하는 평자들은 바뀐 결말을 "관습적인 결혼식 종소리"로 끝나는 상투적인 행복한 결말(T. A. Jackson 194)로 규정하면서 이것이 『위대한 유산』의 핍의 자서전적 일인칭 서술 전체를 관통하는 쓸쓸한 분위기와 우울한 어조에 대한 "유린"(an outrage, Shaw 638)이라고 역설한다. 그들은 특히 해비셤(Havisham)에 의해 평생 동안 심장이 없는 모진 여자가 되도록 교육받은 에스텔러가 부드러운 여자로 변하는 것은 "기적적으로"(Johnson 992) 행해진, 따라서 이성적으로 수긍할 수 없는 일로서, 인간 행동의 돌이킬 수 없는 결과를 보여주는 작품의 우울한 주제의식을 무화시키는 "분명한 오류"(Lucas 314)라고 주장한다. 그러면서 디킨즈가 리튼의 충고를 따라 다시 쓴 결말은 행복한 결말을 좋아하는 독자의 취향에 영합하려는 상업적인 고려의 산물로서 "이 원숙한 작품의 가장 실패한 부분"(Brown 142)이자 대작가답지 못한 패착이라고 비판한다.

이에 대해 바뀐 결말을 지지하는 평자들은 마지막에 핍과 에스텔

고 상상한다(Rosenberg 510–16).

러가 함께 손잡고 걸어 나오는 장면을 도덕적 각성과 자기 인식으로 나아가는 주인공의 정신적 여정의 "성공적인 종결에 대한 진정한 상징"(Leavis 427)으로 본다. 그러면서 작품의 "진정한 방향에 훨씬 충실한"(Miller 278) 이 결말이야말로 소설의 주제와 의미를 완벽하게 완성하는 것이라고 반박한다. 그들은 또한 "고통과 슬픔을 통한 에스텔러의 변화"(Meckier 32)도 충분히 개연성이 있는 것일 뿐만 아니라 각성과 화해와 보상의 주제를 온전히 구현하는 유기적인 요소라고 주장한다. 따라서 그들이 보기에, 디킨즈가 결말을 다시 쓴 것은 주인공 핍에게 미래에 대한 "차분하고 절제된, 하지만 받아들일 만한 희망의 여지"를 허용함으로써 "빅토리아조 중기의 대작"인 이 소설의 전체적인 성격에 완벽하게 부합하는(Thomas 58) 성공적인 행위이다.

위에서 나타나듯이 두 입장은 극단적인 대척점에 서 있다. 각각의 입장이 디킨즈의 변경된 결말이라는 동일한 대상을 놓고 완전히 정반대의 판정을 내리고 있는 것이다. 문제는 이 대립이 어떤 객관적 사실관계의 증명 문제가 아니라 순전히 주관적인 해석과 관점의 차이에서 비롯된 것이기 때문에 타협과 양보의 여지가 없다는 점이다. 이럴 경우 논쟁은 생산적으로 발전하거나 어떤 최종적인 결론에 도달할 수 없다. 각각의 입장이 좀더 세련된 논리나 근거를 들어 자신의 주장을 새롭게 펼칠 수는 있겠지만, 결국은 각기 자신의 주장을 독백처럼 되풀이하는 것에 불과할 뿐 상대방을 설득한다거나 굴복시키는 것이 불가능한 것이다. 왜냐하면 리비스의 경우처럼 상대방의 주장은 "이해할 수 없는" 것이기 때문이다(Leavis 425). 결국 논쟁은 계속될 수 있지만 평행선만 계속 그어질 뿐 쟁점의 해결은 일어날 수 없다. 다시 말해, "『위대한 유산』이 ... 좋은 분석 대상 텍스트로 남아 있는 한, 비평가들은 이 문제에 대해 대립하기로 계속해서 의견의 일치를 보일 것"(Sadrin 168)이고 쟁점은 그대로 남아 있을 뿐인 것이다.

하지만 쟁점의 종결 불가능성이 논쟁의 저울이 치우침 없이 언제나 수평을 유지한다는 것을 의미하진 않는다. 비록 주관적인 해석과 관점의 차이에서 비롯된 대립이기에 저울의 치우침이 곧 논쟁의 종결로 이어지진 않는다 할지라도, 어쨌든 주장의 논리성이나 근거의 설득력에 따라 각각의 입장이 지니는 무게는 분명 차이가 생길 수 있기 때문이다. 그런데 이런 측면에서 살펴볼 때, 우리는 아무래도 바뀐 결말을 지지하는 입장 쪽으로 저울의 기울기가 상당히 기울어져 있다는 판단을 하지 않을 수 없다. 그 이유는 다음과 같다.

먼저 두 입장은 각각의 세력이 형성된 역사적 순서에 의해 이미 어느 정도 세력 균형이 깨진 상태에 있다. 20세기 초기에 원래의 결말을 선호하는 입장이 먼저 목소리를 높인 뒤 20세기 후반에 오면서 바뀐 결말을 옹호하는 입장이 적극적인 공세를 펼치는 시간적 순서는 아무래도 후자에게 유리한 상황으로 작용하기 때문이다. 특히 원래의 결말을 지지하는 입장은 바뀐 결말을 부정하는 논리에 기대는 반면, 반대 입장은 바뀐 결말을 긍정하는 논리 위에서 주장을 펼치므로, 입지와 운신의 폭에 있어서 후자의 입장은 한층 더 유리할 수밖에 없다.

하지만 바뀐 결말을 옹호하는 입장의 무게를 처음부터 더 무겁게 만드는 결정적인 요인은 바로 이 입장이 결말을 쓴 작가 자신의 승인과 지지를 등에 업고 있다는 사실이다. 디킨즈가 스스로 결말을 바꿔 쓰고 이것을 출판했다는 사실, 그리고 이후 두 번에 걸쳐 단행본 출판을 위한 교정을 할 때도 그가 마지막 자구 수정 외에는 전혀 고치지 않았다는 사실은, 결말을 바꾼 이유가 무엇이고 그 과정이 어떤 것이든, 디킨즈가 이 새 결말의 적절성과 타당성을 조금도 의심하지 않았다는 사실을 증명한다. 디킨즈의 이 확신은 작품에 대한 일반 독자의 반응에 의해서도 충분히 뒷받침된다고 하겠는데, 원래의 결말을 전혀 모르는 상태에서 이 작품을 읽은 독자 가운데 결말을 모순되고 부당한 것으로 받아들인 사람이 과연 있을까 하는 질문에 그렇다고 대답할 평자는 아마 아무도 없을 것이기 때문이다. 따라서 바뀐 결말을 비판하고 원래의 결말을 지지하는 입장은 객관적 사실로 존재하는 작가의 판단과 선택을 주관적으로 거부하고 뒤집는다는 점에서 그 논리적 토대가 다른 쪽보다 불안할 수밖에 없다.

다음으로, 핍과 에스텔러가 손잡고 걸어나가는 마지막 장면에 대한 해석에서, 바뀐 결말을 지지하는 입장이 반대편 입장보다 더 큰 설득력과 근거를 갖는다고 할 수 있다. 수정된 결말을 비판하는 쪽의 핵심 주장은 이 장면이 "관습적인 행복한 결말"로서 상실과 회한을 주조로 하는 플롯의 방향에 논리적으로 어긋난다는 것이다. 하지만 메키어를 비롯해 많은 옹호자들이 타당하게 지적하듯이, 이 장면은 "관습적인 행복한 결말"과는 분명 다르다. 핍과 에스텔러의 결합 가능성이 이 장면에서 암시되어 있긴 하지만, 어디까지나 암시에 그칠 뿐 두 사람의 결혼이 『데이빗 코퍼필드』(*David Copperfield*)나 『리틀 도릿』(*Little Dorrit*)의 마지막 장면처럼 직접적으로 행복하게 묘사되어 있는 것은 결코 아닌 것이다. 달빛이 비치고 저녁 안개가 걷히는 가운데 폐허가 된 새티스 하우스의 정원을 나서는 두 사람의 모습은 희망적이면서도 불확실한 미래를 향해 조심스레 발걸음을 내딛는 차분한 모습이다. 다시 말해, 그들은 '행복하게 잘 살았다'는 말로 간단히 요약되는 관습적인 결말의 주인공들이 아니라, 낙원을 나서는 밀튼(Milton)의 아담과 이브처럼 과거의 잘못에 대한 회한과 상실의 기억과 미래에 대한 두려움을 새로운 희망과 함께 가슴에 품고 있는 '진지한' 현실의 주인공들인 것이다. 따라서 보기에 따라 "쓸쓸하고 체념적"(김현숙 263)이기까지 한 두 사람의 마지막 출발은 결코 상실과 회한의 플롯과 배치되는 것이라고 단정할 수 없다. 마지막 문장 "나는 그녀와의 또다른 이별의 그림자를 전혀 보지 못했다"(I saw no shadow of another parting from her, 493)가 지니는 '애매성'(ambiguity)을 핍이 에스텔러와 나중에 결국 헤어지지만 그것을 그 순간에는 미처 알아차리지 못했다는 의미로 해석하는 평자까지(Calder 496) 있다는 것 또한, 그 타당성 여부를 떠나서, 이 결말 장면이 '행복하게 결혼하여 잘 살았다'는 관습적 결말과 얼마나 거리가 먼지를 뒷받침하는 한 증거일 것이다.

에스텔러의 변화에 대한 해석에 있어서도 우리는 수정된 결말을 지지하는 입장 쪽으로 기울어지게 된다. 그것은 작품 속에 제시된 에스텔러의 성격 전체에 견주어 이 문제를 따져볼 때, "그녀의 변화는 그녀의 과거 성격의 한 측면과 연속성을 갖는다"(Newey 226)고 할 수 있기 때문이다. 에스텔러는 자신이 해비셤의 복수심에 찬 교육의 소산으로서 심장이 없는 여자라는 것을 냉철하게 자각하는 절망적 자기 인식의 소유자이지만, 동시에 자신을 사랑하는 핍에게 거짓으로 다정히 구는 배반적 행위와 위선을 거부하는 행위에서 단적으로 나타나듯이 인간적 배려와 연민과 진실성을 지닌, 즉 따뜻한 '심장'이 아직 한 구석에 살아 숨쉬고 있는 인물이다. 말하자면, 그녀의 심장은 해비셤에 의해 완전히 말살되었다기보다는, 핍의 말대로 "말없이 잠들어 있는"(mute and sleeping, 265) 심장으로 언젠가는 잠에서 깨어날 수 있는, 그리고 실제로 깨어나는 심장인 것이다.

물론 작품 속에서 그녀의 이 잠든 심장은 핍의 사랑과 헌신에 의해서는 조금도 깨어나지 못한다. 하지만 작품의 마지막에서, 비열하고 심성 고약한 드러믈(Drummle)의 아내로 불행하게 살았던 결혼 기간을 포함해 11여년이란 긴 고난의 시기를 보낸 그녀가 시련을 통해 자신이 "좀더 나은 모양으로... 휘어지고 부서졌다"(bent and broken... into a better shape, 493)고 말할 때, 우리는 그녀 말의 진실성을 의심하지 않을 뿐만 아니라 그녀의 심장의 깨어남을 충분히 개연성 있는 것으로 문제없이 받아들이게 된다. 물론 우리는 코널리(Connolly)처럼 "그녀의 인간화 과정"이 구체적으로 묘사되지 않은 것에 대한 아쉬움을 토로할 수는 있다(Connolly 105). 하지만 그녀의 변화의 현실적 가능성이 작품 앞부분에 묘사된 그녀의 성격 속에 이미 내재되어 있다는 점에서 그녀의 변화 자체는 개연성을 부인하기가 어려운 것이다.

에스텔러의 이 변화는 특히 그것이 핍이 작품에서 성취하는 도덕적 각성과 자기 인식과 비슷한 종류의 정신적 성장이라는 점에서 그 진정한 의미가 있다. 저녁 안개가 걷히고 달빛이 환히 비치는 시적인 분위기 속에서 새티스 하우스의 정원을 손잡고 걸어 나가는 두 사람의 모습이 쓸쓸하면서도, 두 사람의 결합 가능성에 대한 어떤 희망적 암시를 강하게 전달하는 것은 바로 시련과 성장의 경험을 공유한 두 사람의 이러한 동질성에서 비롯되기 때문이다. 그리고 이런 점에 바탕해 우리는, 수정된 결말을 당대 독자 대중의 취향에 영합하는 상투적인 행복한 결말로 보는 입장보다는, 오히려 시적인 상징과 복합적 함의를 통해 작품의 주제를 감동적으로 구현한 훌륭한 예술적 성취로 보는 입장에 훨씬 적극적으로 동의할 수 있는 것이다.

3

이제까지 『위대한 유산』의 결말 논쟁에서 두 번째 결말을 지지하는 입장이 원래의 결말을 지지하는 입장보다 설득력과 근거가 더 있는 부분들을 짚어보았다. 그런데 이상에서 열거한 것들은 기왕의 긴 논쟁 과정에서 바뀐 결말의 옹호자들이 이미 제시한 것의 범위를 크게 벗어나지 않는다. 물론 이것들 자체만으로도 바뀐 결말을 지지하는 입장의 우세한 기울기는 이미 충분히 증명되었다고 할 수 있다. 하지만 이 논쟁을 굳이 재론하는 입장이라면 이 시점에서 최소한 뭔가 새롭게 덧붙이는 것이 있어야 할 것이다. 따라서 여기에서는 디킨즈가 쓴 최종 결말의 타당성을 더욱 강화할 수 있는 새로운 이유를 두 가지 추가로 제시하고자 한다.

먼저, 핍과 에스텔러의 결합 가능성을 암시하는 바뀐 결말은 에스텔러의 출신 비밀과 관련하여 생각할 때, 두 사람이 우연히 만났다가 헤어지는 원래의 결말보다 작품 속에서 전개된 주인공 핍의 정신적 성장의 주제와 유기적이고 필연적인 부합을 보인다. 에스텔러의 출신에 대한 비밀은 작품에서 비교적 일찍부터 다뤄진다. 상속 예정자가 되어 신사 교육을 받기 위해 런던에 올라갔던 핍은 29장에서 해비셤의 편지를 받고 귀향하여 에스텔러를 처음으로 재회한다. 이때 그는 에스텔러의 얼굴을 보고 스치듯 떠오르는 뭔지 모를 연상에 "그게 뭐지?"(What was it? 259) 하고 묻는데, 이 질문은 이후로 에스텔러를 만날 때마다 반복되곤 한다. 그러다가 48장에 와서 핍은 드디어 이것이 그녀와 재거스(Jaggers)의 가정부인 몰리(Molly)와의 닮은 점에서 비롯된 것이라는 것을 깨닫고 에스텔러가 바로 몰리의 딸이라고 확신한다. 그러면서 동시에 몰리가 살인을 저지른 여자였지만 재거스의 교묘한 변론으로 무죄 석방된 사람이라는 사실을 웨믹(Wemmick)을 통해 알게 된다. 그리고 얼마 되지 않아 그는 허버트(Herbert)를 통해 매그위치(Magwitch)가 들려준 과거의 이야기를 듣고 에스텔러의 아버지가 바로 매그위치라는 사실까지 발견하게 된다.

이런 과정을 거쳐 밝혀진 에스텔러의 태생 비밀은 핍에게 충격적인 사실인 동시에, 신분 상승을 향한 그의 욕망과 노력의 측면에 견주어 하나의 통렬한 아이러니로 다가온다. 대장장이라는 자신의 비천한 출신을 부끄러워하며 신사계급으로의 상승을 위해 모든 노력을 경주했던 핍의 가장 큰 동기는 바로 부유한 상류계급인 해비셤의 양녀이자 아름다운 소녀인 에스텔러에 대한 동경이다. 에스텔러라는 이름이 의미하듯이 그녀는 핍에게 높이 떠 있는 '별'과 같은 존재이다. 신사가 된 뒤까지도 그는 자신과 에스텔러 사이에 존재하는 그 신분적 거리감이 좁혀지기보다는 오히려 커지는 느낌만을 받는다. 바로 그런 에스텔러가 다름 아닌 살인자와 종신 유형수 사이에 태어난 딸이라는 충격적인 사실은 핍의 모든 '커다란 기대'와 욕망의 허황됨과 착오성을 마지막으로 완성하는 결정적 아이러니일 수밖에 없는 것이다.

그러나 에스텔러의 비천한 혈통이 밝혀진 뒤 핍은 그것에 대한 어떠한 혐오감이나 환멸도 느끼지 않는다. 물론 이것은 "그녀를 오랫동안 둘러싸고 있던 어떤 낭만적 관심의 후광"(some rays of the romantic interest that had so long surrounded her, 420)에서 그가 벗어나지 못한 탓이기도 하다. 하지만 그보다는 그가 매그위치와의 관계를 통해 자신의 속물성과 타락성을 점차 깨달아가면서 도덕적 성장을 어느 정도 성취한 상태에 이르러 있기 때문인 점이 더 크다. 그가 "분별없고 은혜를 모르는 인생"(a blind and thankless [life])을 산 자신이 오히려 "용서와 지도가 훨씬 많이 필요한"(I want forgiveness and direction far too much) 사람이라며 해비섬을 진심으로 용서하는 장면(410)이 바로 몰리가 에스텔러의 어머니라는 사실이 밝혀진 다음 장에 나오는 것은.이런 점에서 우연이 아니다.

핍의 도덕적 자기 인식과 각성은 탈출이 실패로 돌아간 뒤 부상당해 누워 있는 매그위치 곁에서 그가 "나는 그에게서 ... 나 자신보다 훨씬 훌륭한 인간의 모습만을 발견했다"(I only saw in him a much better man than I had been...., 457)고 진술하는 것을 통해 분명하게 선언된다. 그리고 이 선언의 진실성은 나중에 매그위치가 재판을 받을 때 만인이 보는 앞에서 매그위치의 손을 잡고 그를 대신하여 판사 앞에 서 있는 행위를 통해 실천적으로 증명된다. 따라서 이런 핍에게 살인자와 죄수의 딸이라는 에스텔러의 비천한 출생 신분은 더 이상 치욕스럽거나 혐오스러운 것이 되지 않는다. 오히려 그는 임종하는 매그위치에게 에스텔러의 존재를 알리며 그녀를 사랑한다고 고백하기까지 한다. 이런 점에서, 그의 이 고백은 죽어가는 사람을 위한 마지막 위로의 말보다는 인간적 진실성과 가치에 대한 도덕적 성찰에 이른 한 인간이 출신과 계급과 사회적 평판 따위를 초월하여 한 사람을 진정으로 사랑할 수 있다는 '급진적인' 선언이자 다짐으로서 의미를 갖는다.

핍의 도덕적 각성이 이처럼 에스텔러의 비천한 출생까지 망설임 없이 수용하는 데까지 나아간다는 것임을 염두에 두고 디킨즈의 원래 결말과 수정된 결말을 비교해 보자. 두 사람이 런던 거리에서 우연히 만났다가 남남으로 다시 헤어지는 원래 결말은 메키어도 지적하듯이(Meckier 30) 핍이 매그위치에게 전하는 이 마지막 사랑 고백을 그야말로 죽어가는 사람에게 마지막으로 던지는 달콤한 위로의 말 외에 아무것도 아닌 것으로 만들어버린다. 즉 핍의 이 고백은 에스텔러가 이미 드러믈의 아내가 되고 난 뒤의 시점에서 일어나는데, 두 사람이 다시 연결될 가능성이 전혀 없이 끝나는 원래의 결말은 핍의 이 마지막 고백을 한낱 충동적으로 던진 위로의 인사말로, 그리하여 어떤 진정성이나 여운이 없는 맥없는 빈말로 허공 속에 떠돌도록 만들 뿐인 것이다.

반면에 두 사람이 폐허가 된 새티스 하우스의 황량한 마당에서 다시 만난 뒤 함께 손을 잡고 걸어 나가는 수정된 결말은 두 사람의 결합 가능성을 강하게 암시함으로써 핍의 이 마지막 사랑 고백이 공허한 빈말이 아니라 진정성과 여운을 지닌 의미심장한 다짐이자 선언임을 확증한다. 에스텔러의 출생 비밀을 생각할 때 핍이 에스텔러를 아내로 맞는다는 것은 사회적으로 볼 때 '급진적'이고 파격적인 성격을 띤다. 왜냐하면 핍은 곧 사형선고를 받은 죄수와 살인자 사이에 태어난 딸과 결혼하는 셈이기 때문이다. 따라서 핍이 에스텔러를 받아들인다면 그것은 사회적으로나 개인적으로나 범상치 않은 결단과 용기가 필요한 행위라고 할 수 있다. 게다가 현실적으로 핍은 그녀의 출생 비밀을 죽을 때까지 가슴에 안고 살아야 하는 어려움까지 견뎌내야 한다. 그런데 이 모든 것에도 불구하고 핍은 에스텔러를 거부하지 않고 받아들이며, 그럼으로써 핍 자신이 작품 속에서 시련과 경험을 통해 도달한 도덕적 각성과 성찰, 즉 '신사'(gentleman)의 속물적 계급적 이상을 버리고 '고결한 인간'(gentle man)이라는 초계급적 이상을 추구하는 '급진적' 인생관을 최종적으로 실천하고 완성한다. 디킨즈가 다시 쓴 결말에 내재된 핍과 에스텔러의 결합 가능성이 갖는 의미는 바로 여기에 있으며, 이런 점에서 디킨즈의 새 결말은 작품의 전체 주제와 관련하여 유기적인 정합성과 필연성을 지니는 결말로서 그 타당성과 적절성을 더욱 확보한다고 하겠다.

한편 디킨즈의 두 번째 결말의 우월성을 뒷받침하는 또 다른 근거는 핍과 비디의 관계에서도 찾을 수 있다. 매그위치가 사망한 뒤 열병에 걸려 죽음의 문턱까지 갔다가 건강을 회복한 핍은 58장에서 런던에서의 잘못된 삶을 청산하고 비디와 결혼하여 새로운 삶을 시작하겠다는 희망찬 결심으로 고향에 돌아간다. 하지만 고향에 도착했을 때 그를 기다리고 있는 것은 조와 비디가 바로 그날 결혼식을 올렸다는 소식이다. 그는 깊은 실망을 감춘 채 조와 비디를 축복한 뒤 곧바로 고향을 떠난다. 그리고 11년이 지난 후에야 조와 비디의 집을 방문한다.

여기서 우리는 비디에게 청혼하고자 귀향할 당시 핍의 결의와 희망이 지니는 진정성에 주목할 필요가 있다. 열병에 걸려 사경을 헤매는 그를 극진한 간호로 살려낸 진정한 친구이자 은인인 조에게서 그는 '고결한 인간'의 전형을 발견하고 이를 선언한다. 조의 진정한 인간적 가치에 대한 핍의 이 깨달음과 선언은 그가 매그위치를 통해 얻었던 자기반성과 성찰의 최종적 완결이다. 따라서 이러한 깊은 도덕적 각성에 이른 뒤에 그가 귀향을 결심했을 때, 그것은 결코 충동적이거나 임시방편적인 도피책이 아니라 그야말로 깊은 숙고와 깨달음에서 나온 진지한 결단이다. 다시 말해 핍은 마침내 물질과 신분에 대한 그간의 모든 속물적 욕망과 집착을 벗어던지고 조와 비디처럼 근면과 성실함을 바탕으로 "소박한 믿음과 명료한 생활의 지혜"(simple faith and clear home-wisdom, 486)를 실천하는 진실하고 '고결한 인간'이 되겠다는 삶의 결정적인 선택을 내린 것이다. 그리고 이 선택의 핵심에는 바로 비디의 진정한 인간적 가치와 그녀에 대한 사랑의 깨달음이 있는 것이다.

핍이 비디에 대해 단순한 친구 이상의 이성적 감정을 느낀다는 사실은 작품 앞부분에서 산발적이지만 분명히 암시되어 있다. 가령 비디가 올릭(Orlick)이 자신을 좋아하며 따라다닌다는 말을 했을 때 핍이 격렬하게 흥분하며 반응하는 장면(159)은 그의 마음속에 이미 존재하는 그녀에 대한 강렬한 감정을 잘 드러내주는 한 좋은 예이다. 다만 에스텔러에 대한 맹목적인 숭배로 인해 그는 비디에 대한 자신의 특별한 감정을 전혀 알아차리지 못할 뿐만 아니라 비디의 진정한 인간적 가치조차도 보지 못한 채 오히려 그녀를 비난하기까지 하는 것이다. 그런데 이제 그 모든 방황과 착각에서 깨어나 자신의 잘못과 조가 대변하는 삶의 도덕적 가치를 확실히 깨닫게 된 지금, 핍은 마침내 비디야말로 자신이 진정으로 사랑할 만한 사람이며 또 자신의 가슴속에 이미 그녀에 대한 깊은 사랑이 간직되어 있다는 사실을 함께 깨닫게 된 것이다.

하지만 핍의 이 깨달음은 너무 늦게 찾아온 것으로 판명된다. 핍의 타락과 속물성을 안타깝게 지켜보던 비디는 일찌감치 그에 대한 이성적 관심을 상실한 데다, 존경할 만한 인격과 심성과 덕성을 지닌 조에게서 진정한 사랑의 대상을 발견한 것이다. 따라서 이 사실을 전혀 모른 채 귀향했던 핍이 비디와 조의 결혼 사실을 알았을 때, 그가 받았을 충격적인 실망과 아픔은 바로 직전까지의 희망과 기대가 컸던 만큼 아주 크고 깊은 것이었음에 틀림없다. 물론 핍의 이 커다란 충격과 실망은 그의 서술에서 직접적으로 묘사되지 않는다. 하지만 결혼 사실을 전하는 비디의 말 바로 뒤의 핍의 서술에 삽입된 침묵의 빈 공간, 즉 그가 잠시 의식을 잃기까지 했다는 것을 나타내는 빈 공간은 그의 충격과 실망이 얼마나 큰 것이었는지를 충분히 효과적으로 표현해준다. 바로 뒤에 이어지는 서술에서도 핍은, 조와 비디가 그것을 기쁨의 충격으로 오해하는 모습과 자신이 조에게 비디에 대한 감정을 미리 말하지 않았던 것에 대한 다행스러운 마음을 짐짓 묘사함으로써 자신의 진짜 실망감을 숨긴 채 지나가려 하지만, 그것은 오히려 그가 겪었을 실망과 충격의 크기가 얼마나 큰지를 역설적으로 보여주는 반어적인 증거일 뿐이다.

요컨대 핍은 인생의 새로운 출발을 기대하는 순간, 에스텔러에 대한 첫사랑의 고통스러운 좌절에 이어 또 다시 뼈아픈 사랑의 좌절의 겪는다. 비디에 대한 이 사랑의 좌절은 특히, 그것이 통렬한 자기반성과 도덕적 성장을 통해 발견한 진정한 사랑의 좌절이라는 점에서, 에스텔러에 대한 빗나간 사랑의 경우보다 훨씬 더 크고 견디기 힘든 것이었음에 틀림없다. 그리고 이 뒤늦은 깨달음과 연속적인 상실의 아픔은 그가 앞으로 살아가는 동안 가슴속의 깊은 상처로 오랜 기간 지워지지 않고 남아 있을 수밖에 없다. 그가 서둘러 조와 비디를 떠나 외국으로 나가고, 또 그 뒤 계속 독신으로 살면서 11년이라는 긴 세월이 지난 뒤에야 영국을 다시 찾게 된다는 사실은 바로 그의 내면에 감춰진 이러한 깊은 아픔과 상처에 대한 강력한 증거이다.

그렇다면 핍이 가슴속에 간직되어 있을 이 좌절된 사랑의 기억을 그의 마지막 귀향과 연결지으며 디킨즈의 두 결말을 비교해보자. 실망과 좌절감 속에 고향을 떠난 핍은 11년 만에 조와 비디를 다시 방문한다. 그 동안 비디에 대한 그의 옛 연정과 상실감이 얼마나 극복되었는지는 알 수 없지만, 11년이라는 짧지 않은 세월을 생각할 때 일단 회한과 같은 감정은 그의 마음속에서 어느 정도 정리가 되었을—또는 그렇게 그가 믿었을—가능성이 크다. 하지만 그렇다고 해도 비디에 대한 상실의 기억 자체가 그의 마음속에서 지워졌을 가능성은 없다. “일찍이 내 인생에서 중요한 자리를 차지했던 것을 나는 그 어떤 것도 잊지 않았다”(I have forgotten nothing in my life that ever had a foremost place there, 490)라는 핍 자신의 말이 이를 증명하고 있다.

이런 상태에서 핍은 고향을 방문한 다음날 비디와 대화하는 시간을 갖는다. 여기서 비디는 핍에게 결혼을 해야 한다는 권고를 하는데, 이에 대해 핍은 “결혼 같은 건 가능성이 전혀 없어. 난 이미 다 늙은 노총각이야”(it's not at all likely. I am already quite a old bachelor, 490)라고 대답한다. 핍의 특별했던 감정을 모르는 비디는 곧 핍의 이 대답을 아직 남아 있는 에스텔러에 대한 그의 미련 때문인 것으로 추측한다. 하지만 진실을 아는 우리들 독자는 핍의 진짜 이유가 바로 비디라는 사실을 즉시 알아차린다. 게다가 바로 뒤에 핍은 다음과 같은 미묘한 진술을 덧붙인다. “비디는 어린 딸을 내려다보았다. 그러고는 아이의 자그만 손을 자신의 입술에 갖다 댔다. 그런 다음 아이의 손을 잡았던 그 선하고 부인다운 손으로 내 손을 잡아 주었다. 비디의 그 동작에는, 그리고 내 손바닥을 살짝 누르는 그녀의 결혼반지의 느낌에는 뭔가 뜻 깊은 웅변이 가득 담겨 있는 듯했다(Biddy looked down at her child, and put its little hand to her lips, and then put the good matronly hand with which she had touched it, into mine. There was something in the action and in the light pressure of Biddy's wedding-ring, that had a very pretty eloquence in it. 490)."

비디의 입장에서 이 동작의 의미는 물론 핍이 결혼을 통해 가정의 행복을 이루기를 바라는 순수한 바람의 웅변적 표현이다. 하지만 그녀를 향한 이루어지지 못한 사랑의 기억을 지닌 핍에게 비디의 이 순수한 동작은 전혀 다른, 예사롭지 않은 의미를 지닐 수밖에 없다. 비디의 동작과 표정 하나하나는 그 순간 핍으로 하여금 어쩌면 그가 남편으로서 함께 나누고 누릴 수도 있었을, 하지만 이제 영원히 불가능해진 그 상실한 행복에의 회한을 더욱 더 절실하게 느끼도록 했을 것이기 때문이다. 다시 말해, 잠든 어린 딸의 손에 입 맞추는 비디를 바라보는 핍의 시선과 비디의 반지 낀 손을 잡는 핍의 손길은 바로 그 딸이 핍 자신의 딸일 수도 있었다는 사무치는 아쉬움과 그녀에 대해 이루지 못한 사랑의 아픈 기억을 한편에 짙은 암시로 드러내고 있는 것이다.

이렇게 볼 때, 핍의 마음속에 감춰진 비디에 대한 이 이루지 못한 사랑의 감정은 작품의 결말에서 하나의 중대한 도덕적 문제를 야기한다. 왜냐하면 비디에 대한 핍의 감정이 해소되지 않으면 소설 속의 이상적인 인물들인 조와 비디와 그들을 존경하는 주인공 핍 사이의 관계가 결국은 불편한 애정의 삼각관계로 애매하게 남겨지고 말기 때문이다. 이런 문제는 가령 『두 도시 이야기』(*A Tale of Two Cities*)의 시드니 카튼(Sidney Carton)과 그가 흠모하는 루시 마네트(Lucie Manette), 그리고 그녀의 남편 찰스 다네이(Charles Darnay) 사이의 관계에서도 이미 발생했던 것인데, 이 작품의 경우 시드니가 고결한 희생정신을 발휘해 루시의 남편 다네이 대신 단두대의 이슬로 사라짐으로써 깨끗하게 해결된다. 따라서 그와 비슷한 삼각관계를 『위대한 유산』에서 다시 형성해놓은 디킨즈가 이를 어떤 식으로든 해결하고 넘어갔으리라는 것은 충분히 예상할 수 있는 일이다.

그런데 디킨즈가 쓴 원래의 결말대로 『위대한 유산』이 끝나는 경우, 바로 이 문제는 미해결로 남겨지는 것이 되고 만다. 이 첫 결말에서 핍은 에스텔러를 길거리에서 한 번 만났다가 그대로 작별함으로써 영원히 쓸쓸한 독신으로 남게 된다. 이것은 곧 그가 비디에 대한 감춰진 사랑의 기억과 상실의 아픔을 영원한 비밀로 마음에 간직한 채 살아간다는 것을 의미하는데, 그런 그가 조와 비디의 집을 친구로서 계속 방문한다고 가정할 때 그 행위는 19세기 소설의 결말에서 주인공에게 허용되는 도덕적 관습의 기율을 위반하는 것이 된다. 이는 에스텔러가 핍과 재회하여 대화하는 장면에서, 자신이 핍의 사랑의 가치를 진작 깨달았지만 그에 대한 생각을 남편 드러믈이 죽고 난 뒤, 즉 "자신의 처지가 그 기억을 마음속에 들여놓는 것과 도덕적으로 더 이상 충돌하지 않게 된"(my duty has not been incompatible with the admission of that remembrance, 492) 이후에야 비로소 할 수 있었다고 말하는 것과[59] 견주어볼 때도 분명해진다.

반면 디킨즈가 바꿔 쓴 최종 결말은 핍이 에스텔러와 결합할 가능성을 암시한다. 비록 비디 만큼 이상적인 존재는 아니지만 에스텔러는 어쨌든 오랫동안 핍의 온 존재를 사로잡은 옛 첫사랑의 대상이었고, 이제 혼자 된 과부의 몸인데다가 무엇보다 시련을 통해 "슬픈 듯 부드러워진"(saddened softened, 491) 여자로 변해 있다. 따라서 비디와 조 만큼 순수한 행복의 경지에는 도달하지 못하겠지만, 과거의 잘못과 실패를 통해 비슷한 정신적 성장을 경험한 두 사람은 서로에 대한 공감과 유대를 바탕으로, 자신들에게 주어진 현실의 조건 위에서 나름대로의 행복을 추구해나갈 자격이 충분히 있는 어울리는 한 쌍이

59) 에스텔러의 이 진술은 결말부에서 그녀와 핍의 결합 가능성을 읽을 수 있는 중요한 한 근거로서 의미가 있다. 이 대목에서 에스텔러가 하는 말의 의미는, 드러믈과 결혼한 후 뒤늦게 핍의 사랑의 소중한 가치를 깨달았지만 남편 있는 여자의 도덕적 의무로서 핍에 대한 생각을 멀리 떨친 채 오랫동안 힘들게 살았는데, 이제 남편이 죽고 과부로 혼자 남은 처지이므로 핍을 마음에 기억하는 일이 도덕적으로 용납될 수 있게 되었다는 것이다. 말하자면, 핍이 들었던 소문과는 달리 에스텔러가 남편 드러믈 사망 후 재혼하지 않고 혼자 살고 있다는 사실을 에스텔러의 말은 간접적으로 드러내주고 있는 것이다.

다. 그들의 이러한 제한된 행복의 가능성은 마지막 재회와 새로운 출발 장면을 통해 시적 상징이 어우러진 차분한 분위기 속에서 감동적으로 묘사되는데, 바로 이를 통해 디킨즈는 조와 비디와 핍 사이에 형성될 수 있는 불편한 관계를 아주 자연스럽게 해결해놓고 있는 것이다. 포스터에게 보낸 편지에서 디킨즈가 언급한 결말 변경의 "합당한 이유들"(Forster vol. 2, 289)—리튼이 먼저 제안한 것이든 디킨즈가 스스로 알아차린 것이든—가운데 하나로 우리가 꼭 언급해야 할 것이 있다면 바로 이것일 것이며, 이로써 바뀐 결말의 적절성과 우월성은 다시 한 번 확인되고 있다고 하겠다.

4

앞에서 논의한 『위대한 유산』의 두 결말은, 비록 첨예한 쟁점 대상이긴 하지만, 플롯의 측면에서 볼 때는 작품의 정확한 결말부에 해당된다고 하기 어렵다. 왜냐하면 작품의 주제를 구현하는 인과적 사건의 유기적 구성으로서 플롯을 생각할 때, 주인공의 도덕적 각성을 주제로 하는 성장소설로서 『위대한 유산』의 플롯은, 비디에게 청혼할 결심으로 귀향했던 핍이 조와 비디의 결혼 사실을 알고 실망감을 감춘 채 다시 고향을 떠나는 58장에서 사실상 종결된다고 할 수 있기 때문이다. 핍 스스로도 57장 끝에서 "앞으로 남은 이야기는 오직 그 일[비디에게 청혼하러 귀향하는 일]이 어떻게 되어갔는가 하는 것밖에 없다"(and how I sped in it, is all I have left to tell. 482)고 말하고 있는데, 실제로 58장에서 핍은 귀향 결심과 실천을 통해 자신이 성취한 도덕적 각성의 최종 단계와 그 실천적 진정성을 증명해 보인다. 그리고 이와 더불어 사랑과 기대의 좌절을 통해, 지난 과오에 대해 고통스러운 대가를 치르지 않으면 안 된다는 엄연한 현실의 인과적 귀결의 마지막 실례를 극적인 반전으로 보여준다.

따라서 이 뒤의 이야기, 즉 핍이 11년 만에 고향을 방문하고 에스텔러를 만나는 마지막 부분은, 그게 원래의 결말이든 나중 결말이든, 작품 주제의 구현에 필수적인 주요 사건 및 갈등과 위기가 모두 종결된 뒤에 여분으로 덧붙여진 일종의 후일담(postscript) 내지는 끝말(epilogue)에 해당된다(Sadrin 169). 다시 말해, 이 부분은 플롯에 필요한 진짜 '남은 이야기'를 모두 마친 작가가 그야말로 작품의 물리적인 마감을 위한 마지막 절차로 수행하는 뒤처리로서, 각 주요 인물의 근황에 대해 추가 정보를 제공하는 일종의 업데이트 서비스인 셈이다.

이것은 곧 기왕의 『위대한 유산』의 결말 논쟁이 "비평적 단골 소재"(a critical topos, Malik 494)라는 그 지위에도 불구하고 작품 전체의 주제와 관련해서는 사실상 그렇게 큰 중요성을 지니지 못한다는 것을 의미한다. 작품이 어느 쪽 결말로 끝나든 그것은 플롯의 유기적 전개와 상관없는 후일담의 문제로서, 작품 전체를 통해 추구되는 정신적 성장의 주제를 해석하는 데는 별 심각한 영향을 끼치지 못하기 때문이다.

그런데 이 말을 다시 뒤집으면 그것은 곧, 두 개의 다른 결말 외에 플롯상의 결말, 즉 핍의 귀향 실천과 그 좌절 부분이 쟁점으로 추가되면 『위대한 유산』의 결말 논쟁은 작품의 주제 해석과 관련하여 좀 더 중요한 가치와 의미를 갖는다는 말이 된다. 실제로 핍의 귀향과 좌절을 다룬 58장의 내용은 비평가들의 대체적인 의견 일치에도 불구하고 다시금 짚어 논쟁할 필요가 많은 부분이다. 특히 이 부분은 작품에서 제시된 작가의 주제의식과 인생관을 결론적으로 요약하고 있는 부분으로, 이에 대한 해석의 차이는 작품의 의미에 대한 최종적 해석의 결정적 차이를 뜻하기 때문에 쟁점으로서 가치가 크다.

핍의 귀향에 대한 평자들의 의견은 거의 예외 없이 부정적이다. 그들이 보기에 핍의 귀향은 "조가 구현하는 복고적 전근대적 이상의 부적합성"(McBratney 533)을 보지 못한 채 소박한 시골 삶에 대한 "감상적으로 목가적인 결심"(Hartog 138)에서 내려진 "지킬 수 없는 환상"(untenable illusion, Conor 143)이다. 그들은 조와 비디가 대변하는 시골의 삶이 비록 정직, 근면, 진실 등의 도덕적 가치가 살아 있는 소박하고 인간적인 삶이지만 궁극적으로 볼 때 되돌아갈 수 없는 전근대적 농촌 사회의 삶에 불과하다고 주장한다. 그것은 "강력한 향수"(Trotter xvii)를 불러일으키긴 하지만 핍과 같은 교육받은 인물이 결코 소속되어 살아갈 수 없는 시대착오적인 "폐쇄적 사회"(Brown 138)의 부적절한 삶인 것이다.

따라서 런던에서의 타락한 삶을 청산하고 조와 비디가 살고 있는 시골에 내려가 새로운 출발을 하겠다는 핍의 결심과 그 실천은 애초부터 실현이 가능하지 않고 또 실현되어서도 안 되는 잘못된 선택이다. 그리고 이런 입장에서는 핍의 귀향의 좌절, 즉 핍이 조와 비디의 결혼 사실을 알고 고향을 떠나게 되는 것은 필연적이고도 올바른 귀결이 된다. 말하자면 조와 비디가 결혼함으로써 핍은 비디와 결혼하여 시골에 정착하겠다는 잘못된 선택과 기대에서 다행스럽게도 다시 한 번 구원받는 것이며, 이 귀향의 부적절성과 불가능성을 보여주는 것이 바로 디킨즈가 이 부분에서 의도한 바라는 것이다.[60]

그러나 핍의 귀향을 부정적으로 보는 이러한 입장은 몇 가지 점에서 문제점을 안고 있다. 먼저, 핍의 귀향은 거의 죽음에 이를 만큼 지난한 시련과 뼈저린 각성을 통해 마침내 도덕적으로 재생한 주인공 핍이 작품의 결말부 이르러 어렵게 도달하는 마지막 선택이자 결단이다. 다시 말해 핍의 귀향은 작품 속에서, 진정한 인간성에 대한 깨달음을 통해 도달한 그의 정신적 성장의 최종적 단계를 보여주는 실천으로 제시되어 있고, 바로 이런 점에서 그 선택의 진정성과 올바름은 플롯의 전개상 당연한 것으로 전제되어 있는 것이다.

핍은 그동안 자신의 삶을 사로잡았던 물질적 욕망과 계급적 허위의

60) 이런 입장의 대표적인 예가 리비스인데, 국내 평자들 가운데 백낙청, 장남수, 성은애 등도 대체로 리비스와 비슷한 입장이다.

식과 위선과 자기기만 등 자본주의 사회의 타락한 일체의 가치를 버리고 조가 대변하는 근면과 진실과 사랑과 인내와 자족과 자기인식 같은 진정한 인간적 가치를 추구하며 살겠다는 결단으로 귀향을 감행한 것이다. 그것은 전원에 대한 복고적 향수에서 나온 낭만적 귀거래의 결정이 아니고 현실 문제를 회피하려는 일시적 충동에서 나온 결정도 더더욱 아니며, 조와 비디에 대한 과거의 배신을 속죄하기 위해 희생정신으로 "마음먹고 계획한 보상"(premeditated recompense, Leavis 421) 행위와도 전혀 거리가 멀다. 그것은 실로, 타락한 삶과 기생적 신분과 잘못된 욕망을 청산하고 진실한 삶과 정직한 노동과 빈 마음에 온전히 귀의하겠다는 일생일대의 결심으로, '근원적인' 깨달음에서 나온 '급진적인' 실천이다. 따라서 핍의 이러한 최종적 결심을 잘못된 것으로 본다면, 그것은 곧 모든 갈등과 위기가 해소된 마지막 시점의 핍을 아직도 뭐가 올바른지 제대로 깨닫지 못한 정신적 미숙아로 보는 것이 되며, 그것은 결국 그가 앞에서 깨달은 모든 도덕적 각성 자체의 타당성을 부정하는 것이 되고 마는 셈이다.

이런 점에서 핍의 귀향의 좌절은 그에게 전혀 다행스러운 것이 될 수 없다. 오히려 그것은 진정한 인생을 새롭게 출발하려는 그의 희망과 기대의 좌절로서, 그에게는 진실로 뼈아픈 고통이자 엄청난 실망의 경험이다. 이 좌절은 그에게 내려진 무거운 징벌로서 그가 과거에 범한 잘못에 대해 마지막으로 치러야 하는 고통스러운 대가이지, 지나친 속죄 의식에서 비롯된 그릇된 판단착오로 자칫 시골 촌놈으로 전락할 뻔했던 위험으로부터의 다행한 탈출이 전혀 아니다. 이 점은 바로 뒤의 결말부에서 서술되는 핍의 모습이, 자신의 귀향 결정의 슬픈 좌절과 비디에 대한 상실감을 가슴에 안고 이를 감내하며 외국에서 홀로 살아가는 쓸쓸한 중년 남성의 이미지이지, 분별없는 결단의 오류를 다시금 깨닫고 정말 자기에게 맞는 삶을 올바로 개척한 성공한 주인공의 이미지와는 거리가 멀다는 사실에서도 분명히 증명되고 있다. 다시 말해, 핍의 기대대로 그가 비디와 결혼하여 행복한 삶을 시작하는 것으로 작품이 끝나지 않은 것은 그러한 결혼과 삶이 핍에게는 어울리지 않는 잘못된 해결이라는 작가의 판단이 아니라, 그렇게 될 때 핍에게 너무 손쉬운 보상과 해결이 주어진다는 작가의 현실적 인식, 즉 엄연한 인과적 현실 원리를 위반하는 '관습적인 해피 엔딩'에 대한 작가의 리얼리즘적 거부감의 소산으로 보아야 하는 것이다.

핍의 귀향에 대한 평자들의 부정적 해석은 근본적으로 "작품의 도덕적 시금석"(Sadrin 136)인 조에 대한 극히 소극적인 해석에서 비롯된다. 조는, 비록 조연의 역할에다 희극적 외피까지 입혀져 있지만, 작품 속에서 우리의 존경과 찬사를 받기에 가장 합당한 인물로 묘사되고 있다. "상냥하고 정직하며 성실한 인간"(amiable honest-hearted duty-doing man, 135)인 그는 "소박한 믿음과 명료한 생활의 지혜"를 창조적으로 실천하는 인물이다. 그리고 이를 통해 "도덕성과 인간성의 이상적인 구현자로서 핍의 모든 행동에 대한 윤리적 판단과 평가의 최종적 기준점"(이인규(2011) 137) 역할을 수행한다. 작품 후반부에서 점진적으로 쌓여가는 핍의 도덕적 각성이, 조의 '고결한 인간성'에 대한 핍의 깨달음과 그 선언, 즉 "오 하느님, 참 그리스도인다운 이 고결한 사람을 축복하소서!"(O God bless this gentle Christian man! 472)라는 "진정으로 디킨즈적인 찬탄"(Sadrin 95)을 담은 선언으로 최종 완결되고 있는 것은 바로 이 점을 잘 보여준다. 조에게 부여된 이러한 도덕적 가치는, 시골 대장장이라라는 그의 하층계급 신분과 결합하여, 디킨즈의 민중적이고 급진적인 인간관을 증거하는 것이다. 교육을 못 받고 재산이 없는 하층계급에 속한 사람일지라도 그가 고결한 마음을 지닌 인간이라면, 신사나 귀족, 또는 왕보다도 더 우월하고 존경스러운 존재일 수 있다는 것이 조를 통해 전달되는 디킨즈의 핵심적 인간관이기 때문이다.

그런데 이러한 조를 대부분의 평자들은 선량하지만 무식하고 바보스러운 시골 호인 정도로 인식하면서 그가 현실적으로 부적합한 존재임을 강조한다. 그들은 조가 정직하고 성실하며 선량하고 따뜻한 마음씨를 지닌 인간이라는 점을 부정하지는 않지만, 그럼에도 불구하고 그가 궁극적으로는 어리석고 무식하고 촌스럽고 무기력하고 무능한 존재에 불과하다고 주장한다(Leavis 392, 421-3). 하지만 이것은 핍의 서술 전반에 걸쳐서 암암리에 드러나는 조의 성격의 깊이를 정확히 파악하지 못한 데서 나온, 지나치게 소극적이고 부정적인 평가이다.

물론 조는 작품 초반부에서 어린 핍의 관점으로 묘사되면서 착하지만 희극적이고 바보스러운 인물인 것처럼 묘사된다. 하지만 작품이 진행되면서 그는 숨겨진 창조적 지혜와 본능적 생명력과 타고난 통찰력과 섬세한 감성을 조금씩 드러냄으로써 '무능하고 무식하고 무기력한' 존재와는 거리가 먼 사람임을 보여준다. 가령 그는 일찌감치, 아내인 핍의 누나에게 쩔쩔 매는 것이 바보같이 무기력해서가 아니라 남편에게 학대만 당한 자기 어머니의 여성으로서의 불행한 삶에 대한 깊은 페미니즘적 연민과 이해에서 우러나온 자발적 선택임을 분명히 밝힌다. 그리고 술주정뱅이에 가정 폭력을 휘둘렀던 아버지를 위해 "한 방에"(in a single blow, 77) 지어낸 비문을 통해 그의 너그러운 인간관과 함께 숨겨진 시적 창조성을 보여준다.

한편 해비셤을 방문했을 때 그녀를 상대하지 않는 이상한 행동은 핍이 생각하듯이 그가 상류계급 앞에서 바보처럼 주눅들은 때문이 아니라, 삶의 모든 건강한 충동을 차단한 채 죽은 존재나 다름없이 살아가는 해비셤의 반생명성에 대한 직관적 통찰에서 나온 본능적 거부감의 표현이다. 또한 도제생활을 하다가 해비셤을 다시 방문하고 싶어 하는 핍에게 그가 고집스럽게 선물거리의 어려움을 이야기하는 것도 그 이면에는 그 방문의 불필요성과 부당성에 대한 정확하고 예리한 통찰이 담겨져 있다. 이밖에, 해비셤을 방문한 뒤 펌블추크의 집에 와서 적절한 말로, 초대받지 못한 조 부인의 분노를 가라앉히는 모습은 그가 얼마나 본능적인 지혜의 소유자인가를 여실히 보여준다.

런던의 핍을 방문했을 때 모자를 잡느라 우스꽝스러운 모습을 보이는 것도 사실은 핍이 감추고 있는 계급적 우월감과 거리감에 대한 본능적 직관에서 나온 거부감의 표현이다. 특히 그가 이때 핍과 헤어지면서 하는 이별사는 그의 희극적 외피에 감춰진 시적 통찰력과 인간적 위엄을 잘 드러내준다. 한편 작품 뒷부분에서 열병에서 깨어난 핍이 그간의 몰락한 운명을 언급하려 할 때도 조는 섬세한 배려와 창조적 지혜를 다시 한 번 여실히 드러내는데, 그는 자신이 핍을 위해 누나의 구타를 오히려 적극적으로 막지 않았다는 옛날의 사정을 이야기하며 핍의 과거의 행동을 이해해주는 동시에 설명과 사죄를 해야 하는 궁색한 처지에서 핍을 자연스럽게 구해준다.

요컨대, 이 모든 것들을 통해 조는 "끔찍이도 우둔하다"(most awful dull, 137)는 그 자신의 말과는 정반대로 자신이 '몹시도 지혜로운' 존재임을 증명한다. 즉 그는 겉으로 무기력하고 무능하고 무식하며 우스꽝스러운 바보처럼 보이지만 사실은 깊은 통찰력과 지혜와 현실적 대응력을 갖춘 유능한 사람임이 작품 속에서 분명히 드러나고 있는 것이다. 그리고 그 결과 작품 후반부에서의 그의 모습은 바보같은 선량한 사람이 아니라 "고결한 인간"으로서 인간적 위엄을 지닌 존경스러운 인물로 바뀐다. 핍이 작품 초반에서는 조를 "어리석은, 사랑하는 친구"(foolish, dear fellow, 40)라고 우월감 깃든 태도와 어조로 부르지만 마지막 부분에 가면 "선하고 고결한, 사랑하는 조!"(dear, good, noble Joe! 488)라고 진정한 존경과 찬사를 담은 어조로 달리 부르는 이유는 바로 여기에 있다.

물론 이 말은 조가 "완전히 만족스러운 현실적 인물"(Leavis 422)로 사회적으로 완벽한 존재라거나 이상적인 신사에 해당된다는 뜻은 결코 아니다. 그가 교육을 받지 못해 글을 읽거나 쓰지 못하고, 말투와 옷차림도 거칠고 촌스러우며, 세련된 교양이나 매너와는 거리가 먼 사람이라는 것은 틀림없는 사실이다. 하지만 그의 이런 한계는 개인적인 인격과 성품과 자질 같은 본질적인 문제가 아니라 환경과 계급 같은 사회적, 외적 조건의 문제와 관련된 것이다. 즉 그의 한계는 사회적 신분 개념으로서 '신사'에 요구되는 "세련된 외양과 매너와 광택"(varnish, manner and polish, Brown 139)의 결핍에 불과한 것으로, 이것을 근거로 그에게 "무엇인가 중요한 것"이 결여되었다든가(성은애 344) "심각하게 결핍된 무엇인가"가 있다든가(장남수 246) 하면서 그를 "어쩔 수 없이 한정된 인간"(백낙청 47)으로 본다면 그것은 너무 계급적 관점에 치우친 인색한 평가일 수밖에 없다. 그보다는 오히려, '신사'의 이상을 파기하고 '고결한 인간'이 되는 것을 진정한 가치로 제시하는 작품의 주제에 비추어 조야말로 '고결한 인간'에게 필요한 가장 '중요하고 심각한' 본질적 요소와 덕목을 온전히 갖춘 인물이라고 적극적인 평가를 하는 것이 타당할 것이다.

조가 대변하는 삶으로 귀의하겠다는 핍의 결심은 '고결한 인간' 조가 구현하는 인간적 가치, 즉 정직, 성실, 근면, 이타심, 소박함, 안분지족, 빈 마음 같은 것들을 삶의 진정한 가치로 추구하겠다는 결심이다. 그것은 조가 지니고 있는 사회적 한계, 즉 교양 없음과 거친 말투와 촌스러운 매너 등까지 그대로 따르겠다는 것이 결코 아니다. 사실 핍은 그간의 교육을 통해 이미 그런 한계는 넘어서 있는 상태다. 다시 말해, 핍의 귀향은 전근대적 삶으로의 귀환이 아니라 인간의 본질적 덕성과 건강한 영혼을 실천하는 보편적 자연인의 삶으로의 귀환인 것이다. 이것은 돌아갈 수 없는 과거에 대한 부질없는 향수의 제스처가 아니라 삶의 가장 바람직한 보편적 가치를 향한 결연한 선택의 행위이다. 비록 이 결단의 구체적 실천 기회는 작품 속에서 그의 지난 과오에 대한 인과적 징벌의 차원에서 그에게 허용되지 않고 있지만, 핍이 내린 결단과 귀향 행위 자체만큼은 힘겹게 도달한 도덕적 각성에서 나온 진정한 결단이고 실천 행위이다.

사실 핍의 귀향은 오늘날 후기 자본주의 사회의 경쟁적 도시문명의 삶에 환멸을 느끼는 많은 현대인들이 가슴속에 꿈꾸면서도 이런 저런 이유를 대며 실천을 망설이는 이상과 본질적으로 다르지 않다. 이런 점에서, 조와 같은 인물을 현실에 부적합한 전근대적 인물로 규정하면서 핍의 귀향을 잘못된 결정으로 보고 그 실패를 다행한 것으로 보는 것은, 핍처럼 모든 것을 청산하고 귀향의 결단을 내리지 못하는 우리 자신을 변명하고 합리화하고 싶은 은밀한 욕망과 통하는 것일 수도 있다. 그것은 또한 '세련된 외양과 매너와 광택'을 인간성의 본질적 가치 못지않게 중요하게 생각하며 그것을 '바람직한 삶'에 반드시 필요한 것으로 강조하고 싶은 도시 지식인의 계급적 집착과도 관계되는 것일 수 있다. 『위대한 유산』 결말부의 핍의 귀향에 대한 해석이 현재적 의미를 띠는 도전적 쟁점이 될 수 있는 것은 바로 이 때문일 것이다.

Ⅸ. 『우리 서로의 친구』
디킨즈 여성묘사의 결산

Our Mutual Friend

1. 『우리 서로의 친구』에 나타난 부녀관계 양상

1

디킨즈(Dickens)의 소설에서 여주인공과 남성 인물 사이의 여러 관계 가운데 부녀관계는 디킨즈가 즐겨 다루는 소재 중의 하나이다. 디킨즈는 부녀관계의 다양한 양상을 그의 작품 전체에 걸쳐 지속적인 관심을 가지고 묘사하는데, 특히 아버지와 딸 사이에 보호자의 역할이 뒤바뀌면서 정상적인 부녀의 위계 질서가 무너지는 경우에 주목하곤 한다. 즉 디킨즈의 작품에서 우리는 딸들이 아버지에게 보호받는 자식이 아니라 오히려 어머니 같은 보호자 노릇을 하면서 가정을 이끌어가는 경우를 자주 목격하곤 하는 것이다. 디킨즈 소설의 이러한 부녀관계의 역할 전도는 일차적으로 부녀간의 관습적 위계를 오히려 강화하는 일종의 역설적 상황을 낳곤 하는데, 그것은 바로 역할과 위계가 전도된 부녀관계의 외형적 틀 안에서 딸들이 사실은 지극한 자기희생과 헌신적 사랑을 실천함으로써 결국은 아버지에게 자식된 도리를 더할 나위 없이 잘 완수하는 것처럼 보이기 때문이다.

디킨즈 소설 속 부녀관계의 이러한 역설적 관계전도는 일단 두 가지 점에서 디킨즈 당대의 문화적 현실에 바탕을 둔 것이라고 할 수 있다. 첫째, 남성중심의 빅토리아조 사회가 여성의 행동과 삶에 대해 부과하는 규제와 불리한 조건 아래에서 딸이라는 위치에 있는 존재가 부모의 지배를 거부하고 뛰쳐나온다는 것은 극한적이고 불가피한 상황이 아니고는 거의 생각할 수 없는 일이다. 따라서 결혼이라는 제도적 안전장치가 확보될 때까지는 순종의 미덕을 교육받으며 가장의 보호 아래 머물러 있어야 하는 것이 빅토리아시대 딸들의 운명이었고, 그들이 억압적 현실을 수용하는 한 방식은 반복되는 복종의 이데올로기 교육의 도움을 받아 의식, 무의식적으로 자기희생과 헌신적 사랑의 미덕을 내면화하여 적극적으로 실천하는 것이었다고 할 수 있다. 두 번째로, 아내를 잃은 가장의 경우 특히 그의 딸로부터 가정 살림을 비롯한 여러 가지 현실적 도움을 받으면서 강한 부녀관계의 유대를 형성하는 것은 실제 당대 사회에서 흔히 발견되는 사례였다. 이는 성(聖)스러움과 성적(性的) 요소의 부재를 그 본질로 하는 어머니의 역할을 부여함으로써 자칫 애매하고 곤혹스러운 문제의 소지가 될 수 있는 딸을 자연스럽고 유용하게 처리하는 가부장적 가정문화의 한 전략에서 비롯된 것이기도 하다. 더욱이 성적 요소를 배제한 채 이상화된 순수성과 여린 여성적 이미지를 바람직한 아내의 상으로 삼던 당대의 문화적 기풍은 홀로 된 아버지에게 주부와 어머니의 역할을 대신 행하는 어린 딸의 이미지를 쉽게 받아들이는 한편 나아가 그것을 하나의 이상으로 받들기까지 했다(David Roberts 64, Davidoff 346-8 참조).

이러한 '어린 엄마'(Little Mother)의 문화적 이상은 예컨대 『돔비 부자』(*Dombey and Son*)의 플로런스(Florence)가 부러워하며 바라보는 앞집 아버지와 맏딸에 대한 다음의 묘사에서도 그 단적인 예로 제시되고 있다.

> …맏아이는 항상 옷을 차려입고 객실 창가나 발코니에서 그[아버지]를 기다리고

있었다. 그리고 그가 나타나면 그녀의 기다리던 얼굴은 기쁨으로 환해지는 것이었다.... 맏딸은 복도로 내려와 그녀의 손을 아버지에게 잡히고는 계단으로 그를 인도해 올라갈 것이며, 플로런스는 나중에 그녀가 그의 곁에나 무릎 위에 앉아 있거나 애교를 부리듯 그의 목에 매달려 이야기를 나누는 모습을 보게 될 것이다...그리고 그 아버지는 딸을 그녀의 사망한 어머니처럼 생각하는 듯 그녀의 얼굴을 들여다보곤 할 것이다.

...

맏딸은 다른 딸들이 모두 자리에서 물러났을 때 아버지 곁에 남아서 차를 따라주었다--그럴 때 그녀는 얼마나 행복한 어린 주부였는지!--그리고 때로는 창가에서 혹은 방 안에서 촛불이 켜질 무렵까지 그와 담소하면서 앉아 있었다. 플로런스보다 몇살 어린 나이인데도 그녀의 아버지는 그녀를 말벗으로 삼았다. 그리고 그녀 또한 작은 책이나 반짇고리를 들고서 성숙한 여인처럼 차분한 태도와 상냥한 얌전을 지어 보일 줄 알았다.

...the elder child was always dressed and waiting for him at the drawing-room window, or in the balcony; and he appeared, her expectant face lighted up with joy.... The elder child would come down to the hall, and put her hand in his, and lead him up the stairs; and Florence would see her afterwards sitting by his side, or on his knee, or hanging coaxingly about his neck and talking to him...he would often watch her face as if he thought her like her mother that was dead.

...

The elder child remained with her father when the rest had gone away, and made his tea for him--happy little house-keeper she was then!--and sat conversing with him, sometimes at the window, sometimes in the room, until candles came. He made her his companion, though she was some years younger than Florence; and she could be as staid and pleasantly demure, with her little book or work-box, as a woman.(Dombey and Son 318-319)

또한 일찍이 체스터튼(Chesterton)은 디킨즈의 주요 여주인공들 즉 리틀 넬(Little Nell)을 비롯한 플로런스 돔비, 애그니스 윅필드(Agnes Wickfield), 에이미 도릿(Amy Dorrit) 등에 대하여 “그들은 어린아이들이 아니라 ‘어린 어머니들’이다”(They are not little children: they are "little mothers")라고 규정한 바 있다(Chesterton 89). 실제로 『리틀 도릿』(*Little Dorrit*)의 한 장면에서는 아써 클레넘(Arthur Clennam)이 에이미 도릿을 “어린 도릿”(Little Dorrit)이라고 부르고자 할 때 곁에 있던 매기(Maggy)가 “어린 엄마”(Little Mother)라고 고쳐 부르도록 고집하기도 한다(*Little Dorrit* 210). 이런 점에서 디킨즈의 부녀관계는 시대적 배경을 깊이 반영하는 한편 나아가 당대 가정질서의 한 이상을 강화하여 보여주고 있는 듯이 보인다.

그러나 디킨즈가 거의 집착적으로 반복하여 묘사하곤 하는 부녀관계의 구체적 실상을 들여다보면 우리는 디킨즈의 부녀관계 형상화가 그렇게 가부장제 이데올로기에만 봉사하는 단순한 것이 아님을 알 수 있다. 왜냐하면 디킨즈 소설 속의 전도된 부녀관계에서 두드러지게 나타나는 양상은 헌신적으로 아버지를 돌보며 구원해주려는 딸에 대해 무능하거나 타락한 아버지가 착취와 억압을 자행하다가 결국 딸의 노력을 좌절시키는 패턴, 즉 부녀간의 이상적 화합이나 유대와는 거리가 먼 분열적이고 실패한 관계이기 때문이다. 디킨즈의 이러한 파행적 부녀관계에서는 특히, 아버지로서의 책무와 역할을 저버린 남성 인물들을 통해 사회질서와 권위를 담보해야 할 아버지라는 존재의 무능과 타락, 즉 아버지다움의 실종과 부권의 몰락상이 반복적으로 부각되고 강조된다. 이것은 곧 디킨즈의 부녀관계 묘사의 진정한 효과와 의미가 당대 가부장제 사회의 이데올로기적 반영이나 강화보다는 오히려 가부장제 이데올로기와 현실의 외양 아래 숨겨진 왜곡되고 분열된 실상에 대한 고발이자 비판에 있다는 사실을 뜻한다. 『니컬러스 니클비』(*Nicholas Nickleby*)의 매들린 브레이(Madeline Bray)부터 『골동품 가게』(*The Old Curiosity Shop*)의 리틀 넬이나 『리틀 도릿』(*Little Dorrit*)의 리틀 도릿을 거쳐 『우리 서로의 친구』(*Our Mutual Friend*)

의 리지 헥삼(Lizzie Hexam)과 제니 렌(Jenny Wren) 등에 이르기까지, 디킨즈 작품 전체에 걸쳐 꾸준히 묘사되는 부녀관계를 통해 우리가 궁극적으로 깨닫는 것은 바로 가부장제 현실과 이데올로기에 대한 디킨즈의 비판 의식과 성찰이다. 이 글에서는 디킨즈의 소설 가운데서도 부녀관계를 가장 다양하고 집중적으로 다루는 『우리 서로의 친구』(*Our Mutual Friend*)를 통해 디킨즈의 그러한 비판과 성찰이 어떻게 드러나는지 밝혀보고자 한다.

2

『우리 서로의 친구』(*Our Mutual Friend*)에서 디킨즈의 특징적인 부녀관계 양상, 즉 부녀간의 역할과 위계가 전도된 관계는 세 명의 여주인공을 통해 깊이 있게 묘사된다. 이들은 벨러 윌퍼(Bella Wilfer)와 리지 헥삼 그리고 제니 렌인데, 이들이 각각의 아버지와 맺는 관계에서 나타나는 부녀관계의 역할 전도는 표면적으로는 딸이 어머니처럼 아버지를 돌보고 아버지는 '어린 엄마'인 딸의 보호를 받는 모자관계적 형태라는 공통성을 띤다. 하지만 구체적으로 그 내용을 들여다보면 각각의 부녀관계는 서로 전혀 다른 성격과 양상을 띠고 전개되면서 디킨즈의 창조적 상상력과 사회비판 의식, 그리고 인간 심리에 대한 통찰력을 다양한 변주로 드러내주고 있다.

먼저 벨러 윌퍼의 경우를 보면, 그녀의 아버지에 대한 관계는 디킨즈에 있어서 흔치 않은 유형의 관계이다. 특히 부모 양쪽이 생존하는 상황에서의 부녀관계라는 점이 디킨즈로서 두드러지는데, 비슷한 선례로서 역할전도가 일어나지는 않지만 『바너비 럿쥐』(*Barnaby Rudge*)의 게이브리얼 바든(Gabriel Varden)과 돌리 바든(Dolly Varden)의 관계 그리고 좀더 근사한 양상을 보이는 『블리크 하우스』(*Bleak House*)의 젤리비 씨(Mr Jellyby)와 캐디 젤리비(Caddy Jellyby)의 관계를 들 수 있을 것이다. 그러나 벨러와 그녀의 아버지의 관계는 작가의 희극적 공감과 관심이 보다 짙게 부여되면서 위계질서의 붕괴가 한층 현저하게 그려지는 한편 성질 드센 아내 휘하에서 진행되는 부녀간 애정의 미묘한 심리적 성격까지 포착하여 보여주고 있다. 벨러는 그녀의 아버지에 대하여 어린아이의 자기주장 단계와 연인적 관계를 거쳐 궁극적으로 부녀간보다는 모자간 같은 성격의 역전된 관계를 구축하는 데 이른다. 이러한 과정에서 두 사람에 대한 묘사는 상당한 심리적 개연성을 바탕으로 흥미롭게 펼쳐지고 있다.

어린아이로서 벨러의 아버지 윌퍼 씨(Mr Wilfer)에 대한 관계는 두 사람이 하먼 영감(Old Harmon)을 처음 만난 상황을 윌퍼 씨가 회고하여 말하는 장면(85-86)에서 밝혀지는데, 간접적이고 간단한 언급이지만 극적으로 압축되어 전달되고 있다. 이 장면에서의 그녀의 고집 세고 격정적인 모습에는 그녀가 일찌감치 아버지를 자기의 의지대로 좌우하고 지배하는 양상이 분명하게 드러나고 있다. 벨러의 이러한 주도권은 어린아이다운 자기 중심성에서 비롯된 것으로서 윌퍼 씨의 너그러움보다는 소심하고 무른 심성에 의해 보장되는 측면이 강한데, 그녀가 자라나면서 다행히 강팍한 심술이나 역겨운 이기성으로 악화되지 않고 그 대신 아버지에 대한 버릇없지만 애정어린 지배로 발전한다. 특히 아내와의 관계에서 윌퍼 씨가 짓눌리고 기죽는 상황은 벨러에게 일종의 일렉트라 컴플렉스(Electra complex)를 지니도록 함으로써 그러한 관계의 발전을 조장하였을 것임에 틀림없다. 실제로 작품의 초반 두 사람이 처음 함께 등장할 때 묘사되는 그녀의 윌퍼 씨에 대한 태도는 바로 두 사람의 관계가 이미 그러한 단계로 발전해 있다는 사실을 보여준다.

> 그녀는 말을 멈추고는 목졸라 죽이기에 아주 알맞은 태도로 그를 의자에서 끌어당기더니 그에게 입을 맞춰주고 뺨을 두번 가볍게 두드려주었다.

She stopped to pull him down from his chair in an attitude highly favourable to strangulation, and to give him a kiss and a pat two on the cheek.(80)

그런데 이런 장면과 그녀가 그의 턱을 붙잡고 머리카락을 매만져주면서 어루는 모습(84-85) 등에서 벨러가 그녀의 아버지에게 취하는 행동은 곧 연인적 대상에게 주어질 애무와 희롱에 거의 가깝다. 물론 벨러의 적극적 태도와 감정표현에는 나중에 발현될 모성적 애정의 기미가 이미 어느 정도 내재되어 있다. 하지만 그것은 그녀가 행사하고 있는 주도권적 측면이 아직 더 크며, 그녀가 존 하먼(John Harmon)과 결혼하기까지 두 사람의 관계는 연인적 성격으로 점점 깊이 발전해 나가는 양상을 보인다. 보핀(Boffin) 부부에게로 옮겨 살다가 잠깐 방문한 벨러가 그녀의 아버지를 꼬여 윌퍼 부인(Mrs Wilfer) 몰래 그리니치(Greenwich)로 놀러가는 장면은 특히 연인의 달콤한 애정행각이나 다름없는 그들의 친밀한 모습을 보여주고 있다. "죄 없는 사랑의 도피가 일어나는 장"(In Which An Innocent Elopement Occurs)라는 제목이 붙여진 이 장(章)에서 벨러는 윌퍼 씨를 유혹하는 "사랑스러운 여인"(the lovely woman)(371)으로 시종 행세하는 한편 윌퍼 씨는 그 '사랑스러운 여인'의 수중에 놀아나는 심약한 연인처럼 그려지는데, 다음의 대화는 그러한 관계를 잘 드러내고 있다.

'아빠한테 말하는 걸 난 꺼리지 않아요. 아빤 아빠라기보다는 사랑스럽고 근사하게 토실토실 살찐 어린 동생이나 다름없으니까요. 그리고 게다가,' 벨라는 그의 얼굴에 놀리는 듯이 손가락질을 하며 웃으면서 덧붙였다. '내가 아빠를 꽉 쥐고 있으니까요. 이건 비밀 여행이예요. 아빠가 날 고자질하면 나도 아빨 고자질하겠어요. 엄마한테 아빠가 그리니치에서 만찬을 들었다고 말해버릴 거예요.'

'글쎄, 얘야,' R.W.는...말했다. '그건 말 않는 게 좋을 듯 하구나.'

'오호라!' 벨라는 웃었다. '댁께서 그것을 바라지 않으리라고 생각했죠. 그러니

댁이 내 비밀을 지키시면 나도 댁의 비밀을 지켜드린다 이거예요. 하지만 사랑스러운 여인을 배반하신다면 댁은 그 여인이 독사라는 것을 알게 되고 말 것이야요. 자 아빠, 이제 나에게 키쓰를 해도 돼요. 내가 없는 사이 내버려진 아빠머리를 한 차례 매만져드리고 싶어요.'

R.W.는 그의 머리를 기사(技士)에게 내맡겼고, 그 기사는 계속 말을 이었다. 두 집게 손가락을 회전시켜 멋지게 그의 머리타래를 감아 올리다가 갑자기 서로 반대되는 방향으로 손가락을 잡아 빼는 묘한 과정의 동작을 행하면서.

'I don't mind telling you...because you are not like a Pa, but more like a sort of a younger brother with a dear venerable chubbiness on him. And besides,' added Bella, laughing as she pointed a rallying finger at his face, 'because I have got you in my power. This is a secret expedition. If ever you tell of me. I'll tell of you. I'll tell Ma that you dined at Greenwich.'

'Well...my dear,' oberved R. W....'it might be as well not to mention it.'

'Aha!' laughed Bella. 'I knew you wouldn't like it, sir! So you keep my confidence, and I'll keep yours. But betray the lovely woman, and you shall find her a serpent. Now you may give me a kiss, Pa, and I should like to give your hair a turn, because it has been dreadfully neglected in my absence.'

R. W. submitted his head to the operator, and the operator went on talking; at the same time putting separate locks of his hair through a curious process of being smartly rolled over her two revolving forefingers, which were then suddenly pulled out of it in opposite lateral directions.(375)

요컨대 벨러는 윌퍼 부인을 따돌리고 아버지 R. W.를 마음대로 좌우하는 연적으로 행동하는 한편 R. W.는 그러한 유혹에 순순히 응하면서 그에게 주어지는 애정을 받아 누리고 있는 셈이다. 그리고 앞에서도 언급한 것처럼 R. W.의 머리카락을 매만지며 노는 벨러의 행위는 위장된 형태의 성애적 표현이라고 할 수 있다. 사실 웰쉬(Alexander Welsh)가 지적하듯이 벨러와 윌퍼 씨 사이에 이루어지는 육체적 희롱이나 애무는 벨러와 그녀의 남편이 되는 존 하먼 사이의 것보다 훨씬 노골적이고 진하게 묘사된다(Welsh(1971) 153). 벨러가 보핀의 집을 떠나 다시 집에 돌아온 날 밤, 아름다운 머리카락을 온통 내려뜨린 채 손에는 솔을 들고 벗은 맨발의 부드러운 발걸음으로 계단을 내려와 잘자라는 인사를 하려는 그녀의 모습을 보고 윌퍼 씨는 그녀의 머리 타래를 손으로 쥐어 보며 "애야 너 정말 그야말로 사랑스런 여인이로구나"(My dear, you most unquestionably are a lovely woman) 하고 황홀한 듯이 외치는가 하면, 곧이어 벨러도 그 머리카락으로 숨이 막힐 만큼 그를 휩싸 안아주는 등 교태어린 태도를 보이기도 한다(681-2). 물론 그들의 이러한 관계는 희극적 성격을 띠고 묘사되며 "성관계를 포함하지 않는다는 빅토리아시대의 기술적 의미에서 순수한"(innocent in the technical Victorian sense of not involving sexual intercourse)(Frye 55) 것으로서 당대 독자들에게 거부감을 일으키지 않았을 것에 틀림없다. 그리고 벨러의 성격에 있어서 그러한 관계는 "순수한 처녀성을 유지하면서도 성적으로 매력있고 또 매혹적인 젊은 여성을 창조하는 문제를 해결하는 다른 한 방편"(another way of solving the problem of how to make a young woman sexually attractive and attracting while preserving her virginal innocence)이 되고 있는 면이 강하다(Slater(1983) 282-3). 하지만 거의 근친관계에 가까울 만큼 강한 성애적 성격을 띠고 나타나는 벨러와 윌퍼 씨 사이의 이러한 애정관계의 발전은 희극적 순수성이나 도구적 기능 이외에도 한편으로 당사자인 두 사람에게 있어서 상당한 심리적 바탕과 실재적 의미를 지니고 있다. 왜냐하면 이 연인적 관계는 그들 각각이 지니고 있는 현실적 욕구불만을 어느정도 자연스럽게 보상하고 해소시켜 주는 심리적 방편이 되고 있기 때문이다. 즉 벨러의 경우, 그녀는 자기 의지와는 상관 없이 부유한 구두쇠의 유언에 의해 상품처럼 결혼에 팔리는 데다가, 만나보기도 전에 그 결혼 상대가 사망해버리는 상황이 가져온 좌절감을 아버지에게 쏟는 애정을 통하여 간접적으로 해소하고 있는 셈이고, 반면에 윌퍼 씨는 괴롭히고 지배하기만 하는 아내로부터 충족되지 못하는 사랑의 갈증을 벨러의 연인적 애무로 대리충족시키는 것이다.

그러나 이들의 연인적 관계가 언제까지 지속될 수는 없다. 벨러가 존 하먼과 진실한 사랑을 이루는 과정에서 그녀가 윌퍼 씨와 맺고 있는 대리적 연인관계는 청산될 수밖에 없는 것이기 때문이다. 하먼과의 사랑 고백과 언약이 있던 날 밤, 위에서 언급했던바 자신의 아름다움에 매혹된 채 머리카락을 매만지는 아버지에게 벨러는 "당신의 사랑스런 여인이 결혼할 때 아빠가 원한다면 그 머리타래를 가지게 될 거예요, 그 여자가 그걸로 목걸이를 만들어드릴 테니까요"(when your lovely woman marries, you shall have that piece if you like, and she'll make you a chain of it)(681)라고 말한다. 이 말은 바로 그러한 불가피한 관계변화에 대해 아버지에게 미리 암시하고 준비시키려는 벨러의 무의식적 동기에서 나온 것이다. 그런데 벨러의 결혼으로 인해 그녀에게는 윌퍼 씨가 지녔던 종전의 대용적인 가치가 소멸하지만, 윌퍼 씨에게는 허세와 강압만을 부리는 아내 윌퍼 부인의 결핍된 사랑을 보충해 줄 존재로서 벨러가 여전히 가치롭다. 따라서 두 사람의 관계의 전환은 이러한 심리적 조건을 만족시키는 방향으로 이루어져야 하는데, 이것은 곧 모자관계의 양상을 띠는 부녀관계일 수밖에 없다. 결혼식을 올리러 출발하기 직전 그녀가 윌퍼 씨에게 약속대로 그 머리칼 고리를 목에 걸어 주고 그를 "착한 아이"(a good boy)라고 지칭하면서 자신의 과거의 잘못을 용서한다는 언약을 따라 말하게 하는 장면(729-30)은 사실상 바로 이러한 모자관계로의 새로운 발전을 일종의 제의(祭儀)적 절차로서 연출해 보여주는 것에 다름아니다. 결혼식 후의 만찬자리에서도 벨러는 "자신이 더 이상 그의 사랑스런 여인이 아니다는 것을 아버지에게 상기"(734)시킴으로써 다시금 새로운 관계를 분명히 확인하기도 하는데, 실로 얼마 후 남편과 함께 있을 때 저녁식사를 하러 찾아 온 아버지 윌퍼 씨를 그녀는 그야말로 어머니가 아이를 다루듯이 대하며 희롱하는 모습을 보인다. 먼저 그녀는

"아주 착한 꼬마"(a very good little boy), "이 변변치 못한 아이"(you silly child), "요 쪼그만 친구"(this little fellow), "꾀죄죄한 아이"(a grubby child) 등으로 계속 아버지를 불러대면서 학교에서 막 돌아온 어린아이마냥 그에게 일과를 묻고 꾸짖고 타이르며 달랜다(751–752). 그러다가 윌퍼 씨가 식사에 앞서 손을 씻고자 하자 그의 옷깃을 잡아 끌고 가 씻기는데, 이 장면에서 마침내 모자관계로 뒤바뀐 그들의 모습은 절정에 이른다.

> 따라서 그 토실토실한 아이[윌퍼씨]는...조그만 세면실로 이끌려 갔고, 그곳에서 벨라는 그의 얼굴에 비누칠을 하여 문질러주고, 그의 손에 비누칠을 하여 문질러주었으며, 물을 튀겨 헹궈주고, 수건으로 닦아주어서 그는 귀까지 비트 뿌리처럼 빨갛게 되었다. '이제 꼬마님은 머리에 솔질 빗질을 좀 하셔야겠어요,' 벨라는 바쁘게 말했다. '불빛 좀 비춰주세요, 죤. 눈 좀 감아요, 꼬마님, 어디 턱을 붙잡아 보자꾸나. 얼른 착한 아이처럼 시키는 대로 들어욧!'
>
> 그녀의 아버지는 기꺼이 순종하는 것 이상이었고 , 그녀는 가장 정교한 방법으로 그의 머리를 다듬어 갔다....
>
> '자,' 벨라는 마침내 마지막 손질을 마치고 말했다. '이제 좀 점잖은 아이 같군! 저고리를 입고 와서 저녁을 먹도록 해요.'

> The cherub [Mr Wilfer]...was accordingly conducted to a little washing-room, where Bella soaped his face and rubbed his face, and soaped his hands and rubbed his hands, and splashed him and rinsed him and towelled him, until he was as red as beet-root, even to his very ears: 'Now you must be brushed and combed, sir,' said Bella, busily. 'Hold the light, John. Shut your eyes, sir, and let me take hold of your chin. Be good directly, and do as you are told!'
>
> Her father being more than willing to obey, she dressed his hair in her most elaborate manner....
>
> 'There!' said Bella, when she had at last completed the final touches. 'Now, you are something like a genteel boy! Put your jacket on, and come and have your supper.'(752)

그리고 이어 그녀는 그의 턱에 냅킨을 매어주기까지 한다. 결국 벨러의 이러한 행동은 상호간의 심리적 필요에 바탕하여 위계질서가 붕괴된 채 전개되어온 그녀와 윌퍼 씨 사이의 부녀관계가 필연적으로 귀결되는 양상을 극명하게 드러내주는 것이다.

벨러와 그녀의 아버지의 관계가 이렇게 궁극적으로 모자관계적 역전의 현상을 보이지만, 디킨즈의 통상적 부녀관계의 역전과 달리 여기서는 딸이 아버지를 위해 자신의 삶을 희생시키지 않는다. 이것은 윌퍼 부인이 살아 존재한다는 사실에서 비롯되는 특성이다. 비록 그녀의 심술 사나움으로 인해 부녀지간이 위계를 벗어날 만큼 가깝게 되고는 있지만, 그녀가 어쨌든 아내로서 생존해 있음으로써 윌퍼 씨는 홀아비로서 딸의 구원적 희생과 헌신이 주어지기 쉬운 디킨즈의 다른 인물들의 처지로부터는 떨어져 있는 셈이기 때문이다. 따라서 그들의 관계가 보다 감상적 성격이나 분열적 내용을 지니지 않고 희극적이며 화합적인 성격으로 일관되는 것은 당연하다. 그러나 이들의 부녀관계를 디킨즈가 어떤 이상적 모델로서 제시하고 있다고 말할 수는 없다. 즉 이들의 관계가 디킨즈의 어느 부녀관계보다도 갈등의 양상이나 비판적 의미를 결여하고 있음은 사실이나, 디킨즈의 태도는 성질 고약한 아내 아래에서 부녀 사이에 발생하는 심리적 관계의 추이를 희극적 공감으로 흥미롭게 그려내고 있는 것 이상의 것이 아니기 때문이다. 사실 아내에게 꼼짝 못하고 딸로부터 아이취급 받는 데 만족해하는 윌퍼 씨의 모습이 『블리크 하우스』의 젤리비 씨와 같이 왜소하고 영락한 아버지상을 별로 벗어나지 못하는 인물일 뿐이라는 점에서 오히려 우리는 그 관계에 내재된 비판적 요소를 찾을 수도 있다.

한편 리지 헥삼의 경우를 보면, 그녀의 아버지에 대한 관계는 플로런스, 애그니스, 그리고 리틀 도릿 등이 그들의 아버지들에게 보였던 관계의 연장선에 서는 유형이라고 할 수 있다. 템즈강의 시체 약탈꾼으로서 거칠고 포악한 기질의 아버지 개퍼 헥삼(Gaffer Hexam)에게 헌신적 사랑과 효성을 바치면서 그의 정신적 지주이자 도덕적 구원의 역할을 수행하고자 하는 리지는 디킨즈적 딸의 마지막 전형이다. 그녀가 어린 나이 때부터 어머니의 역할을 떠맡아 동생 찰리 헥삼(Charlie Hexam)을 돌보고 아버지를 시중하면서 그의 신뢰와 말벗이 되어주는 등 가정을 꾸려나가는 모습은 리틀 도릿의 모습과 비슷하다. 동생이 교육받는 사실을 아버지가 알지 못하게 하고자 "좀 궁리하고 도모한다"(plan and contrive a little)(70)는 그녀의 말도 윌리엄 도릿(William Dorrit)에게 자신과 언니의 밥벌이 사실을 숨기는 리틀 도릿의 말, 즉 "좀 꾸며대지 않았다면 전 결코 아무 도움이 되지 못했을 거예요"(211)라는 구절을 쉽게 연상시킨다. 하지만 개퍼 헥삼이 "맹금"(bird of prey)(45)처럼 강포한 성질과 무지한 고집을 지닐 뿐 아니라 세상으로부터 범죄자로서 외면당하는 존재까지 된다는 점에서 리지는 보다 힘들고 고난스러운 삶의 짐으로서 아버지를 떠맡은 딸이라 할 수 있다. 그리고 자식들이 교육을 받으면 자신을 버릴 것이라는 고정관념에 사로잡혀 있는 아버지를 위해 배움에의 강렬한 욕구까지 기꺼이 희생하면서 그의 곁에 남아 도덕적 지주로서의 영향력과 구원적 힘을 행사하겠다는 의지를 밝히는 리지는 아버지에 대한 사명의식에 있어서 어느 누구보다도 투철하다고 할 것이다.

> '난 책을 읽을 줄도 모르지. 왜냐하면 내가 글을 배웠다면 아버지는 내가 자기를 버린다고 생각하셨을 것이고 그러면 난 영향력을 잃었을 것이기 때문이지. 아직은 내가 바라는 영향력을 갖지 못하고 있고 막으려는 끔찍한 일들을 막을 수 없지만, 그런 때가 오리라는 희망과 확신으로 난 살아가고 있어. 그동안이라도 내가 몇 가지 것들에서 아버지께 지주가 된다는 것, 그리고 내가 아버지에게 신실하지 못하면 그는--복수심이나 실망 때문에 아니면 이 둘 다 때문에--난폭하고 나쁘게 될 것이라는 걸 난 알고 있단다.'
>
> …
>
> '... 그리하여, 찰리야, 아버지와 홀로 남아 할 수 있는 한 아버질 곧바르게 지켜주고 내가 지금 가지고 있는 것보다 더 큰 영향력을 얻을 기회를 기다리며, 어떤 다행

스러운 기회가 있거나 그가 아플 때 또는, 뭐 그런 때에, 내가 아버지로 하여금 좀 더 선한 일들을 하고 싶어 하도록 변화시킬 수 있게 되기를 희망하는 내 모습이 저기[불꽃 속에] 보이는구나.'

'I can't so much as read a book, because, if I had learned, father would have thought I was deserting him, and I should have have lost my influence. I have not the influence I want to have, I cannot stop some dreadful things I try to stop, but I go on in the hope and trust that the time will come. In the meanwhile I know that I am in some things a stay to father, and that if I was not faithful to him he would--in revenge-like, or in disappointment, or both--go wild and bad.'

...

'... So there am I, Charley, left alone with father, keeping him as straight as I can, watching for more influence than I have, and hoping that through some fortunate chance, or when he is ill, or when--I don't know what--I may turn him to wish to do better things.'(72-3)

따라서 그녀는 포터슨 양(Miss Potterson)이 개퍼 헥삼에게 씌워진 살인혐의를 계기로 그로부터 떨어져 나오라는 권고를 다시금 해올 때, "아버지가 어려움에 처해질 수록 그만큼 더 의지할 상대로 저를 필요로 해요"(The harder father is borne upon, the more he needs me to lean on)(113)라고 하며 거절한다.

그러나 리지의 이처럼 간절한 의지와 바램은 개퍼 헥삼이 그의 끔찍한 시체 사냥업을 계속하다가 비참하게 횡사함으로써 헛된 것이 되고 만다. 물론 개퍼의 사망은 작품에서 너무 일찍 일어나는 것으로 보일 수 있다. 하지만 디킨즈의 작품세계에서 딸의 헌신과 희생에도 불구하고 타락이나 악덕의 일로를 치달으면서 구원의 가능성을 상실하는 아버지의 이미지가 점차 강화되는 경향을 염두에 둔다면, 개퍼의 조기 사망은 오히려 그러한 경향을 보다 신속한 결론으로서 증명해 보이는 한 예라고 할 수 있다. 더욱이 이 작품에서 그러한 경향의 정말 극단적인 왜곡 양상이 제니 렌과 그녀의 아버지를 통하여 한층 구체적으로 다뤄지고 있다는 점에서 볼 때, 종전의 작품에서 나타난 부녀관계 유형에 속하는 리지와 개퍼의 관계가 일찍 마무리되는 것은 적어도 성의 없이 처리된 것만은 아닌 것이다. 한편 디킨즈에 있어 딸의 좌절된 구원의 힘이 아버지로부터 남편에게로 옮겨져 실현되는 경향이 강해진다는 측면에서도 개퍼의 이 죽음은 필연적인 조건으로서 의미를 지닌다고 할 수 있다. 왜냐하면 리지는 이제 아버지라는 가망없이 무거운 짐으로부터 일찌감치 해방됨으로써 유진 레이번(Eugene Wrayburn)에게 실질적인 구원의 역할을 수행하는 쪽으로 나아갈 수 있게 되며, 따라서 그 어려운 과정에 그녀의 삶이 집중될 수 있는 것이기 때문이다.

사실 개퍼는 사망한 뒤에까지 리지의 삶에 일종의 장애적 부담으로 작용한다. 생시에 그가 행한 부당함을 조금이라고 보상해 보고자 하는 것이 그녀가 제니와 함께 살게 된 동기이며 그의 살인누명을 벗기는 일은 그녀의 의식을 떠나지 않는 의무로 남는다. 뿐만 아니라 그녀의 아버지에 대한 의리는 그의 끔찍한 최후로 인해 일종의 강박관념적이고 죄의식적 심리로 자리잡아 그녀로 하여금 자신의 주체적 삶을 실현할 수 있는 기회마저 거부하게 하기도 한다. 그녀는 계속 아버지와 함께 살던 템즈 강변 주위를 떠나지 않고 머물러 살며 또 아버지가 생시에 혐오했던 교육을 받지 않으려고 하는데, 여기에는 그러한 자학적인 행동을 통하여 자기기만적인 만족을 얻고자 하는 심리적 도착이 작용하고 있기도 하다. 아버지로 말미암은 이러한 구속은 이후 그녀가 유진과의 관계 등을 겪는 과정에서 조금씩 자연스럽게 해소되는데, 어쨌든 결국 리지에게 있어 아버지 개퍼는 구원의 노력과 희생에 값하지 못한 채 일찍 무참한 최후를 맞이할 뿐만 아니라 죽은 뒤까지 그녀의 삶에 끈질긴 질곡으로 작용하는 존재라고 할 수 있다. 그리고 이런 점에서 그들의 관계는 제니 렌과 돌스 씨(Mr Dolls)가 연출하는 "부모자식간의 끔찍한 위치전도"(dire reversal of the places of parent and child)(292)에 앞서 디킨즈의 전형적 부녀관계의 파국적 양상을 간단히 요약하여 마감하는 한 단편으로서의 의미를 지닌다.

벨러는 물론 리지의 경우, 아버지와의 관계는 개퍼가 그녀를 믿고 또한 나름의 강한 애정을 보인다는 점에서 적어도 상호적인 유대가 존재하는 관계이다. 사실 이제까지 보았던 디킨즈의 전도된 부녀관계의 대부분이 그 안에 내재된 파행성과 왜곡성에도 불구하고 어떤 형태로든 아버지의 애정 표시가 이루어지면서 크건 작건 상호적인 유대의 성격을 띠고 있다. 디킨즈의 작품에서 딸에 대한 혈육으로서의 애정이 결핍된 채 탐욕적이거나 포악하고 또는 억압적인 모습만 보이는 아버지는 월터 브레이(Walter Bray), 세쓰 펙스니프(Seth Pecksniff), 빌 발리(Bill Barley), 라이더후드(Riderhood), 그리고 포드스냅(Podsnap) 등처럼 대개 작품에서 단편적으로만 묘사되며 또 전도된 관계에 거의 해당되지 않는 경우이다. 한편 부녀간의 전도가 일어나는 경우에 있어서도 항상 외형상의 위계질서만은--이것도 물론 주로 딸에 의해 주도되는 형식이지만—어느 정도 유지되고 있는 것으로 나타난다. 벨러와 윌퍼 씨처럼 혹 그러한 틀이 깨어지는 듯이 보인다면 대신에 애정의 유대가 그만큼 강화된다.

그러나 이제 제니와 그녀의 아버지 돌스 씨에 오면, 디킨즈는 부녀 사이에 애정의 교류도 상실되는 동시에 철저한 위계의 전복과 역할 전도가 일어나는 그야말로 '끔찍하고' 뒤틀린 부녀관계의 양상을 구체적으로 보여준다. 두 사람의 관계는 이전과 비슷하게 모자관계로 뒤집힌 부녀관계이긴 하지만 처음부터 이전의 경우와는 전혀 다른 성격을 띠고 전개된다. 제니는 술주정뱅이로 망신창이가 된 채 자기의 고통스런 노동에 기생하며 사는 돌스 씨에 대해, 모성애적 헌신으로 아버지의 존재를 지켜주고자 애쓰기는커녕, 모질게 박대하는 어머니 행세를 하며 아버지라는 '명색'조차 아예 부정하는, 말하자면 도무지 '딸 같지 않은' 딸로 행동한다. 유진과의 대화에서 아버지를 처음 언급할 때부터 "내 아이가 돌아오고 있어요. 그런데 내 아이는 골치덩어리 못된 녀석이라 항상 꾸지람을 치며 살아야 하지요”(my child's coming home. And my child is a troublesome bad child, and costs me a world of scolding)(290-1)라고 말하듯이, 그녀는 ‘어머니’의 지위를 당연하게 취하며 드러낸다. 그리고 그녀는 곧 돌아온 아버지를 보자마자 다짜고짜 보기 싫은 자식인 양 꾸짖어대기 시작한다. 그녀의 아버지 역시 그러한 나무람과 미움을 당연한 듯이 받아들이면서 말없이 굴종적인 태도로 애원하는 모습을 보일 뿐인데, 제니는 자신이 노예처럼 일한 댓가가 겨우 못된 자식이라고 한탄하면서 더욱 심한 비난을 퍼붓는다.

> ‘네가 체포되어서 갇혀버렸으면 딱 좋겠어,’ 집 주인[제니 렌]은 말했다. ‘네가 교도소 감방과 검은 구멍에 갇혀서 쥐들과 거미와 딱정벌레들로 시달렸으면 얼마나 좋을까. 난 그것들의 수법과 버릇을 잘 알지. 그러니 그것들이 너를 기분좋게 물어뜯었을 텐데. 넌 자기 꼴이 부끄럽지도 않니?’
> ‘그래, 얘야.’
>
> ‘I wish you had been taken up, and locked up,’ said the person of the house [Jenny Wren]. ‘I wish you had been poked into cells and black holes, and run over by rats and spiders and beetles. I know their tricks and their manners, and they'd have tickled you nicely. Ain't you ashamed of yourself?’
> ‘Yes, my dear,’ stammered the father.(292)

아버지에 대한 그녀의 이러한 독설과 분노어린 공격은 그녀가 아버지를 대할 때마다 계속되면서 두 사람의 뒤집힌 관계의 도착된 성격을 극명하게 드러내곤 한다. 그 한 실례로서, 유진이 방문한 상황에서 술에 취한 채 이빨 부딪는 소리를 내며 몸을 가누지 못하고 있는 돌스 씨의 모습에 대해 그녀는 위협하듯 발을 구르면서 그의 이빨이 모두 빠져 뱃속으로 넘어가버렸으면 좋겠다는 악담을 내뱉는다. 그리고는 비참한 몰골로 그저 끙끙대기만 할 뿐인 아버지를 향해 다음처럼 말을 잇는다.

'...이 못된 녀석아, 5실링을 버는 데 얼마난 많은 시간이 드는지나 알아?--그렇게 낑낑대지 마, 말 안들으면 인형을 던져버릴 테야. ...차라리 쓰레기꾼에게 5실링을 주어 널 쓰레기차에 실어가게 하겠다.'

'안돼요, 안돼, 제발!' 그 어처구니없는 작자는 애원했다.

'제 에미 가슴에 못을 박고도 남을 위인이라고요. 이 애는 말예요.' 렌 양은 유진에게 호소라도 하는 듯이 말했다. '그를 아예 키우지를 말았어야 하는 건데. ... 보세요 부모 눈에 참으로 가관인 저 꼴을.'

...

'횡설수설대고 주정부리는 늙은 아이죠.' 렌 양은 그를 아주 혹독하게 평하여 말했다. '그를 파멸시키는 술 속에 담가 병에 집어넣어 그의 뒤를 따르는 다른 주정뱅이 녀석들에게 본보기로 보여주는 데나 딱 알맞을 것 같으니라구. 아니 제 간장을 전혀 생각하지 않는다고 제 에미도 전혀 생각 못하는 건가?'

'...how many hours do you suppose it costs me to earn five shillings, you infamous boy?--Don't cry like that, or I'll throw a doll at you. ... I'd give the dustman five shillings, to carry you off in the dust cart.'

'No, no,' pleaded the absurd creature, 'Please!'

'He's enough to break his mother's heart, is this boy,' said Miss Wren, half appealing to Eugene. 'I wish I had never brought him up. He'd be sharper than a serpent's tooth, if he wasn't as dull as ditch water. Look at him. There's a pretty object for a parent's eyes.'

...

'A muddling and swipey old child,' said Miss Wren, rating him with great severity, 'fit for nothing but to preserved in the liquor that destroys him, and put in a great glass bottle as a sight for other swipey children of his own pattern,--if he has no consideration for his liver, has he none for his mother?'(595)

하지만 이처럼 공공연하게 자식을 미워하고 학대하는 어머니로서의 제니의 외양이 그녀의 진정한 본심과 다르다는 것은 어렵지 않게 알 수 있다. 리지를 비롯한 다른 인물들과의 관계에서 그녀는 누구보다도 예민한 감수성과 통찰력 그리고 부드러운 심성 등을 드러내고 있을 뿐만 아니라 그녀의 아버지에 대해서도 간절한 염려와 고뇌의 면모를 보인다. 라이어(Riah)와 벌이는 상상적 마술놀이에서 그녀가 마술로 일어나게 하고 싶은 것으로서 제일 먼저 언급하는 것은 자신의 불구를 고치는 것이 아니라 아버지의 변화(493)이다. 그리고 위의 인용문 다음의 장면에서도 그만 그에 대한 억누를 수 없는 슬픔으로 인해 얼굴을 가리고 고통의 눈물을 말없이 흘리는 모습(596)을 유진(Eugene)에게 보인다. 설령 제니의 인간적 심성이 드러나고 있지 않다 하더라도 돌스 씨의 비굴하고 영락한 존재로서의 모습은 우리로 하여금 제니의 가혹한 언행을 이유 있고 정당한 것으로 받아들이게 하기에 이미 충분하다.

어쨌든 그녀는 아버지에게 자신의 이러한 애정어린 진심을 전혀 내보이지 않고 오히려 구박과 독설로만 일관하는데, 이것은 곧 아버지의 타락에 대한 고통스러운 인식에서 최선의 현실적 효과를 위해 취한 의지적 선택이다. 즉 그녀는 이미 최소한의 인간적 자질과 의식마저 완전히 상실한 존재로 떨어진 돌스 씨가 자신의 부드러운 태도나 애정의 표현에 반응하고 변화를 보이기는커녕 오히려 그것을 역이용하여 더욱 타락한 모습만을 보일 뿐이리라는 사실을 인식하고 있는 것이다. 이러한 점들은 바로 제니와 돌스 씨가 전개하는 역할전도의 비정상적이고 파행적 양상에 있어서, 그것이 위에서 본 것처럼 현상적으로는 딸에 의해 주도적으로 실행되는 것으로 나타나지만 실상은 '아버지'라는 형식적 지위마저 상실한 채 타락한 아버지에게 그 전적인 원인과 책임이 있다는 것을 드러내준다. 말하자면 돌스 씨는 디킨즈가 과거의 전도된 부녀관계를 통하여 지속적으로 묘사해온 타락하고 무능한 아버지의 이미지를 최악의 단계로서 구현하는 인물이고, 따라서 그가 맺는 부녀관계에서 위계질서의 붕괴양상은 가장 철저하며 극단적 외양을 띠고 일어날 수밖에 없는 것이다.

돌스 씨의 타락한 자식으로의 영락한 지위는 그가 행하는 제니에 대한 반항을 통해 더욱 이중적 아이러니로 부각된다. 그는 몇 푼의 술값을 얻기 위해 제니가 감추고자 하는 리지의 주소를 몰래 빼내어 유진에게 팔아넘기는데, 이때 그는 "그녀는 날 아주 어린애로 여기지요, 나리. 그런데 전 어린아이가 아니죠, 나리. 어른, 유능한 어른이란 말입니다"(She looks upon me as mere child, sir. I am NOT mere child, sir. Man. Man talent.)(603)라고 주장한다. 그의 이 말은 그의 부모로서 권위회복을 주장하는 것이기라기보다는 오히려 억압적이고 권위적인 부모에 항거하는 자식이 하는 말에 가까운 것이다. 이는 곧 딸 제니와의 관계에서 그의 전도된 위치가 얼마만큼 그의 일상생활에서 체화되고 있는가 하는 것을 말해 준다. 그러나 이와 동시에 배은망덕한 자식의 더욱 못된 배반과 다름없는 그의 행위가 억압적 권위에의 반항의 소리로서 적극적 의미를 지닐 수 있는 내용의 말과 기만적으로 결합됨으로써 그의 비열한 정체는 더욱 강조되어 폭로되고 있는 것이기도 하다. 결국 이 배반의 응보로서 그는 술에 취해 길바닥에 쓰러져 비참한 죽음을 맞이하고 마는데, 그의 이러한 죽음 역시 이제까지 디킨즈가 그려 온 무능하고 타락한 아버지의 전락상을 귀결지어 요약하는 사건인 것이다.

이처럼 돌스 씨가 명실상부할 만큼 못된 자식의 역할을 수행하고 있음에 대응하여 제니 또한 그가 죽은 뒤까지 계속 그를 자식으로 지칭하면서 어머니의 역할을 고수한다. 아버지의 장례를 치르고 돌아온 뒤 그의 불행한 삶을 돌이켜 보며, 그녀는 다음처럼 죽은 자식에 대해 이해쉬인 애석함을 토로하는 어머니다운 언행을 너무 철저하게 해 보임으로써 라이어로 하여금 새삼 놀라움을 느끼게 한다.

> '내 불쌍한 아이가,' 그녀는 말하곤 했다. '좀 더 제대로 길러졌다면, 그는 행실을 좀 더 잘했을 텐데. 그렇다고 내 자신을 책망하는 건 아니야. 또 나에게 그럴 이유도 없기를 바라고.'

…

'…하루종일 일하고, 일하고, 일해야 하는 생활에서, 자식을 잘 기르는 게 얼마나 어려운가는 당신도 잘 아시지요. …난 그가 거리로 나돌게 하지 않을 수 없었지요. 그런데 그는 거리에서 못된 행실만 하고 다녔어요. 눈에 안 띄는 밖에서 그는 못된 행실만 했죠. 아이들이 얼마나 자주 그렇게 되곤 하는지!'

…

'그는 극심한 고통을 겪었지요, 내 불쌍한 아이는 말예요. 그는 때때로 아주 몹시 아팠고요. ….'

…

'… 내가 좀 참을성이 있었으면 그 애한테 욕을 해대지 않았을 텐데. 하지만 난 그 애가 잘되라고 그렇게 했다 믿어요. 게다가 난 어머니로서 내 책임감을 매우 크게 느꼈지요. 설득을 해 보았지만 소용이 없었고, 달래 보았지만 소용이 없었어요. 또 꾸짖어 보았어도 역시 소용이 없었지요.'

'If my poor boy,' she would say, 'had been brought up better, he might have done better. Not that I reproach myself. I hope I have no cause for that.'

…

'…you see it is so hard to bring up a child well, when you work, work, work, all day. …I was obliged to let him go into the streets. And he never did well in the streets, he never did well out of sight. How often it happens with children!'

…

'… He suffered heavily, did my unfortunate boy. He was very, very ill sometimes. …'

…

'… If I had been patient, I should never have called him names. But I hope I did it for his good. And besides, I felt my responsibility as a mother, so much. I tried reasoning, and reasoning failed. I tried coaxing, and coaxing failed. I tried scolding and scolding failed.'(801-2)

물론 여기서 제니는 아버지가 고인이 된 이상, 그에 대한 이해심을 가지는 동시에 어려운 처지에서 최선을 다했다고 주장함으로써 경위야 어쨌든 이제까지 자신이 해온 모진 언사에 대한 자책감을 가라앉히고자 애쓰고 있다. 그러나 끝까지 "그래도 결국 애는 애야"(after all a child is a child)(803)라고 하듯이 그녀는 어머니로서의 입장을 계속 유지하는데, 이것의 한 깊은 의미는 그녀가 아버지의 비참한 사망에 부닥쳐 지나친 감정적 동요에 굴복하지 않고 자연스러운 감정의 토로를 하는 데 있어 유용한 '틀'로서 이 모자관계적 전도를 몸소 실행하고 있다는 점이다.

이것은 곧 가혹하고 독설적인 어머니로서 제니의 역할이 한편으로는 현실의 고통에 맞서 삶을 견뎌내도록 하는 일종의 전략적 방편으로 삼아지고 있다는 사실을 의미한다. 다리까지 제대로 못 쓰는 난장이로서 아직 열 두세 살 정도밖에 안된 어린 나이에 인형옷을 만들어 스스로 어렵게 생계를 꾸려가야 하는 그녀에게 알콜중독자인 아버지는 현실의 고통을 더욱 가중시키는 짐일 뿐이다. 특히 남다른 감수성과 분별력을 지닌 그녀는 아버지의 돌이킬 수 없는 타락상을 막을 도리 없이 바라보면서 자신의 어린 나이와 불구라는 한계를 더욱 뼈아프게 인식하였을 것이다. 따라서 그녀에게 부여된 지위인 "집의 주인"(the person of the house)은 "부끄러운 수치와 걱정으로 가득찬 집주인"(the person of a house full of sordid shames and cares)(294)일 뿐이다. 그러나 그녀가 지니고 있는 본능적 방어기제와 창조적 생명력은 이러한 처지에 압도되지 않고 능동적으로 대응하여 나가는데, 바로 아버지의 자격상실에 의해 그녀에게 떠맡겨진 가장으로서의 역할을 오히려 적극적으로 실천함으로써 그 역할에 내재된 고통과 역경의 무게를 덜어내고 견딜 만하게 만드는 것이 그 핵심적 전략이었던 것이다. 즉 그녀는 가상적인 어머니의 지위와 권한을 '명실상부'한 것으로 만들어 당연화함으로써, 자신과 아버지의 전도된 관계에서 비정상성과 그것의 고통스러운 의미를 용해하고 지워버리는 것이다. 그리고 나아가 그녀의 아버지에 대해 모질고 가혹한 태도를 취함으로써 그녀는 또 타락할대로 타락한 아버지를 그래도 현실적으로 가장 바람직하게 통제하는 동시에 아버지로 인해 그녀 자신이 자칫 빠져들기 쉬운 슬픔과 좌절감을 막아내고 해소해 나가는 창조적 전략을 펼치고 있는 것이다. 밀러(J. Hillis Miller)는 이 작품에서 수행되는 "연극행위"(play-acting)를 현실도피 내지는 기만적 방편과 현실타개의 실천적 전략으로 구분하면서 후자에 대해 다음처럼 말한다.

> 한편, 제니, 보핀, 또는 존 하몬 등의 연극행위는 그들의 현실 상황을 받아들이지만 그것을 단순히 부여된 어떤 것으로부터 일종의 자유롭고 선택된 어떤 것으로 변형시키는 방편이다. 상황은 인식되고 받아들여지고 있으며, 그 상황을 그것에 대한 일종의 상상판(想像版)으로 바꾸는 행위는 그것에 대처하는 수단이 되고 있다.
>
> The play-acting of Jenny, Mr. Boffin, or John Harmon, on the other hand, is a way of assuming their real situations, and yet of transforming them from something merely imposed to something in a sense free and chosen. The situation is recognized and accepted, and the act of changing it into an imaginative version of itself is a means of dealing with it(Miller 308).

그런데 이 세 인물 중에서도 위의 말에 정말 제대로 부합되는 유일한 인물은 바로 제니라고 할 수 있을 것이다.

불가피한 조건으로 주어진 위계질서의 전도를 이렇게 창조적 생존전략으로 전환하면서 제니에게 가능해지는 것은 아버지에 대해 분노와 비난을 거침없이 가할 수 있다는 점이다. 그런데 이것은 그녀를 디킨즈의 다른 부녀관계의 여주인공들과 대조적으로 만들면서 동시에 그들을 대변하고 귀결짓는 존재로 만들기도 하는 사항이다. 과거의 여주인공들처럼 어머니 역할을 하면서도 여전히 딸의 지위에 머무르는 것이 아니라 어머니라는 지위까지 실질적으로 장악하고 있는 제니에게는 못된 자식에 대한 꾸짖음과 나무람이 당연한 권한으로 행사된다. 따라서 가령 플로런스나 리틀 도릿의 경우처럼 자기희생이라는 내면적 승화과정으로 소화되거나 그렇지 않으면 죄의식으로 감추어지고 억제되어야 했던, 아버지의 부당함과 타락에 대한 분노와 항의의 감정이 제니에 와서는 이제 형식적 굴레가 제거됨으로써 의식의 꺼리낌을 당하지 않고 직접적으로 표출될 수 있는 것이다. 그런데 이것은 어느 면에서는 플로런스나 리틀 도릿 등의 인물들을 통하여 그동안 억눌러진 채 쌓여온 불만과 원망이 마침내 제니에 의해 집약되어 폭발하고 있다는 것을 의미하기도 한다. 말하자면 제니는 디킨즈의 여주인공들이 아버지라는 '짐'에 시달리면서 간직해온 반란의 무의식적 욕구를 대변하여 분출하고 있는 인물로서 디킨즈의 부녀관계 창조의 필연적 귀결에 해당되는 것이다. 그리고 이렇게 빅토리아조 시대의 가정윤리상 실로 파격적이라 할 만한 부녀관계를 디킨즈가 그의 마지막 완성된 작품에서 창조하고 있다는 것은 곧 당대 사회의 무능하고 부당한 부모의 모습에 대한 디킨즈의 환멸과 분노의 감정이 정점에 달했음을 말해준다.

마지막으로, 디킨즈의 다른 부녀관계에서 묘사되는 딸들에 비하여 제니가 지니는 또 하나의 유별난 점을 지적한다면, 그것은 다른 여주인공들의 경우 아버지와의 관계가 청산되면서 곧 남편에게로 그들의 구원적 능력이 옮겨가는 반면 제니는 그러한 전이가 바로 일어나지 않고 먼저 제2의 아버지를 찾음으로써 새로운 부녀관계를 이루는 모습을 보인다는 점이다. 작품의 결말에 그녀는 슬로피(Sloppy)에게서 그녀가 바라던 연인을 발견하는 것으로 암시되지만 이에 앞서 그녀는 라이어에게서 아버지다운 존재를 발견하는 것이다. 두 사람의 관계는 라이어의 플레쥐비(Fledgeby)와의 관계로 인해 결렬되었다가 다시 화합되는데(796-798), 이 재결합의 전기를 겪는 시점에 이어 바로 돌스 씨가 횡사하는 장면(800)이 이어지는 것은 그녀가 나중에 실제로 라이어를 "내 두 번째 아버지"(my second father)(881)라고 고쳐 부르기까지 하는 과정에서 의미 있는 사건의 연계이다. 이러한 사실은 아버지의 타락의 결과 부녀관계의 극단적 전도를 수행해야 했던 희생된 존재로서 제니가 이성과의 성숙된 관계로 나아가기에 앞서 참다운 부권과 사랑에 대한 경험이 필요하다는 것을 의미함으로써, 결국 그녀가 그만큼 디킨즈의 다른 딸들보다 복합적이고 남다른 현실적 장애와 역경을 딛고 있다는 사실을 역으로 증명해주고 있는 셈이다.

3

『우리 서로의 친구』에는 사실 벨러와 리지, 제니 렌 말고도, 비록 작품 속에서 차지하는 비중이 훨씬 떨어지기는 하지만, 주목할 만한 부녀관계를 맺는 다른 여자 등장인물이 두 명 더 있다. 그들은 바로 플레전트 라이더후드(Pleasant Riderhood)와 조지애너 포드스냅(Georgiana Podsnap)인데, 이들은 벨러와 리지, 제니와는 다른 형태의 파행적 부녀관계를 형성한다. 벨러와 리지, 제니가 내용은 어쨌든 형태상으로는 부녀의 역할이 전도되어 모녀관계처럼 변형된 부녀관계를 보인다는 공통점을 지니는 데 반해 플레전트와 조지애너의 경우는 그러한 역할 전도가 없이 억압적인 아버지 밑에서 딸이 인간다운 삶을 부정당한 채 학대만 당하는 불행한 부녀관계의 양상을 보여준다. 하지만 이런 차이점과 그 묘사의 간결한 처리에도 불구하고 두 사람의 부녀관계는 궁극적으로 자격 없는 부권에 대한 비판이라는 주제적 차원에서 벨라와 리지, 제니의 부녀관계와 유기적으로 결합함으로써 작품의 부녀관계 탐구를 한층 깊이 있게 만드는 데 기여한다.

플레전트와 조지애너 사이에도 약간의 차이점은 존재한다. 플레전트는 생활고로 부대끼는 하층계급인 반면 조지애너는 노동에서 자유로운 중산계급의 딸이다. 그리고 플레전트는 포악한 아버지한테서 물리적, 신체적 폭력에 시달리는 반면 조지애너는 독단과 허식의 화신으로서 지배계급을 대변하는 아버지로부터 심리적, 이데올로기적 억압을 당한다. 그러나 이러한 대조적 측면에도 불구하고 두 사람은 모두 부당하고 압제적인 부권의 희생자라는 기본적인 동질성을 지닌다. 두 사람의 부녀관계에서 공히 강조되는 것은 바로 그들의 이러한 희생자적 성격과 면모이다. 이들은 특히 아버지를 상대하는 힘든 과정에서, 비록 리지나 제니와 같은 정도는 아닐지라도, 무기력한 희생자의 표면 아래 일말의 주체적 인격과 분별력을 간직하고 있음을 보여주기도 하는데, 그들의 이런 면모는 그들을 비인간적으로 학대하는 아버지의 부당함을 더욱 대조적으로 부각시키는 효과를 낳는다.

조금 더 구체적으로 말하면, 플레전트의 경우 그녀는 비참한 가정환경과 전당포라는 범죄적인 생업에 얽매인 채 메마르고 어두운 삶을 꾸려나가는 존재로 포악한 아버지 라이더후드한테서 늘 구타를 당하는 딸로 묘사된다. 하지만 그녀의 무기력한 희생자의 이면에는 다른 모습이 숨어 있다. 그녀는 전당포업이나마 억척스럽게 삶을 꾸려나가는 독립성과 실천력을 보이며, 비너스(Venus)의 청혼을 거절하는 데서 나타나듯이 주체적 자아의 면모를 드러내기도 한다. 또 자기를 항상 구타하는 아버지 라이더후드에 대해서도 단순히 체념과 희생적 태도로 치부할 수 없는 일종의 포용적 아량과 심성을 보이기까지 한다. 가령 변장한 존 하먼에 의해 라이더후드가 범죄와 모략 사실을 추궁당할 때 그녀는 아버지의 폭력을 겪으면서도 "곤경에 빠지지 않도록 하세요"(Don't get into trouble)(418)라고 감히 충고를 해주며, 그가 나중에 배의 충돌사고로 익사할 뻔했을 때는 망설임 없이 "불쌍한 아버지"(505)라고 외치며 의식을 잃은 그를 살려내려고 최선을 다한다(507). 그리고 그가 여전히 사악한 인간으로 되살아나자 차갑게 외면하는 주변 사람들로부터 그를 보호하듯이 부축하며 데리고 가는 의연한 모습을 보인다.

한편 조지애너는 아버지 포드스냅의 가부장적 절대 권위와 지배에 압도되어 인간적 존재와 의미를 박탈당한 채 "정확히 식기처럼 치우고, 식기처럼 꺼내고, 식기처럼 닦고, 식기처럼 세고 무게를 달고 값을 산정하는"(189-90), 즉 한낱 소유물에 불과한 왜소한 빅토리아조 중산계급 딸의 전형으로 나타난다. 그러나 그녀 또한, 비록 유인당한 결과이기는 하지만, 래믈 부인(Mrs Lammle)과의 관계를 "포드스냅식 작태의 굴레로부터 도망"(escape from the thraldom of Podsnappery)(306)하는 방편으로 삼아 자기의 독립된 사고력과 감정 그리고 억압된 분노 등까지 표출하곤 한다. 특히 래믈 부부가 파산하여 영국을 떠나게 된 소식을 듣고 그녀는 부모 몰래 그들을 찾아 달려와 저축했던 돈과 패물을 주고 할머니로부터의 유산까지 넘겨주려 하면서 "내가 어른이 되면 나한테 돌아올 할머니의 재산은...모두 내 것이 될 거예요, 그리고 아빠도 엄마도 그 누구도 그걸 어떻게 할 수 없을 거예요"(714)라고 말한다. 그녀의 이 행동은 단호한 자기주장과 의지 그리고 반항의 가능성까지 보인다.

요컨대 플레전트와 조지애너는 근본적으로 독립된 자아와 주체적 의지 그리고 "온전하고 애정깊은 인간으로서의 잠재력"(potential as a full and loving human being)(McMaster 209)을 지닌 인물들이다. 그런데 바로 그러한 인물들을 디킨즈는 폭력적이고 억압적인 부권의 힘없는 희생자로 그려냄으로써 그가 이 작품에서 끈질기게 파고드는 부당하고 왜곡된 부녀관계의 형상화와 그 비판적 의미를 역설적으로 강화하고 있는 것이다.

이상에서 보았듯이 『우리 서로의 친구』는 디킨즈의 과거 어느 작품보다도 부녀관계의 다양한 양상들을 탐구한다. 이 작품에서는 세 명의 여주인공 즉 벨러 윌퍼, 리지 헥삼, 그리고 제니 렌이 각각의 아버지와 형성하는 부녀관계를 통해 역할 전도라는 비슷한 외양 하에 서로 완전히 다른 성격을 띠는 부녀관계의 파행적 양상이 구체적으로 조명되는 한편, 플레전트 라이더후드와 조지애너 포드스냅을 통해 딸을 학대하는 아버지의 상(像)과 억압적인 부녀관계의 전형이 보완적으로 간결하게 묘사된다. 그리고 이러한 다양한 부녀관계의 집중적인 창조를 통해 디킨즈는 자신의 작품세계 전체에 걸쳐 지속적으로 추구해온 빅토리아조 가부장제 사회의 비판이라는 핵심 주제를 종합하고 완성한다. 이런 점에서 『우리 서로의 친구』는 디킨즈의 부녀관계 묘사를 최종적으로 결산하는 작품이라고 할 수 있다.

2. 리지 헥삼: 여성의 구원자적 실천과 사회적 상징성

1

디킨즈 작품에서 여주인공들은 자주 남성에 대해 구원자의 역할을 수행하는 것으로 나타난다. 이들은 작품 속에서, 방황하거나 좌절에 빠진 남성에게 깊은 영향력과 감화력을 행사함으로써 그들로 하여금 삶의 의미와 가치를 깨닫게 해주는 인도자의 역할을 담당하곤 한다. 그리고 그들의 인도자적 지위는 대개의 경우 남성에 대한 여성의 지배적 관계로 귀결될 때가 많다. 이러한 구원자적 존재로서 여성의 이미지는 디킨즈의 작품에서 크게 두 가지 유형으로 구분되어 나타나는데, 하나는 아버지에 대해 구원자적 역할을 수행하는 딸로서의 여성상이고 나머지 하나는 남편에 대해 구원자적 역할을 수행하는 아내로서의 여성상이다.

첫 번째 유형, 즉 딸로서의 구원자적 여성상은 디킨즈의 초기 소설부터 꾸준히 등장하는 여성의 모습으로서, 가령 『골동품 가게』(*The Old Curiosity Shop*)의 리틀 넬(Little Nell)이나 『돔비 부자』(*Dombey and Son*)의 플로런스 돔비(Florence Dombey), 또는 『리틀 도릿』(*Little Dorrit*)의 리틀 도릿 등이 그 대표적인 예이다. 반면 두 번째 유형, 즉 아내로서의 구원자적 여성상은 주로 디킨즈의 후기 소설에서 등장하는 여성의 모습으로서, 『데이빗 코퍼필드』(*David Copperfield*)의 애그니스 윅필드(Agnes Wickfield), 리틀 도릿 그리고 『우리 서로의 친구』(*Our Mutual Friend*) 의 리지 헥삼(Lizzie Hexam) 같은 인물들이 그 대표적인 경우이다.

그런데 디킨즈의 소설이 보여주는 이러한 구원자적 여성상의 두 다른 양상에서 우리가 주목할 점은 그 다름이 단순한 변화나 단절이 아니라 확장 내지는 발전이라는 방식으로 일어나고 있다는 사실이다. 즉, 디킨즈의 초기작품에서는 아버지에 대한 딸의 헌신적 노력의 형태로만 실천되던 여성의 구원적 역할이 플로런스 돔비를 끝으로 후기작품들에서는 성숙한 여성으로서 상대 남성과의 관계 속에서도 적극적으로 수행되는 것으로 확장되어 나타난다. 그리고 이 확장과 함께, 구원의 성취 여부에 있어서 여주인공들이 딸로서 이루는 것과 아내로서 이루는 것이 뚜렷한 대조를 보이며 전개된다. 다시 말하자면, 리틀 도릿에게서 볼 수 있듯이, 디킨즈의 후기 소설에서는 여주인공의 구원자로서의 성격이 아버지를 구원하고자 애쓰는 딸로서뿐만 아니라 남편 내지는 연인까지 구원하고자 하는 아내 또는 여성까지 포함하는 것으로 확장되는데, 이때 아버지를 향한 딸의 간절한 구원의 시도와 노력은 깊은 좌절과 실패로 귀결되어 가는 반면 남편을 향한 여성의 구원의 노력은 점차 실천적 가치를 지니며 의미 있는 결과를 낳는 것이다.

디킨즈의 구원자적 여성상이 지닌 이러한 역할과 성격의 확장은 곧 디킨즈가 여성의 구원적 덕목이나 실천에 부여하고 있는 사회적 의미가 달라지거나 강화되었다는 것을 뜻한다. 왜냐하면 사회비판의 성격이 짙어지는 디킨즈의 후기 소설에서 여성의 구원의 대상이 되는 남성 즉 타락했거나 무능하거나 실패한 아버지와 남편들은 단순한 개인이 아니라 바로 타락하고 무능하며 실패한 빅토리아조 사회 전체를 대변하는 존재들이기 때문이다. 따라서 그런 존재들을 구원하는 여성들의 실천 역시 단순한 개인적 구원 행위가 아니라 사회적 구원이라는 상징적 의미를 강하게 또는 새롭게 띤다고 할 수 있다. 즉 아버지와 남편에 대해 구원자의 역할을 수행하는 여성의 창조는 바로 빅토리아조 영국 사회의 타락과 병증에 대해 디킨즈가 모색한 구원적 가치와 비전의 반영으로 읽을 수 있는 것이다. 이 글은 디킨즈의 구원자적 여성이 지니는 이러한 사회적 성격과 의미를 디킨즈의 마지막 완성된 소설『우리 서로의 친구』의 여주인공 리지 헥삼을 통해 좀더 구체적으로 밝혀보고자 하는 시도이다.

2

디킨즈의 소설에서 여성의 구원자적 성격이 확장되면서 사회적 상징성으로 나아가는 양상은 『데이빗 코퍼필드』의 애그니스 윅필드에게서 그 단초를 찾을 수 있다. 죽은 아내를 잊지 못해 술에 절어 사는 무능한 아버지 윅필드를 구원하고자 노력하는 한편 아내 도러(Dora)의 죽음을 계기로 삶의 의미를 찾지 못하고 방황하는 데이빗을 정신적으로 구원하는 애그니스의 모습은 분명 딸로서 그리고 아내로서 남성을 구원하는 이중의 역할을 디킨즈 소설에서 처음으로 구체적으로 수행하는 여주인공이다. 비록 당대의 상투적인 집안의 천사 같은 면모가 없진 않지만 그녀는 여성의 가치와 덕목에 대한 디킨즈의 깊어 가는 믿음의 반영이자 증거로서 충분히 볼 수 있다. 사실 그 이후의 작품인 『어려운 시절』(*Hard Times*)에서 토머스 그랫그라인드(Thomas Gradgrind)의 공리주의 철학으로 대변되는 비인간적인 자본주의 세계관에 대응하여 강력한 사회적 구원의 가치를 구현하고 있는 존재인 씨씨 주프(Sissy Jupe)의 창조는 바로 플로런스에서 애그니스로의 이러한 이행이 없이는 가능하지 않았을 것이다.

애그니스를 통한 여성의 구원적 역할의 확장과 씨씨를 통한 구원의 사회적 의미 부여를 거쳐 마침내 리틀 도릿에 오면 구원자적 여성상에 대한 디킨즈의 비전은 가장 깊이 있고 탁월하게 형상화된다. 탐욕과 투기가 지배하는 타락한 사회에 희생되는 아버지 윌리엄 도릿(William Dorrit)과 남편 아써 클레넘(Arthur Clennam)을 위해 창조적 구원자로서 적극적 실천을 수행하는 리틀 도릿은 디킨즈적 여성 구원자의 진면목을 구현하고 있는 인물이다. 그녀는 비록 작은 체구와 자기 희생적 태도로 인해 얼핏 여성에 대한 당대의 이데올로기적 상투형으로 보이지만 그러한 외양 아래 사실은 오히려 주체적이고 창조적인 개성의 깊이와 도전적 가치와 사회 구원의 적극적인 힘까지 지니고 있음을 증명해 보인다.

하지만 디킨즈의 구원자적 여성의 창조가 남성과의 관계에 있어서 계급적 갈등과 성적 대결까지 포함하는 한층 현실적이고 복합적인 양상을 띠는 것은 바로 『우리 서로의 친구』의 리지 헥삼을 통해서이다. 물론 리지 헥삼은 리틀 도릿에 비해 사회적 활동 영역이 좁고 창조적 깊이나 형상화의 수준이 떨어지는 면이 있다. 하지만 그녀는 리틀 도릿 못지 않게 나름대로 주체적인 자기 인식을 바탕으로 의미 있는 구원자적 역할을 수행하는 한편으로, 리틀 도릿을 통해 형상화된 여성의 구원적 역할과 가치에 부여된 사회적 의미와 진지성을 한층 강화하여 보여주고 있는 인물이다. 가령, 리틀 도릿에 의한 클레넘의 구원과 리지에 의한 유진 레이번(Eugene Wrayburn)의 구원을 비교해 볼 때, 비록 둘 다 정신적인 동시에 현실적인 구원이긴 하지만 리지의 행위는 그야말로 유진 레이번의 파괴당한 생명을 구하면서 그를 도덕적으로나 육체적으로 동시에 거듭나게 하는 더욱 명실상부한 구원이다. 즉 리지와 유진에 이르러 지배적 권위와 능력을 상실한 남성이 여성에게 구원받고 삶을 의지하게 되는 전도된 남녀관계의 양상이 새롭게 강화되고 완성되는 것이다. 게다가 리지의 유진과의 결합은 당대의 계급적 질서를 뛰어넘고 타락한 사회의 가치체계에 도전하는 급진적 의미를 강하게 지니기까지 한다. 그리고 작품에 노정되고 있는 빅토리아조 현실에 대한 작가의 환멸 짙은 어조와 태도는 작품의 중심적 상징의 하나인 강과 관련하여 그녀에게 부여된 상징적 역할을 더욱 크게 부각시킨다.

물론 리지가 당대의 계급과 성의 이데올로기를 온전히 극복하는 새로운 유형의 인물로 제시되고 있는 것은 아니다. 오히려 그녀에게는 벨러 윌퍼(Bella Wilfer)의 변화된 모습 못지 않게 관습적인 여성의 이미지가 짙게 배어 있기도 하다. 그녀의 순종적이고 헌신적인 삶의 태도나 사랑에 있어서의 극기적 수동성과 인고(忍苦) 등은 디킨즈의 여주인공들에게서 쉽게 발견되는 모습이다. 또 그녀의 계급의식은 도전적인 것이 아니라 체념적인 것에 가깝다. 따라서 그녀의 사회적 상징성을 평가해주는 개리스(Robert Garis)는 그녀가 결국 "낯익은 빅토리아조 덕목들을 흔들림없이 실천하는...관습적인 여성다운 정숙과 부드러움의 이미지"(Garis 234)로 그려지고 있다고 말한다. 그리고 브라운(James M. Brown)같은 평자는 신분의 상승을 얻지만 자기 분수를 알고 있다는 점에서 그녀를 계급적으로 리틀 도릿과 조 가저리(Joe Gargery)의 결합으로 보면서 그녀의 중산 계급적 가치의 수용을 비판하기도 한다(Brown 156-7).

그러나 리틀 도릿을 비롯한 다른 후기 작품 속의 순종적인 여성들이 그렇듯이 리지의 이러한 표면적 관습성의 이면에는 당대의 지배 이데올로기를 넘어서는 도전적 가치와 실천적 깊이가 존재하고 있다. 우리가 리지의 성격에서 끌어내야 할 부분은 바로 그러한 적극적 가치와 실천성이 얼마만큼 진지하게 구현되고 있는가 하는 것이다. 이를 위해서는 특히 디킨즈의 과거의 구원적 여주인공들에 비교할 때 드러나는 리지의 발전적 차별성을 염두에 두면서 그녀를 바라볼 필요가 있다. 그리고 이때 우리는 여성에 대한 디킨즈의 상상력이 그의 다지막 완성 작품에 즈음하여 어떻게 발현되고 있는가를 보다 정확하게 이해할 수 있을 것이다.

3

구원자적 역할을 하는 여성으로서 리지에게 새롭게 발견되는 첫 번째 요소는 그녀의 남다른 성적 매력과 그것이 그녀에게 일으키는 현실적 문제이다. 그녀의 미모는 하층계급이라는 그녀의 출신성분에 대조되면서 그녀가 관계하는 사람들의 즉각적인 관심을 끌곤 한다. 일찍이 그녀가 사는 하층세계의 여장부격인 주점주인 포터슨 양(Miss Potterson)은 그녀를 도와주고자 하는 충동에 대해 자책하는 가운데 그녀의 미모를 두고 "왜 너는 못생기지 않았니?"(111)하고 염려 섞인 항변의 탄식을 한다. 유진과 브래들리 헤드스토운(Bradley Headstone)은 그들의 의식적 자기검열에도 불구하고 그녀를 본 첫 순간부터 그녀의 매력에 사로잡힌 채 그녀를 둘러싼 갈등과 분열의 파괴적 행위에 빠져들고 만다(70, 402-4, 452 등 참조). 존 하먼(John Harmon)과 벨러 월퍼 역시 그녀를 처음 만날 때 바로 그녀로부터 강한 인상과 끌림을 받는데, 하먼은 "그녀의 외모는 아주 놀랍군요"(581)라고 하기도 한다.

한편 리지에게서 우리는 애그니스가 지니는 천사적 신성한 이미지나 리틀 도릿과 같이 육체적 성격을 극소화하는 '작음'의 이미지 그리고 도러나 벨러에게 부여되는 인형 같은 귀여움 등의 디킨즈적 여성의 특징적 면모를 찾아 볼 수 없다. 그런데 이것 또한 리지의 여성으로서 매력에 대한 현실적 성격을 거꾸로 뒷받침해주고 있는 사실이다. 실제로 유진이 개퍼 헥삼(Gaffer Hexam)을 기다리며 홀로 있는 그녀의 모습을 몰래 창문을 통하여 바라볼 때의 다음과 같은 묘사는 간결하게 억제된 가운데 그녀의 육체적 매력 및 그것에 대해 유진이 느낀 성적 매혹을 강하게 암시해 주고 있다.

> 그 작은 창문을 통해 방과 벽에 붙여진 익사자에 대한 벽보들이 보였다.... 그러나 그는 그것들은 흘끗 보았을 뿐, 그녀를 오래 주시해 보았다. 불길이 오르내리는 옆에서 눈물을 흘리며 슬프고 외로운 모습이었을지라도 뺨의 갈색 홍조와 머리카락의 빛나는 광채를 띤 그 깊고 풍성한 색깔의 형체를.

> It [a small window] showed him the room, and the bills upon the wall respecting the drowned people... But he glanced slightly at them, though he looked long and steadily at her. A deep rich piece of colour, with the

brown flush of her cheek and the shining lustre of her hair, though sad and solitary, weeping by the rising and the falling of the fire.(211)

리지의 이러한 육체적 매력은 불꽃을 배경으로 하는 다른 장면들(가령, 70 또는 403의 묘사 참조)에서도 확인되곤 하며, 이밖에 그녀의 "풍부하고 짙은 검은 머리칼"(575)에 대한 반복되는 언급에 의해서도 강화되어 나타난다. 물론 리지의 미모와 성적 매력이 전체적으로 볼 때 위와 같은 단편적 언급과 암시를 넘어 더 직접적인 구체성으로 묘사되는 데까지 나아가지는 않는다. 따라서 "그녀의 미모는 표현되기보다는 언급된다"라는 개리스의 지적(Garis 234)은 크게 틀리지 않다. 그러나 이것은 당대 문학에서의 성에 대한 묘사의 절제와 그것을 벗어나지 않는 디킨즈의 일반적 여성묘사 경향에 비추어 볼 때 당연한 것으로 보아야 한다. 오히려 이러한 한계 안에서 디킨즈는 암시와 진술이라는 방식이지만 여주인공에게 육체적 존재를 부여하고 또 그로 인한 문제도 진지하게 다루고 있는 것이며, 우리는 이 새로운 모습을 보다 적극적으로 평가해주어야 한다.

한편 리지가 겪는 계급적, 성적 시련의 복합성은 그녀를 과거의 구원자적 여주인공들에 비해 한층 사회적 현실성과 구체성을 지닌 인물로 만들고 있다(따라서 리지가 인물로서 "정적인"(static) 존재라거나 (Knoepflemacher 156), "비현실적"이라거나 (Romano 58), 또는 감정적 지적 복합성이 없어 본질적으로 "멜로드라마적 창조"에 그친다 (Slater(1983) 286)는 단정들은 수정되어야 할 것들이다). 사회적 신분에 있어 "공장 여공이 된 여자 사공"(889)으로 경멸당하는 그녀는 에드먼드 윌슨(Edmund Wilson)이 말한 대로 디킨즈 작품의 중심역할을 하는 여주인공으로서는 처음으로 최하층 계급 출신에서 고른 인물이다(E. Wilson 65). 따라서 그러한 그녀가 상류계급의 일원인 유진에게 성적 희롱의 대상으로 추근당하면서도 한편으로 그를 사랑하게 됨으로써 초래하는 갈등과 시련은 리틀 도릿이 클레넘을 흠모하면서 겪는 갈등과 고통에 비할 때 훨씬 더 심각한 사회적 의미와 문제성을 안고 있다. 여기에 하층계급에서 중산계급으로 진입한 브래들리 헤드스토운의 파괴적 관심과, 자기의 출세를 위한 도구로 그녀를 보고 희생을 당연하게 강요하는 동생 찰리(Charley)의 남성 중심적 이기주의 또한 그녀를 어느 누구보다도 더 계급과 성의 억압적 현실을 복합적으로 구현하는 인물로 나타나게 하는 데 기여한다. 라이어(Riah)의 다음과 같은 말은 바로 그녀의 이러한 중첩된 현실적 궁지를 잘 요약하고 있다.

> 그녀를 더 잘 알게 될수록 저는 그녀의 운명에 대해 점점 깊은 관심을 갖게 되었지요. 그것은 얽혀들어 하나의 위기가 되어버렸습니다. 저는 그녀가 이기적이고 배은망덕한 남동생, 받아들일 수 없는 한 구혼자, 보다 강력한 연인의 유혹, 자신의 심정이 부리는 농간 등으로 포위되어 있는 것을 발견했습니다.

> The better I knew her, the more interest I felt in her fortunes. They gathered to a crisis. I found her beset by a selfish and ungrateful brother, beset by an unacceptable wooer, beset by the snares of a more powerful lover, beset by the wiles of her own heart.(489)

그러나 리지는 이처럼 한 여성으로서 남다르게 겪는 난관 앞에서 남달리 주체적인 판단과 의지적 실천을 보이고 있는 인물이기도 하다. 그녀는 유진의 접근에 대하여 한편으로 강하게 마음이 끌리면서도 그의 정부(情婦)가 될 위험으로부터 자신을 지켜나간다. 그리고 이와 동시에 브래들리의 정열적 구혼에 대해서는 담대함과 분노를 보이면서 (456-457) 단호하게 반발한다. 또한 자기의 삶을 바쳐 길렀던 동생이 그의 앞날을 위해 희생을 요구하는 것도 끝까지 거부한다. 특히 디킨즈에게 있어 자주 나타나는 오빠나 남동생을 위해 자기를 희생하는 누이의 예들을 염두에 둘 때, 리지의 거부는 예외적인 자기주장으로 보인다. 슬레이터(Michael Slater) 역시 그녀의 이러한 자아의 실천적 독립성을 지적하면서 그녀를 제인 에어(Jane Eyre)와 비교하기도 한다(Slater(1983) 285). 이밖에 그녀가 하층계급 출신으로서, 디킨즈의 여주인공으로는 드물게 단단한 신체적 조건과 강인한 생존능력을 겸비하고 있다는 점은 더욱 그녀의 주체적 존재로서의 성격을 부각시켜 준다.

리지의 유진에 대한 자기부정적 사랑에 있어서도 그녀는 리틀 도릿 못지 않게, 소극적이고 수동적인 한편으로 적극적인 자기실천과 단단한 의지를 보인다. 신분이 전혀 다른 신사계급인 유진을 사랑한다는 행위 자체가 이미 하층계급의 그녀로서는 주제넘은 것이라고도 할 수 있는데, 그녀는 일단 넘을 수 없는 계급적 장벽을 인식하고 체념적이고 도피적인 행동을 취한다. 하지만 사실 이것도 따지고 보면 거부할 수 없이 솟아오르는 자신의 감정적 욕구가 극복하기 불가능한 현실의 장애와 충돌하여 발생할 궁지를 확고히 인식하고 그 충돌과 궁지로부터 자신을 보호하기 위한 방편으로 취해진 주체적 결단의 행위이다. 한편 그녀는 유진에 대한 자신의 사랑을 다른 사람에게 토로하는 데 주저하지 않으며 나아가 그것에 대해 당당한 긍지를 지닌다고 주장하기까지 한다. 제니 렌(Jenny Wren)과 함께 불꽃상상을 하면서 그녀는 유진에게 어울리는 가상의 '숙녀'(lady)에게 자신의 사랑을 투영하여 다음과 같이 진술한다.

> 그녀의 마음은--그 모든 사랑과 진실을 담아 그에게 주어졌단다. 그녀는 기쁘게 그와 함께 죽을 수도, 혹은 더 나아가 그를 위해 기꺼이 죽을 수도 있었지. 그녀는 그가 결점들을 지니고 있다는 것을 알지만, 그것들은 그가 난파당한 사람과 같은 처지에 있기 때문에, 즉 뭔가 믿고 바라며 좋게 생각할 대상이 없기 때문에 생겨난 것들이라고 생각하지. 그래서 그녀는, 내가 결코 가까이 하지 못할 그 부유하고 아름다운 숙녀는, 이렇게 말한단다. '그저 저를 그 빈 자리에 놓아 보세요. 그저 제가 얼마나 제 자신을 개의치 않는가 시험해 보세요. 그저 제가 당신을 위해 얼마나 많은 것을 하고 참아낼 수 있는지 확인해 보세요. 바라건대, 당신보다 참으로 못나고

당신과 비교하면 일고의 가치도 없는 저이지만, 저를 통하여 당신은 지금보다 훨씬 훌륭하게 되실 수 있을지도 몰라요.'

Her heart--is given him, with all its love and truth. She would joyfully die with him, or, better than that, die for him. She knows he has failings, but she thinks they have grown up through his being like one cast away, for the want of something to trust in, and care for, and think well of. And she says, that lady rich and beautiful that I can never come near, "Only put me in that empty place, only try how little I mind myself, only prove what a world of things I will do and bear for you, and I hope that you might even come to be much better than you are, through me who am so much worse, and hardly worth the thinking of beside you."(404-5)

이 장면은 리틀 도릿이 매기(Maggy)에게 동화를 들려주면서 자신의 사랑을 표출하는 모습을 연상케 한다. 비록 내용적으로는 사랑하는 사람에 대한 헌신을 담고 있는 말이지만, 여기에는 맹목적인 자기부정이 아니라 유진의 잘못된 삶과 결함에 대한 분명한 인식이 깔려 있다. 그리고 나아가 자신이 사랑으로 그를 변화시킬 수 있으리라는 확신도 자리잡고 있다. 또 그녀는 말하는 동안 자신과 가상된 '숙녀'와의 상상적 거리를 잊은 채 강렬한 감정적 토로에 빠져들고 마는데, 이 사실은 그녀의 위와 같은 내적 갈망의 깊이와 의지의 감춰진 적극성을 확인해준다.

벨러와의 대화에서도 그녀는 자신이 높은 신분의 '신사'를 사랑하며 그로 인해 숨어 살고 있다는 사실을 숨기려 들지 않는다. 그리고 그 사랑을 버리는 게 좋지 않겠느냐는 벨러의 충고에 대해서는 즉각 상기된 얼굴로 단호히 거부한다(590). 그리고 이어 자신의 그에 대한 진정을 다시금 열정적인 어조로 길게 펼쳐 보이는데, 여기에 나타나는 그녀의 태도는 희생적이고 소극적이기에 앞서 당당하고 결단적이며 신념에 찬 것이다. 이 점은 자신이 그의 아내가 될 가능성이 없다는 인식을 분명히 지니면서 다음처럼 말하고 있는 모습에서 증명된다.

> 하지만 난 그를 사랑해요. 그를 참으로 깊이 사랑하기 때문에, 때때로 내 삶이 고달프기만 할 것이라고 생각될 때도 나는 그것을 자랑스러워하고 기쁘게 여긴답니다. 그를 위해 뭔가 고통을 견뎌낸다는 것이 난 자랑스럽고 기쁩니다. 비록 그것이 그에게 도움이 전혀 안 되고 그가 결코 그것을 알지 못하거나 바라지 않을지라도 말예요.

> And yet I love him. I love him so much, and so dearly, that when I sometimes think my life may be but a weary one, I am proud of it and glad of it. I am proud and glad to suffer something for him, even though it is of no service to him, and he will never know of it or care for it.(591)

요컨대 현실적 장애와 궁지로 인해 부득이 도피적 방도를 취하고 있는 상황이지만, 그것에 압도되지 않고 이렇게 자신의 감정을 강렬하게 밝히고 떳떳하게 주장하며 단호한 의지를 세우는 그녀의 면모는 사실 리틀 도릿보다도 더욱 구체적인 실감으로 다가오기도 한다.

이제까지 살펴본 리지의 여주인공으로서의 특징은 결국 그녀가 다른 구원자적 여주인공과는 달리 유진을 구원하기에 앞서 그에 대항하여 갈등과 투쟁의 위기적 과정을 겪는다는 사실로 귀결된다. 그리고 이것은 곧 그녀와 유진의 관계가 디킨즈의 과거 여주인공들의 애정관계에 비해 한층 구체적 현실성과 심각한 긴박성을 띠게 되는 요소이다. "디킨즈는 그녀[리지]를 그의 가장 공감적인 사랑의 여주인공으로 만들었다"라는 기씽(George Gissing)의 말(186)이 틀리지 않는 것도 이 때문이다. 유진은 마침내 리지가 숨어 사는 마을로 그녀를 추적해 오는데, 두 사람이 여기서 벌이는 장면은 일견 상류신사에 의한 하층여자의 유혹이라는 상투적 내용을 담고 있는 듯하지만 계급과 성을 둘러싼 미묘한 세력다툼의 양상을 극적으로 잘 보여준다. 타락한 사회의 가치에 영합한 채 권태와 자조 그리고 냉소 등으로 삶을 낭비하는 상류계층의 한량으로서 유진은 리지에 대한 깊은 끌림을 느끼고 있으나 여전히 그녀를 진지한 사랑의 대상으로 인정하지 않고 오직 정욕의 희롱거리로 정복하고자 한다. 이에 대해 리지 자신은 그를 사랑하는 마음이 강렬하면서도 그의 이기적인 욕망의 희생자가 되는 것을 거부한다. 하지만 계급적 차이를 극복한 유진의 결심과 청혼에 대한 바램이 사실상 그녀의 심리에 무의식적 바탕으로 자리잡고 있기도 하다. 이러한 이해관계의 대립상황에서 그들의 대화는 심리적 긴장과 알력을 통하여 서로 상대의 굴복과 양보를 추구하는 양상을 보인다.

물론 여기서 계급적으로나 성적으로 리지는 절대적으로 불리한 위치에 있다. 따라서 대화의 표면적 주도권을 단연 유진이 장악하며 리지는 거의 변명과 호소를 통한 방어로 일관한다. 그러나 그녀는 소극적 태도와 방어를 통하여 궁극적으로는 유진의 요구와 정복을 거부해 나가는 동시에 그로 하여금 그들 관계의 진상을 직시하게 한다. 그리고 그녀의 이러한 대응은 그녀의 억제된 바램을 향하여 그가 이끌리게 하는 결과를 낳기도 한다. 가령 만나자마자 당연한 듯이 허리를 끼려는 유진의 동작을 두 번씩이나 물리치는(759) 리지는 그렇게 냉정하고 침통한 모습을 하지 말라는 그의 권유에 항변하여 다음처럼 대답한다.

> 우리 사이의 거리와 차이를 알고 있는 상황에서 제가 달리 어쩔 수 있겠어요? 당신이 왜 이곳에 왔는지 제게 말하는 것이 바로 저를 치욕에 떨어지게 하는 것임을 아는데, 제가 어떻게 달리 행동할 수 있겠어요!
>
> What else can I be, when I know the distance and difference between us? What else can I be, when to tell me why you came here, is to put me to shame!(760)

그런데 이 말은, 비록 울면서 하소연하듯이 말해지지만, 결국 자신을 욕정의 대상으로서만 쫓아다니는 그의 이기적 행위에 대한 도전적 비판이나 다름없다. 따라서 이로 인해 유진은 변명하듯 자신이 그녀에게 정말 마음이 끌려 있음을 고백하게 되는데, 그녀는 이를 내심 기뻐하는 한편 나아가 그로 하여금 더욱 현실적인 문제파악을 제대로 하도록 이끈다. 그에게 이제 생각을 진지하게 할 때임을 강조하면서 그녀는 이렇게 말을 잇는다.

> 저는 당신과 신분이 다르고 명예에 있어서도 당신과는 아주 동떨어져 있다는 것을 생각해 주세요. 당신의 고결한 마음이 저를 보호해 주지 않는다면 저는 아무에게도 보호를 받을 수 없다는 것을 기억해 주세요. 저의 평판을 존중해 주세요. 만약 당신이 제가 숙녀라면 느끼실 것과 같은 감정을, 한가지 특별한 점에 있어서, 저에게 느끼신다면, 당신의 고결한 행동을 요구할 숙녀의 온전한 권리를 저에게 허용해 주세요. 저는 노동자임으로써 당신과 당신 집안으로부터 동떨어진 존재입니다.
>
> Think of me, as belonging to another station, and quite cut off from you in honour. Remember that I have no protector near me, unless I have one in your noble heart. Respect my good name. If you feel towards me, in one particular, as you might if I was a lady, give me the full claims of a lady upon your generous behaviour. I am removed from you and your family by being a working girl.(761)

물론 그녀는 여기서 그에게 자신을 그의 정부로 만들려는 욕망을 버리고 떠나달라는 호소를 하고 있다. 그리고 이 호소에는 그의 접근을 계속 허용하면 끝내는 그에게 굴복하게 되리라는 스스로에 대한 두려움도 강하게 작용하고 있다. 하지만 이 말은 유진의 요구에 그녀가 응할 수 없는 현실적 조건을 분명히 명시하고 있는 것으로서, 그가 그녀를 진정 원한다면 그 장애를 극복하고 결혼할 결단을 해야 된다는 촉구를 무의식적 의미로 전하고 있는 것이기도 하다. 그녀의 계급적 차이에 대한 반복되는 강조나, 신사다운 행위나 귀부인적 권리 등의 표현, 또는 "당신이 나를 어디로 몰아갈 것인지를 고려해 보세요"(761)와 같은 호소 등은 바로 그러한 리지의 억눌러진 희구를 은밀한 파편으로 드러내는 반어적 증거들이다. 그녀가 "전 그와 같은 연인으로부터 달아나기로...굳게 결심하고 있어요"(761-762)라고 언명할 때 역시 '그와 같은'이란 말은 다시금 그녀의 잠재적 요구를 유진에게 주입하고 있는 셈이다.

따라서 이러한 요구는 결국 유진으로 하여금 다음처럼 묻게 하기에 이른다.

> 내가, 네가 말한 대로, 너로부터 동떨어지고 단절된 존재가 아니라면, 너는 나에게 이렇게 떠나달라는 요청을 했을 것이니?
>
> If I had not been what you call removed from you and cut off from you, would you have made this appeal to me to leave you?(762)

> 네가 나를 너와 평등한 관계에 있는 존재로 여겼다면, 나를 어떻게 대했을지 말해다오.
>
> Let me know how you would have dealt with me if you had regarded me as being what you would have considered on equal terms with you.(763)

유진은 아직 진지하게 자신의 결단을 고려하기보다 리지의 사랑을 고백받으려는 의도로 이 질문을 던지면서 그녀의 대답을 집요하게 강요하고 있다. 그러나 이 말에는 또한 리지의 호소가 함축하고 있는 위와 같은 추궁에 의해 그가 의식의 저변에서 어느덧 자신이 외면해온 리지와의 관계의 핵심적 문제를 인식하고 해결의 가능성을 가정해 보는 경지에까지 이르렀다는 사실이 드러나 있다. 따라서 리지가 얼마 후 이제까지의 대결이 요구하는 감정적 긴장과 압력을 이기지 못하여 거의 무력하게 그에게 안기듯 쓰러지지만, 그의 포옹은 승리감이 아니라 그녀에 대한 깊은 감동과 존중에서 비롯된다. 그리고 이 순간에 이어 즉시 그가 약속한 대로 그녀를 보내주며 혼자 남아 "마음 불편한 상념들"(766)에 빠져 긴 내적 갈등을 겪는 것도 바로 리지가 발휘하는 그러한 영향력의 성과이다. 이렇게 볼 때 이처럼 치열한 내적 갈등과 세력투쟁을 구성하는 리지의 대화는, 개리스가 주장하듯이, 그저 구태의연한 "숙녀같은 연극배우의 고상한 호소적 수사"(Garis 234-5)로서 치부하고 말 것이 결코 아니다. 그리고 그녀의 적극적 성격을 한편으로 인정하면서도 궁극적으로는 "어떠한 종류의 감정적 또는 지적 복잡성"도 치명적으로 결여하고 있는 "본질적으로 멜로드라마틱한 창조"로 그녀를 규정하는 슬레이터의 견해(Slater(1983) 286) 또한 바른 이해와는 거리가 멀다.

그러나 이미 타락한 사회의 가치와 제도에 젖어 삶에 대한 일체의 진지한 행동의 능력을 상실한 채 자기불신과 냉소주의를 벗어나지 못하고 있는 유진은 '하지만'(yet)과 '그러나'(but)로 시작되는 말들만 계속 번갈아 중얼거리다가 확실한 결단에 이르지 못한다. 그가 내리는 마지막 결론은 단지 "그녀와 결혼하는 것도 불가능하고, 그녀를 떠나는 것도 불가능하니. 위기야!"(766)라는 갈등의 확인일 뿐이다. 따라서 이 위기는 결국 브래들리에 의한 살인적 가격(加擊)과 리지에 의한 구원이라는 외부적 힘에 의해 해결된다. 그러므로 브래들리의 공격은 유진이 스스로 용기 있는 결단을 내리지 못한 데 대한 징벌적 의미를 지닌다고 할 수 있다. 특히 그는 리지에게 구원되기에 앞서 과거로부터 현재에 이르기까지 행해온 방탕, 낭비, 무책임, 오만, 현실도피 등에 대한 대가를 온전히 치러야 할 필요가 있는데, 그의 부당한 행위의 한 희생자인 브래들리가 그 징벌의 대행자로서 역할을 하는 셈이다.

사실 브래들리의 공격은 어느 정도 유진 자신에 의해 자학적으로 촉발된 것이기도 하다. 비록 타락한 가치에 영합하여 계급적 특권을 누리며 권태와 방탕으로 삶을 허비하고 또 하층계급의 여자를 농락하고자 하지만 유진은 내면의 한 구석에 자기 행동의 부당성에 대한 억눌린 죄의식을 항상 간직하고 있다. 바로 이 점은 계급과 성을 둘러싼 도덕적 갈등의 주체로서 그를 디킨즈의 남성 주인공 중 가장 진보된 인물창조로 만들기도 한다(유진의 전례적 주인공인 『두 도시 이야기』(*A Tale of Two Cities*)의 시드니 카튼(Sidney Carton)을 그와 비교하면 쉽게 그의 인물적 발전을 알 수 있을 것이다. 또 그는 핍(Pip)과 비교해서도 계급이나 성의 차이에서 비롯되는 갈등과 문제를 훨씬 짙은 사회적 함의 속에서 구현하고 있다고 할 수 있다). 그런데 이 죄의식은 그가 계속 어긋난 행동을 할수록 보이지 않게 커지면서 마침내 그의 무의식에 자신에 대한 혐오와 징벌의 욕구가 강렬하게 자리잡게 한다. 그가 브래들리를 가학적으로 괴롭힘으로써 자신에 대한 광적 증오를 계속 부채질하는 동기는 바로 여기에 있다. 따라서 그는 리지를 찾아가 만날 때, 브래들리가 노리는 복수의 순간이 될 줄 능히 짐작할 수 있었으면서도 브래들리에 대해 아무런 주의를 하지 않는다. 즉 자학과 징벌에 대한 무의식적 욕구가 유진의 행동의 이면에 보이지 않게 작용하고 있었기에 브래들리는 쉽게 그에게 증오와 복수의 살인적 공격을 가할 수 있었던 것이다(이와 비슷한 주장을 하는 예로 Hirsh 212, Stoehr 217, 221-2 등 참조).

어쨌든 유진은 죽은 목숨과 다름없이 강물에 던져졌다가 리지에게 구조되어 새로운 생명과 삶을 얻게되는, 징벌과 재생의 상징적 제의(祭儀)를 거친다. 슬레이터는 리지가 유진을 강에서 건져낼 때 한번, 그리고 사경을 헤매고 있는 그에게 결혼약속을 함으로써 그를 살아나게 할 때 다시 한번 등, 두 차례에 걸쳐 그를 구원한다고 주장한다(Slater(1983) 285). 그러나 보다 중요한 사실은 그녀가 그를 육체적으로 구원하는 동시에 정신적인 구원까지 해 준다는 점이다. 육체적으로 소생한 유진은 리지를 통하여 무의미하게 방황하던 과거의 삶을 청산하고 새롭고 진정한 삶의 실천을 향하여 용기있는 결단을 내리게 된다. 우선 그는 의식을 찾았을 때, 그녀에 대한 자신의 부당성을 밝히면서 그녀의 명예를 보호하기 위해 브래들리를 벌하지 말라고 친구 모티머 라이투드(Mortimer Lightwood)에게 부탁한다. 그리고 리지에게 청혼을 함으로써 좀더 확실한 보상을 행하고자 한다. 한편 그는 이제껏 결핍하고 있던 자신에 대한 겸손한 인식과 삶의 의욕을 획득하는 모습도 보인다. 결혼 후 그가 앞으로 삶의 "목적과 에너지"(825)를 찾아 최대한의 성취로 이를 실현해 나가리라고 믿는다며 힘을 북돋아 주는 리지에게 그는 다음처럼 대답한다.

> 그러기를 바래. 하지만 난 그러리라 생각할 만큼 허영심에 젖을 수는 없어. 보잘것없고 탕진된 내 젊음을 돌이켜볼 때, 어떻게 내가 그렇게 성각할 수 있겠어! 겸손히 그것을 희망하긴 하지만, 감히 확신할 수는 없어.

> I hope so. But I can't summon the vanity to think so. How can I think so, looking back on such trifling wasted youth as mine! I humbly hope it; but I daren't believe it.(825)

말하자면 그는 여기서 자신의 과거에 대한 분명한 각성에 바탕하여 그가 부정해 온 삶의 '목적과 에너지'를 겸손한 자세로 발견하면서 새로운 삶의 시작을 조심스럽게 받아들이고 있는 것이다. 이렇게 변화된 그는 실제로 리지가 자신을 얼마나 변화시켰는가 하는 것을 벨러 윌퍼 등에게 털어놓기도 하는데(883), 특히 모티머와의 대화(885)는 리지에 의한 구원이 이루어낸 그의 도덕적 재생을 마지막으로 확인해준다(여기서 그는 티핀스 부인(Lady Tippins) 같은 상류계급의 멸시 앞에서 오히려 리지를 자랑스럽게 여기면서 그녀와 함께 당당히 싸워나가겠다는 선언을 할 정도로 성숙한 도덕적 변화를 보인다).

요컨대 리지는 과거에 가상된 '숙녀'를 통해 이룰 수 없는 희망으로만 토로해 보던 유진의 변화와 구원을 '공장 여공이 된 여자 사공'의 신분으로서 실제 현실로 성취해내는 셈이다. 그런데 이렇게 리지가 유진을 구원하는 과정에서 발생하는 한 결과는, 리틀 도릿과 클레넘의 경우처럼, 두 사람 사이에 남녀관계의 전도된 질서가 형성된다는 점이다. 작품의 말미에서 묘사되는 유진은 사실상 남성적 권위와 힘을 상실한 존재이다. 위에서 본 바, 삶의 '목적과 에너지'를 발견하고 도덕적 원칙을 획득함에 있어서 그는 리지에게 전적으로 의지한다. 육체적으로도 "사지를 뻗은 채 형편없이 망가지고 꼴사나운 작자"(823)로서 그는 불구(Hirsh는 유진의 불구성을 그가 거세되어 남성성을 상실한 것에 대한 상징으로 간주한다. Hirsh 211)나 다름없어 리지에 의해 돌보아지고 이끌림을 받아야 하는 종속적인 위치에 떨어진 존재이다. 다비(Margaret Flanders Darby) 역시 두 사람의 관계를 제인 에어와 로체스터(Rochester) 사이의 최종관계보다 더 역전된 것으로 보면서 다음처럼 요약한다.

> …강에서 구조된 유진은 사실상 모든 생명력을 상실한 존재이다. 소설의 나머지 부분에서 우리가 그에 대해 갖는 느낌은 거의 완전히 아내에게 의존하는 지경에 떨어진 남성이라는 것이다.
>
> …the Eugene rescued from the river is virtually stripped of all vitality. …the sense we get of him for the rest of the novel is of a man reduced to nearly total dependence on his wife(Darby 171).

물론 유진의 이러한 무력함과 종속성이 영속적 당위로 제시된 것은 아니고, 리지의 구원적 지위도 궁극적으로는 남성의 지배와 권위를 부정하는 도전적 의미를 지닌 것이 아니다. 그러나 위와 같이 두 사람 사이에 가시적으로 일어나는 남녀위계의 전도성은 적어도 리틀 도릿의 경우보다 현실적 실천의 측면에서 한걸음 깊어진 형태이며, 따라서 그만큼 당대의 타락한 사회를 주도해온 남성에 대한 디킨즈의 부정적 시각과 여성의 구원적 역할에 대한 믿음이 깊어졌다는 증거이기도 하다.

4

디킨즈가 리지에게 한층 깊은 구원자적 의미를 부여하고 있다는 한 증거는 그녀의 구원적 역할이 유진과의 관계를 통해서뿐만 아니라 여러 다른 형태로도 발현되면서 강화된다는 점에서 찾아볼 수 있다. 우선 리틀 도릿과 마찬가지로 그녀가 실천하는 모성적 역할은 그녀의 구원자적 이미지를 준비하고 또 그것에 결합되고 있다. 그녀는 아버지의 도덕적 지주로서 헌신하는 한편 동생 찰리를 어머니처럼 길러내며, 제니 렌에 대해서도 어머니의 역할을 해주는 셈이다. 사실 유진을 강에서 구해내고 돌보아주는 그녀의 모습도 일종의 모성적 원형의 이미지를 강하게 연상시키는 면이 있다(이와 관련하여 Hirsh 205 참조). 그리고 베티 힉든(Betty Higgden)이 쓰러진 자신을 도와주는 리지를 천사처럼 여기는 것이나, 이어 그녀가 숨을 거둘 때 "리지 헥삼은 매우 부드럽게 그 풍파로 얼룩진 얼굴을 받쳐서, 그녀를 천국만큼 높이 들어 올렸다"(577)와 같이 묘사되는 것도 리지의 구원자적 상징성을 강화해주는 단편적 예이다. 이밖에 벨러와 존 하먼이 서로간의 진실된 모습을 바라보고 가까워지는 것은 그들이 리지를 만나고 난 뒤, 특히 벨러가 리지에게 받는 감화를 통해서이다. 또한 유진과 모티머 라이투드 사이의 관계도 바로 유진이 리지에 의해 구원되는 과정을 통하여 과거에는 불완전했던 진정한 상호이해가 돈독해지면서 새롭게 발전되는 모습을 보여준다. 그리고 이 모든 인간적 관계와 더불어, 리지의 삶이 강이나 자연 또는 건강한 노동과 밀접하게 관련되어 영위되고 있다는 사실도 그녀의 생명 창조적 역할을 상징적 색채로 보강해준다.

리지에게 이렇게 여러모로 부여된 구원자적 이미지가 궁극적으로 뒷받침하는 것은 그녀가 행한 유진의 구원이 단순한 개인적 차원을 넘어 사회적 차원의 상징적 의미를 지닌다는 사실이다. 즉 『우리 서로의 친구』에서 디킨즈는 포드스냅(Podsnap), 버니어링(Veneering), 티핀스 부인 등의 창조를 통하여 당대 사회의 지배계급에 대한 통렬한 비판과 혐오를 극명하게 드러내고 있는데, 바로 리지는 그러한 지배계급의 타락성에 대응하는 구원적 가치를 대변하는 인물인 것이다. 그녀가 보이는 건강한 덕목들, 즉 깊이 있는 감수성과 공감적 상상력, 주체적 의지와 결단력, 노동에 의한 생존과 강인한 생활력, 이타적 태도, 삶의 창조적 실천 등은 리비스(F. R. Leavis)가 리틀 도릿에게서 발견했던 삶의 긍정적 가치들과 같은 것들로서(Leavis 298, 311-2), 이는 바로 포드스냅, 버니어링, 티핀스 부인 등의 타락한 지배계급이 상실했고 부정하는 가치들이다. 따라서 지배계급의 일원인 유진이 파멸적 위기를 겪고 리지에게 구원되는 사건은 빅토리아조 사회의 타락한 문화에 대하여 디킨즈의 상상력이 희구하는 도덕적 징벌과 갱생의 비전으로서 의미를 지닌다. 그리고 이 비전은 당대의 계급적 질서를 넘어선 그들의 결합을 통하여 파격적이고 도전적인 성격을 띠게 된다.

물론 리지와 유진을 통해 제시되는 이 구원적 비전은 작품에서 그려지는 현실의 타락한 세력에 비할 때 그 실천적 가능성과 사회적 호소력이 미약하게 보이는 측면도 있다. 사실 물질적 탐욕과 허위, 독선적 가치관 등으로만 가득 찬 지배계급에 대한 묘사는 이 작품에서 과거의 어느 소설에서보다 환멸 어린 냉소와 풍자의 어조를 짙게 띠고 있다. 그리고 이는 곧 당대의 지배계급이 더 이상 어떤 자발적 개선의 여지를 기대할 수 없을 만큼 강력한 세력을 이미 구축해놓고 있다는 디킨즈의 초조하고 비관적인 인식에서 비롯된 것이다. 평자들에 의해 리지와 유진의 결합이 갖는 사회적 의미가 회의적으로 받아들여지곤 하는 것은 바로 이 때문이다. 예컨대 일찌기 에드먼드 윌슨은 두 사람의 결합이 지배계층의 행태에 아무런 영향을 끼치지 못한다고 하며 디킨즈는 이제 포드스냅 무리를 두려워하고 있다고까지 한다(E. Wilson 65-6, 78). 한편 스미쓰(Grahame Smith)는 두 사람의 결혼이 리틀 도릿과 클레넘의 결혼에 비해 완전히 고립된 존재들 사이의 유대로서 개인적 행복의 왜소한 내용밖에 없는 것이라는 입장이며(Smith

188), 맥매스터(Juliet McMaster)는 작품을 지배하는 세계의 암울함에 대해 이 결말이 그저 "애처롭게 행복한 결말"일 뿐이라고 지적한다(McMaster 220).

그러나 디킨즈의 지배세력에 대한 환멸이 깊어지고 그의 현실개혁에 대한 비전이 어두워졌다는 사실이 그가 한편으로 제시하고 있는 인간적 가치와 그 사회적 실현 가능성에 대한 믿음을 무화시키는 것은 아니다. 오히려 그러한 암울한 현실인식이 깊어질수록 디킨즈의 창조적 상상력이 그에 대응하는 구원적 가치를 창조할 필요가 그만큼 더 절실해질 수밖에 없으며, 구원의 능력을 실천하는 리지의 창조는 바로 그러한 요구의 소산인 것이다. 특히 디킨즈가 사회개혁의 총체적 비전이나 급진적 실천을 제시하기보다는 개별 주체들의 인간적 실천을 통한 의미 있는 현실창조의 가능성을 믿고 있다는 점을 생각할 때, 그녀와 유진의 결합은 리틀 도릿과 클레넘의 내디딤과 마찬가지로 조용하고 겸손하면서도 그들 앞에 놓인 현실의 한층 악화된 상황에 맞서고자 하는 용감한 결단적 실천으로 평가될 수 있다. 게다가 여성의 구원자로서의 역할이 리지를 통해 더 구체적인 현실의 갈등 속에서 그리고 더욱 강력한 실천력으로 그려지고 있다는 사실은 빅토리아조 사회의 부패와 부조리에 대하여 계급의 문제뿐만 아니라 남성과 여성의 지배관계의 문제까지 포괄하여 반응하는 디킨즈의 한 걸음 깊어진 상상력을 확인해주기도 한다. 그리고 바로 이러한 이해의 바탕에서 우리는 디킨즈가 여성의 구원력을 현실의 타락한 가치체계에 대한 실제적 대안의 가능성으로 진지하게 제시하고 있음을 보다 뚜렷하게 확인할 수 있다.

인용문헌

Adrian, Arthur A. *Dickens and the Parent–Child Relationship*. Athens: Ohio Univ. Press,1984.

Auerbach, Nina. "Dickens and Dombey." *Dickens Studies Annual* 5 (1976).

Bayley, John. "*Oliver Twist*: 'Things As They Really Are'." *A Norton Critical Edition of Oliver Twist*. Ed. Fred Kaplan. New York: Norton, 1993.

Bowen, John. "Spirit and the Allegorical Child: Little Nell's Mortal Aesthetic." *Dickens and the Children of Empire*. Ed. Wendy S. Jacobson. New York: Palgrave, 2000.

Brooks–Davies, Douglas. *Great Expectations*. London: Penguin, 1989.

Brown, James M. *Dickens: Novelist in the Market Place*. London: Macmillan, 1982.

Butt, John and Kathleen Tillotson. *Dickens at Work*. 1957; London: Metheun, 1982.

Calder, Angus. "Appendix A." *Great Expectations*. Ed. Angus Calder. Harmondsworth: Penguin, 1981.

Carey, John. *The Violent Effigy: A Study of Dickens' Imagination*. London: Faber and Faber, 1973.

Carlisle, Janice. "*Little Dorrit*: Necessary Fictions." *Studies in the Novel* 7 (Summer 1975).

Chesterton, G. K. *Charles Dickens: The Last of the Great Men*. New York: The Press of the Readers Club, 1942.

Colby, Robert A. "*Oliver Twist*: The Fortunate Foundling." *Charles Dickens: New Perspectives*. Ed. Wendell Stacy Johnson. Englewood Cliffs: Prentice–Hall, 1982.

Collins, Phillip, ed. *Dickens the Critical Heritage*. New York: Barnes & Nobles,

1971.

Connolly, Thomas E. "Technique in Great Expectations." *Assessing Great Expectations*. Ed. Richard Lettis and William E. Morris. San Francisco: Chandler, 1960.

Connor, Steven. *Charles Dickens*. Oxford: Basil Blackwell, 1985.

Dabney, Roth H. *Love and Property in the Novels of Dickens*. London: Chatto and Windus, 1967.

Darby, Margaret Flanders. *Fault Lines in Dickens*. Ann Arbor: UMI Research Press, 1988.

Davidoff, Leonore and Catherine Hall. *Family Fortunes: Men and Women of the English Middle Class, 1780–1850*. Chicago: Univ. of Chicago Press, 1987.

Dickens, Charles. *Barnaby Rudge*. Harmondsworth: Penguin, 1982.

__________. *Bleak House*. Harmondsworth: Penguin, 1984.

__________. *David Copperfield*. Harmondsworth: Penguin, 1980.

__________. *Dombey and Son*. Harmondsworth: Penguin, 1982.

__________. *Great Expectations*. Harmondsworth: Penguin, 1987.

__________. *Hard Times*. Harmondsworth: Penguin, 1987.

__________. *Little Dorrit*. Harmondsworth: Penguin, 1982.

__________. *The Old Curiosity Shop*. Harmondsworth: Penguin, 1980.

__________. *Oliver Twist*. Ed. Peter Fairclough. Harmondsworth: Penguin, 1982.

__________. *Our Mutual Friend*. Harmondsworth: Penguin, 1976.

__________. *The Pickwick Papers*. Harmondsworth: Penguin, 1983.

__________. *A Tale of Two Cities*. Harmondsworth: Penguin, 1983.

__________. *The Letters of Charles Dickens*. Ed. Walter Dexter. 3 Vols. Bloomsbury: The Nonesuch Press, 1938.

Dvorak, Wilfred P. "The Misunderstood Pancks: Money and the Rhetoric of Disguise in *Little Dorrit*." *Studies in the Novel 23* (Fall 1991).

Dyson, A. E. "The Case for Dombey Senior," *Novel 2* (1969).

Engel, Monroe. *The Maturity of Dickens*. Cambridge: Harvard University Press, 1959.

Epstein, Norrie. *The Friendly Dickens*. New York: Viking, 1998.

Fleishman, Avrom. "Master and Servant in *Little Dorrit*." *Studies in English Literature 1500–1900 14* (Autumn 1974).

__________. *The English Historical Novel*. Baltimore: The John Hopkins Press, 1971.

Ford, G. H. *Dickens and His Readers*. New York: Norton, 1968.

Forster, John. *The Life of Charles Dickens*. 2 vols. 1927; London: J. M. Dent & Sons, 1969.

Frye, Northrop. "Dickens and the Comedy of Humors." *Experience in the Novel*. Ed. Roy Harvey Pearce. New York: Columbia Univ. Press, 1968.

Garis, Robert. *The Dickens Theatre*. Oxford: Clarendon, 1965.

Ghent, Dorothy Van. *The English Novel: Form and Function*. New York: Harper & Row: 1953.

Gilmour, Robin. *The Idea of the Gentleman in the Victorian Novel*. London: George Allen & Unwin, 1981.

Gissing, George. *Dickens: A Critical Study*. London: The Gresham Publishing Company, 1903.

Gold, Joseph. *Charles Dickens: Radical Moralist*. Minneapolis: University of Minnesota Press, 1972.

Grant, Allan. *A Preface to Dickens*. London: Longman, 1984.

Greaney, Michael. "Sleep and Sleep–watching in Dickens: The Case of *Barnaby Rudge*", *Studies in the Novel* 46 (2014).

Gross, John and Gabriel Pearson, eds. *Dickens and the Twentieth Century*. London: Routledge and Kegan Paul, 1962.

Hardy, Barbara. *The Moral Art of Dickens*. Oxford: The Athlone Press of the Univ. of London, 1970.

Hartog, Dirk den. *Dickens and Romantic Psychology*. London: Macmillan, 1987.

Heatley, Edward. "The Redeemed Feminine of *Little Dorrit.*" *Dickens Studies Annual 4* (1975).

Hirsh, Gordon D. "Psychological Patterns in the Double Plot of *Our Mutual Friend.*" *Hartford Studies in Literature* 12 (1980)

Hollingsworth, Keith. *The Newgate Novel 1830–1847: Bulwer, Ainsworth, Dickens & Thackeray*. Detroit: Wayne State University Press, 1963.

Horne, Philip. "Introduction" to *Oliver Twist*. Ed. Philip Horne. London: Penguin, 2002.

House, Humphry. *The Dickens World*. 1941; Oxford: Oxford Univ. Press, 1979.

Jackson, Jeffrey. "Burning Down the House: Serialization, Domesticity, and Dickens's Rejection of Scott's Influence in *Barnaby Rudge*", *The Victorian* 5 (2017).

Jackson, T. A. *Charles Dickens: The Progress of a Radical*. London: Lawrence and Wishart, 1937.

Johnson, Edgar. *Charles Dickens: His Tragedy and Triumph*. 2 vols. New York: Simon and Shuster, 1952.

Kettle, Arnold. *An Introduction to the English Novel*. London: Hutchinson & Co, 1961.

Kincaid, James R. *Dickens and the Rhetoric of Laughter*. Oxford: Clarendon Press, 1971.

Knoepflmacher, U. C. *Laughter and Despair*. Berkeley: Univ. of California Press, 1971.

Lane, Lauriat Jr. "Introduction: Dickens and Criticism." *The Dickens Critics*. Eds. G. H. Ford and L. Lane Jr. New York: Cornell Univ. Press, 1961.

Leavis, F. R. and Q. D. *Dickens the Novelist*. 1970; Harmondsworth: Penguin, 1983.

Lindsay, Jack. "*Barnaby Rudge*", *Dickens and the Twentieth Century*. Eds. John

Gross and Gabriel Pearson. London: Routledge and Kegan Paul, 1962.

Lucas, John. *The Melancholy Man: A Study of Dickens's Novels. London: Methuen*, 1970.

Lukács, George. *The Historical Novel*. Harmondsworth: Penguin, 1976.

Malik, Rachel. "Stories Many, Fast and Slow: *Great Expectations* and the Mid-Victorian Horizon of the Publishable." *ELH 79.2* (2012).

Marcus, Steven. *Dickens from Pickwick to Dombey*. 1965; New York: Simon and Shuster, 1968.

McBratney, John. "Reluctant Cosmopolitanism in Dickens's *Great Expectations*." *Victorian Literature and Culture* 38 (2010).

McMaster, Juliet. *Dickens the Designer*. Totowa: Barnes and Noble, 1987.

Meckier, Jerome. "Charles Dickens's *Great Expectations*: A Defense of the Second Ending." Studies *in the Novel* 25.1 (1993).

Michasiw, Kim Ian. "*Barnaby Rudge*: The Sins of the Fathers." *ELH* 56 (1989).

Miller, J. Hillis. *Charles Dickens: The World of His Novels*. Cambridge: Harvard Univ. Press, 1959.

Millhouser, Milton. "*Great Expectations*: The Three Endings." *Dickens Studies Annual 2* (1972).

Monod, Sylvere. *Dickens the Novelist*. Norman: University of Oklahoma Press, 1968.

Montaut, Mary. "The Second Mrs. Dombey." *Dickens Quarterly* 4 (September 1987).

Morris, Pam. *Dickens's Class Consciousness*. Macmillan: London, 1991.

Moynahan, Julian. "Dealings with the Firm of Dombey and Son: Firmness versus Wetness." *Dickens and the Twentieth Century*. Eds. John Gross and Gabriel Pearson. London: Routledge and Kegan Paul, 1962.

Myers, William. "Radicalism in *Little Dorrit*." *Literature and Politics in the Nineteenth Century*. Ed. John Lucas. London: Methuen, 1971.

Newey, Vincent. *The Scriptures of Charles Dickens: Novels of Ideology, Novels of the Self.* Aldershot: Ashgate, 2004.

Newton, K. M. *In Defence of Literary Interpretation: Theory and Practice*. London: Macmillan, 1986

Orwell, George. *Dickens, Dali and Others*. New York: Harcourt Brace Jovanovich, 1946.

Paroissien, David. *The Companion to Great Expectations.* Westport: Greenwood, 2000.

Pearson, Gabriel. "*The Old Curiosity Shop,*" *Dickens and the Twentieth Century.* Ed. John Gross and Gabriel Pearson. London: Routledge and Kegan Paul, 1962.

Poe, Edgar Allan. "A Review in Graham's Magazine." *Dickens the Critical* Heritage. Ed. Phillip Collins. New York: Barnes & Nobles, 1971.

Pykett, Lyn. "*Dombey and Son*: A Sentimental Family Romance." *Studies in the Novel* 19 (Spring 1987).

Raina, Badri. *Dickens and the Dialectic of Growth*. Madison: Univ. of Wisconsin Press, 1986.

Rice, Thomas. "The End of Dickens's Apprenticeship: Variable Focus in *Barnaby Rudge*", *Nineteenth-Century Fiction* 30 (1975).

__________. *Barnaby Rudge: An Annotated Bibliography*. New York: Garland Pub, 1987.

Roberts, David. "The Paterfamilias of the Victorian Governing Classes." *The Victorian Family*. Ed. Anthony S. Wohl. New York: St Martin's Press, 1978.

Roberts, Doreen, "*The Pickwick Papers* and the Sex War," *Dickens Quarterly* 7 (September, 1990).

Romano, John. *Dickens and Reality*. New York: Columbia University Press, 1978.

Rosenberg, Edgar. "Putting an End to *Great Expectations*." *A Norton Critical Edition of Great Expectations*. Ed. Edgar Rosenberg. New York: Norton,

1999.

Sadrin, Anny. *Great Expectations*. London: Unwin Hyman, 1988.

Sanders, Andrew. *Charles Dickens*. Oxford: Oxford Univ. Press, 2003.

__________. *Charles Dickens Resurrectionist*. New York: St. Martin's Press, 1982.

Scott, P. J. M. *Reality and Comic Confidence in Charles Dickens*. London: Macmillan, 1979.

Shaw, Bernard. "Introduction to *Great Expectations*." *A Norton Critical Edition of Great Expectations*. Ed. Edgar Rosenberg. New York: Norton, 1999.

Shin, Woong-jae. "Chivarlic Ideals Reflected in the Working Class Character of *Barnaby Rudge*." *Studies in British and American Language and Literature* 124 (2017).

Showalter, Elaine. "Guilt, Authority, and the Shadows of *Little Dorrit*." *Nineteenth-Century Fiction* 34 (June 1979).

Slater, Michael. "On Reading *Oliver Twist*." *A Norton Critical Edition of Oliver Twist*. Ed. Fred Kaplan. New York: Norton, 1993.

__________. *Dickens and Women*. London: J. M. Dent & Sons, 1983.

Smiles, Samuel. *Self-Help*. Oxford: Oxford Univ. Press, 2002.

Smith, Grahame. *Dickens, Money, and Society*. Berkeley: Univ. of California Press, 1968.

Splitter, Randolph. "Guilt and the Trappings of Melodrama in *Little Dorrit*." *Dickens Studies Annual* 6 (1977).

Stange, G. Robert. "Expectations Well Lost: Dickens's Moral Fable for His Time." *Assessing Great Expectations*. Ed. Richard Lettis and William E. Morris. San Francisco: Chandler, 1960.

Stephen, Sir James Fitzjames. "*A Tale of Two Cities*." *The Dickens Critics*. Eds. G. H. Ford and L. Lane Jr. New York: Cornell Univ. Press, 1961.

Stewart, Garrett. *Dickens and the Trials of Imagination*. Cambridge: Harvard Univ. Press, 1974.

Stoehr, Taylor. *Dickens: The Dreamer's Stance.* Ithaca: Cornell Univ. Press, 1965.

Sutherland, Kathryn. "Dickens and Women." *Critical Quarterly* 25 (Autumn 1983).

Thomas, George R. *Great Expectations*. London: Edward Arnold, 1964.

Thurley, Geoffrey. *The Dickens Myth: Its Genesis and Structure*. New York: St. Martin's Press, 1976.

Trilling, Lionell. "*Little Dorrit.*" *Dickens: A Collection of Critical Essays*. Ed. Martin Price. Englewood Cliffs: Prentice-Hall, 1967.

Trotter, David. "Introduction" to *Great Expectations*, Ed. Charlotte Mitchell. Harmondsworth: Penguin, 1996.

Welsh, Alexander. *From Copyright to Copperfield*. Cambridge: Harvard Univ. Press, 1987.

__________. *The City of Dickens*. Oxford: Clarendon, 1971.

Williams, Raymond. *The English Novel*. Frogmore: Paladin, 1970.

Wilson, Angus. "Introduction" to *Oliver Twist.* Ed. Peter Fairclough. Harmondsworth: Penguin, 1982.

Wilson, Edmund. *The Wound and the Bow*. 1929; New York: Farrar Straus Giroux, 1970.

Winter, Sarah. "Domestic Fictions: Feminine Deference and Materna Shadow Labor In Dickens' *Little Dorrit.*" *Dickens Studies Annual* 18 (1989).

Yeazell, Ruth Bernard. "Do It or Dorrit." *Novel* 25 (Fall 1991).

Yelin, Louise. "Strategies for Survival: Florence and Edith in *Dombey and Son.*" *Victorian Studies* 22 (Spring 1979).

Zwinger, Lynda. "The Fear of the Father: Dombey and Daughter." *Nineteenth-Century Fiction* 39 (March 1985).

김현숙. 『디킨즈 소설의 대중성과 예술성』. 서울: 한신문화사. 1996.

백낙청. 「디킨즈 소설속의 빅토리아조 신사」. 『세계의 문학』 19 (1981, 봄).

성은애. 「찰스 디킨즈」. 『영미문학의 길잡이 1』. 영미문학연구회 편. 서울: 창작과비평사, 2001.

이인규. 「『위대한 유산』인가 『막대한 유산』인가?」. 『안과밖』 31 (2011 하반기).

______. 「『위대한 유산』의 '신사' 주제 재론」. 『19세기 영어권 문학』 15.1 (2011).

______. 「디킨즈의 하인 묘사에 나타난 계급적 복합성」. 『어문학 논총』 제23집 (2004).

장남수. 「디킨즈의 『막대한 유산』」. 『안과밖』 16 (2004 상반기).

하우저, A. 『문학과 예술의 사회사-현대편』. 백낙청, 염무웅 역. 서울: 창작과비평사, 1974.

찰스 디킨즈 소설 강의

초판 인쇄 2021년 02월 19일
초판 발행 2021년 02월 25일

저　자 이인규
펴낸이 임홍재
펴낸곳 국민대학교 출판부
등　록 1975년 6월 17일 제6-33호
주　소 서울 성북구 정릉로 77
전　화 02-910-4242
인쇄처 동방인쇄공사(02-468-0301)
가　격 18,000원

ISBN 978-89-7812-497-3